国家级教学成果奖

中国人民大学会计系列教材

高级会计学

主编　戴德明　周　华　耿建新

第10版 · 立体化数字教材版

中国人民大学出版社
· 北京 ·

总 序

中国人民大学会计系列教材（简称“系列教材”）自1993年推出至今，已30余年。这期间我国经济高速发展，会计制度与会计准则发生巨大变化，大学会计教育无论规模还是质量都有了长足进步。回顾30余年的发展历程，系列教材中每一本的每一版，都在努力适应会计环境和教育环境的变化，尽可能满足高校会计教学的需要。

系列教材第1版是由我国当时的重大会计改革催生的。编写时关注两个重点：一是适应我国会计制度的变化，遵循1992年颁布的“两则两制”的要求；二是教材之间尽可能避免内容重复。系列教材包括：《初级会计学》《财务会计学》《成本会计学》《经营决策会计学》《责任会计学》《高级会计学》《财务管理学》《审计学》《计算机会计学》。

自1997年10月起，系列教材陆续推出第2版。为适应各院校的课程开设需要，将《经营决策会计学》与《责任会计学》合并为《管理会计学》。

自2001年11月起，系列教材陆续推出第3版。根据修订的《中华人民共和国会计法》、国务院颁布的《企业财务会计报告条例》、财政部颁布和修订的企业具体会计准则以及财政部颁布的《企业会计制度》等对教材内容进行修订。

自2006年7月起，系列教材陆续推出第4版。进一步修订了教材与2007年1月1日起施行的企业会计准则和中国注册会计师审计准则之间的不协调之处，并将《计算机会计学》更名为《会计信息系统》。

自2009年6月起，系列教材陆续推出第5版。对《高级会计学》《财务管理学》《财务会计学》等的框架结构做了较大调整，新增《会计学（非专业用）》一书。

自2012年6月起，系列教材陆续推出第6版。针对教育部强化本科教育实务性、应用性的要求，新增“简明版”和“模拟实训”两个子系列，并为《初级会计学》和《成本会计学》配备实训手册。

自2014年4月起，系列教材陆续推出第7版。深入阐释了财政部自2014年1月先后发布或修订的多个会计准则，并新增《财务报表分析》一书。

自2017年8月起，系列教材陆续推出第8版。体现了营改增、会计准则、增值税税率变化等最新动态，并新增《政府与非营利组织会计》，在“简明版”中新增《会计学》《中级财务会计》。为适应数字化对教学的影响，《财务会计学》率先推出“立体化数字教材版”。

自2020年11月起，系列教材陆续推出第9版。根据《高等学校课程思政建设指导纲要》对教材的要求，以及数字时代线上线下教学相结合的特点，着力打造立体化数字教材，并重点体现课程思政等内容。

2023 年是“中国人民大学会计系列教材”出版 30 周年，系列教材陆续推出第 10 版。我们将党的二十大精神融入教材内容，并开始第二轮立体化数字教材的升级工作，为主要教材配套双题库（主教材和学习指导书），以方便教学。

至此，围绕会计专业课程，系列教材形成了如下体系：

主教材（11 本）	学习指导书（7 本）	模拟实训（5 本）	简明版（7 本）
《会计学》	√		《会计学》
《基础会计（原初级会计学）》	√	√	
《财务会计学》	√	√	《中级财务会计》
《财务管理学》	√	√	《财务管理》
《成本会计学》	√	√	《成本与管理会计》
《管理会计学》	√	√	
《审计学》			
《会计信息系统》			《会计电算化》
《高级会计学》	√		
《财务报表分析》			
《政府与非营利组织会计》			《政府会计》
			《会计专业英语》

系列教材在 30 余年的出版历程中，以高品质荣获众多奖项，并多次入选国家级规划教材。2001 年，系列教材入选由教育部评选的“经济类、管理类专业和法学专业部分主干课程推荐教材”；2003 年，系列教材入选“普通高等教育‘十五’国家级规划教材”；2005 年，系列教材以“精心组织，持续探索，打造跨世纪会计精品教材（教材）”荣获“第五届高等教育国家级教学成果奖二等奖”；2008 年，系列教材入选“普通高等教育‘十一五’国家级规划教材”，其中《会计信息系统》被教育部评为 2008 年度普通高等教育精品教材，《审计学》被评为 2009 年度普通高等教育精品教材，《财务管理》被评为 2011 年度普通高等教育精品教材；2012 年，系列教材入选“‘十二五’普通高等教育本科国家级规划教材”；2014 年，系列教材以“以立体化教材建设支撑会计学专业教学改革（教材）”荣获“2014 年国家级教学成果奖（高教类）二等奖”。

《高等学校课程思政建设指导纲要》指出，培养什么人、怎样培养人、为谁培养人是教育的根本问题，立德树人成效是检验高校一切工作的根本标准。具体到会计学专业，在会计准则国际趋同的大背景下，要着力培养既能立足祖国大地又有国际视野的时代新人。基于此，系列教材积极融入习近平新时代中国特色社会主义思想，深刻把握会计学专业学生培养目标，积极应对数字化对教学的冲击和挑战，更加重视学生的长远发展，注重培养学生的基本素质和能力，尤其是培养学生发现问题、分析问题和解决问题的能力。

系列教材是在我国著名会计学家阎达五教授等老一辈会计学者的精心呵护下诞生，在广大兄弟院校的大力支持下逐渐成长的。我们衷心希望系列教材能够继续得到大家的认可，也诚恳地希望大家多提改进建议，以便我们在今后的修订中不断完善。

中国人民大学会计系

前　言

《高级会计学》是中国人民大学会计系列教材中的一本。该教材第 1 版至第 4 版由阎达五、耿建新和戴德明主编，第 5 版至第 8 版由耿建新和戴德明主编，第 9 版由耿建新、戴德明和周华主编，第 10 版由戴德明、周华和耿建新主编。

为了更好地服务于广大读者，我们对《高级会计学（第 9 版·立体化数字教材版）》做了较大修改，第 10 版主要变化如下：

（1）调整了全书的内容结构。新增了"衍生工具会计"，作为第 11 章；删除了第 9 版的第 12 章"企业清算、破产和重组"。第 9 版的第 11 章"套期会计"调整为第 10 版的第 12 章。

（2）重新编写了部分章节。对第 9 版的第 2、3、6 章和第 11 章（第 10 版的第 12 章）进行了重新编写。

（3）增加了"深度思考——与 AI 对话"栏目。为了更好地体现问题导向，在每一章正文前增加了"深度思考——与 AI 对话"栏目。

（4）第 2 章"债务重组"对债务重组会计处理的内容安排做了调整，意在显示债务人、债权人在同一情形下会计处理的对比，并将债务人的会计处理置于债权人的会计处理之前，使本章的编排逻辑更清晰完整，可以更好地体现债务重组交易的重点，方便读者对比学习和理解。

（5）第 3 章"股份支付"结合股份支付准则的设计思想和操作要领，新增了准则的设计理念与沿革流变的内容，帮助读者深入理解其内在机理，增进对现行会计准则制定、实施、发展的理性认识。

（6）第 5 章"所得税"修改了有关资产负债表债务法在固定资产相关交易中的运用的例题，帮助读者加深理解；删除了关于税率变化的部分例题，以降低内容的难度。

（7）第 6 章"外币折算"新增理论扩展内容，穿插讲解了外币分账制，并对"为何要在资产负债表日考虑货币性项目因汇率波动而形成的浮动盈亏"等问题进行了辩证分析，引导读者深入思考。

（8）第 8 章"合并财务报表（上）"和第 9 章"合并财务报表（下）"的部分例题增加了合并利润表、合并资产负债表和合并股东权益变动表的简明格式。第 9 章删除了集团内部固定资产减值准备的相关抵销的内容。

(9) 第 11 章“衍生工具会计”将金融学和会计学的理论和实践紧密对接，阐释远期、期货、期权和互换等衍生工具的设计原理和交易策略，在此基础上简明清晰地阐释会计规则，帮助读者快速掌握相关金融法规和实用技能。

(10) 第 12 章“套期会计”阐释金融学的相关知识点，帮助读者快速掌握准则的设计理念。本章还精心设计了新颖的表述方式，通过表格形式比较业务分录和衍生工具交易分录，读者可在表格中清楚地看到套期会计规则的实施效果。

为方便读者学习，本书作者还录制了相关的视频，整理了不同专题的阅读资料。凡购买正版图书的读者，通过扫描前折口上的贴片二维码，注册后即可免费使用上述资源。

此外，本版修改了一些文字表达和校对方面的内容。本书第 10 版各章修订分工为：第 1、2、5、7、8、9 章由戴德明修订，第 3、4、6、10、11、12 章由周华修订。

目 录

第 1 章　非货币性资产交换

学习目标

1. 理解货币性资产、非货币性资产和非货币性资产交换的概念。
2. 掌握非货币性资产交换的相关确认和计量原则。
3. 掌握非货币性资产交换的会计处理方法。

AI 深度思考——与AI对话

为什么说如果会计准则不对非货币性资产交换的会计处理进行严格规范，非货币性资产交换就很容易成为企业操控会计报表的手段？

1.1　非货币性资产交换的界定

1.1.1　货币性资产与非货币性资产的区分

企业的资产可以分为货币性资产与非货币性资产两大类。货币性资产是指企业持有的货币资金和收取固定或可确定金额的货币资金的权利。例如，库存现金和银行存款作为货币资金，属于货币性资产。对于货币资金以外的货币性资产，企业拥有收取固定或可确定金额的货币资金的权利，虽然这种权利不一定能够最终全部实现。例如，应收账款作为企业的债权，有相应的发票等原始凭证作为收款的依据，如果没有现金折扣，则企业拥有收取固定金额的货币资金的权利；如果有现金折扣，则企业也拥有收取可确定金额的货币资金的权利。总之，应收账款虽然有可能发生坏账损失，但其代表了企业收取固定或可确定金额的货币资金的权利，因而属于货币性资产。准备持有至到期的债券投资，由于企业将来持有至到期，因而企业拥有在将来收取固定或可确定金额的货币资金的权利，也属于货币性资产。

非货币性资产是指货币性资产以外的资产。显然，与货币性资产相比，非货币性资产的根本特征是，其在将来为企业带来的经济利益是不固定的，甚至是不可确定的。例如，对于企业在生产中使用的设备，企业持有的主要目的是用于生产经营，设备的价值在使用过程中逐渐磨损，并通过折旧等方式转移到产品成本中去，设备为企业带来的经济利益要通过所生产产品的销售才能实现，其货币金额是不固定的，甚至是不可确定的，因此，生产用设备属于非货币性资产。企业的非货币性资产主要有存货、固定资产、无形资产、投资性房地产和长期股权投资等。

基于货币性资产与非货币性资产的分类，我们可以将一个企业在日常经营过程中与另一个企业之间的资产交换分为以下四类：

（1）以货币性资产与另一个主体的货币性资产相交换。例如，以人民币从银行兑换美元。

（2）以货币性资产与另一个主体的非货币性资产相交换。例如，以银行存款从另一家公司购入设备。

（3）以非货币性资产与另一个主体的货币性资产相交换。例如，出售本公司的商品给另一家公司，并收到货款存入银行。

（4）以非货币性资产与另一个主体的非货币性资产相交换。我们将此类资产交换称为非货币性资产交换。

《财务会计学（第 14 版·立体化数字教材版）》（中国人民大学出版社，2024）中大量介绍了前三类资产交换交易的会计确认、计量与披露问题，但没有涉及非货币性资产交换。本章专门讨论非货币性资产交换的会计确认、计量与披露问题。

在前三种情况下，通常是基于货币性资产或以货币性资产为主导进行资产计价的，包括对所取得的非货币性资产计价。问题在于，第四种情况下，即当企业用自己的非货币性资产去交换另一个主体的非货币性资产的情况下，我们面临新的问题：（1）所取得的非货币性资产应该如何计价。具体来说，面临两种选择：是基于换出资产或换入资产的公允价值还是基于换出资产的账面价值。（2）换出资产是否应确认损益。

1.1.2 非货币性资产交换的认定

讨论非货币性资产交换的会计问题，首先需要明确界定非货币性资产交换。相关会计准则通常规定，只涉及少量的货币性资产（即补价）的资产交换也属于非货币性资产交换。例如，我国《企业会计准则第 7 号——非货币性资产交换》规定，非货币性资产交换是指交易双方主要以固定资产、无形资产、投资性房地产和长期股权投资等非货币性资产进行的交换。该交换不涉及或只涉及少量的货币性资产（即补价）。非货币性资产交换之所以要包括涉及少量的货币性资产的情形，是因为用于交换的两项非货币性资产，其价值往往不完全相等，如果完全排除涉及补价的交换，那么准则的适用范围会太窄。

非货币性资产交换包括只涉及少量货币性资产的情形，还需要解决定量问题。认定涉及少量货币性资产的交换为非货币性资产交换，通常以补价占整个资产交换金额的比例低于 25%作为参考。具体来说，支付的货币性资产占换入资产公允价值（或占换出资产公允价值与支付的货币性资产之和）的比例，或者收到的货币性资产占换出资产公允价值（或占换入资产公允价值和收到的货币性资产之和）的比例低于 25%的，视为非货币性资产交换；高于 25%（含 25%）的，不能视为非货币性资产交换。虽然以 25%作为一条“明线”并没有充分的理论依据，但这种划线便于实际操作。

1.1.3　广义的非货币性资产交换

为方便讨论非货币性资产交换相关会计处理问题，我们区分狭义与广义的非货币性资产交换。狭义的非货币性资产交换仅包括《企业会计准则第 7 号——非货币性资产交换》所规范的非货币性资产交换；广义的非货币性资产交换除了包括狭义的非货币性资产交换，还包括由其他具体会计准则所规范的非货币性资产交换。例如：

（1）换出资产为存货的非货币性资产交换。企业以存货换入固定资产、无形资产等非货币性资产的，换出存货的企业相关会计处理适用《企业会计准则第 14 号——收入》。

（2）交换的资产包括属于非货币性资产交换的金融资产。非货币性资产交换中涉及由《企业会计准则第 22 号——金融工具确认和计量》规范的金融资产的，金融资产的确认、终止确认和计量适用《企业会计准则第 22 号——金融工具确认和计量》和《企业会计准则第 23 号——金融资产转移》。

（3）在企业合并中取得的非货币性资产交换。非货币性资产交换涉及企业合并的，适用《企业会计准则第 20 号——企业合并》、《企业会计准则第 2 号——长期股权投资》和《企业会计准则第 33 号——合并财务报表》。

本章 1.2 节、1.3 节、1.4 节、1.6 节介绍狭义的非货币性资产交换涉及的会计确认、计量与披露问题，1.5 节则介绍两类广义的非货币性资产交换：以存货换入非货币性资产，以及非货币性资产交换中涉及由《企业会计准则第 22 号——金融工具确认和计量》所规范的金融资产。

1.2　确认和计量原则

非货币性资产交换涉及两个相互联系的根本性问题：一是换入资产如何计价；二是应否确认交换损益。解决这两个问题可供选择的方法主要有两种：（1）换入资产基于公允价值（换出资产或换入资产的公允价值）计价，确认交换损益；（2）换入资产基于换出资产的账面价值计价，不确认交换损益。会计准则要对这两种方法做出选择，特别是在规定这两种方法分别适用于不同条件的情况下，要使所定条件合理、明确，且具有可操作性。《企业会计准则第 7 号——非货币性资产交换》规定，上述两种方法适用于不同类型的非货币性资产交换。而方法的适用条件强调：交换是否具有商业实质以及换入资产或换出资产的公允价值是否能够可靠地计量。

1.2.1 换入资产基于公允价值计价，并确认交换损益

1. 基本条件

《企业会计准则第 7 号——非货币性资产交换》规定，非货币性资产交换同时满足以下两个条件的，应当以公允价值和应支付的相关税费作为换入资产的成本，公允价值与换出资产账面价值的差额计入当期损益：

（1）该项交换具有商业实质。

（2）换入资产或换出资产的公允价值能够可靠地计量。

为了讨论方便，我们将同时满足上述两个条件的非货币性资产交换简称为非货币性资产交换Ⅰ，将不能同时满足上述两个条件的非货币性资产交换简称为非货币性资产交换Ⅱ。

由此可见，非货币性资产交换的会计确认与计量的难点在于对交换是否具有商业实质的判断，及资产公允价值的可靠计量。

2. 商业实质的判断

判断一项非货币性资产交换是否具有商业实质，应当遵循实质重于形式的原则，根据换入资产的性质和换入企业经营活动的特征等因素，换入资产与换入企业其他现有资产相结合能够产生更大的作用，使换入企业受该换入资产影响产生的现金流量与换出资产明显不同，表明该两项资产的交换具有商业实质。

根据《企业会计准则第 7 号——非货币性资产交换》的规定，符合下列条件之一的，视为具有商业实质：

（1）换入资产的未来现金流量在风险、时间分布或金额方面与换出资产显著不同。

对于特定的非货币性资产交换来说，换入资产与换出资产之间在未来现金流量的风险、时间分布或金额三个方面的显著不同，既可以是三个方面都显著不同，也可以只是其中两个方面甚至一个方面显著不同。通常情况下，只要换出资产和换入资产的未来现金流量在其中某个方面存在显著不同，即表明该项交易具有商业实质。

例如，企业以一台生产用设备换入一批商品。因商品的流动性强，能够而且只能在较短的时间内产生现金流量，而生产用设备将在较长的时间内陆续独立地或与其他资产一起为企业带来现金流量，在这种情况下，即使两者产生的未来现金流量的风险和总额都相同，但由于两者产生现金流量的时间跨度相差较大，也可以判断上述生产用设备与商品的未来现金流量显著不同，因此可以认定这两项资产的交换具有商业实质。而实际上，在本例中，生产用设备与商品的未来现金流量的风险和总额也可能显著不同。

又如，A 公司以一项特许使用权换入 B 公司的一项专利技术，预计这两项资产的使用寿命相同，预计在使用寿命内为企业带来的现金流量总额也相同，但是由于换入的专利技术是新开发的，预计在使用初期产生的现金流量明显少于后期，而特许使用权每年产生的现金流量比较均衡，因此可以认为这两项资产每年产生的现金流量在金额上存在明显差异，可以认定这两项资产的交换具有商业实质。

风险不同是指企业获得现金流量的不确定性程度的差异。比如，甲公司将其拥有的一幢用于出租的写字楼与乙公司的一座酒店交换，两幢楼房的使用年限相同，预计未来现金流量的总金额与时间分布也基本相同，但风险不同。写字楼主要是租给两家信用状况良好的大公司作为办公用房，租金收入比较有保障，而酒店的租住客人主要是散客，入住状况与租金水平等更容易受市场环境因素的影响，未来现金流量具有较大的风险或不确定性。由于写字楼和酒店现金流量的风险或不确定性程度存在明显差异，因此可以认为两者的未来现金流量显著不同，可以认定这两项资产的交换具有商业实质。

（2）使用换入资产所产生的预计未来现金流量现值与继续使用换出资产不同，且其差额与换入资产和换出资产的公允价值相比是重大的。

一般来说，按照上述第一项条件就可以判定某项非货币性资产交换是否具有商业实质。但如果企业按照上述第一项条件难以判定某项非货币性资产交换是否具有商业实质，就可以根据第二项条件，通过计算和比较使用换入资产所产生的预计未来现金流量现值与继续使用换出资产所产生的预计未来现金流量现值加以判断。资产的预计未来现金流量的现值，要按照资产在持续使用过程中和最终处置时所产生的预计未来现金流量，选择恰当的折现率对其进行折现后的金额加以确定。这里的预计未来现金流量应该是税后未来现金流量，而且在计算现值时，应当依据企业自身而不是市场参与者对资产特定风险的评价。

在确定非货币性资产交换是否具有商业实质时，企业应当关注交易各方之间是否存在关联方关系。关联方关系的存在可能导致发生的非货币性资产交换不具有商业实质。

对于企业自身认定具有商业实质的非货币性资产交换，注册会计师、监管部门和其他利益相关者需要重点关注交易的动机，判断相关交易是否为企业经营所需。

3. 公允价值的可靠计量

换入资产或换出资产的公允价值能够可靠确定的，非货币性资产交换才能以公允价值计量，确认产生的损益。

（1）换入资产或换出资产存在活跃市场的，表明该资产的公允价值能够可靠计量。对于存在活跃市场的交易性证券、存货、长期股权投资、固定资产、无形资产等非货币性资产，应当以资产的市场价格为基础确定其公允价值。

（2）换入资产或换出资产本身不存在活跃市场，但类似资产存在活跃市场的，表明该资产的公允价值能够可靠计量。对于类似资产存在活跃市场的存货、长期股权投资、固定资产、无形资产等非货币性资产，应当以调整后的类似资产市场价格为基础确定其公允价值。

（3）对于不存在同类或类似资产可比市场交易的长期股权投资、固定资产、无形资产等非货币性资产，应当参照《企业会计准则第22号——金融工具确认和计量》等，采用估值技术确定其公允价值。采用估值技术确定的公允价值估计数的变动区间很小，或者在公允价值估计数变动区间内，各种用于确定公允价值估计数的概率能够合理确定的，视为公允价值能够可靠计量。

1.2.2 换入资产基于换出资产的账面价值计价，不确认交换损益

对于非货币性资产交换Ⅱ，即不具有商业实质或交换涉及的资产公允价值均不能可靠计量的非货币性资产交换，要以换出资产的账面价值和应支付的相关税费作为换入资产的入账金额，不确认交换损益。如果涉及补价，则收到或支付的补价作为确定换入资产入账金额的调整因素。

综上所述，对于非货币性资产交换，是否确认损益与所采用的计量方式直接相关，在以换出资产的账面价值为基础确定换入资产成本时，不论是否收到补价，交易各方均不确认交换损益。

1.3 换入资产基于公允价值计价的会计处理

1.3.1 相关问题讨论

对于非货币性资产交换Ⅰ，即交换具有商业实质且换入资产或换出资产的公允价值能够可靠计量的非货币性资产交换，要基于公允价值计价，但具体处理还涉及一些细节问题。例如，换入资产的入账金额应该基于换出资产的公允价值还是换入资产的公允价值？如果涉及补价应该如何处理？应支付的相关税费如何处理？交换损益如何确定，如何归类？

1. 换入资产入账金额的确定

在换入资产基于公允价值计价的情况下，换入资产的入账金额原则上应基于换出资产的公允价值予以确定，除非有确凿证据表明换入资产的公允价值比换出资产的公允价值更加可靠。换出资产的公允价值代表了企业取得换入资产所付出的代价，能够更好地体现成本理念。具体分以下几种情况：

（1）不涉及补价的情况下。

1）如果没有确凿证据表明换入资产的公允价值比换出资产的公允价值更加可靠，则

换入资产的入账金额＝换出资产的公允价值＋应支付的相关税费

式中，应支付的相关税费是指按照会计准则的规定应当计入换入资产取得成本的各项税金和费用，如需由换入企业负担的换入固定资产的运输费、装卸费、安装费和专业人员服务费等。需要特别强调的是，与换入资产相关的增值税是否应当

包括在换入资产的入账金额中，要根据具体情况而定：按税法规定能够确认为可抵扣销项税额的进项税额，不应计入换入资产的入账金额，否则应当计入。以下各个公式中的“应支付的相关税费”，其意义相同，不再一一说明。

2）如果有确凿证据表明换入资产的公允价值比换出资产的公允价值更加可靠，则

换入资产的入账金额＝换入资产的公允价值＋应支付的相关税费

（2）涉及补价的情况下。

支付补价方：

1）如果没有确凿证据表明换入资产的公允价值比换出资产的公允价值更加可靠，则

换入资产的入账金额＝换出资产的公允价值＋支付的补价＋应支付的相关税费

2）如果有确凿证据表明换入资产的公允价值比换出资产的公允价值更加可靠，则

换入资产的入账金额＝换入资产的公允价值＋应支付的相关税费

收取补价方：

1）如果没有确凿证据表明换入资产的公允价值比换出资产的公允价值更加可靠，则

换入资产的入账金额＝换出资产的公允价值－收到的补价＋应支付的相关税费

2）如果有确凿证据表明换入资产的公允价值比换出资产的公允价值更加可靠，则

换入资产的入账金额＝换入资产的公允价值＋应支付的相关税费

2. 换出资产损益的确定

在换入资产基于公允价值计价的情况下，不论是否涉及补价，只要换出资产的公允价值与其账面价值不同，就会涉及损益的确认问题。因为非货币性资产交换实际上是换出资产的公允价值与账面价值之差得以实现的一种交易方式，是出售资产与购入资产的混合交易形式。在进行损益的具体会计处理时，应当考虑换出资产的种类：

（1）换出资产为固定资产、在建工程、生产性生物资产和无形资产的，换出资产公允价值与换出资产账面价值的差额计入资产处置损益。

（2）换出资产为长期股权投资的，换出资产公允价值与换出资产账面价值的差额计入投资收益。

（3）换出资产为投资性房地产的，按换出资产公允价值或换入资产公允价值确认其他业务收入，按换出资产账面价值结转其他业务成本，二者之间的差额计

入当期损益，二者分别在利润表营业收入和营业成本中列示。

换入资产与换出资产涉及相关税费的，如换出资产视同销售而计算的增值税销项税额，换入资产应当确认的可抵扣增值税进项税额，按照相关税收法规的规定计算确定。

1.3.2 不涉及补价的非货币性资产交换

$$\text{换入资产的入账金额}=\text{换出资产的公允价值（或换入资产的公允价值）}+\text{应支付的相关税费}$$

$$\text{应确认的损益}=\text{换出资产的公允价值（或换入资产的公允价值）}-\text{换出资产的账面价值}$$

例1－1

甲公司以原始成本为1 200万元、累计折旧为300万元的设备换入乙公司的原始成本为1 100万元、累计折旧为300万元的一套办公用公寓。甲公司换入公寓作办公用房，乙公司换入设备是为扩大生产规模。设备的公允价值和计税价格为1 000万元，公寓的公允价值和计税价格为1 000万元。假定甲公司出售设备和乙公司出售公寓的增值税税率均为13%，资产交换过程中没有发生除增值税以外的其他相关税费。

分析：（1）甲公司的会计处理。

第一步，判断该项交易是否为非货币性资产交换。

该项交易是两家企业之间的固定资产交换，且没有涉及补价，该交换属于非货币性资产交换。

第二步，判断对该项非货币性资产交换，能否以公允价值为基础计量。

乙公司持有的公寓的流动性较强，能够在较短的时间内产生现金流量，换入的设备作为固定资产要在较长的时间内陆续为企业带来现金流量，两者产生现金流量的时间相差较大。

因此上述设备与公寓产生的未来现金流量显著不同，两者之间的交换具有商业实质，而且公寓和机器设备的公允价值均能可靠计量。

因此，对该项非货币性资产交换，可以以公允价值为基础对换入资产进行计价。

第三步，编制会计分录（金额单位：万元）。

换入公寓的入账价值＝换出资产的公允价值＋应支付的相关税费

＝1 000＋0＝1 000(万元)

换出设备的损益＝1 000－(1 200－300)＝100(万元)

借：固定资产清理	900	
累计折旧	300	
贷：固定资产		1 200
借：固定资产——办公用房	1 000	
应交税费——应交增值税（进项税额）	130	

贷：资产处置损益——固定资产处置损益		100
应交税费——应交增值税（销项税额）		130
固定资产清理		900

（2）乙公司的会计处理。

第一步，交易分析与甲公司类似。

第二步，编制会计分录（金额单位：万元）。

换入设备的入账价值＝换出资产的公允价值＋应支付的相关税费

＝1 000＋0＝1 000（万元）

换出公寓的损益＝1 000－（1 100－300）＝200（万元）

借：固定资产清理	800	
累计折旧	300	
贷：固定资产		1 100
借：固定资产——设备	1 000	
应交税费——应交增值税（进项税额）	130	
贷：资产处置损益——固定资产处置损益		200
应交税费——应交增值税（销项税额）		130
固定资产清理		800

例 1－2

A 公司以其拥有的一项专利权与 B 公司拥有的对 C 公司的长期股权投资进行交换，交换后 A 公司对 C 公司由重大影响变为控制关系，B 公司换入的专利权能够解决生产中的技术难题。专利权的账面价值为 54 万元，公允价值为 64 万元。长期股权投资的账面价值为 80 万元，公允价值为 64 万元。两项资产未来现金流量的风险、时间和金额均相同。假设整个交易过程没有发生相关税费。

分析：A 公司以一项专利权换入 B 公司拥有的长期股权投资，该项专利权与该项长期股权投资的公允价值相同，两项资产未来现金流量的风险、时间和金额亦相同。但对 A 公司而言，换入该项长期股权投资使该企业对被投资方由重大影响变为控制关系，从而对换入企业的特定价值即预计未来现金流量现值与换出的专利权有较大差异；B 公司换入的专利权能够解决生产中的技术难题，从而对换入企业的特定价值即预计未来现金流量现值与换出的长期股权投资存在明显差异，因而两项资产的交换具有商业实质。因此，该交换属于不涉及补价的非货币性资产交换Ⅰ。

（1）A 公司的会计处理。

第一步，计算确定换入资产的入账金额。

换入资产的入账金额＝换出资产的公允价值＋应支付的相关税费

＝64＋0＝64（万元）

第二步，计算确定非货币性资产交换产生的损益。A 公司换出资产的公允价值为 64 万元，账面价值为 54 万元。因此

该资产交换应确认的损益＝换出资产的公允价值－换出资产的账面价值
＝64－54＝10(万元)

第三步，编制会计分录。

借：长期股权投资——C公司　　640 000
　贷：无形资产——专利技术　　540 000
　　资产处置损益——无形资产处置损益　　100 000

(2) B公司的会计处理。

第一步，计算确定换入资产的入账金额。

换入资产的入账金额＝换出资产的公允价值＋应支付的相关税费
＝64＋0＝64(万元)

第二步，计算确定非货币性资产交换产生的损益。B公司换出资产的公允价值为64万元，账面价值为80万元。因此

该资产交换应确认的损益＝换出资产的公允价值－换出资产的账面价值
＝64－80＝－16(万元)

第三步，编制会计分录。

借：无形资产——专利技术　　640 000
　投资收益　　160 000
　贷：长期股权投资——C公司　　800 000

1.3.3 涉及补价的非货币性资产交换

支付补价方：

换入资产的入账金额＝换出资产的公允价值＋支付的补价＋应支付的相关税费

应确认的损益＝换出资产的公允价值－换出资产的账面价值

收到补价方：

换入资产的入账金额＝换出资产的公允价值－收到的补价＋应支付的相关税费

应确认的损益＝换出资产的公允价值－换出资产的账面价值

例1-3

甲公司以原始成本为1 200万元、累计折旧为400万元的设备换入乙公司的原始成本为1 100万元、累计折旧为300万元的一套办公用公寓。甲公司换入公寓作办公用房，乙公司换入设备是为扩大生产规模。设备的公允价值和计税价格为900万元，公寓的公允价值和计税价格为1 000万元。假定甲公司出售设备和乙公司出售公寓的增值税税率均为13%。甲公司向乙公司支付银行存款113万元，其中：补价100万元，增值税13万元。假定资产交换过程中没有发生除增

值税以外的其他相关税费。

分析：（1）甲公司的会计处理。

第一步，判断该项交易是否为非货币性资产交换。

该项交易是两家企业之间的固定资产交换。

$$\text{交换支付的货币性资产占换入资产公允价值(或占换出资产公允价值与支付的货币性资产之和)的比例}=\frac{100}{1\ 000}\times 100\%=10\%<25\%$$

因此，该交换属于涉及补价的非货币性资产交换。

第二步，判断该项非货币性资产交换，是否可以以公允价值为基础计量。

乙公司持有的公寓的流动性较强，能够在较短的时间内产生现金流量，换入的设备作为固定资产要在较长的时间内陆续为企业带来现金流量，两者产生现金流量的时间相差较大。

因此上述设备与公寓产生的未来现金流量显著不同，两者之间的交换具有商业实质，而且公寓和设备的公允价值均能可靠计量。

因此，对该项非货币性资产交换，可以以公允价值为基础对换入资产进行计价。

第三步，编制会计分录（金额单位：万元）。

$$\text{换入公寓的入账价值}=\text{换出资产的公允价值}+\text{支付补价的公允价值}+\text{应支付的相关税费}=900+100+0=1\ 000(\text{万元})$$

换出设备的损益＝900－800＝100(万元)

借：固定资产清理	800	
累计折旧	400	
贷：固定资产		1 200
借：固定资产——办公用房	1 000	
应交税费——应交增值税（进项税额）	130	
贷：资产处置损益		100
应交税费——应交增值税（销项税额）		117
固定资产清理		800
银行存款		113

（2）乙公司的会计处理。

第一步，具体分析与甲公司类似。

第二步，编制会计分录（金额单位：万元）。

$$\text{换入设备的入账价值}=\text{换出资产的公允价值}-\text{收到补价的公允价值}+\text{应支付的相关税费}=1\ 000-100+0=900(\text{万元})$$

换出公寓的损益＝1 000－800＝200(万元)

借：固定资产清理	800	

累计折旧　　300
贷：固定资产　　1 100
借：固定资产——设备　　900
应交税费——应交增值税（进项税额）　　117
银行存款　　113
贷：资产处置损益　　200
应交税费——应交增值税（销项税额）　　130
固定资产清理　　800

例1-4

甲公司以一项商标权换入乙公司新开发的一项专利技术。商标权的账面价值为42 000元，公允价值为69 000元。专利技术的账面价值为68 000元，其公允价值无法评估。此外，甲公司还必须向乙公司支付银行存款21 000元。预计两项无形资产的使用寿命相同，在使用寿命内预计为企业带来的现金流量总额相同。假设整个交易过程没有发生相关税费。

分析：甲公司以其商标权换入乙公司的一项专利技术，由于换入的专利技术是新开发的，预计开始阶段产生的未来现金流量明显少于后期，而该企业拥有的商标权每年产生的现金流量比较均衡，两者产生的现金流量金额差异明显，上述商标权与专利技术的未来现金流量显著不同；商标权的公允价值能够可靠计量。

$$\text{支付的货币性资产占换入资产公允价值（或占换出资产公允价值与支付的货币性资产之和）的比例}=\frac{21\ 000}{21\ 000+69\ 000}\times 100\%=23.33\%<25\%$$

因此，该交换属于涉及补价的非货币性资产交换Ⅰ。

（1）甲公司的会计处理。

第一步，计算确定换入资产的入账金额。

$$\text{换入专利技术的入账金额}=\text{换出资产的公允价值}+\text{支付的补价}+\text{应支付的相关税费}=69\ 000+21\ 000+0=90\ 000(\text{元})$$

第二步，计算确定非货币性资产交换产生的损益。换出商标权的公允价值为69 000元，账面价值为42 000元，同时支付补价21 000元。因此

$$\text{该资产交换应确认的损益}=\text{换出资产的公允价值}-\text{换出资产的账面价值}=69\ 000-42\ 000=27\ 000(\text{元})$$

第三步，编制会计分录。

借：无形资产——专利技术　　90 000
贷：无形资产——商标权　　42 000
银行存款　　21 000

资产处置损益——无形资产处置损益　　27 000

（2）乙公司的会计处理。

第一步，计算确定换入资产的入账金额。

换入商标权的入账金额＝换入资产的公允价值＋应支付的相关税费
＝69 000（元）

第二步，计算确定非货币性资产交换产生的损益。由于换出专利技术的公允价值无法评估，因此换入资产成本应以换入资产的公允价值为基础来确定，专利技术的账面价值为 68 000 元，同时收到补价 21 000 元。因此

$$\begin{aligned}\text{该资产交换应确认的损益} &= \text{换入资产的入账金额} + \text{收到的补价} - \left(\text{换出资产的账面价值} + \text{应支付的相关税费}\right)\\ &= \text{换入资产的公允价值} + \text{收到的补价} - \text{换出资产的账面价值}\\ &= 69\,000 + 21\,000 - 68\,000 = 22\,000(\text{元})\end{aligned}$$

第三步，编制会计分录。

借：无形资产——商标权　　69 000
　　银行存款　　21 000
　贷：无形资产——专利技术　　68 000
　　　资产处置损益——无形资产处置损益　　22 000

1.3.4　同时换入多项资产时的会计处理

属于非货币性资产交换Ⅰ时，如果同时换入多项资产，应当按照换入各项资产的公允价值占换入资产公允价值总额的比例，对换入资产的成本总额进行分配，确定各项换入资产的成本。

1.4　换入资产基于换出资产账面价值计价的会计处理

对于非货币性资产交换Ⅱ，也需要考虑是否涉及补价，以及是否同时换入多项资产。

1.4.1　换入单项资产

1. 不涉及补价时

（1）换入资产的成本计算公式为：

换入资产的入账金额＝换出资产的账面价值＋应支付的相关税费

（2）不确认损益。

2. 涉及补价时

(1) 支付补价方。

1) 换入资产成本的计算公式为：

$$\text{换入资产的入账金额}=\text{换出资产的账面价值}+\text{支付的补价}+\text{应支付的相关税费}$$

2) 不确认损益。

(2) 收到补价方。

1) 换入资产成本的计算公式为：

$$\text{换入资产的入账金额}=\text{换出资产的账面价值}-\text{收到的补价}+\text{应支付的相关税费}$$

2) 不确认损益。

1.4.2 同时换入多项资产

属于非货币性资产交换Ⅱ时，如果同时换入多项资产，应当按照换入各项资产的原账面价值占换入资产原账面价值总额的比例，对换入资产的成本总额进行分配，确定各项换入资产的入账金额。

例1-5

A公司拥有一个出租车队经营出租业务，其主要车辆是福特汽车和一汽汽车。A公司希望通过引入通用汽车和丰田汽车来增加出租车队的汽车种类，因此，A公司与同样经营出租车业务的B公司商定，A公司用一辆福特汽车和一辆一汽汽车交换B公司的一辆通用汽车和一辆丰田汽车。福特汽车的原值为150 000元，在交换日的累计折旧为15 000元，公允价值为160 000元；一汽汽车的原值为1 000 000元，在交换日的累计折旧为600 000元，公允价值为500 000元。通用汽车的原值为200 000元，在交换日的累计折旧为64 000元，公允价值为170 000元；丰田汽车的原值为800 000元，在交换日的累计折旧为450 000元，公允价值为500 000元。A公司另外向B公司支付银行存款10 000元。假设整个交易过程没有发生相关税费。

分析：A公司与B公司进行的是多项资产交换，换入、换出资产都是用作出租车，并且其未来现金流量在风险、时间和金额方面基本相同。A、B公司都是经营出租车出租业务，其面临的系统风险基本相同，因此可以合理判断，换入、换出资产的预计未来现金流量的现值基本相同。同时，支付的货币性资产占换出资产公允价值总额与支付的货币性资产之和的比例为1.49%，低于25%。因此，A、B公司进行的是非货币性资产交换Ⅱ。

(1) A公司的会计处理。

第一步，计算确定换入各项资产的成本。换出资产的账面价值分别为：

福特汽车的账面价值＝150 000－15 000＝135 000(元)
一汽汽车的账面价值＝1 000 000－600 000＝400 000(元)

换入资产的账面价值分别为：

通用汽车的账面价值＝200 000－64 000＝136 000(元)
丰田汽车的账面价值＝800 000－450 000＝350 000(元)

$$\text{换入资产的总成本}=\text{换出资产的账面价值}+\text{支付的补价}+\text{应支付的相关税费}$$
$$=135\ 000+400\ 000+10\ 000+0$$
$$=545\ 000(\text{元})$$

换入各项资产的入账金额分别为：

$$\text{通用汽车的入账金额}=\frac{545\ 000}{136\ 000+350\ 000}\times 136\ 000=152\ 510(\text{元})$$

$$\text{丰田汽车的入账金额}=\frac{545\ 000}{136\ 000+350\ 000}\times 350\ 000=392\ 490(\text{元})$$

第二步，编制会计分录。

借：固定资产清理	535 000	
累计折旧	615 000	
贷：固定资产——福特汽车		150 000
——一汽汽车		1 000 000
借：固定资产——通用汽车	152 510	
——丰田汽车	392 490	
贷：固定资产清理		535 000
银行存款		10 000

以账面价值为基础计算换入资产入账金额的情况下，不确认损益。

(2) B公司的会计处理。

第一步，计算确定换入各项资产的入账金额。换出资产的账面价值分别为：

通用汽车的账面价值＝200 000－64 000＝136 000(元)
丰田汽车的账面价值＝800 000－450 000＝350 000(元)

换入资产的账面价值分别为：

福特汽车的账面价值＝150 000－15 000＝135 000(元)
一汽汽车的账面价值＝1 000 000－600 000＝400 000(元)

$$\text{换入资产的总成本}=\text{换出资产的账面价值}-\text{收到的补价}+\text{应支付的相关税费}$$
$$=136\ 000+350\ 000-10\ 000+0$$
$$=476\ 000(\text{元})$$

换入各项资产的入账金额分别为：

$$福特汽车的入账金额=\frac{476\ 000}{135\ 000+400\ 000}\times 135\ 000=120\ 112(元)$$

$$一汽汽车的入账金额=\frac{476\ 000}{135\ 000+400\ 000}\times 400\ 000=355\ 888(元)$$

第二步，编制会计分录。

借：固定资产清理　　486 000
　　累计折旧　　514 000
　贷：固定资产——通用汽车　　200 000
　　　　　　　——丰田汽车　　800 000
借：固定资产——福特汽车　　120 112
　　　　　　——一汽汽车　　355 888
　　银行存款　　10 000
　贷：固定资产清理　　486 000

同理，B 公司的该项交换不确认损益。

1.5 适用其他准则的非货币性资产交换

广义的非货币性资产交换除了包括由《企业会计准则第 7 号——非货币性资产交换》所规范的非货币性资产交换外，还包括由其他具体会计准则规范的非货币性资产交换，本节补充介绍其中的两类：由《企业会计准则第 14 号——收入》规范的非货币性资产交换，由金融工具准则规范的非货币性资产交换。

以存货换入固定资产、无形资产等非货币性资产的，换出存货的企业相关会计处理适用《企业会计准则第 14 号——收入》。

非货币性资产交换中涉及由《企业会计准则第 22 号——金融工具确认和计量》规范的金融资产的，金融资产的确认、终止确认和计量适用《企业会计准则第 22 号——金融工具确认和计量》和《企业会计准则第 23 号——金融资产转移》。

1.5.1 换出存货的会计处理

企业以存货换入非货币性资产，涉及收入的确认与计量问题，需要遵循《企业会计准则第 14 号——收入》的相关规定。

《企业会计准则第 14 号——收入》规定：客户支付非现金对价的，企业应当按照非现金对价的公允价值确定交易价格。非现金对价的公允价值不能合理估计的，企业应当参照其承诺向客户转让商品的单独售价间接确定交易价格。单独售价，是指企业向客户单独销售商品的价格。

例 1-6

甲公司以账面价值为 900 万元的产成品办公桌换入乙公司的原始成本为

1 100 万元、累计折旧为 300 万元的一套办公用公寓。甲公司换入公寓作办公用房，乙公司换入办公桌用于办公。公寓的公允价值和计税价格为 1 000 万元，办公桌的公允价值和计税价格为 1 000 万元，不涉及补价。假定甲公司出售办公桌和乙公司出售公寓的增值税税率均为 13%，资产交换过程中没有发生除增值税以外的其他相关税费。

分析：(1) 甲公司的会计处理。

第一步，分析。

对于甲公司来说，该项交易是以存货换入非货币性资产。该项交换不是狭义的非货币性资产交换，不由《企业会计准则第 7 号——非货币性资产交换》来规范，而是由《企业会计准则第 14 号——收入》来规范。

换入资产原则上要基于换入资产的公允价值计量。

换入公寓的入账价值＝换入公寓的公允价值＝1 000(万元)

第二步，确定非货币性资产交换产生的损益。

换出资产办公桌的公允价值为 1 000 万元，账面价值为 900 万元，该项交易产生的收益为换出资产的公允价值超过其账面价值的差额 100 万元，应予以确认。

第三步，编制会计分录（金额单位：万元)。

借：固定资产——公寓	1 000	
应交税费——应交增值税（进项税额）	130	
主营业务成本	900	
贷：主营业务收入		1 000
应交税费——应交增值税（销项税额）		130
库存商品		900

(2) 乙公司的会计处理。

第一步，分析。

对于乙公司来说，该项交易是以固定资产换入固定资产。该项交换是狭义的非货币性资产交换，由《企业会计准则第 7 号——非货币性资产交换》来规范。换入资产原则上要基于换出资产的公允价值计量。

第二步，编制会计分录（金额单位：万元)。

借：固定资产清理	800	
累计折旧	300	
贷：固定资产——办公用房		1 100
借：固定资产——办公设备	1 000	
应交税费——应交增值税（进项税额）	130	
贷：资产处置损益		200
应交税费——应交增值税（销项税额）		130
固定资产清理		800

1.5.2 换入金融资产的会计处理

如果企业换入的非货币性资产为狭义的金融资产，即应由《企业会计准则第22号——金融工具确认和计量》规范的金融资产，则该金融资产的确认和计量适用该准则，而不是《企业会计准则第7号——非货币性资产交换》。

企业取得的交易性金融资产等非货币性金融资产，其入账金额的确定要基于公允价值。

企业换出金融资产的非货币性资产交换，无论是遵循《企业会计准则第7号——非货币性资产交换》还是《企业会计准则第22号——金融工具确认和计量》，会计处理方法都是相同的。

例1-7

甲公司因资金紧张，急于提高资产的变现能力，遂以其使用中的A设备交换乙公司持有的一项交易性金融资产，乙公司另外支付给甲公司银行存款100 000元。A设备的原始成本为830 000元，累计已提折旧为110 000元，公允价值为800 000元；交易性金融资产的账面价值为630 000元，公允价值为650 000元。甲公司换入资产继续作为交易性金融资产进行管理，乙公司换入A设备继续作为固定资产进行管理。假设交换不涉及相关税费。

分析：（1）甲公司的会计处理。

按照金融工具准则的规定，企业取得交易性金融资产应当按照其公允价值入账。因此

换入交易性金融资产的入账金额＝650 000(元)

换出固定资产的账面价值＝830 000－110 000＝720 000(元)

换出固定资产的收益＝(650 000＋100 000)－720 000＝30 000(元)

会计分录为：

借：固定资产清理	720 000	
累计折旧	110 000	
贷：固定资产		830 000
借：交易性金融资产	650 000	
银行存款	100 000	
贷：固定资产清理		720 000
资产处置损益		30 000

（2）乙公司的会计处理。

换入固定资产的入账金额＝650 000＋100 000＝750 000(元)

换出交易性金融资产的账面价值＝630 000(元)

换出交易性金融资产的收益＝750 000－(630 000＋100 000)

＝20 000(元)

会计分录为：

借：固定资产	750 000
贷：交易性金融资产	630 000
银行存款	100 000
投资收益	20 000

1.6 非货币性资产交换的信息披露

企业应当在附注中披露与非货币性资产交换有关的下列信息：

（1）非货币性资产交换是否具有商业实质及其原因。

（2）换入资产、换出资产的类别。

（3）换入资产初始计量金额的确定方式。

（4）换入资产、换出资产的公允价值以及换出资产的账面价值。

（5）非货币性资产交换确认的损益。

思考题

1. 非货币性资产交换给会计确认和计量带来哪些特殊问题？
2. 为什么要强调一项非货币性资产交换是否具有商业实质？
3. 非货币性资产交换中发生补价对确认和计量有何影响？
4. 对于换出存货的非货币性资产交换，其会计处理有何特点？

练习题

1. 20×7 年 5 月，A 公司以其一直用于出租的一幢房屋换入 B 公司生产的办公家具准备作为办公设备使用，B 公司则将换入的房屋继续出租。交换前 A 公司对该房屋采用成本模式进行后续计量，该房屋的原始成本为 500 000 元，累计已提折旧 180 000 元，公允价值为 400 000 元，没有计提过减值准备；B 公司换入房屋后继续采用成本模式进行计量。B 公司办公家具的账面价值为 280 000 元，公允价值和计税价格均为 300 000 元，适用的增值税税率为 13%。B 公司另外支付 A 公司 49 000 元的补价。假设该项交换不涉及其他相关税费。

要求： 分别编制 A 公司和 B 公司与该项资产交换相关的会计分录。

2. 20×7 年 9 月，X 公司的生产经营出现资金短缺，为扭转财务困境，遂决定将其正在建造的一幢办公楼及购买的办公设备与 Y 公司的一项专利技术及其对 Z 公司的一项长期股权投资进行交换。截至交换日，X 公司办公楼的建造成本为 900 000 元，办公设备的账面价值为 600 000 元，公允价值为 620 000 元；

Y公司专利技术的账面价值为400 000元，长期股权投资的账面价值为600 000元。由于正在建造的办公楼完工程度难以合理确定，Y公司的专利技术属于新开发的前沿技术，Z公司是非上市公司，因而X公司在建的办公楼、Y公司的专利技术和对Z公司的长期股权投资这三项资产的公允价值均不能可靠计量。Y公司另支付X公司300 000元补价。假设该项交换不涉及相关税费。

要求：分别编制X公司和Y公司与该项资产交换相关的会计分录。

第 2 章　债务重组

学习目标

1. 理解债务重组的基本概念和重组方式。
2. 掌握各种债务重组方式下债务人和债权人的会计处理方法。
3. 了解债务重组会计信息的披露要求。

AI 深度思考——与AI对话

一般来说，债务重组交易的债务人与债权人相比，何者利用债务重组交易操控会计报表的可能性更大？

2.1　债务重组的性质与方式

2.1.1　债务重组的性质

随着我国市场经济的不断发展、资本市场的逐渐完善，以及企业生产经营所处法律环境的不断改善，债务重组逐渐成为企业在高风险、强竞争的市场环境下解决债权债务问题的一种有效方法。

为了规范债务重组交易中债务人与债权人的会计处理和信息披露，我国制定了专门的《企业会计准则第 12 号——债务重组》，该准则最初于 1999 年发布，经过 2001 年、2006 年和 2019 年三次修订。本章以下将 2019 年修订的《企业会计准则第 12 号——债务重组》简称为 CAS 12（2019）。

CAS 12（2019）所称的债务重组，是指在不改变交易对手方的情况下，经债权人和债务人协定或法院裁定，就清偿债务的时间、金额或方式等重新达成协议的交易。该准则中的债务重组涉及的债权和债务是指《企业会计准则第 22 号——金融工具确认和计量》（以下简称 CAS 22）规范的金融工具相关的债权与债务。

具体来讲，CAS 12（2019）适用于所有债务重组，但下列各项适用其他相关会计准则：

（1）债务重组中涉及的债权、重组债权、债务、重组债务和其他金融工具的确认、计量和列报，分别适用《企业会计准则第22号——金融工具确认和计量》和《企业会计准则第37号——金融工具列报》。

（2）通过债务重组形成企业合并的，适用《企业会计准则第20号——企业合并》。

（3）债权人或债务人中的一方直接或间接对另一方持股且以股东身份进行债务重组的，或者债权人与债务人在债务重组前后均受同一方或相同的多方最终控制，且该债务重组的交易实质是债权人或债务人进行了权益性分配或接受了权益性投入的，适用权益性交易的有关会计处理规定。

CAS 12（2019）所界定的债务重组，不再限定债务人出现了财务困难，也不限定债权人对债务人做出了让步。但在现实经济活动中实际发生的债务重组，大多属于债务人出现了财务困难、债权人对债务人做出了让步的情形。

2.1.2 债务重组的方式

债务重组的方式主要包括：债务人以资产清偿债务、债务人将债务转为权益工具、修改其他条款以及上述一种方式以上的组合（组合方式）。

1. 债务人以资产清偿债务

以资产清偿债务，是指债务人转让其资产给债权人以清偿债务的债务重组方式。债务人用于清偿债务的资产可以有两种分类：第一种分类是分为现金资产与非现金资产，非现金资产主要有存货、各种投资（包括交易性金融资产、债权投资、其他债权投资和长期股权投资等）、固定资产、无形资产等。第二种分类是分为金融资产与非金融资产。

2. 债务人将债务转为权益工具

债务人将债务转为权益工具，是指债务人将债务转为权益工具，同时债权人将债权转为股权的债务重组方式。相应地，债务人因此会增加股本（或实收资本）、资本公积等，债权人因此增加长期股权投资等权益性投资。

3. 修改其他条款

修改其他条款，是债务人不以资产清偿债务，也不将债务转为权益工具，而是改变债权和债务的其他条款的债务重组方式，如减少债务本金，减少或免去债务利息，延长债务偿还期限等。经修改其他条款的债权和债务分别形成重组债权和重组债务。重组债权是相对于债权人的原有债权而言的，重组债务则是相对于债务人的原有债务而言的。

4. 组合方式

组合方式，是指债务人采用以上三种方式中一种以上方式的组合清偿债务的债务重组方式，也称混合重组方式。

2.2 债务重组的会计处理

债务重组的会计处理，关键在于债务人是否应当确认债务重组收益，所确认的债务重组收益是计入当期损益，还是直接计入所有者权益。CAS 12（2019）规定，债务人应当确认债务重组收益，并计入当期损益。下面分别讨论不同债务重组方式下的会计处理问题。

2.2.1 债务人以资产清偿债务

债务人以资产清偿债务，是指债务人转让其资产给债权人以清偿债务的债务重组方式。从基本原理来讲，债务人用于清偿债务的资产首先可以分为现金资产与非现金资产。如果债务人以现金资产清偿债务，则债务人不存在要不要确定以及如何确定偿债资产本身的处置损益的问题，债权人受让的现金按照其名义金额入账，不存在如何确定受让资产的入账金额的难题。但是 CAS 12（2019）要求将债务人用于清偿债务的资产分为金融资产与非金融资产。这种分类关注的重点在于，如果债权人受让的是金融资产，则该金融资产的入账金额的确定要遵循 CAS 22 的规定，要以公允价值为基础；如果债权人受让的是非金融资产，则该非金融资产的入账金额的确定要遵循成本原则，按照其取得成本入账。总之，债权人受让金融资产的初始确认和计量需要遵循 CAS 22 的规定。

1. 基本要求

（1）债务人的会计处理。理论界关于债务人债务重组损益的确认和计量大体有以下两种观点：一种观点认为，在某些情况下确认转让财产的公允价值将付出高昂的代价，容易受会计师主观判断的影响，另外在利润表上确认同一项重组债务的财产转让损益和债务重组损益的意义不大。因此，他们主张重组债务的账面价值与受让非现金资产账面价值的差额全部确认为重组损益。另一种观点认为，以公允价值计量转让非现金资产的价值，对于评价和传递关于企业的有用信息是至关重要的。例如，在债务重组中转让的某些资产（如房地产），其公允价值往往高于账面价值；而另一些资产（如应收款项）的公允价值往往低于其账面价值，所以，只有采用公允价值，才能在债务重组业务中将企业持有某些资产的升值或贬值的有用信息充分地反映出来，间接向市场传递关于公司资产质量的有用信息。因此，主张将转让非现金资产的公允价值与其账面价值的差异确认为债务重组损益。CAS 12（2019）采纳了第一种观点：如果债务人以非现金资产清偿债务，债务人不单独确认资产处置损益，而是将偿付债务的账面价值与转让资产的账面价值之间的差额计入当期损益（“其他收益——债务重组收益”）。

具体来讲，CAS 12（2019）要求，以资产清偿债务方式进行债务重组的，债务人应当在相关资产和所清偿债务符合终止确认条件时予以终止确认，所清偿债务账面价值与转让资产账面价值之间的差额计入当期损益。

（2）债权人的会计处理。如果债务人以资产清偿债务，债权人面临两个紧密相关的问题：一是受让的资产何时入账，即要解决确认问题；二是受让资产（非现金资产）的入账金额如何确定，即要解决计量问题。

CAS 12（2019）规定，债权人应当在受让的相关资产符合其定义和确认条件时予以确认。

关于债权人受让的非现金资产的计价，CAS 12（2019）要求区分受让的是金融资产还是非金融资产，分别采用不同的方法。

如果债权人受让包括现金在内的单项或多项金融资产，则应当按照 CAS 22 的规定进行确认和计量。金融资产初始确认时，应当以其公允价值计量，金融资产确认金额与债权在终止确认日的账面价值之间的差额，记入“投资收益”科目。

深度思考

按照《企业会计准则第22号——金融工具确认和计量》的规定，金融资产在初始确认时，要基于公允价值进行计量，即基于公允价值确定金融资产的入账金额。相比按成本入账，这种会计处理有何利弊？

如果债权人受让非金融资产，则应当以成本计量。非金融资产的成本应当按照下列原则确定：

存货的成本，包括放弃债权的公允价值和使该资产达到当前位置和状态所发生的可直接归属于该资产的税金、运输费、装卸费、保险费等其他成本。

对联营企业或合营企业投资的成本，包括放弃债权的公允价值和可直接归属于该资产的税金等其他成本。

投资性房地产的成本，包括放弃债权的公允价值和可直接归属于该资产的税金等其他成本。

固定资产的成本，包括放弃债权的公允价值和使该资产达到预定可使用状态前所发生的可直接归属于该资产的税金、运输费、装卸费、安装费、专业人员服务费等其他成本。

生物资产的成本，包括放弃债权的公允价值和可直接归属于该资产的税金、运输费、保险费等其他成本。

无形资产的成本，包括放弃债权的公允价值和可直接归属于使该资产达到预定用途所发生的税金等其他成本。

放弃债权的公允价值与账面价值之间的差额，记入“投资收益”科目。

2. 债务人以金融资产清偿债务的会计处理

（1）债务人的会计处理。CAS 12（2019）规定，债务人以包括现金在内的金融资产清偿债务的，债务人不需要区分资产处置损益和债务重组损益，应将所清偿债务的账面价值与所转让金融资产的账面价值之间的差额，记入“其他收益——债务重组收益”科目。偿债资产已计提减值准备的，应结转已计提的减值准备。这种规定有利于简化债务人的会计处理。

（2）债权人的会计处理。债务人以包括现金在内的金融资产清偿债务的，债权人对于受让的金融资产，要按照 CAS 22 的规定进行初始确认和计量，具体来讲，要基于公允价值进行计量。

资产的账面价值是指资产的账面余额扣除其资产减值准备后的余额。固定资产的账面余额是原始成本减去累计折旧后的余额，无形资产的账面余额是原始成本减去累计摊销后的余额。未计提减值准备的资产，其账面价值就是账面余额。对企业的债务而言，其账面价值通常就是该债务的账面余额。

例 2-1

甲公司于 20×7 年 1 月 20 日从乙公司购入商品一批，含税价格为 226 000 元，增值税税率为 13%。按合同约定，甲公司应于 20×7 年 2 月 20 日前支付货款，由于甲公司财务发生困难，无法按合同规定偿还债务。20×7 年 2 月 25 日，经双方协议，乙公司同意减免甲公司 40 000 元债务，余额立即用银行存款偿清。假设乙公司对该项债权计提了 15 000 元的坏账准备。

分析：（1）债务人甲公司。

甲公司支付的银行存款＝226 000－40 000＝186 000（元）
甲公司贷记“投资收益”科目的金额＝40 000（元）

20×7 年 2 月 25 日，债务人甲公司的账务处理如下：

借：应付账款	226 000	
贷：银行存款		186 000
投资收益		40 000

（2）债权人乙公司。

乙公司收到甲公司偿债的银行存款＝226 000－40 000＝186 000（元）
乙公司放弃债权的账面价值＝226 000－15 000＝211 000（元）
乙公司借记“投资收益”科目的金额＝211 000－186 000＝25 000（元）

20×7 年 2 月 25 日，债权人乙公司的账务处理如下：

借：银行存款	186 000	
坏账准备	15 000	
投资收益	25 000	
贷：应收账款		226 000

例 2-2

A 公司于 20×7 年 1 月 1 日从 B 公司购入一批商品，含税价格为 600 000 元。按合同约定，A 公司应于 20×7 年 3 月 31 日支付货款。由于 A 公司财务发生困难，短期内不能支付货款。20×7 年 4 月 1 日，经双方协商，B 公司同意 A 公司以某公司股票抵偿债务。A 公司之前将该股票作为交易性金融资产进行管理，该股票的账面价值为 550 000 元（假定该资产账面公允价值变动额为零），当日的公允价值为 530 000 元。B 公司为该项应收账款计提了坏账准备 42 000 元。用于抵债的股票于当日即办理相关转让手续，B 公司将取得的股票作为交易性金融资产处理。假定不考虑该项债务重组相关的税费。

分析：（1）债务人 A 公司。

债务人以账面价值为 550 000 元的交易性金融资产抵偿账面价值为 600 000 元的应付账款，两项账面价值之间的差额 50 000 元记入“投资收益”科目。20×7 年 4 月 1 日，债务人 A 公司的账务处理如下：

借：应付账款	600 000	
贷：交易性金融资产		550 000
投资收益		50 000

（2）债权人 B 公司。

按照 CAS 12（2019）的规定，如果债务人以金融资产偿还债务，债权人要依据 CAS 22 的要求，对受让的金融资产按公允价值入账，不需要考虑放弃债权的公允价值。本例中，受让交易性金融资产的入账金额为公允价值 530 000 元。20×7 年 4 月 1 日，债权人 B 公司的账务处理如下：

借：交易性金融资产	530 000	
坏账准备	42 000	
投资收益	28 000	
贷：应收账款		600 000

例 2-3

甲公司于 20×7 年 1 月 1 日从乙公司购买商品一批，含税价格为 113 000 元。按合同规定，甲公司应于 20×7 年 3 月 1 日前偿付货款。由于甲公司发生财务困难，无法按合同规定的期限偿还债务，经双方协议于 4 月 1 日进行债务重组。债务重组协议规定，乙公司同意甲公司用一项市价为 60 000 元的债权投资抵偿等额债务，免除 8 000 元债务，余额用银行存款立即偿清。甲公司于当日完成债权转让，并通过银行转账支付了剩余款项，乙公司随即收到了该笔款项，并将该项债权以摊余成本计量。乙公司已为该项应收债权计提了 5 000 元的坏账准备。甲公司以摊余成本计量用于抵债的债权投资，债券账面价值为 60 000 元。

分析：（1）债务人甲公司。

$$\begin{aligned}\text{甲公司需用银行存款偿债的金额} &= 113\ 000-60\ 000-8\ 000\\ &= 45\ 000(\text{元})\end{aligned}$$

$$\begin{aligned}\text{甲公司贷记“投资收益”科目的金额} &= 113\ 000-45\ 000-60\ 000\\ &= 8\ 000(\text{元})\end{aligned}$$

20×7 年 4 月 1 日，债务人甲公司的账务处理如下：

借：应付账款	113 000	
贷：债权投资		60 000

银行存款　45 000
投资收益　8 000

（2）债权人乙公司。

乙公司应收账款的账面价值＝113 000－5 000＝108 000（元）

乙公司借记“投资收益”科目的金额＝108 000－45 000－60 000＝3 000（元）

20×7 年 4 月 1 日，债权人乙公司的账务处理如下：

借：银行存款	45 000	
债权投资	60 000	
坏账准备	5 000	
投资收益	3 000	
贷：应收账款		113 000

3. 债务人以非金融资产清偿债务的会计处理

（1）债务人的会计处理。按照 CAS 12（2019）规定，无论债务人以金融资产清偿债务还是以非金融资产清偿债务，债务人的会计处理都不需要区分资产处置损益和债务重组损益，应将所清偿债务的账面价值与所转让资产的账面价值之间的差额，记入“其他收益——债务重组收益”科目。偿债资产已计提减值准备的，应结转已计提的减值准备。

CAS 12（2019）的上述规定没有考虑转让资产的增值税销项税额。如果考虑该因素，则有：

债务人记入“其他收益——债务重组收益”科目的金额＝清偿债务的账面价值－所转让资产的账面价值－转让资产的增值税销项税额

（2）债权人的会计处理。按照 CAS 12（2019）规定，如果债务人以非金融资产清偿债务，那么债权人的会计处理不同于债务人以非金融资产清偿债务的情形。究其原因，是因为现行会计准则规定，对于金融资产和非金融资产的初始确认与计量，要采用不同的方法：对于金融资产的初始计量要基于公允价值，而对于非金融资产的初始计量则一般要基于取得成本。

于是，问题的关键在于，债权人在债务重组交易中所取得非金融资产的成本如何确定。CAS 12（2019）的规定是：以债权人所放弃债权的公允价值，加上相关税费等其他成本，以此作为所取得的非金融资产的成本和入账金额。

债权人放弃债权的公允价值在本质上是放弃债权的“现时成本”，而不是历史成本。放弃债权的历史成本是该债权的账面余额。从财务会计的基本原理来看，在债务人以非金融资产清偿债务的情况下，债权人在债务重组交易中的“所得”是受让的非金融资产，“所失”是放弃债权的账面余额。

深度思考

在债务人以非金融资产清偿债务的情况下，对于债权人来说，最为重要的是明确在该项债务重组中的“所得”（得到了多少）还是“所失”（失去了多少）？对于债权人的“所失”，应该重点关注放弃债权的公允价值还是账面余额？

从原理来讲，在确定债权人“所得”非金融资产的入账金额时，可以有两种选择：一是基于受让资产本身的公允价值，二是基于放弃债权的公允价值。这两种方法各有何利弊？

CAS 12（2019）进一步规定，债权人放弃债权的公允价值与账面价值之间的差额，记入“投资收益”科目。这一表述没有考虑受让资产的增值税进项税额，如果考虑这一因素，则有：

债权人借记“投资收益”科目的金额 = 放弃债权的账面价值 − 放弃债权的公允价值 − 受让资产的增值税进项税额

例2-4

甲公司于20×7年2月10日从乙公司购入商品一批，同时向乙公司签发并承兑一张面值200 000元、年利率6%、6个月期、到期还本付息的票据。20×7年8月10日，甲公司财务发生困难，无法兑现票据，当日双方达成协议，乙公司同意甲公司用一台设备抵偿该应收票据。这台设备历史成本为240 000元，累计折旧为60 000元，已计提减值准备20 000元。20×7年8月20日，双方办理完成该项固定资产转让手续，当日乙公司应收票据的公允价值为190 000元，乙公司未对债权计提坏账准备。假设不考虑相关税费。

分析：（1）债务人甲公司的会计处理。

应付票据的账面价值＝200 000＋200 000×6%×6/12
＝206 000(元)

偿债用固定资产的账面价值＝240 000－60 000－20 000
＝160 000(元)

贷记“其他收益——债务重组收益”科目的金额＝206 000－160 000
＝46 000(元)

20×7年8月20日，债务人甲公司的账务处理如下：

借：固定资产清理	160 000	
累计折旧	60 000	
固定资产减值准备	20 000	
贷：固定资产		240 000
借：应付票据	206 000	
贷：固定资产清理		160 000
其他收益——债务重组收益		46 000

（2）债权人乙公司的会计处理。

应收票据的账面价值＝200 000＋200 000×6％×6/12
＝206 000(元)

受让固定资产的入账金额＝放弃债权的公允价值＋其他成本
＝190 000＋0＝190 000(元)

借记“投资收益”科目的金额＝206 000－190 000
＝16 000(元)

20×7 年 8 月 20 日，债权人乙公司的账务处理如下：

借：固定资产	190 000	
投资收益	16 000	
贷：应收票据		206 000

例 2－5

甲公司于 20×7 年 7 月 10 日从乙公司赊购一批商品，含税价格为 520 000 元。甲公司因发生财务困难，至 20×7 年末尚未支付货款。20×8 年 1 月 5 日，双方同意进行债务重组，乙公司同意甲公司以一项专利技术偿还债务。该项专利技术的原始成本为 400 000 元，累计摊销 80 000 元，评估确认的不含税价值和计税价格为 300 000 元，增值税税率为 13％。甲公司未对转让的专利技术计提减值准备，乙公司对债权计提了坏账准备 60 000 元。乙公司以银行存款支付了 30 000 元的评估费用，评估确定应收甲公司账款的公允价值为 350 000 元。假定不考虑其他相关税费。

分析：（1）债务人甲公司的会计处理。

偿债用无形资产的账面价值＝400 000－80 000＝320 000(元)

偿债用无形资产的增值税销项税额＝300 000×13％
＝39 000(元)

贷记“其他收益——债务重组收益”科目的金额＝清偿债务的账面价值－所转让资产的账面价值－转让资产的增值税销项税额
＝520 000－320 000－39 000
＝161 000(元)

偿债用无形资产的增值税销项税额 39 000 元减少了记入“其他收益——债务重组收益”科目的金额。

借：应付账款	520 000	
累计摊销	80 000	
贷：无形资产		400 000
应交税费——应交增值税（销项税额）		39 000
其他收益——债务重组收益		161 000

（2）债权人乙公司的会计处理。

应收账款的账面价值＝520 000－60 000＝460 000(元)

受让无形资产的入账金额＝放弃债权的公允价值＋其他成本

＝350 000＋30 000

＝380 000(元)

借记“投资收益”科目的金额＝放弃债权的账面价值－放弃债权的公允价值－受让资产的增值税进项税额

＝460 000－350 000－39 000

＝71 000(元)

借：无形资产	380 000	
应交税费——应交增值税（进项税额）	39 000	
坏账准备	60 000	
投资收益	71 000	
贷：应收账款		520 000
银行存款		30 000

2.2.2　债务人将债务转为权益工具

1. 债务人的会计处理

将债务转为权益工具方式进行债务重组的，债务人应当在所清偿债务符合终止确认条件时予以终止确认。债务人初始确认权益工具时应当按照权益工具的公允价值计量，权益工具的公允价值不能可靠计量的，应当按照所清偿债务的公允价值计量。所清偿债务账面价值与权益工具确认金额之间的差额，应当计入当期损益（“投资收益”科目）。债务人因发行权益工具而支出的相关税费等，应当依次冲减资本溢价、盈余公积、未分配利润等。

2. 债权人的会计处理

（1）权益性投资的确认。如果采用债务人将债务转为权益工具的方式进行债务重组，那么意味着债权人的债权转换为一项权益性投资，债权人应当在相关权益性投资符合其定义和确认条件时予以确认。

（2）权益性投资的计量。如果将债务转为权益工具方式进行债务重组导致债权人将债权转为一项应由CAS 22规范的权益性金融资产的，则应当按照CAS 22的规定，基于公允价值确定其入账金额。

如果将债务转为权益工具方式进行债务重组导致债权人将债权转为对联营企业或合营企业的权益性投资的，则债权人应当基于成本确定其入账金额。对联营企业或合营企业投资的初始投资成本，包括放弃债权的公允价值和可直接归属于该资产的税金等其他成本。放弃债权的公允价值与账面价值之间的差额，记入“投资收益”科目。

例 2-6

甲公司于20×7年1月1日从乙公司赊购商品一批，含税价格为65万元。按合同约定，甲公司应于20×7年3月31日支付货款。由于甲公司财务发生困难，短期内不能支付货款。经双方协商同意，采取将甲公司所欠债务转为甲公司权益工具的方式进行债务重组。假定甲公司普通股的面值为1元，以20万股抵偿该项债务，股票每股市价为3元。乙公司对该项应收账款计提了坏账准备3万元。20×7年4月20日，股票登记手续办理完毕。债转股后乙公司能够对甲公司施加重大影响，乙公司将该项股权作为长期股权投资处理。该应收账款的公允价值为60万元。假设不考虑相关税费。

分析：(1) 债务人甲公司的会计处理。

甲公司发行股票的总市价＝200 000×3＝600 000(元)

记入"资本公积——股本溢价"科目的金额＝600 000－200 000
＝400 000(元)

贷记"投资收益"科目的金额＝偿付债务的账面价值－发行股票的总市价
＝650 000－600 000
＝50 000(元)

20×7年4月20日，债务人甲公司的账务处理如下：

借：应付账款　650 000
　贷：股本　200 000
　　资本公积——股本溢价　400 000
　　投资收益　50 000

(2) 债权人乙公司的会计处理。

债权人受让的资产是长期股权投资，不是CAS 22所规范的金融资产，按照CAS 12（2019）的规定，该项长期股权投资的入账金额为债权人放弃债权的公允价值与税金等其他成本之和。本例假设债权人未发生其他成本。

长期股权投资的入账金额＝放弃债权的公允价值＋其他成本
＝600 000＋0＝600 000(元)

应收账款的账面价值＝650 000－30 000＝620 000(元)

借记"投资收益"科目的金额＝应收账款的账面价值－长期股权投资的入账金额
＝620 000－600 000＝20 000(元)

20×7年4月20日，债权人乙公司的账务处理如下：

借：长期股权投资　600 000
　　坏账准备　30 000
　　投资收益　20 000
　贷：应收账款　650 000

2.2.3 修改其他条款

如前所述，修改其他条款的债务重组，是指债务人不以资产清偿债务，也不将债务转为权益工具，而是改变债权和债务的其他条款，如减少债务本金，减少或免去债务利息，延长债务偿还期限等。经修改其他条款的债权和债务分别形成重组债权和重组债务。采用修改其他条款方式进行债务重组的，债务人会计处理的重点是重组债务的确认和计量，债权人会计处理的重点是重组债权的确认和计量。债务人应当按照CAS 22和《企业会计准则第37号——金融工具列报》的规定，确认和计量重组债务；债权人应当按照CAS 22的规定，确认和计量重组债权。

1. 债务人的会计处理

CAS 22规定，金融负债在初始确认时要按公允价值计量。这种规定的合理性、恰当性存在较大的争议。

按照CAS 12（2019）的要求，债务人要评价原有债务是否符合终止确认的条件，如果认定其符合终止确认的条件，则要将重组债务视为一项“全新的”金融负债，按公允价值入账；如果认定原有债务不符合终止确认的条件，则重组债务继续采用原有债务的计量方法确定其入账金额。原有债务的计量方法可能是：按摊余成本计量，或者是按公允价值计量且其变动计入当期损益。

具体来讲，债务重组采用修改其他条款方式进行的，如果修改其他条款导致债务终止确认，债务人应当按照公允价值计量重组债务，终止确认的债务账面价值与重组债务确认金额之间的差额，记入“投资收益”科目。如果修改其他条款未导致债务终止确认，或者仅导致部分债务终止确认，对于未终止确认的部分债务，债务人应当根据其分类，继续以摊余成本、以公允价值计量且其变动计入当期损益或其他适当方法进行后续计量。对于以摊余成本计量的债务，债务人应当根据重新议定合同的现金流量变化情况，重新计算该重组债务的账面价值，并将相关利得或损失记入“投资收益”科目。重新计算的该重组债务的账面价值，应当根据将重新议定或修改的合同现金流量按债务的原实际利率或按《企业会计准则第24号——套期会计》第二十三条规定的重新计算的实际利率（如适用）折现的现值确定。对于修改或重新议定合同所产生的成本或费用，债务人应当调整修改后的重组债务的账面价值，并在修改后重组债务的剩余期限内摊销。

2. 债权人的会计处理

对于债权人，债务重组通过调整债务本金、改变债务利息、变更还款期限等修改合同条款方式进行的，合同修改前后的交易对手方没有发生改变，合同涉及的本金、利息等现金流量很难在本息之间及债务重组前后作出明确分割，即很难单独识别合同的特定可辨认现金流量。因此，通常情况下，应当整体考虑是否对全部债权的合同条款作出了实质性修改。如果作出实质性修改，或者债权人与债务人之间签订协议，以获取实质上不同的新金融资产方式替换债权，应当终止确认原债权，并按照修改后的条款或新协议确认新金融资产。

具体而言，如果修改其他条款导致全部债权终止确认，债权人应当按照修改后的条款以公允价值初始计量重组债权，重组债权的确认金额与债权终止确认日账面价值之间的差额，记入“投资收益”科目。如果修改其他条款未导致债权终止确认，债权人应当根据其分类，继续以摊余成本、以公允价值计量且其变动计入其他综合收益或者以公允价值计量且其变动计入当期损益进行后续计量。对于以摊余成本计量的债权，债权人应当根据重新议定合同的现金流量变化情况，重新计算该重组债权的账面余额，并将相关利得或损失记入“投资收益”科目。重新计算的该重组债权的账面余额，应当根据将重新议定或修改的合同现金流量按债权原实际利率折现的现值确定，购买或源生的已发生信用减值的重组债权，应按经信用调整的实际利率折现。对于修改或重新议定合同所产生的成本或费用，债权人应当调整修改后的重组债权的账面价值，并在修改后重组债权的剩余期限内摊销。

例2-7

甲公司于20×7年6月1日从乙公司购入商品一批，不含税价款100万元，增值税税率为13%，增值税13万元。同时，向乙公司签发并承兑一张面值为113万元、期限为6个月、票面利率为4%的商业承兑汇票。票据到期时，甲公司因为财务发生困难无法按期兑付该票据，乙公司将该票据按到期值转入应收账款后不再计算利息，并计提坏账准备10万元。20×7年12月31日，甲公司与乙公司进行债务重组，双方签订债务重组协议：乙公司同意免除甲公司积欠的全部利息，将剩余债务本金减至80万元，并将偿还期限延长至20×8年12月31日，从20×8年1月1日起继续按4%的年利率计算利息，甲公司于20×8年12月31日到期一次还本付息。假设重组前和重组后票据的市场利率与票面利率相同。

分析：(1) 债务人甲公司的会计处理。

$$重组前债务的利息=1\ 130\ 000\times\frac{4\%}{2}=22\ 600(元)$$

重组前债务的账面价值=1 130 000+22 600=1 152 600(元)

重组后债务的入账金额=800 000(元)

记入“投资收益”科目的金额=1 152 600−800 000=352 600(元)

20×7年12月31日，债务人甲公司的账务处理如下：

借：应付票据	1 152 600	
贷：应付票据——债务重组		800 000
投资收益		352 600

(2) 债权人乙公司的会计处理。

$$重组前债权的利息=1\ 130\ 000\times\frac{4\%}{2}=22\ 600(元)$$

重组前债权的账面价值=1 130 000+22 600−100 000=1 052 600(元)

重组后债权的入账金额=800 000(元)

记入“投资收益”科目的金额=1 052 600−800 000=252 600(元)

20×7年12月31日，债权人乙公司的账务处理如下：

借：应收票据——债务重组	800 000	
坏账准备	100 000	
投资收益	252 600	
贷：应收账款		1 152 600

2.2.4 以多项资产清偿债务或以组合方式进行债务重组

1. 债务人的会计处理

以多项资产清偿债务或者组合方式进行债务重组的，债务人应当按照CAS 12（2019）第十一条和第十二条的规定确认和计量权益工具和重组债务，所清偿债务的账面价值与转让资产的账面价值以及权益工具和重组债务的确认金额之和的差额，应当计入当期损益。

2. 债权人的会计处理

以多项资产清偿债务或者组合方式进行债务重组的，债权人应当首先按照CAS 22的规定确认和计量受让的金融资产和重组债权，然后按照受让的金融资产以外的各项资产的公允价值比例，对放弃债权的公允价值扣除受让金融资产和重组债权确认金额后的净额进行分配，并以此为基础按照CAS 12（2019）第六条的规定分别确定各项资产的成本。放弃债权的公允价值与账面价值之间的差额，应当计入当期损益。

例2-8

甲公司于20×7年11月1日从乙公司购入商品一批，不含税价款300万元，增值税税率为13%，增值税39万元。同时，向乙公司签发并承兑一张面值为339万元、期限为6个月、票面利率为4%的商业承兑汇票。票据到期，甲公司因为财务发生困难无法按期兑付该票据，乙公司将该票据按到期值转入应收账款后不再计算利息。20×8年7月1日，甲公司与乙公司进行债务重组，其相关资料如下：

（1）甲公司用账面价值和公允价值均为16万元的某公司股票抵偿等额债务。债务重组前甲公司将该股票作为交易性金融资产进行管理，乙公司受让该股票后继续按交易性金融资产处理。

（2）甲公司用一项固定资产抵偿部分债务。该固定资产的原始成本为30万元，已计提折旧11万元，公允价值为20万元。该固定资产不需要安装，于20×8年7月1日运抵乙公司。

（3）甲公司以一项作为无形资产核算的非专利技术抵偿部分债务。该无形资产的账面余额为100万元，累计摊销9万元。20×8年7月1日，双方办理完成该无形资产的转让手续，乙公司以银行存款支付评估费用3万元。该项无形资产的公允价值为80万元。

（4）免除积欠的全部利息，将剩余债务本金减至200万元，并将偿还期限延长至 20×9 年 12 月 31 日，从 20×8 年 7 月 1 日起继续按 4%的年利率计算利息。

(5) 债务重组协议规定，甲公司于每年年末支付利息。

(6) 当日乙公司该项应收账款的公允价值为 320 万元，已计提坏账准备 15 万元。

假设重组前和重组后票据的票面利率与市场利率相同。不考虑其他相关税费。

分析：(1) 债务人甲公司的会计处理。

$$重组前债务的利息=3\ 390\ 000\times 4\%\times \frac{6}{12}=67\ 800(元)$$

重组前债务的账面余额=3 390 000+67 800=3 457 800(元)

重组后债务的入账金额=2 000 000(元)

用于抵债的交易性金融资产的账面价值=160 000(元)

用于抵债的固定资产的账面价值=300 000−110 000
=190 000(元)

用于抵债的无形资产的账面价值=1 000 000−90 000
=910 000(元)

偿债用资产的账面价值之和=160 000+190 000+910 000
=1 260 000(元)

贷记“其他收益——债务重组收益”科目的金额=重组前债务的账面余额−重组后债务的入账金额−偿债用资产的账面价值之和
=3 457 800−2 000 000−1 260 000
=197 800(元)

甲公司的账务处理如下：

1) 20×8 年 7 月 1 日。

借：应付账款——乙公司	3 457 800	
累计折旧	110 000	
累计摊销	90 000	
贷：交易性金融资产		160 000
固定资产		300 000
无形资产		1 000 000
应付账款——债务重组		2 000 000
其他收益——债务重组收益		197 800

2) 20×8 年 12 月 31 日。

$$按\ 4\%年利率支付利息=2\ 000\ 000\times 4\%\times \frac{6}{12}=40\ 000(元)$$

借：财务费用　　40 000

　贷：银行存款　　40 000

3）20×9年12月31日。

按4%年利率应支付利息＝2 000 000×4%＝80 000(元)

冲减应付账款＝2 000 000(元)

确认利息费用＝80 000(元)

借：应付账款——债务重组　　2 000 000

　　财务费用　　80 000

　贷：银行存款　　2 080 000

（2）债权人乙公司的会计处理。

重组前债权的利息＝3 390 000×4%×$\frac{6}{12}$＝67 800(元)

重组前债权的账面余额＝3 390 000＋67 800＝3 457 800(元)

重组前债权的账面价值＝3 457 800－150 000＝3 307 800(元)

重组前债权的公允价值＝3 200 000(元)

重组前债权的公允价值与其他成本之和＝3 200 000＋30 000
＝3 230 000(元)

重组后债权的入账金额＝2 000 000(元)

受让固定资产和无形资产的总成本＝3 230 000－160 000－2 000 000
＝1 070 000(元)

受让固定资产应分摊的成本＝1 070 000×200 000/(200 000＋800 000)
＝214 000(元)

受让无形资产应分摊的成本＝1 070 000×800 000/(200 000＋800 000)
＝856000(元)

借记"投资收益"科目的金额＝重组前债权的账面价值－重组前债权的公允价值
＝3 307 800－3 200 000＝107 800(元)

债权人乙公司的账务处理如下：

1）20×8年7月1日。

借：交易性金融资产　　160 000

　　固定资产　　214 000

　　无形资产　　856 000

　　应收账款——债务重组　　2 000 000

　　坏账准备　　150 000

　　投资收益　　107 800

　贷：应收账款——甲公司　　3 457 800

　　　银行存款　　30 000

2）20×8 年 12 月 31 日。

$$按4\%的年利率收取利息=2\ 000\ 000\times 4\%\times \frac{6}{12}=40\ 000(元)$$

借：银行存款　　40 000
　贷：财务费用——利息收入　　40 000

3）20×9 年 12 月 31 日。

按 4%年利率收取利息＝2 000 000×4%＝80 000（元）
收取本金及利息＝2 000 000＋80 000＝2 080 000（元）
应冲减应收账款＝2 000 000（元）

借：银行存款　　2 080 000
　贷：应收账款——债务重组　　2 000 000
　　　财务费用　　80 000

2.3　债务重组相关信息的披露

债务人和债权人都应在附注中披露与债务重组有关的信息。

2.3.1　债务人的披露

债务人应当在附注中披露与债务重组有关的下列信息：

（1）根据债务重组方式，分组披露债务账面价值和债务重组相关损益。

（2）债务重组导致的股本等所有者权益的增加额。

2.3.2　债权人的披露

债权人应当在附注中披露与债务重组有关的下列信息：

（1）根据债务重组方式，分组披露债权账面价值和债务重组相关损益。

（2）债务重组导致的对联营企业或合营企业的权益性投资增加额，以及该投资占联营企业或合营企业股份总额的比例。

思考题

1.《企业会计准则第 12 号——债务重组》是如何界定债务重组的？请对这种界定作出简要评价。

2. 你认为债务重组涉及的会计问题主要是什么？

3. 你认为企业会计准则不要求区分债务重组损益和资产处置损益，而是合并作为债务重组相关损益反映有何意义？可能存在什么问题？

4. 你认为企业会计准则允许债务人确认债务重组收益有何意义？可能存在什么问题？

练习题

1. 甲公司欠乙公司货款1 000 000元。甲公司将其拥有的一台机器设备抵偿500 000元欠款，该设备原价为600 000元，已提折旧180 000元。经评估，其公允价值为460 000元，甲公司支付评估费10 000元。甲公司另外将其持有的丙公司股票100 000股抵偿余下的500 000元欠款，当日该股票的市价为每股4.6元，账面价值为每股4元，甲公司以银行存款支付印花税1 000元。乙公司对应收甲公司的账款未计提坏账准备（假定甲公司用该设备抵偿上述债务不需要缴纳增值税及其他流转税费）。

要求：编制与上述业务有关的会计分录。

2. A股份有限公司（以下简称A公司）和B股份有限公司（以下简称B公司）均为增值税一般纳税人，适用的增值税税率均为16%。

20×6年4月18日，A公司向B公司销售材料一批，增值税专用发票上注明的价款为6 500 000元，增值税为1 040 000元。至20×7年4月30日尚未收到上述货款，A公司对此项债权已计提380 000元坏账准备。

20×7年5月30日，B公司鉴于财务困难，提出以其生产的甲产品一批和设备一台抵偿上述债务。经双方协商，A公司同意B公司的上述偿债方案。用于抵偿债务的产品和设备的有关资料如下：

（1）B公司为该批产品开出的增值税专用发票上注明的价款为3 500 000元，增值税为560 000元。该批产品的成本为2 500 000元。

（2）该设备的公允价值为3 000 000元，账面原价为4 340 000元，至20×7年5月30日的累计折旧为2 000 000元。B公司清理设备过程中以银行存款支付清理费用50 000元（假定B公司用该设备抵偿上述债务不需要缴纳增值税及其他流转税费）。

A公司于20×7年7月收到B公司用于偿还债务的上述产品和设备。A公司收到的上述产品作为存货处理，收到的设备作为固定资产处理。A公司按增值税专用发票上注明的价款确定所收到存货的价值。B公司按增值税专用发票上注明的价款确认收入。

要求：

（1）编制A公司20×7年与上述业务相关的会计分录。

（2）编制B公司20×7年与上述业务相关的会计分录。

3. 20×6年3月28日，A公司从B公司采购原材料一批，A公司因暂时无法付款，向B公司签发并承兑一张面值500 000元、年利率10%、1年期、到期还本付息的票据。20×7年3月28日，票据到期，但A公司的财务状况仍没有显著改善，无法按时兑现票据。经与 B 公司协商，达成了以下债务重组协议：A 公司支付 200 000 元现金，用一辆轿车抵偿 150 000 元的债务，其余债务转作 A 公司 1%的股权，A 公司股票面值 1 元，B 公司共拥有 A 公司股票 100 000 股。抵债的轿车原值 300 000 元，已经计提 100 000 元折旧，评估确认的公允价值为 120 000 元；用于抵债的股权的公允价值为 120 000 元。B 公司将抵债的轿车作为固定资产管理。

要求：不考虑相关税费，请编制 A 公司及 B 公司的相关会计分录。

第3章 股份支付

学习目标

1. 掌握以权益结算的股份支付的会计处理，以现金结算的股份支付的会计处理。

2. 理解股份支付准则的设计思路。

AI 深度思考——与AI对话

对于一项交易的会计处理，如果借记一个费用类科目，贷记一个所有者权益类科目，那么如何从会计基本原理的角度来理解和解释这种会计处理？

3.1 股份支付概述

3.1.1 股份支付简介

2005年12月31日，中国证监会发布《上市公司股权激励管理办法（试行）》，对上市公司的股权激励进行规范。该文件所称股权激励，是指上市公司以本公司股票为标的，对其董事、监事、高级管理人员及其他员工进行的长期性激励。股份支付反映了职业经理渴望从雇员（employee）转变为股东（stockholder）的愿望。

会计准则所称股份支付（share-based payment），实际上就是前段所称的股权激励。准则规定，股份支付，是指企业为获取职工和其他方提供服务而授予权益工具或者承担以权益工具为基础确定的负债的交易。权益工具是指股票以及股票性质的证券。

股份公司（立权人）设立股权激励计划之日（即股东会批准之日）称作授权日（grant date），又称授予日。该计划一般约定，授权对象（又称受权人，一般为上市公司高级技术人员或高级管理人员）在达到行权条件（如达到服务年限标准或业绩标准）时，即可选择行使以授权日约定的行权价格（又称授予价格）购买上市公司股票的权利，或者以现金进行结算。前者即为准则所称的以权益结算的股份支付（equity-settled share-based payment transactions），后者即为准则所称的以现金结算的股份支付（cash-settled share-based payment transactions）。[①]

3.1.2 会计准则的设计理念

激励计划的行权条件和行权价格

对于公司授予管理层的股票期权，究竟要不要作为管理费用在财务报表中进行列报？如果要在财务报表中列报，以何种金额列报？这是股份支付准则要解决的核心问题。

反对把股份支付计入管理费用的人提出，如果把股份支付的代价计入管理费用，则势必会减少会计利润，进而影响企业的市场形象，这与股份支付的目的背道而驰。缺乏现金储备的小型高科技企业是这一观点的忠实拥护者。支持把股份支付计入管理费用的人提出，股份支付实质上仍然是职工薪酬，是企业为职工的劳动所支付的代价，如果股份支付不是一种费用，又是什么？

在美国的证券市场上，这一争论持续了十余年，最终美国证券交易委员会决定，上市公司应当在行权之前各个会计期间的财务报表中，把股票期权列为一项费用。但是，在期权实际行权之前，如何计算确定应计入费用的金额，却是一个大难题。一方面，未来授予的股份数量是不确定的，谁知道将来会有多少人跳槽？另一方面，即使知道未来授予的股份数量，按照多高的单价来计算股票期权的代价呢？总之，数量和单价这双重的不确定性成为会计准则的待解难题。围绕这些问题产生了不少争论。最终，准则给出的解决方案是，数量通过估计来确定，单价按照授权日的公允价值或者计量日的公允价值来确定。授权日是指股份支付协议获得批准的日期。其中获得批准是指企业与职工（或其他方）双方就股份支付的协议条款和条件已达成一致，该协议获得股东会或类似机构的批准。

3.1.3 相关概念

股票期权的会计处理规则之演变

等待期（vesting period）又称行权限制期，是指可行权条件（vesting conditions）得到满足的期间。对于规定服务期间的情形，为授予日至可行权日的期间；对于规定业绩条件的情形，应当在授予日根据最可能的业绩结果预计等待期的长度。

等待期内的每个资产负债表日称作计量日（measurement date）。企业在该日应当按照公允价值计量其股份支付。

---

① 准则给出的定义如下：以权益结算的股份支付是指企业为获取服务以股份或其他权益工具作为对价进行结算的交易；以现金结算的股份支付是指企业为获取服务承担以股份或其他权益工具为基础计算确定的交付现金或其他资产义务的交易。

可行权日（vesting date）又称股权生效日，是指可行权条件得到满足、职工和其他方具有从企业取得权益工具或现金的权利的日期。

行权日是指职工和其他方行使权利、获取现金或权益工具的日期。有的激励计划在实施中往往是分期分批行权的，因而存在多个行权日。

例 3-1

20×1 年 5 月 1 日，华夏实业股份公司股东会批准董事会此前审议通过并提请表决的股票期权激励计划。该计划的授权对象为该公司的 100 名高级管理人员，期限为 6 年，至 20×7 年 4 月 30 日终止。其中，等待期为 3 年（自 20×1 年 5 月 1 日至 20×4 年 4 月 30 日），行权期为 3 年（自 20×4 年 5 月 1 日至 20×7 年 4 月 30 日）。符合行权条件的授权对象自 20×4 年 5 月 1 日起可以主张行使权利，该日即为可行权日。假定高级管理人员均在 20×5 年 11 月 1 日行权。

分析：按照会计准则的规定，该公司应当在股票期权激励计划终止前，按照公允价值计量尚未行权的期权。因此，其计量日分别为 20×1 年、20×2 年、20×3 年的 12 月 31 日。

华夏实业股份公司上述股票期权激励计划的业务流程可概括如图 3-1 所示。

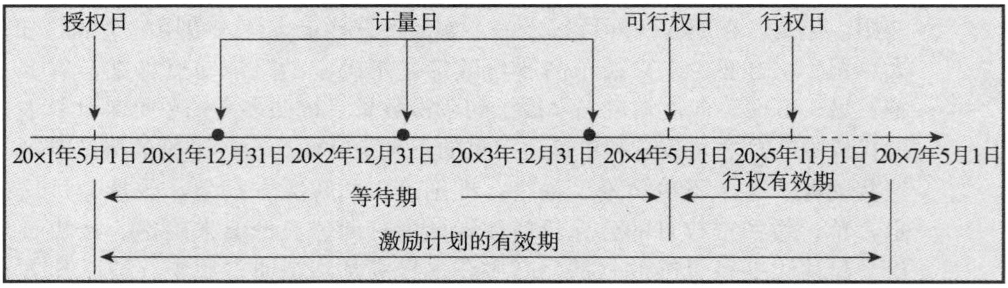

图 3-1 股权激励计划的业务流程（示意图）

3.2 以权益结算的股份支付

以权益结算的股份支付应当以授予职工的权益工具的公允价值计量。

3.2.1 立即可行权的情形

对于授予后立即可行权的以权益结算的股份支付，企业应当在授予日按照权益工具的公允价值，借记“管理费用”科目或资产成本类科目，同时贷记“资本公积——其他资本公积”科目。

在行权日，企业应当按根据实际行权的权益工具数量乘以实际行权价格确认所收到的认股款，借记“银行存款”科目，按前已贷记的金额，借记“资本公积——其他资本公积”科目，按新增的股本面值，贷记“股本”科目，按上述借方金额与贷方金额之差，贷记“资本公积——股本溢价”科目。

3.2.2 行权有附加条件的情形

有些以权益结算的股份支付附加有服务年限或业绩条件，受权人只有在完成等待期内的服务或达到规定业绩条件后才可行权。其会计处理规则与立即可行权的情形不同。

（1）在授权日，不作账务处理。

（2）在等待期内的每个资产负债表日，应当以对可行权权益工具数量的最佳估计数为基础，按照权益工具授予日的公允价值，将当期取得的服务计入相关资产成本或管理费用，即按“可行权数量最佳估计×授权日公允价值”，借记“管理费用”科目或资产成本类科目，同时贷记“资本公积——其他资本公积”科目。

（3）在等待期内的每个资产负债表日，后续信息表明可行权权益工具的数量与以前估计不同的，应当进行调整，并在可行权日调整至实际可行权的权益工具数量。即在可行权日，应当把“资本公积——其他资本公积”科目余额调整至“实际可行权数量×授权日公允价值”。此后不再对已确认的相关成本或费用和所有者权益总额进行调整。

（4）在行权日，企业根据实际行权的权益工具数量，计算确定应转入实收资本或股本的金额，将其转入实收资本或股本。企业应当按根据实际行权的权益工具数量收到的认股款，借记“银行存款”科目，按前已累积的贷记金额，借记“资本公积——其他资本公积”科目，按新增的股本面值，贷记“股本”科目，按上述借方金额与贷方金额之差，贷记“资本公积——股本溢价”科目。

1. 附服务年限的情形

例3－2

20×6年1月1日，岭南实业股份公司股东会批准董事会此前审议通过并提请表决的股权激励计划，决定向100名管理人员每人授予100 000份股票期权，行权价格为每股8元。行权条件是自该日起在公司连续服务3年。该公司估计股票期权在授权日的公允价值为每份6元，该公司股票价格为每股5元。

第1年有8名管理人员离开，估计3年累计离开比例为15%；

第2年又有3名管理人员离开，估计3年累计离开比例为20%；

第3年又有3名管理人员离开。

20×9年1月1日，岭南实业股份公司股票的公允价值为每股15元。未离开的管理人员全部行权获得股票。该公司股票面值为每股1元。

分析：岭南实业股份公司上述业务的会计处理如下。

（1）授权日（20×6年1月1日），不作账务处理。

（2）等待期内每个资产负债表日的会计分录如表3－1所示。

表 3-1　股票期权的账务处理　　单位：元

会计科目	20×6 年年初	20×6 年年底	20×7 年年底	20×8 年年底
借：管理费用	—	17 000 000	15 000 000	19 600 000
贷：资本公积——其他资本公积	—	17 000 000	15 000 000	19 600 000

上述分录中的计算情况如表 3-2 所示。

表 3-2　股票期权的费用化金额的计算　　单位：元

年份	计算	当期费用	累计费用
20×6	100×(1－15%)×100 000×6×1/3	17 000 000	17 000 000
20×7	100×(1－20%)×100 000×6×2/3	15 000 000	32 000 000
20×8	86×100 000×6	19 600 000	51 600 000

（3）行权日（20×9 年 1 月 1 日）的账务处理。

发放股票收取的价款＝86×100 000×8＝68 800 000(元)

股本的增加额＝86×100 000×1＝8 600 000(元)

借：银行存款　　68 800 000

　　资本公积——其他资本公积　　51 600 000

　贷：股本　　8 600 000

　　　资本公积——股本溢价　　111 800 000

2. 附业绩条件的情形

例 3-3

20×2 年 1 月 1 日，星海高科股份公司股东会批准董事会此前审议通过并提请表决的股权激励计划，授予该公司 100 名管理人员每人 100 000 份股票期权，行权价格为每股 19 元。该公司希望通过超出行业平均水平的业绩增长来拉升公司股价。在授予日，该公司股票价格为每股 13 元，该公司估计股票期权的公允价值为每份 15 元。期权在 3 年内有效。有关资料如表 3-3 所示。

表 3-3　股票期权的行权条件及相关信息

项目	第 1 年（20×2 年）	第 2 年（20×3 年）	第 3 年（20×4 年）
期权的业绩条件	净利润增长率≥8%	净利润增长率≥9%	净利润增长率≥10%
实际业绩	净利润增长率 7%	净利润增长率 8.6%	净利润增长率 11%
当年实际离开人数	3	8	7
估计下年离开人数	7	4	—
每年年底的股价	23	44	68

20×2 年年底与 20×3 年年底，公司均估计下一年能够达到行权条件。

分析：该公司上述业务的会计处理如下：

（1）授予日（20×2 年 1 月 1 日），不作账务处理。

（2）等待期内每个资产负债表日的会计分录如表 3－4 所示。

表 3－4 股票期权的账务处理

单位：元

会计科目	20×2 年年底	20×3 年年底	20×4 年年底
借：管理费用	67 500 000	17 500 000	38 000 000
贷：资本公积——其他资本公积	67 500 000	17 500 000	38 000 000

上述分录中的计算情况如表 3－5 所示。

表 3－5 股票期权的费用化金额的计算

单位：元

年份	计算过程	当期费用	累计费用
20×2	(100－3－7)×100 000×15×1/2	67 500 000	67 500 000
20×3	(100－3－8－4)×100 000×15×2/3	17 500 000	85 000 000
20×4	(100－3－8－7)×100 000×15	38 000 000	123 000 000

以下简要解释表 3－5 中的计算过程。

20×2 年年底，该公司未达到预定的业绩条件，预计下一年能达到预定的业绩条件。此时所估计的 2 年里应当记录的管理费用可计算如下：

(100－3－7)×100 000×15＝135 000 000(元)

因此，第 1 年应当记录的管理费用为 67 500 000 元。

20×3 年年底，该公司仍未达到预定的业绩条件，预计下一年能达到预定的业绩条件。此时所估计的 3 年里应当记录的管理费用可计算如下：

(100－3－8－4)×100 000×15＝127 500 000(元)

现在是 3 年里的第 2 年，因此，此时应当记录的管理费用可计算如下：

127 500 000÷3×2＝85 000 000(元)

由于 20×1 年已经记录管理费用 67 500 000 元，因此，20×3 年需要补记管理费用 17 500 000 元。

（3）行权日（20×5 年 1 月 1 日）的账务处理。

发放股票收取的价款＝82×100 000×19＝155 800 000(元)

股本的增加额＝82×100 000×1＝8 200 000(元)

借：银行存款	155 800 000	
资本公积——其他资本公积	123 000 000	
贷：股本		8 200 000
资本公积——股本溢价		270 600 000

3.3 以现金结算的股份支付

以现金结算的股份支付是指实施股权激励计划的股份公司按照股票市价与授

予价格（对于授予对象而言即是行权价格）之差，对授予对象所持有的期权进行现金给付。在实践中，以现金结算的股份支付的常见形式是股票增值权。

准则规定，以现金结算的股份支付，按照企业承担的以股份或其他权益工具为基础计算确定的负债的公允价值计量。

股票增值权

3.3.1 立即可行权的情形

（1）在授予日，以企业承担负债的公允价值计入相关成本或费用，相应增加负债。按确定的金额，借记“管理费用”科目，贷记“应付职工薪酬——股份支付”科目。

（2）在行权日，借记“应付职工薪酬——股份支付”科目，贷记“银行存款”科目。

3.3.2 行权有附加条件的情形

有些以现金结算的股份支付附加有服务年限或业绩条件，受权人只有在完成等待期内的服务或达到规定业绩条件后才可行权。其会计处理规则与立即可行权的情形不同。

（1）在授权日，不作账务处理。

（2）在等待期内的每个资产负债表日，应当以可行权的股票增值权的最佳估计数为基础，计算负债（应付职工薪酬）的公允价值，计入当期费用，借记“管理费用”等科目，贷记“应付职工薪酬——股份支付”科目。

鉴于股票增值权并非证券市场上的交易品种，通常没有活跃的市场报价，其公允价值的计量往往需要借助期权估值模型予以计算。

难以计算不存在活跃市场的期权的公允价值

（3）在可行权日，应当将可行权的股票增值权的数量调整至实际水平，并调整债务的公允价值，借记或贷记“管理费用”等科目，贷记或借记“应付职工薪酬——股份支付”科目。

在可行权日之后不再确认成本费用增加，负债（应付职工薪酬）公允价值的变动应当计入当期损益（公允价值变动损益），借记或贷记“公允价值变动损益”科目，贷记或借记“应付职工薪酬——股份支付”科目。

（4）在结算日（每次支付现金结算金额时），按实际支付的现金结算金额，借记“应付职工薪酬——股份支付”科目，贷记“银行存款”等科目。

例3-4

20×3年1月1日，挟洋自重股份公司股东会批准董事会此前审议通过并提请表决的股票增值权计划，授予该公司100名高级管理人员每人1 000 000份股票增值权。对于每份股票增值权，符合行权条件的授权对象可按照行权日的股票市价与行权价格之差，要求公司支付现款。行权条件是自授权日起服务满

2 年。行权价格为每股 4 元。该计划的终止日期是 20×7 年 12 月 31 日。

挟洋自重股份公司在结算之前的每一资产负债表日以及在结算时的相关数据如表 3-6 所示。假定结算日为年底的资产负债表日。

表 3-6 行权价格为 4 元的股票增值权的相关计算情况 金额单位：元

项目	20×3 年	20×4 年	20×5 年	20×6 年	20×7 年
每股股票的市价	3	4	5	6	7
每份股票增值权实际支付的现金	—	—	1	2	3
每份期权的公允价值（估值）*	1	2	3	4	—
本年行权人数	—	—	10	20	40
本年离职人数	20	10	—	—	—
预计次年离职人数	8	—	—	—	—

* 期权的公允价值系根据估值模型估算的数值。

分析：挟洋自重股份公司该项业务历年所计算的负债以及所支付的现款情况如表 3-7 所示。

表 3-7 各年负债应有余额及所支付的现款情况 单位：元

年份	资产负债表日负债的应有余额的计算 ①	当期费用 ②＝本期①－上期①＋本期③	结算日支付现金 ③
20×3	(100－28)×1 000 000×1×1/2＝36 000 000	36 000 000	—
20×4	(100－30)×1 000 000×2＝140 000 000	104 000 000	—
20×5	(100－30－10)×1 000 000×3＝180 000 000	50 000 000	10×1 000 000×1＝10 000 000
20×6	(100－30－30)×1 000 000×4＝160 000 000	20 000 000	20×1 000 000×2＝40 000 000
20×7	0	－40 000 000	40×1 000 000×3＝120 000 000
总额	—	170 000 000	170 000 000

为简化起见，假定结算日均为资产负债表日，挟洋自重股份公司上述业务的账务处理如下：

(1) 20×3 年 1 月 1 日（授予日），不作账务处理。

(2) 20×3 年 12 月 31 日。

负债的应有余额＝预计行权人数×每人持有的期权份数×每份期权的公允价值
＝(100－28)×1 000 000×1
＝72 000 000(元)

以上所计算的是挟洋自重股份公司在 20×3 年年底估计的、在 2 年等待期内应记载的负债。因此，平均之后，20×3 年应记载的负债为 36 000 000 元。

借：管理费用 36 000 000
　贷：应付职工薪酬——股份支付 36 000 000

（3）20×4 年 12 月 31 日。

负债的应有余额＝预计行权人数×每人持有的期权份数×每份期权的公允价值
＝(100－30)×1 000 000×2
＝140 000 000(元)

这是挟洋自重股份公司在 2 年等待期内累计应记载的负债。由于 20×3 年已经记载负债 36 000 000 元，因此，20×4 年应记载的负债为 104 000 000 元。

借：管理费用　104 000 000
　贷：应付职工薪酬——股份支付　104 000 000

（4）20×5 年 12 月 31 日。

1）资产负债表日（12 月 31 日）确认公允价值变动损益时。

借：公允价值变动损益　50 000 000
　贷：应付职工薪酬——股份支付　50 000 000

2）结算日（12 月 31 日）支付现款时。

借：应付职工薪酬——股份支付　10 000 000
　贷：银行存款　10 000 000

（5）20×6 年 12 月 31 日。

1）资产负债表日（12 月 31 日）确认当期费用时。

借：公允价值变动损益　20 000 000
　贷：应付职工薪酬——股份支付　20 000 000

2）结算日（12 月 31 日）支付现款时。

借：应付职工薪酬——股份支付　40 000 000
　贷：银行存款　40 000 000

（6）20×7 年 12 月 31 日。

1）资产负债表日（12 月 31 日）确认当期费用时。

借：应付职工薪酬——股份支付　40 000 000
　贷：公允价值变动损益　40 000 000

2）结算日（12 月 31 日）支付现款时。

借：应付职工薪酬——股份支付　120 000 000
　贷：银行存款　120 000 000

企业应当在附注中披露与股份支付有关的下列信息：（1）当期授予、行权和失效的各项权益工具总额；（2）期末发行在外的股份期权或其他权益工具行权价格的范围和合同剩余期限；（3）当期行权的股份期权或其他权益工具以其行权日价格计算的加权平均价格；（4）权益工具公允价值的确定方法。企业对性质相似的股份支付信息可以合并披露。

企业应当在附注中披露股份支付交易对当期财务状况和经营成果的影响，至少包括下列信息：（1）当期因以权益结算的股份支付而确认的费用总额；（2）当期因以现金结算的股份支付而确认的费用总额；（3）当期以股份支付换取的职工服务及其他方服务总额。

思考题

1. 股份支付与应付职工薪酬在实际工作中的区别主要在哪些方面?

2. 以权益结算的股份支付与应付职工薪酬相比较有哪些突出的特点? 如何理解其重要意义?

3. 以现金结算的股份支付和以权益结算的股份支付有何区别? 如何在两种股份支付之间进行选择?

练习题

1. 20×6年1月1日,经股东会批准,甲公司与50名高级管理人员签署股份支付协议。协议规定:①甲公司向50名高级管理人员每人授予10万股股票期权,行权条件为这些高级管理人员从授予期权之日起连续服务满3年,公司3年平均净利润增长率达到12%;②符合行权条件后,每持有1股普通股股票期权可以自20×9年1月1日起1年内,以每股5元的价格购买公司1股普通股票,在行权期间内未行权的股票期权将失效。甲公司估计授予日每股股票期权的公允价值为15元。20×6年至20×9年,甲公司与股票期权的资料如下:

(1) 20×6年5月,甲公司自市场回购本公司股票500万股,共支付款4 025万元,作为库存股待行权时使用。

(2) 20×6年,甲公司有1名高级管理人员离开公司,本年净利润增长率为10%。该年末,甲公司预计未来两年将有1名高级管理人员离开公司,预计3年平均净利润增长率将达到12%;每股股票期权的公允价值为16元。

(3) 20×7年,甲公司没有高级管理人员离开公司,本年净利润增长率为14%。该年末,甲公司预计未来1年将有2名高级管理人员离开公司,预计3年平均净利润增长率将达到12.5%;每股股票期权的公允价值为18元。

(4) 20×8年,甲公司有1名高级管理人员离开公司,本年净利润增长率为15%。该年末,每股股票期权的公允价值为20元。

(5) 20×9年3月,48名高级管理人员全部行权,甲公司收到款项2 400万元,相关股票的变更登记手续已办理完成。

要求:

(1) 编制甲公司回购本公司股票时的相关会计分录。

(2) 计算甲公司20×6年、20×7年、20×8年因股份支付确认的费用,并编制相关会计分录。

(3) 编制甲公司高级管理人员行权时的相关会计分录。

2. A公司和B公司均为境内非国有控股上市公司。A公司主要从事新环保技术开发，股本总数为5 000万股。B公司主要从事原油、天然气勘探，股本总数为7 000万股。20×2年7月，A公司、B公司分别经股东会批准，实行股权激励制度，其中A公司采用股票期权方式，B公司采用业绩股票方式。与股权激励制度有关的资料如下：

（1）A公司、B公司的激励对象均包括公司所有董事、监事、高级管理人员以及核心技术人员。

（2）为加大激励力度，A公司、B公司本次全部有效的股权激励计划所涉及的股票数量分别为600万股、650万股。

（3）考虑到近期股票市场低迷，A公司、B公司股价均较低，价值被低估，拟全部以回购股份作为股权激励的股票来源。

（4）A公司20×1年度财务会计报告被注册会计师出具了保留意见的审计报告，符合实行股权激励计划的条件。

（5）A公司明确了与股权激励相关的会计政策，对于权益结算的股份支付，在等待期内的每个资产负债表日，以可行权权益工具数量的最佳估计为基础，按照权益工具在资产负债表日的公允价值，将当期取得的服务计入相关资产成本或当期费用，同时计入负债。

假定不考虑其他因素。

要求：逐项判断资料（1）至（5）是否存在不当之处，对存在不当之处的，分别指出不当之处，并逐项说明理由。

第 4 章 政府补助

学习目标

1. 理解政府补助的性质与形式。
2. 理解政府补助的分类。
3. 掌握政府补助的会计处理方法。

AI 深度思考——与AI对话

政府补助对企业的利润表和资产负债表有何影响？

本章简要阐释《企业会计准则第 16 号——政府补助》（2017 年修订）的设计理念及操作规则。该准则是借鉴《国际会计准则第 20 号——政府补助会计和政府援助的披露》（IAS 20：Accounting for Government Grants and Disclosure of Government Assistance）修订的。

4.1 政府补助的内涵与形式

4.1.1 政府补助的定义

政府为了鼓励或扶持特定行业、地区或领域的发展，通常会制定一些政策法规，采取无偿拨款、贷款、担保、注入资本、提供货物或者服务、购买货物、放弃或者不收缴应收收入等方式，对有关企业予以经济支持，这是国际上通行的做法。

但是，政府对企业的经济支持并不都是会计准则所称的政府补助。我国《企业会计准则第 16 号——政府补助》（以下简称“政府补助准则”）对与政府补助相关的确认、计量与报告问题进行了专门的规范。企业在进行政府补助会计处理时，首先需要根据政府补助准则关于政府补助的定义来判断企业从政府取得的经济支持是否属于准则规范的政府补助。

根据政府补助准则的规定，政府补助是指企业从政府无偿取得货币性资产或非货币性资产。政府补助的主要形式包括政府对企业的无偿拨款、税收返还、财政贴息，以及无偿给予非货币性资产等。

准则所称的政府补助是特指的，原则上指直接取得资产的情形下的政府补助。那些不涉及资产直接转移的经济支持，不属于政府补助准则规范的范围。这是因为在不直接取得资产的情形下，复式记账法无法予以处理，也就不需要为之制定会计规则。通常情况下，直接减征、免征、增加计税抵扣额、抵免部分税额等不涉及资产直接转移的经济资源，不适用政府补助准则。但也存在例外情况，个别税款减免需要按照政府补助准则进行会计处理。例如，企业取得政策性优惠贷款贴息且财政将贴息资金拨付给贷款银行的情况，属于政府对企业的经济支持。属于一般纳税人的加工企业根据税法规定招用自主就业退役士兵，并按定额扣减增值税的，应当将减征的税额计入当期损益，借记“应交税费——应交增值税（减免税额）”科目，贷记“其他收益”科目。

此外，还需说明的是，增值税出口退税也不属于政府补助。根据相关税收法规规定，对增值税出口货物实行零税率，即对出口环节的增值部分免征增值税，同时退回出口货物前道环节所征的进项税额。由于增值税是价外税，出口货物前道环节所含的进项税额是抵扣项目，体现为企业垫付资金的性质，增值税出口退税实质上是政府归还企业事先垫付的资金，不属于政府补助。从复式记账原理来看，由于增值税通过设置专栏的形式进行处理，税法为之设计了完整的处理规则，因此，没有必要设置专门的准则对增值税出口退税另行规范。

4.1.2 政府补助的特征与主要形式

1. 政府补助的特征

（1）政府补助是来源于政府的经济资源。对于企业收到的来源于其他方的补助，如果有确凿证据表明政府是补助的实际拨付者，其他方只起到代收代付作用的，那么，该项补助也属于来源于政府的经济资源。例如，某集团公司母公司收到一笔政府补助款，有确凿证据表明该补助款实际的补助对象为该母公司下属子公司，母公司只是起代收代付作用，在这种情况下，该补助款属于对子公司的政府补助。

（2）政府补助是无偿的。即企业取得来源于政府的经济资源，不需要向政府交付商品或服务等对价。无偿性是政府补助的基本特征。政府并不因此享有企业的所有权，企业将来也不需要偿还。这一特征将政府补助与政府作为企业所有者投入的资本、政府采购等政府与企业之间双向、互惠的经济活动区分开来。政府补助通常附有一定的条件，这与政府补助的无偿性并无矛盾，并不表明该项补助有偿，而是企业经法定程序申请取得政府补助后应当按照政府规定的用途使用该项补助。

政府对企业的资本性投入属于互惠交易，而不是政府补助。政府如果以企业所有者身份向企业投入资本，将拥有企业相应的所有权，可以分享企业的利润。在这种情况下，政府与企业之间的关系是投资者与被投资者的关系，这与其他单位或个人对企业的投资在性质上是相同的。

企业从政府取得的经济资源，如果与企业销售商品或提供服务等活动密切相关，且是企业商品或服务的对价或者是对价的组成部分，则应适用《企业会计准则第 14 号——收入》等相关会计准则，而不适用政府补助准则。例如，新能源汽车价格补贴、家电下乡补贴等从名义上看像是政府补贴，但实际上它们与企业日常经营活动密切相关且构成了企业商品或服务对价的组成部分，因此，企业应当将其作为收入而不是政府补助进行会计处理。

2. 政府补助的主要形式

随着我国社会主义市场经济的发展和完善，以及履行世界贸易组织（WTO）协定的有关承诺，政府对企业的经济支持主要集中在关系国计民生的农业、环境保护以及科学技术研究等领域。比如，对粮、棉、油等生产或储备企业给予的定额补助，这些生活必需品涉及千家万户，其价格往往不能随行就市，售价低于成本造成的损失需要由政府来弥补。再如，为了保护环境，政府对符合条件的企业实行增值税先征后返政策，返还的税款专项用于环保支出。因此，政府补助通常为货币性资产的形式，如财政拨款、财政贴息和税收返还，但也存在非货币性资产的情况。

（1）财政拨款。财政拨款是指政府为了支持企业而无偿拨付的款项。为了体现财政拨款的政策引导作用，这类拨款通常具有严格的政策条件，只有符合条件的企业才能申请拨款；同时，政府对于财政拨款附有明确的使用条件，政府在批准拨款时就规定了资金的具体用途。比如，财政部门拨付给企业用于购建固定资产或进行技术改造的专项资金，鼓励企业安置职工就业而给予的奖励款项，拨付企业的粮食定额补贴，拨付企业开展研发活动的研发经费等。

（2）财政贴息。财政贴息是指政府为支持特定领域或区域发展，根据国家宏观经济形势和政策目标，对承贷企业的银行贷款利息给予的补贴。财政贴息的补贴对象通常是符合申报条件的某个综合性项目，包括设备购置、人员培训、研发费用、人员开支、购买服务等，也可以是单项的，比如仅限于固定资产贷款项目。财政贴息主要有两种方式：一是将贴息资金直接拨付给受益企业；二是将贴息资金直接拨付给贷款银行，由贷款银行以低于市场利率的优惠利率向企业提供贷款，承贷企业按照实际发生的利率计算和确认利息费用。

企业可以选择下列方法之一进行会计处理：一是以实际收到的借款金额作为借款的入账价值，按照借款本金和该政策性优惠利率计算相关借款费用。通常情况下，实际收到的金额即为借款本金。二是以借款的公允价值作为借款的入账价值，并按照实际利率法计算借款费用，实际收到的金额与借款公允价值之间的差额确认为递延收益。递延收益在借款存续期内采用实际利率法摊销，冲减相关借款费用。

（3）税收返还。税收返还是指政府按照国家有关规定采取先征后返（退）、即征即退等方法向企业返还的税款，属于以税收优惠形式给予的一种政府补助。

（4）无偿给予非货币性资产。属于无偿给予非货币性资产的情况主要有无偿给予土地使用权、天然起源的天然林等。

4.1.3 政府补助的分类

1. 按照政府补助给企业带来经济利益或者弥补相关成本或费用的形式不同进行分类

为了恰当反映政府补助对企业的影响，需要依据政府补助给企业带来经济利益或者弥补相关成本、费用的形式不同，将政府补助划分为与资产相关的政府补助和与收益相关的政府补助。对于同时包含与资产相关部分和与收益相关部分的政府补助，应当区分不同部分分别进行会计处理；难以区分的，应当整体归类为与收益相关的政府补助。

（1）与资产相关的政府补助，是指企业取得的用于购建或以其他方式形成长期资产的政府补助。这类补助一般以银行转账的方式拨付，如政府拨付的用于企业购买无形资产的财政拨款、政府对企业用于建造固定资产的相关贷款给予的财政贴息等，应当在实际收到款项时按照到账的实际金额确认和计量。在少数情况下，这类补助也可能表现为政府向企业无偿给予长期非货币性资产。

（2）与收益相关的政府补助，是指除与资产相关的政府补助之外的政府补助。这类补助主要用于补偿企业已经发生或即将发生的费用或损失。由于企业对这类补助的受益期相对较短，通常在满足补助所附条件时将其计入当期损益或冲减相关成本。

2. 按照政府补助是否与企业日常活动相关进行分类

按照政府补助是否与企业日常活动相关，可以将政府补助分为以下两类：

（1）与企业日常活动相关的政府补助；

（2）与企业日常活动无关的政府补助。

通常情况下，若政府补助补偿的成本费用是营业利润之中的项目，或该补助与日常销售等经营行为密切相关（如增值税即征即退等），则认为该政府补助与日常活动相关。与日常活动无关的政府补助，通常由企业常规经营之外的原因所产生，具备偶发性的特征。例如，政府因企业受不可抗力的影响发生停工、停产损失而给予的补助等应计入营业外收支。

综合以上两种分类标准，我们可以将政府补助分为以下四种类型：

（1）与资产相关且与日常活动相关的政府补助；

（2）与资产相关但与日常活动无关的政府补助；

（3）与收益相关且与日常活动相关的政府补助；

（4）与收益相关但与日常活动无关的政府补助。

4.2 政府补助的会计处理及其列报

4.2.1 政府补助的会计处理规则概要

政府补助准则的会计处理规则看似简单，却包含有相当复杂的逻辑。为便于初学者理解，这里先进行梳理，帮助读者从总体上把握政府补助的会计处理规则。

1. 确认条件

政府补助同时满足下列条件的，才能予以确认：

（1）企业能够满足政府补助所附条件。

（2）企业能够收到政府补助。这意味着企业已经收到了补助资金，或者虽然还没有收到补助资金，但与之相关的经济利益很可能流入企业。

2. 不同补助形式下的计量规则

政府补助为货币性资产的，应当按照收到或应收的金额计量。如果企业已经实际收到补助资金，应当按照实际收到的金额计量；如果资产负债表日企业尚未收到补助资金，但企业在符合了相关政策规定后就相应获得了收款权，且与之相关的经济利益很可能流入企业，企业应当在这项补助成为应收款时按照应收的金额计量。

政府补助为非货币性资产的，应当按照公允价值计量；公允价值不能可靠取得的，按照名义金额（即 1 元）计量。

3. 总额法和净额法

从理论上讲，政府补助导致企业经济利益的净流入。对于这种经济利益的净流入，在进行会计处理时面临两种选择：一是将政府补助直接作为所有者权益的增加，这种方法可称为资本法；二是先将政府补助计入当期收益或递延收益，然后于当期或以后分期转入所有者权益，这种方法可称为收益法。我国现行会计准则要求采用收益法。

收益法又有两种具体方法：根据是否把政府补助计入广义的收入（包括其他收益和营业外收入，准则统称为收益），政府补助的会计处理方法有总额法与净额法之分。

总额法是在确认政府补助时，将其全额一次或分次确认为收益，而不是作为相关资产账面价值或者成本费用等的扣减。对于与资产相关的政府补助而言，总额法是指在收到政府补助时按照补助资金的金额借记有关资产科目，贷记“递延收益”科目，然后在相关资产使用寿命内按系统、合理的方法分期计入各期的其他收益或营业外收入。对于与收益相关的政府补助而言，总额法是指将收到的政府补助直接计入当期的其他收益或营业外收入，或者先计入递延收益，再逐期分摊计入其他收益或营业外收入。

准则制定者关于将其他收益计入营业利润的理由

净额法是将政府补助作为相关资产账面价值或者所补偿成本费用等的扣减。现行政府补助准则允许企业根据经济业务的实质，选择采用总额法或净额法。对于与资产相关的政府补助而言，净额法是指在收到政府补助时，将其冲减相关资产账面价值。以后期间，按照扣减了政府补助后的资产价值对相关资产计提折旧或进行摊销。对于与收益相关的政府补助而言，净额法是指在收到政府补助时，将其冲减相关成本费用或者营业外支出。

准则制定者关于选择总额法或净额法的要求

现行会计准则规定，与企业日常活动相关的政府补助，应当按照经济业务实质计入其他收益或冲减相关成本费用。与企业日常活动无关的政府补助，计入营业外收入或冲减相关损失。

上述规则可概括如表4-1所示。

表4-1 政府补助的会计处理规则

<table>
<tr><th>分类</th><th colspan="3">处理规则</th></tr>
<tr><td rowspan="2">与资产相关的政府补助</td><td>总额法</td><td>按照补助资金的金额借记有关资产科目，贷记“递延收益”科目；然后在相关资产使用寿命内按合理、系统的方法将其分期计入其他收益或营业外收入。
为避免出现前后方法不一致的情况，结转递延收益时不得冲减相关成本费用，而是将递延收益分期计入损益。</td><td>与日常活动有关的，使用“其他收益”科目；
与日常活动无关的，使用“营业外收入”科目。</td></tr>
<tr><td>净额法</td><td>将补助冲减相关资产账面价值，企业按照扣减了政府补助后的资产价值对相关资产计提折旧或进行摊销。</td><td>—</td></tr>
<tr><td rowspan="2">与收益相关的政府补助</td><td>总额法</td><td>直接计入其他收益或营业外收入，或者先计入递延收益，再逐期分摊计入其他收益或营业外收入。</td><td>与日常活动有关的，使用“其他收益”科目；
与日常活动无关的，使用“营业外收入”科目。</td></tr>
<tr><td>净额法</td><td>冲减当期的相关成本费用或营业外支出。</td><td>—</td></tr>
</table>

企业应当根据经济业务的实质，判断某一类政府补助业务应当采用总额法还是净额法进行会计处理，通常情况下，对同类或类似政府补助业务只能选用一种方法，同时，企业对该业务应当一贯地运用该方法，不得随意变更。

4.2.2 与资产相关的政府补助的处理

企业在取得与资产相关的政府补助时，应当选择采用总额法或净额法进行会计处理。

1. 采用总额法核算与资产相关的政府补助

企业对与资产相关的政府补助选择总额法的，应当将递延收益分期转入其他收益或营业外收入，借记“递延收益”科目，贷记“其他收益”或“营业外收入”科目。

（1）在收到政府补助时，企业应按照补助资金的金额借记“银行存款”等科目，贷记“递延收益”科目。

（2）将政府补助用于购建长期资产时，相关长期资产的购建与企业正常的资产购建或研发处理一致，即通过“在建工程”“研发支出”等科目归集，完成后转为固定资产或无形资产。

（3）后续期间，企业应当在相关资产使用寿命内，采用合理、系统的方法将上述递延收益分期计入损益。即自相关长期资产达到可使用状态时起，在相关资产计提折旧或摊销时，按照相关长期资产的预计使用期限，将递延收益平均分摊转入损益。为避免出现前后方法不一致的情况，结转递延收益时不得冲减相关成本费用，而是将递延收益分期转入其他收益或营业外收入，借记“递延收益”科目，贷记“其他收益”或“营业外收入”科目。

如果企业先收到补助资金，再购建长期资产，则应当在开始对相关资产计提折旧或摊销时开始将递延收益分期计入损益；如果企业先开始购建长期资产，再收到补助资金，则应当在相关资产的剩余使用寿命内按照系统、合理的方法将递延收益分期计入损益。

需要说明的是，采用总额法的，如果对应的长期资产在持有期间发生减值损失，递延收益的摊销仍保持不变，不受减值因素的影响。

（4）如果相关资产在使用寿命结束前被出售、转让、报废或发生毁损，企业则应当将尚未分配的相关递延收益余额转入资产处置当期的损益，不再予以递延。对相关资产划分为持有待售类别的，先将尚未分配的递延收益余额冲减相关资产的账面价值，再按照《企业会计准则 42 号——持有待售的非流动资产、处置组和终止经营》的要求进行会计处理。对于正常处置的处置损益，记入“资产处置收益”科目。对于因自然灾害发生毁损的固定资产或者因丧失使用功能等原因而报废清理的固定资产的处置损益，记入“营业外支出”科目。

例 4－1a

国泰高科有限公司 20×1 年 1 月 6 日以合计 54 240 000 元的代价（其中，政府补助资金 36 000 000 元，自行出资 18 240 000 元）购入一套科研设备。取得的增值税专用发票上注明的不含税金额为 48 000 000 元，增值税进项税额为 6 240 000 元。该设备预计经济使用年限为 10 年，采用直线法计提折旧，假定残值为零。20×9 年 1 月 9 日，国泰高科有限公司出售该设备，得款 14 000 000 元。

分析：本例采用总额法核算政府补助。该项政府补助与该公司的日常活动相关。

（1）20×1 年 1 月，确认政府补助。

借：银行存款　　36 000 000

　贷：递延收益　　36 000 000

（2）20×1 年 1 月 6 日，购入该设备。

借：固定资产　　48 000 000

　　应交税费——应交增值税（进项税额）　　6 240 000

　贷：银行存款　　54 240 000

（3）自 20×1 年 2 月起，每个资产负债表日计提折旧（按月计提折旧），同时分摊递延收益。

借：研发支出　　400 000

　贷：累计折旧　　400 000

借：递延收益　　300 000

　　贷：其他收益　　300 000

（4）20×9 年 1 月 9 日，出售该设备。

此时，自 20×1 年 2 月至 20×9 年 1 月，该公司针对该资产计提了 96 个月的折旧，累计折旧为 38 400 000 元。

借：固定资产清理　　9 600 000
　　累计折旧　　38 400 000
　　贷：固定资产　　48 000 000
借：银行存款　　14 000 000
　　贷：固定资产清理　　9 600 000
　　　　应交税费——应交增值税（销项税额）　　1 610 619
　　　　资产处置收益　　2 789 381

同时，转销递延收益。

借：递延收益　　7 200 000
　　贷：其他收益　　7 200 000

实务中存在政府无偿给予企业长期非货币性资产的情况，如无偿给予土地使用权、天然起源的天然林等。企业取得的政府补助为非货币性资产的，应当按照公允价值计量；公允价值不能可靠取得的，按照名义金额（1 元）计量。企业在收到非货币性资产的政府补助时，应当借记有关资产科目，贷记“递延收益”科目；然后在相关资产使用寿命内按系统、合理的方法分期计入损益，借记“递延收益”科目，贷记“其他收益”或“营业外收入”科目。但是，以名义金额计量的政府补助，应在取得时直接计入当期损益。

例 4-2

天良粮油有限公司于 20×7 年 6 月 10 日，取得当地政府无偿划拨的一条生产线，该条生产线是当地政府接受某破产企业抵债所得，该条生产线的公允价值为 600 万元，预计可使用 10 年，无残值。该项政府补助与该公司的日常活动相关。

分析：该公司相关账务处理如下。

（1）取得该条生产线时。

借：固定资产　　6 000 000
　　贷：递延收益　　6 000 000

（2）自 20×7 年 7 月起，应于每月月末计提该条生产线的折旧，并分摊递延收益。

借：制造费用　　50 000
　　贷：累计折旧　　50 000
借：递延收益　　50 000
　　贷：其他收益　　50 000

（3）若 20×8 年 12 月，天良粮油有限公司将该项资产对外出售，获得转让价款 560 万元，截至 20×8 年 12 月该项资产已计提折旧及摊销递延收益 90 万元。

借：固定资产清理	5 100 000	
累计折旧	900 000	
贷：固定资产		6 000 000
借：银行存款	5 600 000	
贷：固定资产清理		5 100 000
资产处置损益		500 000

同时，结转尚未摊销的递延收益。

借：递延收益	5 100 000	
贷：其他收益		5 100 000

2. 采用净额法核算与资产相关的政府补助

前已述及，在净额法下，企业将政府补助确认为对相关资产账面价值或者所补偿成本费用等的扣减，而不把政府补助计入其他收益或营业外收入。

如果企业先取得与资产相关的政府补助，再确认所购建的长期资产，净额法下应当将取得的政府补助先确认为递延收益，在相关资产达到预定可使用状态或预定用途时将递延收益冲减资产账面价值。会计处理规则如下：

（1）在收到政府补助时，企业应按照补助资金的金额借记“银行存款”等资产科目，贷记“递延收益”科目。

（2）将政府补助用于购建长期资产时，以政府补助冲减相关资产账面价值。借记“递延收益”科目，贷记“固定资产”等科目。

（3）后续期间，企业按照扣减了政府补助后的资产价值对相关资产计提折旧或进行摊销。

如果相关长期资产投入使用后企业再取得与资产相关的政府补助，净额法下应当在取得补助时冲减相关资产的账面价值，并按照冲减后的账面价值和相关资产的剩余使用寿命计提折旧或进行摊销。

例4－1b

沿用例4－1a的资料。

分析：本例采用净额法核算政府补助。

（1）20×1年1月，确认政府补助。

借：银行存款	36 000 000	
贷：递延收益		36 000 000

（2）20×1年1月6日，购入该设备。

借：固定资产	48 000 000	
应交税费——应交增值税（进项税额）	6 240 000	
贷：银行存款		54 240 000
借：递延收益	36 000 000	
贷：固定资产		36 000 000

（3）自20×1年2月起，每个资产负债表日计提折旧时（按月计提折旧）。

借：研发支出	100 000	

贷：累计折旧	100 000

（4）20×9年2月1日，出售该设备。

此时，自20×1年2月至20×9年2月，该公司针对该资产计提了96个月的折旧，累计折旧为9 600 000元。

借：固定资产清理	2 400 000	
累计折旧	9 600 000	
贷：固定资产		12 000 000
借：银行存款	14 000 000	
贷：固定资产清理		2 400 000
应交税费——应交增值税（销项税额）		1 610 619
资产处置收益		9 989 381

4.2.3　与收益相关的政府补助的处理

现行会计准则规定，与收益相关的政府补助，应当分情况按照以下规定进行会计处理：用于补偿企业以后期间的相关成本费用或损失的，确认为递延收益，并在确认相关成本费用或损失的期间，计入当期损益或冲减相关成本；用于补偿企业已发生的相关成本费用或损失的，直接计入当期损益或冲减相关成本。对与收益相关的政府补助，企业同样可以选择采用总额法或净额法进行会计处理：选择总额法的，应当计入其他收益或营业外收入；选择净额法的，应当冲减相关成本费用或营业外支出。

1. 用于补偿企业以后期间的相关成本费用或损失的与收益相关的政府补助

与收益相关的政府补助，用于补偿企业以后期间的相关成本费用或损失的，企业在取得时应当先判断企业能否满足政府补助所附条件。能够满足政府补助确认条件的，应当将其确认为递延收益，并在确认相关成本费用或损失的期间，计入其他收益或营业外收入（即总额法），或者冲减相关成本费用或营业外支出（即净额法）。

（1）总额法示例。

例4-3a

中南造船有限公司20×7年1月接受当地政府提供的政府补助90 000 000元，用于企业的人才激励和人才引进奖励，中南造船有限公司必须按年向当地政府报送详细的资金使用计划并按规定用途使用该项政府补助。协议同时还约定，中南造船有限公司自获得奖励起15年内不得将注册地址迁离该地区，否则当地政府有权追回奖励资金。中南造船有限公司于20×7年12月、20×8年12月、20×9年12月各使用了30 000 000元，用于向总裁级高管发放年度奖金。本例中不考虑相关税费等其他因素。

分析：中南造船有限公司选择使用总额法核算该项政府补助。

（1）20×7年1月，收到政府补助时。

借：银行存款　　　　90 000 000

　　贷：递延收益　　　　90 000 000

（2）20×7 年至 20×9 年，每年年末将政府补贴用于发放高管奖金时。

借：递延收益　　　　30 000 000

　　贷：其他收益　　　　30 000 000

（2）净额法示例。

例 4－3b

中南造船有限公司 20×7 年 1 月接受当地政府提供的政府补助 90 000 000 元，用于企业的人才激励和人才引进奖励，中南造船有限公司必须按年向当地政府报送详细的资金使用计划并按规定用途使用该项政府补助。协议同时还约定，中南造船有限公司自获得奖励起 15 年内不得将注册地址迁离该地区，否则当地政府有权追回奖励资金。中南造船有限公司于 20×7 年 12 月、20×8 年 12 月、20×9 年 12 月各使用了 30 000 000 元，用于向总裁级高管发放年度奖金。本例中不考虑相关税费等其他因素。

分析：中南造船有限公司选择使用净额法核算该项政府补助。

（1）20×7 年 1 月，收到政府补助时。

借：银行存款　　　　90 000 000

　　贷：递延收益　　　　90 000 000

（2）20×7 年至 20×9 年，每年年末将政府补贴用于发放高管奖金时。

借：递延收益　　　　30 000 000

　　贷：管理费用　　　　30 000 000

2. 用于补偿企业已发生的相关成本费用或损失的与收益相关的政府补助

与收益相关的政府补助，用于补偿企业已发生的相关成本费用或损失的，直接计入其他收益或营业外收入（即总额法），或者冲减相关成本费用或营业外支出（即净额法）。这类补助通常与企业已经发生的行为有关，是对企业已发生的成本费用或损失的补偿，或是对企业过去行为的奖励。

（1）总额法示例。

例 4－4

香农食品有限公司是农业龙头企业，该公司 20×7 年 7 月因遭受重大自然灾害，收到政府补助资金 8 000 000 元。该项政府补助与该公司的日常活动无关。

分析：香农食品有限公司采用总额法核算政府补助。

20×7 年 7 月，该公司实际收到返还的增值税时。

借：银行存款　　　　8 000 000

　　贷：营业外收入　　　　8 000 000

例 4－5

行者软件股份公司的软件产品依法享受增值税即征即退政策。税务机关按照

13%的税率征收增值税后，对其增值税实际税负超过3%的部分实行即征即退。该公司20×9年9月在进行纳税申报时，对归属于8月的增值税即征即退提交退税申请，经主管税务机关审核后的退税额为1 300 000元。

分析：该公司的账务处理如下。

借：其他应收款　　1 300 000

　贷：其他收益　　1 300 000

（2）净额法示例。

例4-6

西南环保化工股份公司是主攻芳香烃产品开发的高科技公司。该公司依法享受按照生产环节实际耗用的原料数量退还该原料所含消费税的待遇。20×9年6月6日，该企业根据当期产量及所购原料供应商的消费税证明，向税务机关申请退还消费税4 000 000元。

分析：该公司的账务处理如下。

借：其他应收款　　4 000 000

　贷：生产成本　　4 000 000

4.2.4 综合性项目政府补助的会计处理

企业取得的政府补助有可能是针对综合性项目的。在这种情况下，需要将政府补助分解为与资产相关的部分和与收益相关的部分，分别进行会计处理；如果难以分解，则将其整体归类为与收益相关的政府补助，并根据具体情况确定是全部确认为当期收益，还是在项目期内分期确认计入各个相关期间的收益。

例4-7

C公司20×2年12月申请某国家级研发补贴。申报书中指出，该公司于20×2年1月启动的某项高新技术开发项目，预计总投资720万元，为期3年，已投入资金240万元。项目还需新增投资480万元（其中，购置固定资产160万元，场地租赁费80万元，人员费240万元），计划自筹资金240万元，申请财政拨款240万元。

20×3年1月4日，主管部门批准了C公司的申报，签订的补贴协议规定：共补贴C公司款项240万元，分两次拨付。合同签订日拨付120万元，通过结项验收后支付120万元（如果未能通过验收，则不支付第二笔款项）。

该项目于20×5年2月完工并通过验收。C公司于20×5年4月10日收到第二笔拨款120万元。

分析：该项政府补助既与资产相关，也与收益相关，但二者难以分解，因此C公司将其整体归类为与收益相关的政府补助，采用总额法进行处理。C公司的账务处理如下。

（1）20×3年1月4日，实际收到拨款120万元。

借：银行存款　　1 200 000

　贷：递延收益　　1 200 000

（2）自 20×3 年 1 月 4 日至 20×5 年 1 月 1 日每个资产负债表日，分配递延收益（假设按年分配）。

借：递延收益　　600 000

　贷：其他收益　　600 000

（3）20×5 年 4 月 10 日，实际收到第二笔拨款 120 万元。

借：银行存款　　1 200 000

　贷：其他收益　　1 200 000

4.2.5 财政贴息资金的处理

准则规定，企业取得政策性优惠贷款贴息的，应当区分财政将贴息资金拨付给贷款银行和财政将贴息资金直接拨付给企业两种情况，分别进行会计处理。

1. 财政将贴息资金拨付给贷款银行

财政将贴息资金拨付给贷款银行，由贷款银行以政策性优惠利率向企业提供贷款的，企业可以选择下列两种方法之一进行会计处理。企业选定了会计处理方法之后，应当一致地运用，不得随意变更。①

（1）方法一：以实际收到的借款金额作为借款的入账价值，按照借款本金和政策性优惠利率计算相关借款费用。

例 4-8a

20×7 年 1 月 1 日，东方文明文化传播有限公司向银行贷款 1 000 000 元，期限 2 年，按月计息，按季度付息，到期一次还本。该公司的非物质文化遗产项目符合财政贴息的条件，因此，该公司与银行签订的贷款年利率为 3.6%（即月利率为 0.3%），而同类无贴息贷款的年利率为 9.6%（即月利率为 0.8%）。当地财政机关按年向银行拨付贴息资金。假定贷款期间的利息费用不满足资本化条件，一律计入财务费用。

分析：（1）20×7 年 1 月 1 日，该公司取得银行贷款 1 000 000 元时。

借：银行存款　　1 000 000

　贷：长期借款——本金　　1 000 000

（2）20×7 年 1 月 31 日起，每月月末计提利息时。

企业实际承担的利息支出＝1 000 000×0.3%＝3 000(元)

借：财务费用　　3 000

　贷：应付利息　　3 000

（2）方法二：以借款的公允价值作为借款的入账价值并按照实际利率法计算

① 准则制定者称，“之所以提供两种方法供企业选择，是为了同时兼顾实务可操作性和国际趋同的需要”。

借款费用，实际收到的金额与借款公允价值之间的差额确认为递延收益。递延收益在借款存续期内采用实际利率法摊销，冲减相关借款费用。

例 4-8b

20×7 年 1 月 1 日，东方文明文化传播有限公司向银行贷款 1 000 000 元，期限 2 年，按月计息，按季度付息，到期一次还本。该公司的非物质文化遗产项目符合财政贴息的条件，因此，该公司与银行签订的贷款年利率为 3.6%（即月利率为 0.3%），而同类无贴息贷款的年利率为 9.6%（即月利率为 0.8%）。当地财政机关按年向银行拨付贴息资金。假定贷款期间的利息费用不满足资本化条件，一律计入财务费用。

分析：本例中的实际利率也就是月利率 0.8%。根据这一实际利率，可计算出该项借款在期初的未来现金流量现值为 891 211 元，这也就是该项借款在期初的摊余成本。用期初摊余成本乘以实际利率，可计算各期的财务费用如表 4-2 中第②列所示。

表 4-2 采用实际利率计算的财务费用以及递延收益的摊销情况

月度	名义上支付的利息	财政贴息	实际承担的利息	财务费用	视为追加本金的金额（递延收益的摊销额）	摊余成本
			①	②=上期④×0.8%	③=②-①	④=上期④+③
0						891 211
1	8 000	5 000	3 000	7 130	4 130	895 341
2	8 000	5 000	3 000	7 163	4 163	899 503
3	8 000	5 000	3 000	7 196	4 196	903 699
4	8 000	5 000	3 000	7 230	4 230	907 929
5	8 000	5 000	3 000	7 263	4 263	912 192
6	8 000	5 000	3 000	7 298	4 298	916 490
7	8 000	5 000	3 000	7 332	4 332	920 822
8	8 000	5 000	3 000	7 367	4 367	925 188
9	8 000	5 000	3 000	7 402	4 402	929 590
10	8 000	5 000	3 000	7 437	4 437	934 027
11	8 000	5 000	3 000	7 472	4 472	938 499
12	8 000	5 000	3 000	7 508	4 508	943 007
13	8 000	5 000	3 000	7 544	4 544	947 551
14	8 000	5 000	3 000	7 580	4 580	952 131
15	8 000	5 000	3 000	7 617	4 617	956 748
16	8 000	5 000	3 000	7 654	4 654	961 402

续表

月度	名义上支付的利息	财政贴息	实际承担的利息	财务费用	视为追加本金的金额（递延收益的摊销额）	摊余成本*
			①	②＝上期④×0.8%	③＝②－①	④＝上期④＋③
17	8 000	5 000	3 000	7 691	4 691	966 094
18	8 000	5 000	3 000	7 729	4 729	970 822
19	8 000	5 000	3 000	7 767	4 767	975 589
20	8 000	5 000	3 000	7 805	4 805	980 394
21	8 000	5 000	3 000	7 843	4 843	985 237
22	8 000	5 000	3 000	7 882	4 882	990 119
23	8 000	5 000	3 000	7 921	4 921	995 040
24	8 000	5 000	3 000	7 960	4 960	1 000 000
合计	192 000	120 000	72 000	180 789	108 789	—

* 摊余成本原本是根据小数点后 10 位的精确度计算而成的，在制作本表时由于取整的原因而存在一定的尾差。

以第 1 个月为例，表 4－2 中的逻辑关系如下：该公司计算的第 1 个月财务费用为 7 130 元，而该公司实际上只负担了 3 000 元，在理论上少负担的利息 4 130 元就被加到了借款的摊余成本上，因此，第 1 个月月末的摊余成本就是 895 341 元。其余月份可以此类推。

（1）20×7 年 1 月 1 日，该公司取得名义本金为 1 000 000 元的银行借款，其摊余成本为 891 211 元，利息调整为 108 789 元。

借：银行存款　　1 000 000

　　长期借款——利息调整　　108 789

　贷：长期借款——本金　　1 000 000

　　　递延收益　　108 789

（2）限于篇幅，下面以前六个月为例来说明递延收益的摊销效果，其余月份可以此类推。

1）记录第 1～6 月的财务费用时，会计分录如表 4－3 所示。

表 4－3

会计分录	月度					
	1	2	3	4	5	6
借：财务费用	7 130	7 163	7 196	7 230	7 263	7 298
贷：应付利息	3 000	3 000	3 000	3 000	3 000	3 000
长期借款——利息调整	4 130	4 163	4 196	4 230	4 263	4 298

2）递延收益在借款存续期内采用实际利率法摊销时，会计分录如表 4－4 所示。

表 4-4

会计分录	月度					
	1	2	3	4	5	6
借：递延收益	4 130	4 163	4 196	4 230	4 263	4 298
贷：财务费用	4 130	4 163	4 196	4 230	4 263	4 298

可见，采用这种方法所记录的财务费用均为每月 3 000 元，与例 4-8a 的结果相同。

所不同的是，例 4-8a 中的银行借款是以 1 000 000 元列入资产负债表的，而例 4-8b 中的银行借款是以摊余成本 891 211 元入账的。

2. 财政将贴息资金直接拨付给企业

财政将贴息资金直接拨付给企业，企业应当将对应的贴息冲减相关借款费用。

这种对财政贴息的账务处理规则，与《基本建设财务规则》（财政部令第 81 号）的相关规定是一致的。

例 4-8c

本例与例 4-8a 和例 4-8b 作对比。

20×7 年 1 月 1 日，东方文明文化传播有限公司向银行贷款 1 000 000 元，贷款年利率为 9.6%，期限 2 年，按月计息，按季度付息，到期一次还本。该公司的非物质文化遗产项目符合财政贴息的条件，可以凭付息凭证向财政机关申请贴息资金，财政机关按年与该公司结算贴息资金。企业实际负担的贷款年利率为 3.6%。

假定贷款期间的利息费用不满足资本化条件，一律计入财务费用。

分析：（1）20×7 年 1 月 1 日，该公司取得银行贷款 1 000 000 元时。

借：银行存款　　1 000 000

　贷：长期借款——本金　　1 000 000

（2）20×7 年 1 月 31 日起，每月月末计提利息时。

企业每月应向银行支付的利息＝1 000 000×9.6%÷12＝8 000(元)

企业实际承担的利息＝1 000 000×3.6%÷12＝3 000(元)

应收政府贴息＝8 000－3 000＝5 000(元)

借：财务费用　　8 000

　贷：应付利息　　8 000

借：其他应收款　　5 000

　贷：财务费用　　5 000

4.2.5 政府补助的退回

现行会计准则规定，已确认的政府补助需要退回的，应当在需要退回的当期分情况按照以下规定进行会计处理：(1) 初始确认时冲减相关资产账面价值的，调整资产账面价值；(2) 存在相关递延收益的，冲减相关递延收益账面余额，超出部分计入当期损益；(3) 属于其他情况的，直接计入当期损益。此外，对于属于前期差错的政府补助退回，应当按照《企业会计准则第 28 号——会计政策、会计估计变更和差错更正》的规定作为前期差错更正进行追溯调整。

例 4－9a

本例沿用例 4－1a 的资料。

国泰高科有限公司 20×1 年 1 月 6 日以合计 54 240 000 元的代价（其中，政府补助资金 36 000 000 元，自行出资 18 240 000 元）购入一套科研设备。取得的增值税专用发票上注明的不含税金额为 48 000 000 元，增值税进项税额为 6 240 000 元。该设备预计经济使用年限为 10 年，采用直线法计提折旧，假定残值为零。

假定 20×1 年 12 月 1 日，有关部门在对国泰高科有限公司的抽检中发现，该公司不符合申请补助的条件，要求其退回补助款。该公司当月退回了补助款。

分析：本例采用总额法核算政府补助。该项政府补助与该公司的日常活动相关。

(1) 20×1 年 1 月，确认政府补助。

借：银行存款　　36 000 000
　贷：递延收益　　36 000 000

(2) 20×1 年 1 月 6 日，购入该设备。

借：固定资产　　48 000 000
　　应交税费——应交增值税（进项税额）　　6 240 000
　贷：银行存款　　54 240 000

(3) 自 20×1 年 2 月起，每个资产负债表日计提折旧（按月计提折旧），同时分摊递延收益。

借：研发支出　　400 000
　贷：累计折旧　　400 000
借：递延收益　　300 000
　贷：其他收益　　300 000

(4) 20×1 年 12 月 1 日，退回补助款时。选择总额法进行会计处理，应当结转递延收益，并将超出部分计入当期损益。因为以前期间是计入其他收益，所以这部分退回的补助应冲减退回当期的其他收益。

借：递延收益　　33 000 000
　　其他收益　　3 000 000
　贷：银行存款　　36 000 000

例 4－9b

本例沿用例 4－1b 的资料。

国泰高科有限公司 20×1 年 1 月 6 日以合计 54 240 000 元的代价（其中，政府补助资金 36 000 000 元，自行出资 18 240 000 元）购入一套科研设备。取得的增值税专用发票上注明的不含税金额为48 000 000元，增值税进项税额为6 240 000元。该设备预计经济使用年限为10年，采用直线法计提折旧，假定残值为零。

假定20×1年12月1日，有关部门在对国泰高科有限公司的抽检中发现，该公司不符合申请补助的条件，要求其退回补助款。该公司当月退回了补助款。

分析：本例采用净额法核算政府补助。

（1）20×1年1月，确认政府补助。

借：银行存款	36 000 000	
贷：递延收益		36 000 000

（2）20×1年1月6日，购入该设备。

借：固定资产	48 000 000	
应交税费——应交增值税（进项税额）	6 240 000	
贷：银行存款		54 240 000
借：递延收益	36 000 000	
贷：固定资产		36 000 000

（3）自20×1年2月起，每个资产负债表日计提折旧时（按月计提折旧）。

借：研发支出	100 000	
贷：累计折旧		100 000

（4）20×1年12月1日，退回补助款时。选择净额法进行会计处理，应当视同一开始就没有收到政府补助，调整固定资产的账面价值，将实际退回金额与账面价值调整数之间的差额计入当期损益。因为以前期间实际使用的是“研发支出”科目，所以这部分退回的补助应补记退回当期的研发支出。

借：固定资产	33 000 000	
研发支出	3 000 000	
贷：银行存款		36 000 000

4.2.6 政府补助的列报

1. 政府补助在利润表中的列示

（1）采用总额法核算的政府补助的列示。前已述及，采用总额法核算的与资产相关的政府补助，按照补助资金的金额借记有关资产科目，贷记“递延收益”科目；然后在相关资产使用寿命内按合理、系统的方法将其分期计入损益。采用总额法核算的与收益相关的政府补助，则可以直接计入当期损益，或者先计入递延收益再逐期分摊计入损益。其中，计入损益的规则是：与日常活动有关的，使用“其他收益”科目；与日常活动无关的，使用“营业外收入”科目。

基于上述会计规则，采用总额法核算的政府补助的列报方法如下（见图4-1）：

1）企业在利润表的“营业利润”项目之上单列“其他收益”项目，来反映采用总额法核算的与日常活动有关的政府补助。

2）采用总额法核算的与日常活动无关的政府补助，在“营业外收入”项目中反映。

	项　　目
	一、营业收入
	减：营业成本
	税金及附加
	销售费用
	管理费用
	研发费用
	财务费用
	其中：利息费用
	利息收入
采用总额法核算的与日常活动有关的政府补助 →	加：其他收益
	投资收益（损失以“—”号填列）
	其中：对联营企业和合营企业投资的收益
	以摊余成本计量的金融资产终止确认收益（损失以“—”号填列）
	净敞口套期收益（损失以“—”号填列）
	公允价值变动收益（损失以“—”号填列）
	信用减值损失（损失以“—”号填列）
	资产减值损失（损失以“—”号填列）
	资产处置收益（损失以“—”号填列）
	二、营业利润（亏损以“—”号填列）
采用总额法核算的与日常活动无关的政府补助 →	加：营业外收入
	减：营业外支出
	三、利润总额（亏损总额以“—”号填列）
	减：所得税费用
	四、净利润（净亏损以“—”号填列）

图 4－1　政府补助在利润表中的列报

（2）采用净额法核算的政府补助的列报。前已述及，采用净额法核算的与资产相关的政府补助，应将补助冲减相关资产账面价值，以后期间按照扣减了政府补助后的资产价值对相关资产计提折旧或进行摊销。

采用净额法核算的与收益相关的政府补助，冲减当期的相关成本费用或营业外支出。

总而言之，采用净额法核算的政府补助不直接体现为利润表上广义收入的增加。

2. 政府补助在附注中的披露

因政府补助涉及递延收益、其他收益、营业外收入以及相关成本费用等多个报表项目，为了全面反映政府补助情况，企业应当在附注中单独披露政府补助的相关信息。现行会计准则规定，企业应当在附注中单独披露与政府补助有关的下列信息：政府补助的种类、金额和列报项目；计入当期损益的政府补助金额；本期退回的政府补助金额及原因。其中，列报项目不仅包括总额法下计入其他收益、营业外收入、递延收益等的项目，还包括净额法下冲减的资产和成本费用等项目。

思考题

1. 什么是政府补助？政府补助有哪些种类？
2. 政府补助会计处理中总额法和净额法有什么区别？
3. 为什么要将政府补助区分为与资产相关的政府补助和与收益相关的政府

补助，并采用不同的会计处理方法？

4. 阅读与分析一家公司的财务报告时，对于政府补助方面的信息，需要重点关注哪些问题？

练习题

1. 20×5 年 9 月，A 公司按照有关规定为其自主创新的某高新技术项目申报政府财政贴息，申报材料中表明该项目已于 20×5 年 3 月启动，预计共需投入资金 2 000 万元，项目期为 2.5 年，已投入资金 600 万元。项目尚需新增投资 1 400 万元，其中计划贷款 800 万元，已与银行签订贷款协议，协议规定贷款年利率为 6%，贷款期为 2 年。

经审核，20×5 年 11 月政府批准拨付 A 公司贴息资金 70 万元，分别在 20×6 年 10 月和 20×7 年 10 月支付 30 万元和 40 万元。

要求：为 A 公司编制有关政府补助的会计分录。

2. 20×1 年 5 月，B 公司需购置一套环保设备，预计价款为 1 000 万元，因资金不足，按相关规定向有关部门提出补助 420 万元的申请。20×1 年 6 月 1 日，政府批准了 B 公司的申请并拨付给 B 公司 420 万元财政拨款（同日到账）。20×1 年 7 月 31 日，B 公司购入不需安装环保设备，实际成本为 960 万元，使用寿命为 10 年，采用直线法计提折旧（假设无残值）。20×9 年 7 月 31 日，B 公司出售了这套设备，取得价款 240 万元。不考虑其他因素。

要求：分别采用总额法和净额法为 B 公司编制有关政府补助的会计分录。

第 5 章　所得税

学习目标

1. 理解会计准则与税收法规差异的原因与性质。
2. 理解所得税带来的会计问题及解决问题的不同方法。
3. 掌握资产负债表债务法的基本原理与具体运用。

深度思考——与AI对话

既然从统计的角度看，企业所得税属于期间指标，那么企业所得税的会计处理是否更适合基于期间视角而不是基于时点视角考虑相关问题？

5.1　会计准则与税收法规的差异分析

5.1.1　会计准则与税收法规的目标不同

本章所关注的税收法规是指与企业所得税相关的法规（以下简称税收法规或税法）。会计准则与税收法规之间的关联度很高，最突出的表现是，企业在申报所得税时，通常是在税前会计利润（利润总额）的基础上调整确定应纳税所得额。税前会计利润是由会计准则所规范的，应纳税所得额则由税收法规所规范。因此，我们在关注会计准则与税收法规之间的异同时，往往聚焦于税前会计利润与应纳税所得额之间的异同，尤其是二者的差异。

税前会计利润与应纳税所得额之间的差异，从根本上讲源于会计准则与税法的目标和要求不同。会计准则的目的是规范企业的对外财务报告，以便如实反映企业的财务状况、经营成果与现金流量情况。税法则是以课税为直接目的，强调公平与效率，具有调节社会资源的配置、推进社会财富的公平分配等功能。

税法是由国家制定并强制推行的，其目的主要有两个：一是取得收入，行使国家作为社会组织者的正当权利；二是发挥国家宏观调控的职能，履行国家管理社会的职责。国家通过税法的实施，发挥税收的经济杠杆作用，体现国家的鼓励和限制政策，并合理调整国家与纳税人的分配关系。

会计与税法之间的关系存在两种基本模式：统一模式与分离模式。前者是指会计规定与税法规定保持完全一致；后者是指会计规定与税法规定在确认、计量方面有所不同。两种模式各有利弊。统一模式的优点是可以节约数据处理成本，便于税务机关实施基于会计数据的税收监管，其缺点是不便于体现会计准则与税收法规在目标上的差异；分离模式的优点是考虑了会计准则与税收法规的目标不同，可以更好地服务于不同的目标，其缺点是成本较高。

显然，如果采用统一模式，则所得税会计将非常简单。随着社会的发展，越来越多的国家采用分离模式。在分离模式下，如何在对外财务报表上反映与所得税有关的会计信息，成为一个重要的问题。作为财务会计重要内容的所得税会计，要着重解决的是对外财务报告中与所得税有关的会计确认、计量与披露问题，而不是如何确定应纳税所得额、如何申报纳税等问题。

企业对外提供的财务报表要符合会计准则的要求，企业申报所得税时则要遵循税收法规的规定。由于会计准则与税收法规的目标不同，二者的相关规定往往存在差异。为了服务于财务会计的目标，研究所得税会计的确认、计量和报告问题，可以分别从特定期间与特定时点两个不同的角度，或者说从利润表和资产负债表两个不同的角度，分析会计准则与税收法规在确认和计量方面的差异。

5.1.2 从特定期间的角度分析会计准则与税收法规之间的具体差异

长期以来，人们一直非常重视从特定期间的角度，也就是从利润表的角度，分析会计准则与税收法规之间的差异，特别关注税前会计利润与应纳税所得额之间的差异。税前会计利润是按照会计准则的规定确定的扣减所得税费用之前的会计利润，也就是利润总额。应纳税所得额则是按照税收法规的规定确定的应该缴纳所得税的收益或所得。按照税前会计利润与应纳税所得额之间产生差异的原因，可以将二者的差异分为永久性差异与时间性差异。

1. 永久性差异

永久性差异是指税前会计利润与应纳税所得额之间由于计算口径不同而形成的不能在以后各期转回的差异。具体来说，这种差异形成的原因是，某些收入或支出项目在计算税前会计利润时包括在内，而在计算应纳税所得额时不包括在内，或者相反，而且不能在以后期间转回，因此是永久存在的差异。例如，企业购买国库券作为投资所获得的利息收入，按会计准则的要求应确认为投资收益，因而应包括在税前会计利润的计算中；而税法为了鼓励企业投资于国库券，规定该利息收入免征所得税，因此不包括在应纳税所得额的计算中。这就体现了会计准则与税收法规在确认方面的差异。

2. 时间性差异

时间性差异是指税前会计利润与应纳税所得额之间由于收支确认的时间先后

不同而形成的可以在以后期间转回的差异。这种差异的形成原因是，对某些收入或支出项目的确认，税前会计利润要先于应纳税所得额，或者相反。例如，对于无形资产的摊销，财务会计所采用的摊销期限可能会与税法的规定不一致，因而各期的摊销额不同，但各期摊销额之和相同。又如，对于固定资产折旧，财务会计所采用的折旧方法可能会与税法的规定不同，或者折旧方法相同但所确定的折旧年限不同，因而在特定的期间按两种标准计算的折旧额不同，但按两种标准计算的各期折旧额之和相等。

在实际工作中，企业申报缴纳所得税，一般是在税前会计利润的基础上调整永久性差异和时间性差异，以确定应纳税所得额，计算应交所得税。

例 5-1

假设某企业于 20×0 年年初成立，当年实现税前会计利润 200 000 元。适用的所得税税率为 25%。当年发生下列与纳税有关的事项：

（1）会计上确认了 2 000 元国库券利息收入，而按税法规定不交所得税。

（2）当年发生工资费用 150 000 元，而按税法核定的计税工资为 120 000 元。

（3）由于违法经营被罚款 3 000 元。

（4）年初购入一台新设备，成本为 10 000 元，预计无残值，税法规定采用直线法计提折旧，折旧年限为 5 年，会计上也采用直线法计提折旧，折旧年限为 10 年。

分析： 上述各项中，前三项属于永久性差异，第四项属于时间性差异。

$$\text{按税法规定计算的年折旧额}=\frac{10\ 000}{5}=2\ 000(\text{元})$$

$$\text{按会计制度规定计算的年折旧额}=\frac{10\ 000}{10}=1\ 000(\text{元})$$

$$\text{由于折旧年限不同而形成的时间性差异}=2\ 000-1\ 000=1\ 000(\text{元})$$

$$\begin{aligned}\text{20×0 年应纳税所得额}&=200\ 000-2\ 000+(150\ 000-120\ 000)+3\ 000-1\ 000\\&=230\ 000(\text{元})\end{aligned}$$

$$\text{20×0 年应交所得税}=230\ 000\times25\%=57\ 500(\text{元})$$

5.1.3　从特定时点的角度分析会计准则与税收法规之间的具体差异

我们还可以在交易发生的时点和资产负债表日，从特定时点的角度，也就是从资产负债表的角度，分析企业资产、负债的账面价值与其计税基础之间的差异。为此，需要首先明确计税基础的概念。

资产的计税基础

1. 计税基础与暂时性差异的概念

（1）计税基础。依据《企业会计准则第 18 号——所得税》的规定，资产的计税基础是指企业收回资产账面价值的过程中，计算应纳税所得额时按照税法规定可以自应税经济利益中抵扣的金额。

负债的计税基础

负债的计税基础是指负债的账面价值减去未来期间计算应纳税所得额时按照税法规定可予抵扣的金额。

资产所代表的未来经济利益流入企业时，有可能需要纳税，产生应税收益。而资产的计税基础是在未来期间计算应税收益时可以抵扣的部分，即不需纳税的金额。负债导致未来经济利益流出企业时，有可能可以抵扣应税所得，产生可抵扣费用。而负债的计税基础是在未来期间计算应税收益时不可抵扣的部分。因此，通俗地讲，资产的计税基础是未来依据税法计算应纳税所得额时可以抵扣的金额；负债的计税基础是未来依据税法计算应纳税所得额时不可抵扣的金额。

（2）暂时性差异。暂时性差异是指资产或负债的账面价值与其计税基础之间的差额。未作为资产和负债确认的项目，按照税法规定可以确定其计税基础的，该计税基础与其账面价值之间的差额也属于暂时性差异。按照对未来期间应税金额的影响，暂时性差异可分为应纳税暂时性差异和可抵扣暂时性差异。

应纳税暂时性差异，是指在确定未来收回资产或清偿负债期间的应纳税所得额时，将导致产生应税金额的暂时性差异。因此在满足规定条件的情况下，应确认相应的递延所得税负债。

可抵扣暂时性差异，是指在确定未来收回资产或清偿负债期间的应纳税所得额时，将导致产生可抵扣金额的暂时性差异。因此在满足规定条件的情况下，应确认相应的递延所得税资产。

2. 存货的计税基础与账面价值的差异

企业以各种方式取得的存货，初始确认时按照会计准则规定确定的入账价值一般情况下都是被税法认可的，即取得时其账面价值一般等于计税基础。

按照会计准则的规定，企业在期末要对存货进行减值测试，对于已经发生减值的存货要计提减值准备，确认存货减值损失。但是税法规定，对于包括存货在内的各项资产计提的减值准备，在发生相关实质性损失之前，不允许税前扣除。这就导致存货在计提了减值准备之后，其账面价值与计税基础之间产生差异。

例 5-2

20×5年年末甲公司A商品存货的成本为3 000万元，可变现净值为2 500万元，甲公司为A商品计提了500万元的存货跌价准备。

分析：

20×5年年末A商品的账面价值＝3 000－500＝2 500(万元)

20×5年年末A商品的计税基础＝3 000(万元)

可抵扣暂时性差异＝3 000－2 500＝500(万元)

3. 固定资产的计税基础与账面价值的差异

分析固定资产的计税基础与账面价值的差异，需要关注两个时点：一是固定资产的取得时点；二是会计期末。

（1）固定资产取得时计税基础与账面价值的差异。企业以各种方式取得的固定资产，初始确认时按照会计准则规定确定的入账价值基本上是被税法认可的，即取得时其账面价值一般等于计税基础。但是也有例外。

例 5-3

乙公司是一家经营核电站的公司。20×5 年 12 月 15 日建造完成一座核电站，交付使用。该核电站的建造成本为 40 亿元，估计弃置费用的现值为 2 亿元。

分析：按照现行会计准则的规定，核电站的弃置费用应当计入固定资产的入账金额，但是税法不予认可。因此，20×5 年 12 月 15 日固定资产的入账金额为 42 亿元，计税基础为 40 亿元，产生应纳税暂时性差异 2 亿元。

（2）会计期末固定资产的计税基础与账面价值的差异。固定资产在持有期间进行后续计量时，由于会计与税法在折旧年限、折旧方法以及固定资产减值准备的提取等方面的处理不同，可能造成期末固定资产的账面价值与计税基础的差异。

1）折旧年限可能不同。税法就每一类固定资产的折旧年限作出了规定，而会计处理时按照准则规定折旧年限是由企业根据固定资产的性质和使用情况合理确定的。会计处理与税法规定的折旧年限不同会使得固定资产的账面价值与计税基础之间产生差异。

2）折旧方法可能不同。会计准则规定，企业应当根据与固定资产有关的经济利益的预期实现方式合理选择折旧方法，既可以按年限平均法计提折旧，也可以按双倍余额递减法、年数总和法等计提折旧。税法中除某些按照规定可以加速折旧的情况外，基本上可以税前扣除的是按照年限平均法计提的折旧。会计处理与税法规定的折旧方法不同会使得固定资产的账面价值与计税基础之间产生差异。

3）计提固定资产减值准备的影响。按照会计准则的规定，企业在持有固定资产的期间内，可能对固定资产计提减值准备，但税法规定企业计提的资产减值准备在相关资产发生实质性损失前不允许税前扣除，这也会导致固定资产的账面价值与计税基础之间产生差异。

例 5-4

20×3 年年末北方公司以银行存款 150 000 元购入管理用甲设备，并投入使用。会计规定采用直线法计提折旧，折旧年限为 5 年，无残值。税法规定采用直线法计提折旧，折旧年限为 3 年，不考虑减值。

分析：20×4 年确认计税折旧费 50 000 元，剩余 100 000 元计税折旧费可以在以后年度确认。这意味着以后年度在对该固定资产所产生的经济利益（金额不确定也不需要确定）征税时有 100 000 元不需要纳税（可以抵扣）。因此：

20×4 年年末固定资产的计税基础为 100 000 元，账面价值为 120 000 元，相应的暂时性差异为应纳税暂时性差异 20 000 元（120 000－100 000）；

20×5 年年末固定资产的计税基础为 50 000 元，账面价值为 90 000 元，相应的暂时性差异为应纳税暂时性差异 40 000 元（90 000－50 000）；

20×6 年年末固定资产的计税基础为 0，账面价值为 60 000 元，相应的暂时性差异为应纳税暂时性差异 60 000 元（60 000－0）；

20×7 年年末固定资产的计税基础为 0，账面价值为 30 000 元，相应的暂时性差异为应纳税暂时性差异 30 000 元（30 000－0）；

20×8 年年末固定资产的计税基础为 0，由于其账面价值也为 0，因此相应的暂时性差异为 0。

计算过程如表 5－1 所示。

表 5－1　固定资产计税基础和暂时性差异的计算　　单位：元

项目	20×4 年	20×5 年	20×6 年	20×7 年	20×8 年
本年会计折旧	30 000	30 000	30 000	30 000	30 000
年末账面价值	120 000	90 000	60 000	30 000	0
本年计税折旧	50 000	50 000	50 000	0	0
年末计税基础	100 000	50 000	0	0	0
年末暂时性差异	20 000	40 000	60 000	30 000	0

例 5－5

甲公司于 20×5 年 12 月 22 日取得某项环保用固定资产，原价为 150 000 元，使用年限为 5 年，会计上采用直线法计提折旧，净残值为零。税法规定对该类固定资产采用加速折旧法计提的折旧可予税前扣除，该企业在计税时采用年数总和法按 5 年计提折旧，净残值为零。20×6 年 12 月 31 日，企业估计该项固定资产的可收回金额为 110 000 元。

分析：

年数总和＝5＋4＋3＋2＋1＝15(年)

20×6 年的计税折旧＝150 000×5/15＝50 000(元)

20×6 年 12 月 31 日的计税基础＝150 000－50 000＝100 000(元)

20×6 年的会计折旧＝150 000/5＝30 000(元)

20×6 年 12 月 31 日的账面余额＝150 000－30 000＝120 000(元)

20×6 年 12 月 31 日计提减值准备＝120 000－110 000＝10 000(元)

20×6 年 12 月 31 日的账面价值＝120 000－10 000＝110 000(元)

该项固定资产的账面价值 110 000 元与计税基础 100 000 元之间的差额 10 000 元，属于应纳税暂时性差异，将于未来期间计入企业的应纳税所得额。

4. 无形资产的计税基础与账面价值的差异

与固定资产类似，分析无形资产的计税基础与账面价值的差异，也需要关注两个时点：一是无形资产的取得时点；二是会计期末。

（1）无形资产取得时计税基础与账面价值的差异。在企业取得无形资产的时点，初始确认时按照会计准则规定确定的入账价值与按照税法规定确定的计税成本之间一般不存在差异。特殊情况主要有：内部研究开发形成的无形资产。

税法对于企业的研究开发有优惠措施，允许对符合条件的研究开发费用采用加计扣除的办法：自2023年1月1日起，企业为开发新技术、新产品、新工艺发生的研究开发费用，未形成无形资产计入当期损益的，在按照规定据实扣除的基础上，按照研究开发费用的100%加计扣除；形成无形资产的，可以按照无形资产成本的200%摊销。在这种情况下形成的无形资产，按照会计准则规定确定的成本为研究开发过程中符合资本化条件后至达到预定用途前发生的支出，而因税法规定按照无形资产成本的200%摊销，则其计税基础应在会计上入账价值的基础上加计100%，因而产生账面价值与计税基础在初始确认时的差异。

例5-6

A公司20×3年为开发新技术发生研究开发支出计4 000万元，其中研究阶段支出800万元，开发阶段符合资本化条件前发生的支出为200万元，符合资本化条件后至达到预定用途前发生的支出为3 000万元。税法规定，企业为开发新技术、新产品、新工艺发生的研究开发费用，未形成无形资产计入当期损益的，按照研究开发费用的100%加计扣除；形成无形资产的，按照无形资产成本的200%摊销。假定开发形成的无形资产在当年年末已达到预定用途，但尚未开始摊销。

分析：A公司20×3年发生的研究开发支出中，按照会计准则规定应予费用化的金额为1 000万元，形成无形资产的成本为3 000万元，20×3年年末所形成无形资产的账面价值为3 000万元。

A公司当期发生的4 000万元研究开发支出，按照税法规定可在当期税前扣除的金额为2 000万元。所形成无形资产在未来期间可予税前扣除的金额为6 000万元，其计税基础为6 000万元，形成可抵扣暂时性差异2 000万元。

（2）会计期末无形资产的计税基础与账面价值的差异。无形资产在后续计量时，会计与税法的差异主要产生于是否需要摊销及无形资产减值准备的计提。

会计准则规定，应根据无形资产的使用寿命情况，区分为使用寿命有限的无形资产与使用寿命不确定的无形资产。对于使用寿命不确定的无形资产，不要求摊销，但持有期间每年应进行减值测试。税法规定，企业取得的无形资产成本，应在一定期限内摊销。对于使用寿命不确定的无形资产，会计处理时不予摊销，但计税时按照税法规定确定的摊销额允许税前扣除，造成该类无形资产账面价值与计税基础之间的差异。

在对无形资产计提减值准备的情况下，因税法规定计提的无形资产减值准备在转变为实质性损失前不允许税前扣除，即无形资产的计税基础不会随减值准备的计提发生变化，从而造成无形资产的账面价值与计税基础的差异。

例5-7

B公司于20×5年1月1日取得一项无形资产，取得成本为3 000万元，根据各方面情况判断，B公司无法合理预计该项无形资产的使用期限，将其作为使用寿命不确定的无形资产。20×5 年 12 月 31 日，对该项无形资产进行减值测试表明其发生了减值，B 公司对其计提了 100 万元的减值准备。按照税法规定，对该项无形资产按照 10 年的期限摊销，摊销金额允许税前扣除。

分析：会计上将该项无形资产作为使用寿命不确定的无形资产，因未发生减值，其在 20×5 年 12 月 31 日的账面价值为 2 900 万元（成本 3 000－计提的减值准备 100）。

该项无形资产在 20×5 年 12 月 31 日的计税基础为 2 700 万元（成本 3 000－按照税法规定可予税前扣除的摊销额 300）。

该项无形资产的账面价值 2 900 万元与其计税基础 2 700 万元之间的差额 200 万元，属于应纳税暂时性差异。

5. 以公允价值计量且其变动计入当期损益的金融资产的计税基础与账面价值的差异

按照《企业会计准则第 22 号——金融工具确认和计量》的规定，以公允价值计量且其变动计入当期损益的金融资产在会计期末的账面价值为其公允价值。税法规定，企业以公允价值计量的金融资产，持有期间公允价值的变动不计入应纳税所得额，在实际处置或结算时，处置取得的价款扣除其历史成本后的差额应计入处置期间的应纳税所得额。也就是说，按照税法规定，以公允价值计量且其变动计入当期损益的金融资产在会计期末的计税基础为其取得成本，这意味着这类资产在期末公允价值发生变动的情况下，其期末账面价值与计税基础之间会产生差异。

企业持有的其他权益工具投资计税基础的确定，与以公允价值计量且其变动计入当期损益的金融资产类似，可比照处理。

例 5－8

20×6 年 10 月 15 日，甲公司自公开市场购买乙公司股票 100 万股，支付价款 3 000 万元，作为交易性金融资产核算。20×6 年 12 月 31 日，该投资的市价为 3 200 万元。

分析：该项交易性金融资产的期末市价为 3 200 万元，按照会计准则的规定，20×6 年资产负债表日的账面价值为 3 200 万元。

但税法规定交易性金融资产在持有期间的公允价值变动不计入应纳税所得额，其在 20×6 年资产负债表日的计税基础应维持原取得成本不变，为 3 000 万元。

该交易性金融资产的账面价值 3 200 万元与其计税基础 3 000 万元之间产生了 200 万元的应纳税暂时性差异，该应纳税暂时性差异在未来期间转回时会使得转回期间的应纳税所得额在税前会计利润的基础上增加 200 万元。

例 5－9

20×5 年 10 月 20 日，甲公司自公开市场上取得一项股权投资，支付价款 5 000 万元，作为其他权益工具投资核算。20×5 年 12 月 31 日，该投资的市价为 5 100 万元。

分析：按照会计准则的规定，该项金融资产在会计期末应以公允价值计量，其账面价值应为期末公允价值 5 100 万元。

因税法规定该类资产在持有期间公允价值变动不计入应纳税所得额，则该项其他权益工具投资的期末计税基础应维持其原取得成本不变，为 5 000 万元。

该金融资产在 20×5 年资产负债表日的账面价值 5 100 万元与其计税基础 5 000 万元之间产生的 100 万元应纳税暂时性差异，会使得企业在未来处置该资产的期间其应纳税所得额在税前会计利润的基础上增加 100 万元。

6. 投资性房地产的计税基础与账面价值的差异

企业持有的投资性房地产进行后续计量时，会计准则规定可以采用两种模式：一种是成本模式，采用该种模式计量的投资性房地产，其账面价值与计税基础的确定与固定资产、无形资产相同。另一种是公允价值模式，即在符合规定条件的情况下，可以采用公允价值对投资性房地产进行后续计量。对于采用公允价值模式进行后续计量的投资性房地产，其计税基础的确定类似于以公允价值计量且其变动计入当期损益的金融资产。

例 5－10

乙公司于 20×5 年 1 月 1 日将其原来自用的两套房屋转为对外出租，该房屋的成本为 2 000 万元，预计使用年限为 20 年。转为投资性房地产之前，已使用 4 年，企业按照年限平均法计提折旧，预计净残值为零。转为投资性房地产核算后，能够持续可靠取得该投资性房地产的公允价值，乙公司采用公允价值对该项投资性房地产进行后续计量。假定税法规定的折旧方法、折旧年限及净残值与会计规定相同。同时，税法规定资产在持有期间公允价值的变动不计入应纳税所得额，待处置时一并计算确定应计入应纳税所得额的金额。该项投资性房地产在 20×5 年 12 月 31 日的公允价值为 2 100 万元。

分析：该项投资性房地产在 20×5 年 12 月 31 日的账面价值为其公允价值 2 100 万元，其计税基础为取得成本扣除按照税法规定允许税前扣除的折旧额后的金额。

账面价值＝2 100(万元)

计税基础＝2 000－2 000÷20×5＝1 500(万元)

应纳税暂时性差异＝2 100－1 500＝600(万元)

该项投资性房地产的账面价值与其计税基础之间产生的应纳税暂时性差异 600 万元，会使得企业未来期间的应纳税所得额在税前会计利润的基础上增加 600 万元。

7. 预计负债的计税基础与账面价值的差异

对于绝大多数常规意义上的债务而言，由于资产负债表债务法的目的是计算暂时性差异对所得税的预期影响，而这些常规性负债只存在欠债还钱的问题，它不影响当期的所得税，也不存在预期影响，因此，就不需要考虑这些常规性负债的暂时性差异的问题。对于极个别的负债项目（如预计负债）而言，在企业确认负债时影响损益，但可能不影响应纳税所得额；而在企业履行给付义务时，不影响损益，但税法可能允许其将该金额予以税前扣除。因此，可直接将该负债项目的金额列为可抵扣暂时性差异。

预计负债涉及的内容很广泛。此处重点讨论企业因销售商品提供售后服务等原因确认的预计负债。

按照或有事项会计准则的规定，对于销售商品预计提供售后服务将发生的支出在满足有关确认条件时，销售当期即应确认为费用，同时确认预计负债。如果税法规定与销售产品相关的支出应于发生时税前扣除，那么因该类事项产生的预计负债在未来期间计算应纳税所得额时可予抵扣的金额等于其账面价值，其在会计期末的计税基础为其账面价值与未来期间可税前扣除的金额之间的差额，即为零。

例 5 - 11

丙公司 20×5 年因销售产品承诺提供 3 年的保修服务，在当年利润表中确认了 800 万元的销售费用，同时确认为预计负债，当年未发生任何保修支出。假定按照税法规定，与产品售后服务相关的费用在实际发生时允许税前扣除。

分析：

20×5 年 12 月 31 日预计负债的账面价值＝800（万元）

20×5 年 12 月 31 日	＝	账面	－	未来期间计算应纳税所得额时
预计负债的计税基础		价值		按照税法规定可予抵扣的金额

＝800－800＝0

20×5 年 12 月 31 日的可抵扣暂时性差异＝800－0＝800（万元）

8. **暂时性差异与时间性差异的区别**

资产或负债的账面价值与其计税基础之间的差额形成暂时性差异。暂时性差异与时间性差异是两个既有联系又有区别的概念。

暂时性差异与时间性差异之间不是一种简单的包含关系。因为时间性差异是税前会计利润与应纳税所得额之间的差额的一部分，因而在性质上属于期间指标；而暂时性差异是资产或负债的计税基础与其账面价值之间的差额，因而在性质上属于时点指标。时点指标与期间指标之间当然不可能是一种包含与被包含的关系。对于形成时间性差异的交易或事项来说，特定期间的所有时间性差异都对应有期末相等金额的暂时性差异，与这类时间性差异相关的期末暂时性差异在金额上等于各期时间性差异的代数和。但某些暂时性差异没有对应的时间性差异。

5.2 所得税会计的一般分析

5.2.1 所得税会计的基本问题

服务于财务会计的目标，对于所得税会计，需要面对以下几个层次的问题：

第一个层次：是否确认所得税的会计影响。按照这一标准，可以将所得税的会计处理方法分为应付税款法与纳税影响会计法两种。应付税款法是一种不进行所得税跨期分摊的方法；纳税影响会计法则试图将所得税在不同会计期间进行合理分摊，使所得税有恰当的归属。

第二个层次：基于何种视角反映所得税的会计影响。如前所述，在分析会计准则与税收法规之间的差异时，我们可以分别从利润表的角度和资产负债表的角度考虑问题，这就决定了关于所得税的会计确认、计量和报告问题的讨论，反映所得税的影响时，也可以分别从利润表视角与资产负债表视角进行。据此，我们可以将纳税影响会计法分为：基于利润表的纳税影响会计法和基于资产负债表的纳税影响会计法。基于资产负债表的纳税影响会计法又称为资产负债表债务法。

第三个层次：在资产负债表债务法下，应当如何进行会计确认、计量和报告。

5.2.2　应付税款法

应付税款法是一种以税法规定计算的应交所得税作为本期所得税费用的方法。该方法不反映会计准则与税收法规之间差异的跨期影响。

例如，根据例 5－1 的资料及计算结果，如果该企业采用应付税款法确认所得税费用，则 20×0 年确认所得税费用的分录如下：

借：所得税费用　　57 500

　贷：应交税费——应交所得税　　57 500

应付税款法的最大优点是简单，易操作。但这种方法也存在明显的缺点，我们可以分别从利润表和资产负债表的角度进行分析。

从利润表的角度来看，由于应付税款法对时间性差异的所得税影响不进行跨期分摊，会导致所确认的所得税费用与税前会计利润之间不配比，容易引起报表使用者的误解。以下举一简例说明。

例 5－12

假设某企业于 20×0 年成立，当年税前会计利润与应纳税所得额之间有时间性差异，而无永久性差异；20×1 年全部转回上年发生的时间性差异，当年未发生其他时间性差异与永久性差异。所得税税率为 25%。有关数据与计算过程详见表 5－2。

表 5－2　　单位：元

项目	20×0 年	20×1 年	合计
应纳税所得额（1）	200 000	600 000	800 000
应交所得税（2）＝（1）×25%	50 000	150 000	200 000
税前会计利润（3）	400 000	400 000	800 000
所得税费用（4）＝（2）	50 000	150 000	200 000
税后利润（5）＝（3）－（4）	350 000	250 000	600 000

分析：从资产负债表的角度来看，应付税款法只在资产负债表上反映法定的应交所得税，而不确认由于所得税因素会导致未来经济利益流出企业的递延所得税负债，以及会导致未来经济利益流入企业的递延所得税资产，这就使得资产负债表不能如实反映企业的财务状况，也不利于利润表如实反映企业的经营成果。

5.2.3 基于利润表的纳税影响会计法

该方法将关注的焦点放在利润表中的所得税费用的确定上，因而重视从特定期间的角度分析会计准则与税收法规之间的具体差异，着眼于税前会计利润与应纳税所得额之间的差异。如前所述，将二者的差异分为永久性差异与时间性差异。时间性差异按照其对未来的影响可以分为应纳税时间性差异与可抵扣时间性差异两种。应纳税时间性差异是指会导致形成递延税款贷项的时间性差异，可抵扣时间性差异则是指会导致形成递延税款借项的时间性差异。该方法相对于应付税款法的根本特点在于，它反映了时间性差异的跨期影响，从而有利于如实反映企业的财务状况与经营成果。

例 5－13

20×3 年年末北方公司以银行存款 150 000 元购入管理用甲设备，并投入使用。会计规定采用直线法计提折旧，折旧年限为 5 年，无残值。税法规定采用直线法计提折旧，折旧年限为 3 年，不考虑减值。进一步假设每年计提折旧前的税前会计利润为 100 000 元，第一年年初无递延税款余额，所得税税率为 25%。企业不存在任何其他会计与税法差异。

分析：（1）20×4 年。

$$\text{本年会计折旧}=\frac{150\ 000}{5}=30\ 000(\text{元})$$

$$\text{本年税前会计利润}=100\ 000-30\ 000=70\ 000(\text{元})$$

$$\text{本年计税折旧}=\frac{150\ 000}{3}=50\ 000(\text{元})$$

$$\text{本年应纳税时间性差异}=50\ 000-30\ 000=20\ 000(\text{元})$$

$$\text{本年应确认递延税款贷项}=20\ 000\times25\%=5\ 000(\text{元})$$

$$\begin{array}{c}\text{本年应纳税}\\\text{所得额}\end{array}=\begin{array}{c}\text{本年税前}\\\text{会计利润}\end{array}-\begin{array}{c}\text{本年应纳税}\\\text{时间性差异}\end{array}\pm\begin{array}{c}\text{永久性差异}\\\text{调整数}\end{array}$$

$$=70\ 000-20\ 000+0=50\ 000(\text{元})$$

$$\text{本年应交所得税}=50\ 000\times25\%=12\ 500(\text{元})$$

$$\text{本年所得税费用}=(\text{本年税前会计利润}\pm\text{永久性差异调整数})\times25\%$$

$$=(70\ 000+0)\times25\%=17\ 500(\text{元})$$

应编制如下会计分录：

借：所得税费用　　17 500

　贷：应交税费——应交所得税　　12 500

递延税款 5 000

(2) 20×5 年。与 20×4 年相同。

(3) 20×6 年。与 20×4 年相同。

(4) 20×7 年。

$$本年会计折旧=\frac{150\ 000}{5}=30\ 000(元)$$

本年税前会计利润=100 000−30 000=70 000(元)

本年计税折旧=0

本年应纳税时间性差异=0−30 000=−30 000(元)

本年应转回的递延税款贷项=−30 000×25%=−7 500(元)

$$\begin{array}{c}本年应纳税\\所得额\end{array}=\begin{array}{c}本年税前\\会计利润\end{array}+\begin{array}{c}本年转回的\\应纳税时间性差异\end{array}\pm\begin{array}{c}永久性差异\\调整数\end{array}$$

=70 000+30 000+0=100 000(元)

本年应交所得税=100 000×25%=25 000(元)

本年所得税费用=(本年税前会计利润±永久性差异调整数)×25%

=(70 000+0)×25%=17 500(元)

应编制如下会计分录：

借：所得税费用 17 500

递延税款 7 500

贷：应交税费——应交所得税 25 000

(5) 20×8 年。与 20×7 年相同。

将本例的结果汇总列示于表 5-3。

表 5-3 基于利润表的纳税影响会计法 单位：元

项目	20×4 年	20×5 年	20×6 年	20×7 年	20×8 年
会计折旧	30 000	30 000	30 000	30 000	30 000
税法折旧	50 000	50 000	50 000	0	0
时间性差异	20 000	20 000	20 000	−30 000	−30 000
税前会计利润	70 000	70 000	70 000	70 000	70 000
应纳税所得额	50 000	50 000	50 000	100 000	100 000
所得税费用	17 500	17 500	17 500	17 500	17 500
应交所得税	12 500	12 500	12 500	25 000	25 000
本年确认的递延税款	5 000（贷方）	5 000（贷方）	5 000（贷方）	7 500（借方）	7 500（借方）
年末递延税款余额	5 000（贷方）	10 000（贷方）	15 000（贷方）	7 500（贷方）	0

5.2.4 基于资产负债表的纳税影响会计法

该方法将关注的焦点放在资产负债表上的递延所得税负债与递延所得税资产

的确认和计量上，因而重视从特定时点的角度，分析会计准则与税收法规之间的具体差异，着眼于资产、负债的账面价值与其计税基础之间的差异。这种方法称为资产负债表债务法。下一节专门介绍资产负债表债务法的基本原理。

暂时性差异的形成原因及其会计处理规则

由于时间性差异不能反映那些不直接影响税前会计利润和应纳税所得额，却会导致资产、负债的账面价值与计税基础之间产生差异的交易或事项所对应的纳税影响，如企业合并或对资产负债表上的资产或负债进行直接调整（如资产评估增值），因此以时间性差异为核心的基于利润表的纳税影响会计法开始被资产负债表债务法所取代。以暂时性差异为核心的资产负债表债务法能够全面反映各类不同业务的纳税影响，从而可以弥补基于利润表的纳税影响会计法存在的上述缺陷。

5.3 资产负债表债务法的基本原理

如何理解递延所得税

资产负债表债务法将暂时性差异的影响确认为将在未来得到补偿的递延所得税资产，或在未来予以清偿的递延所得税负债。在资产负债表债务法下，递延所得税资产和递延所得税负债的确认，分别以报告主体预期收回资产的账面价值和清偿负债的账面价值所引起的纳税后果为依据，因此能够确实代表报告主体未来的纳税利益和纳税责任，从而适合在资产负债表中列示为资产和负债。

5.3.1 运用资产负债表债务法的基本程序

资产负债表债务法的运用可以区分为涉税交易或事项发生时的处理和资产负债表日的处理。

1. 涉税交易或事项发生时的处理

（1）比较资产或负债的账面价值与计税基础，计算暂时性差异。

（2）分析涉税交易或事项的性质，判断是否符合确认递延所得税资产和递延所得税负债的条件。

（3）对于符合条件的，按准则规定计量递延所得税资产和递延所得税负债的具体金额。

2. 资产负债表日的处理

（1）比较资产或负债的账面价值与计税基础，计算暂时性差异。

（2）分析评价暂时性差异，对于符合确认条件的应纳税暂时性差异，确认递延所得税负债的应有期末余额；对于符合确认条件的可抵扣暂时性差异，确认递延所得税资产的应有期末余额。

（3）比较递延所得税负债或递延所得税资产的应有期末余额与调整前余额，确定期末应调整增加或减少的递延所得税负债和递延所得税资产的金额。

（4）分析涉税交易或事项的性质，确定对递延所得税负债或递延所得税资产期末余额的调整额应计入所得税费用还是其他综合收益。对于应计入其他综合收益的情况，将在本章后面部分作专门讨论。如果应计入所得税费用，则有以下几种情况：

1）需要调整增加递延所得税负债期末余额的：

借：所得税费用——递延所得税费用

　贷：递延所得税负债

2）需要调整减少递延所得税负债期末余额的：

借：递延所得税负债

　贷：所得税费用——递延所得税费用

3）需要调整增加递延所得税资产期末余额的：

借：递延所得税资产

　贷：所得税费用——递延所得税费用

4）需要调整减少递延所得税资产期末余额的：

借：所得税费用——递延所得税费用

　贷：递延所得税资产

贷记的“递延所得税费用”从本质上讲属于递延所得税收益。

至于当期按税法规定实际应交的所得税，则作为“当期所得税费用”处理：

借：所得税费用——当期所得税费用

　贷：应交税费——应交所得税

在资产负债表债务法下，资产和负债的账面价值、计税基础、暂时性差异以及递延所得税资产（负债）之间的关系如表 5－4 所示。

表 5－4　资产负债表债务法下各项目之间的关系

项目	资产	负债
账面价值①	未来可收回的金额	未来应支付的金额
计税基础②	未来可抵扣的金额	未来不可抵扣的金额
暂时性差异 ③＝①－②	正数：应纳税暂时性差异 负数：可抵扣暂时性差异	正数：可抵扣暂时性差异 负数：应纳税暂时性差异
递延所得税的应有余额④＝③×预期税率	正数：递延所得税负债的应有余额 负数：递延所得税资产的应有余额	正数：递延所得税资产的应有余额 负数：递延所得税负债的应有余额

5.3.2　递延所得税负债与递延所得税资产的确认

1. 递延所得税负债的确认

一般情况下，企业对于应纳税暂时性差异应当确认相应的递延所得税负债，但是下列情况除外：

（1）商誉的初始确认形成的应纳税暂时性差异不能确认相应的递延所得税负

债。企业合并产生的商誉，在确定应纳税所得额时不允许将其账面价值的减值损失作为费用予以抵扣；终止经营、处置资产时，原来确认入账的与此相关的商誉也不允许在税前抵扣。因此，商誉的计税基础为零，并产生一项应纳税暂时性差异，金额等于商誉的账面价值。但是，会计准则不允许确认相应的递延所得税负债，原因在于商誉是一项剩余值，确认递延所得税负债会增加商誉的入账金额，而商誉入账金额的增加又会形成新的应纳税暂时性差异。这样会导致循环往复，没有终结。与此相联系，既然由商誉初始确认产生的应纳税暂时性差异不能确认相应的递延所得税负债的增加，那么这部分应纳税暂时性差异的后续减少也不能确认相应的递延所得税负债的减少。

例5-14

20×5年1月1日，甲公司吸收合并P公司。该项企业合并为非同一控制下的合并。甲公司按照会计准则规定确认合并商誉500万元。20×5年12月31日对该商誉进行减值测试，计提了100万元的商誉减值准备，确认了100万元的商誉减值损失。

分析：20×5年1月1日，该商誉的入账金额为500万元，计税基础为零，因此形成了500万元的应纳税暂时性差异。但是不能确认与这500万元的应纳税暂时性差异相关的递延所得税负债。

20×5年12月31日，按照会计准则的要求，计提了100万元的商誉减值准备之后，商誉的账面价值为400万元，计税基础为0，年末的应纳税暂时性差异减少为400万元，但是仍不能确认相关的递延所得税负债。

然而，如果与商誉有关的应纳税暂时性差异不是由商誉的初始确认产生的，那么应该确认产生的递延所得税负债。例如，对于上述500万元商誉，如果税法允许每年以20%的比率进行抵扣，那么该商誉初始确认时计税基础为500万元，第一年年末为400万元。如果该商誉在第一年发生减值50万元，那么其第一年年末的账面价值为450万元，第一年年末的应纳税暂时性差异为50万元，由此产生的递延所得税负债应该予以确认，因为这50万元的应纳税暂时性差异与商誉的初始确认无关。

（2）如果交易不是企业合并，且交易发生时既不影响会计利润也不影响应纳税所得额（或可抵扣亏损），那么该交易中产生的资产或负债的初始确认所形成的应纳税暂时性差异不能确认相应的递延所得税负债。因为在这种情况下，对于一项资产或负债因其入账金额与计税基础不同而形成的应纳税暂时性差异，如果确认递延所得税负债，会难以确定相应的借记项目：首先，不能借记所得税费用，因为交易发生时既不影响会计利润也不影响应纳税所得额（或可抵扣亏损）；其次，不能借记初始确认的资产或负债，因为如果这样处理，就会增加相关资产的入账金额或减少相关负债的入账金额，必然导致形成新的应纳税暂时性差异，需要追加确认新的递延所得税负债，以致循环往复，无穷无尽。这样不但会增加会计处理的复杂性，而且会损害会计信息的有用性。

例 5－15

沿用例 5－3 的资料，乙公司 20×5 年 12 月 15 日建造完成的核电站，其入账价值为 42 亿元，计税基础为 40 亿元，产生应纳税暂时性差异 2 亿元。

分析： 由于该项应纳税暂时性差异属于固定资产入账时点的差异，该项固定资产不是企业合并交易所取得的，而且交易发生时既不影响会计利润也不影响应纳税所得额（或可抵扣亏损），因此对于这 2 亿元的应纳税暂时性差异不能确认相应的递延所得税负债。

（3）企业对与子公司、联营企业及合营企业投资相关的应纳税暂时性差异，当同时满足以下两个条件时，也不能确认相应的递延所得税负债：

1）投资企业能够控制暂时性差异转回的时间；

2）该暂时性差异在可预见的未来很可能不会转回。

当母公司控制了子公司的股利政策时，就能够控制与对子公司的投资相关的应纳税暂时性差异转回的时间安排。例如，子公司存在未分配利润时会产生应纳税暂时性差异。如果母公司控制了子公司的股利政策，那么它就能决定何时分配这些未分配利润，而将未分配利润进行分配的同时，相应的应纳税暂时性差异也转回。这个时候，母公司能够控制该项应纳税暂时性差异的转回。因此，当母公司已经决定在可预见的未来不对这些利润进行分配时，即应纳税暂时性差异在可预见的未来不会转回时，母公司就不应该确认相应的递延所得税负债。

联营企业的投资者不控制联营企业，通常也不能控制其股利政策。因此，除非协议规定联营企业的利润在可预见的未来不予分配，否则投资者应该确认与联营企业的投资相关的应纳税暂时性差异产生的递延所得税负债。

如果合营企业的投资者能够控制利润分配，并且该利润在可预见的未来被分配的可能性不大，就不能确认相应的递延所得税负债。

2. 递延所得税资产的确认

企业在特定时点形成的可抵扣暂时性差异，并非都能够确认相应的递延所得税资产。确认递延所得税资产，需要遵循以下原则：

（1）递延所得税资产的确认金额应当以企业很可能取得用来抵扣可抵扣暂时性差异的应纳税所得额为限。可抵扣暂时性差异是使未来产生可抵扣金额的暂时性差异，因此可抵扣暂时性差异的转回可以抵扣转回期间（或未来其他期间）的应纳税所得额。但是，只有当企业有足够的应纳税所得额用以抵销该抵扣时，该抵扣导致的所得税支付额的减少所带来的经济利益才能流入企业。因此，只有当很可能获得能利用可抵扣暂时性差异的应纳税所得额时，企业才能确认一项递延所得税资产。这是企业确认递延所得税资产的前提条件，而递延所得税负债的确认没有这样的前提条件。

例 5－16

沿用例 5－2 的资料，20×5 年年末甲公司 A 商品的账面价值与计税基础形成可抵扣暂时性差异 500 万元。假定该公司之前没有递延所得税资产余额，20×5

年年末不存在其他可抵扣暂时性差异，甲公司预计 20×5 年年末发生减值的 A 商品将全部在 20×6 年出售，估计 20×6 年公司可以获得的应纳税所得额为 200 万元。甲公司适用的所得税税率为 25%。

分析： 虽然甲公司 20×5 年年末有可抵扣暂时性差异 500 万元，但因为预计 20×6 年只能获得 200 万元的应纳税所得额，所以对于 20×5 年年末的 500 万元可抵扣暂时性差异，只能确认 50 万元（200×25%）的递延所得税资产。

借：递延所得税资产 500 000

　贷：所得税费用 500 000

（2）如果交易不是企业合并，且交易发生时既不影响会计利润也不影响应纳税所得额（或可抵扣亏损），那么该交易中产生的资产或负债的初始确认所形成的可抵扣暂时性差异不能确认相应的递延所得税资产。因为在这种情况下，对于一项资产或负债因其入账金额与计税基础不同而形成的可抵扣暂时性差异，如果确认递延所得税资产，会难以确定相应的贷记项目：首先，不能贷记所得税费用，因为交易发生时既不影响会计利润也不影响应纳税所得额（或可抵扣亏损）；其次，不能贷记初始确认的资产或负债，因为如果这样处理，就会减少相关资产的入账金额或增加相关负债的入账金额，必然导致形成新的可抵扣暂时性差异，需要追加确认新的递延所得税资产，以致循环往复，无穷无尽。这样不但会增加会计处理的复杂性，而且会损害会计信息的有用性。

例 5-17

沿用例 5-6 的资料，A 公司 20×5 年年末内部研究开发形成的无形资产入账时，其账面价值为 3 000 万元，计税基础为 4 500 万元，二者之间形成可抵扣暂时性差异 1 500 万元。

分析： 由于该项可抵扣暂时性差异属于无形资产入账时点的差异，该项无形资产不是企业合并交易所取得的，而且交易发生时既不影响会计利润也不影响应纳税所得额（或可抵扣亏损），因此 1 500 万元的可抵扣暂时性差异不能确认递延所得税资产。

（3）资产负债表日，如果有确凿证据表明未来期间很可能获得足够的应纳税所得额用来抵扣可抵扣暂时性差异的，应当确认以前期间未确认的递延所得税资产。

（4）企业对与子公司、联营企业及合营企业投资相关的可抵扣暂时性差异，当同时满足以下两个条件时，应当确认相应的递延所得税资产：

1）暂时性差异在可预见的未来很可能转回；

2）未来很可能获得用来抵扣暂时性差异的应纳税所得额。

基于上述与企业对子公司、联营企业及合营企业投资相关的应纳税暂时性差异类似的原因，可抵扣暂时性差异在可预见的未来也有可能无法转回。同时，当未来可能无法获得能利用可抵扣暂时性差异的应纳税所得额时，企业不应确认相应的递延所得税资产。

（5）对于能够结转以后年度的可抵扣亏损和税款抵减，应当确认相应的递延所得税资产，确认金额以很可能获得的用来抵扣亏损和税款抵减的未来应纳税所得额为限。

能够结转以后年度的可抵扣亏损和税款抵减，也能导致以后年度所得税支付额的减少，由此产生经济利益流入企业，从而形成一项递延所得税资产。但是，确认这类递延所得税资产的前提条件是以后年度必须能够获得用来抵扣可抵扣亏损和税款抵减的应纳税所得额。

5.3.3　递延所得税负债与递延所得税资产的计量

1. 当期所得税负债（资产）的计量

资产负债表日，对于当期和以前期间形成的当期所得税负债（或资产），应当按照税法规定的预期应缴纳（或返还）的所得税金额计量。

2. 递延所得税资产（负债）的计量

（1）资产负债表日，对于递延所得税资产和递延所得税负债，应当依据税法规定，按照预期收回该资产或清偿该负债期间的适用税率计量。

（2）适用税率发生变化的，应对已确认的递延所得税资产（负债）进行重新计量，除直接在权益中确认的交易或事项产生的递延所得税资产（负债）以外，应当将其影响数计入变化当期的所得税费用。

（3）递延所得税资产（负债）的计量，应当反映资产负债表日企业预期收回资产或清偿负债方式的纳税影响，即在计量递延所得税资产（负债）时，应当采取与收回资产或清偿债务的预期方式相一致的税率和计税基础。

（4）企业不应当对递延所得税资产（负债）进行折现。不允许对递延所得税资产（负债）进行折现的原因可能在于，对递延所得税资产（负债）进行折现，要求具体推定每一项暂时性差异转回的时间，这并不切实可行。同时，折现可能使得企业之间确认的递延所得税资产（负债）缺乏可比性。

（5）资产负债表日，企业应当对递延所得税资产的账面价值进行复核。如果未来期间很可能无法获得足够的应纳税所得额用以抵扣递延所得税资产的利益，应当减记递延所得税资产的账面价值。在很可能获得足够的应纳税所得额时，减记的金额应当转回。

企业当期所得税和递延所得税应当作为所得税费用或收益计入当期损益，但不包括下列情况产生的所得税：

（1）企业合并。

（2）直接在所有者权益中确认的交易或事项。

与直接计入所有者权益的交易或事项相关的当期所得税和递延所得税，应当计入所有者权益。例如，企业会计准则规定，其他权益工具投资的公允价值变动损益计入其他综合收益，由此形成的暂时性差异的所得税影响应相应调整其他综合收益，而不是计入所得税费用。对此，本章 5.4 节将举例说明。

例 5－18

北方公司 20×3 年 12 月取得甲设备，成本为 150 000 元。会计规定按直线法计提折旧，折旧年限为 5 年；税法规定按直线法计提折旧，折旧年限为 3 年。不考虑减值。进一步假设 20×4 年、20×5 年、20×6 年、20×7 年和 20×8 年各年的税前会计利润分别为 400 000 元、500 000 元、600 000 元、700 000 元和 800 000 元。20×4 年年初无递延所得税余额，所得税税率为 25%。企业不存在其他会计与税法差异。

分析：（1）20×4 年。

本年会计折旧＝150 000÷5＝30 000(元)
本年计税折旧＝150 000÷3＝50 000(元)
年末账面价值＝150 000－30 000＝120 000(元)
年末计税基础＝150 000－50 000＝100 000(元)
年末应纳税暂时性差异＝120 000－100 000＝20 000(元)
年末与甲设备有关的递延所得税负债应有余额＝20 000×25%＝5 000(元)
本年应确认的与甲设备有关的递延所得税负债＝5 000－0＝5 000(元)
本年税前会计利润＝400 000(元)
本年应纳税时间性差异＝50 000－30 000＝20 000(元)
本年应纳税所得额＝400 000－20 000＝380 000(元)
本年应交所得税＝380 000×25%＝95 000(元)
当期所得税费用＝95 000(元)
本年所得税费用总额＝当期所得税费用＋递延所得税费用
＝95 000＋5 000＝100 000(元)

应编制如下会计分录：

借：所得税费用——递延所得税费用　　5 000
　贷：递延所得税负债　　5 000
借：所得税费用——当期所得税费用　　95 000
　贷：应交税费——应交所得税　　95 000

甲设备的账面价值为 120 000 元，意味着预计该设备未来至少可以为北方公司带来 120 000 元的经济利益；甲设备的计税基础为 100 000 元，意味着在未来 120 000 元的经济利益中有 100 000 元不需要纳税，余下的 20 000 元会增加北方公司未来年份的应纳税所得额，从而增加未来年份北方公司的所得税税负，因此该公司应在 20×4 年年末确认未来的纳税义务 5 000 元（(120 000－100 000)×25%），即 20×4 年年末的递延所得税负债的应有余额为 5 000 元。

（2）20×5 年。

本年会计折旧＝150 000÷5＝30 000(元)
本年计税折旧＝150 000÷3＝50 000(元)
年末账面价值＝120 000－30 000＝90 000(元)
年末计税基础＝100 000－50 000＝50 000(元)

年末应纳税暂时性差异＝90 000－50 000＝40 000(元)
年末与甲设备有关的递延所得税负债应有余额＝40 000×25％
＝10 000(元)
本年应追加确认的与甲设备有关的递延所得税负债＝10 000－5 000
＝5 000(元)
本年税前会计利润＝500 000(元)
本年应纳税时间性差异＝50 000－30 000＝20 000(元)
本年应纳税所得额＝500 000－20 000＝480 000(元)
本年应交所得税＝480 000×25％＝120 000(元)
当期所得税费用＝120 000(元)
本年所得税费用总额＝当期所得税费用＋递延所得税费用
＝120 000＋5 000＝125 000(元)

应编制如下会计分录：

借：所得税费用——递延所得税费用 5 000
　贷：递延所得税负债 5 000
借：所得税费用——当期所得税费用 120 000
　贷：应交税费——应交所得税 120 000

甲设备在20×5年年末的账面价值为90 000元，意味着预计该设备未来至少可以为北方公司带来90 000元的经济利益；甲设备在年末的计税基础为50 000元，意味着在未来90 000元的经济利益中有50 000元不需要纳税，余下的40 000元会增加北方公司未来年份的应纳税所得额，从而增加未来年份北方公司的所得税税负，因此20×5年年末的递延所得税负债余额为10 000元((90 000－50 000)×25％)。

(3) 20×6年。

本年会计折旧＝150 000÷5＝30 000(元)
本年计税折旧＝150 000÷3＝50 000(元)
年末账面价值＝90 000－30 000＝60 000(元)
年末计税基础＝50 000－50 000＝0
年末应纳税暂时性差异＝60 000－0＝60 000(元)
年末与甲设备有关的递延所得税负债应有余额＝60 000×25％
＝15 000(元)
本年应追加确认的与甲设备有关的递延所得税负债＝15 000－10 000
＝5 000(元)
本年税前会计利润＝600 000(元)
本年应纳税时间性差异＝50 000－30 000＝20 000(元)
本年应纳税所得额＝600 000－20 000＝580 000(元)
本年应交所得税＝580 000×25％＝145 000(元)
当期所得税费用＝145 000(元)

本年所得税费用总额＝当期所得税费用＋递延所得税费用
＝145 000＋5 000＝150 000(元)

应编制如下会计分录：

借：所得税费用——递延所得税费用　　5 000
　贷：递延所得税负债　　5 000
借：所得税费用——当期所得税费用　　145 000
　贷：应交税费——应交所得税　　145 000

甲设备在20×6年年末的账面价值为60 000元，意味着预计该设备未来至少可以为北方公司带来60 000元的经济利益；甲设备的计税基础为0，意味着这60 000元的未来经济利益都需要在未来纳税，从而增加未来年份北方公司的所得税税负，因此20×6年年末的递延所得税负债余额为15 000元((60 000－0)×25%)。

(4) 20×7年。

本年会计折旧＝150 000÷5＝30 000(元)
本年计税折旧＝0
年末账面价值＝60 000－30 000＝30 000(元)
年末计税基础＝0
年末应纳税暂时性差异＝30 000－0＝30 000(元)
年末与甲设备有关的递延所得税负债应有余额＝30 000×25%
＝7 500(元)
本年应调整减少的与甲设备有关的递延所得税负债＝15 000－7 500
＝7 500(元)
本年税前会计利润＝700 000(元)
本年转回应纳税时间性差异＝30 000－0＝30 000(元)
本年应纳税所得额＝700 000＋30 000＝730 000(元)
本年应交所得税＝730 000×25%＝182 500(元)
当期所得税费用＝182 500(元)
本年所得税费用总额＝当期所得税费用＋递延所得税费用
＝182 500－7 500＝175 000(元)

应编制如下会计分录：

借：递延所得税负债　　7 500
　贷：所得税费用——递延所得税费用　　7 500
借：所得税费用——当期所得税费用　　182 500
　贷：应交税费——应交所得税　　182 500

甲设备在20×7年年末的账面价值为30 000元，意味着预计该设备未来至少可以为北方公司带来30 000元的经济利益；该设备的计税基础为0，意味着这30 000元的未来经济利益都需要纳税，从而增加未来年份北方公司的所得税税负，因此当年年末的递延所得税负债余额为7 500元((30 000－0)×25%)。

（5）20×8 年。

本年会计折旧＝150 000÷5＝30 000(元)
本年计税折旧＝0
年末账面价值＝0
年末计税基础＝0
年末暂时性差异＝0
年末与甲设备有关的递延所得税负债应有余额＝0
本年应调整减少的与甲设备有关的递延所得税负债＝7 500−0＝7 500(元)
本年税前会计利润＝800 000(元)
本年转回应纳税时间性差异＝30 000−0＝30 000(元)
本年应纳税所得额＝800 000＋30 000＝830 000(元)
本年应交所得税＝830 000×25%＝207 500(元)
当期所得税费用＝207 500(元)
本年所得税费用总额＝当期所得税费用＋递延所得税费用
＝207 500−7 500＝200 000(元)

应编制如下会计分录：

借：递延所得税负债　7 500
　贷：所得税费用——递延所得税费用　7 500
借：所得税费用——当期所得税费用　207 500
　贷：应交税费——应交所得税　207 500

甲设备在 20×8 年年末的账面价值和计税基础均为 0，因此当年年末的递延所得税负债余额应为 0；当年应冲减 7 500 元的递延所得税负债。

上述计算过程如表 5－5 所示。

表 5－5　单位：元

项目	20×4 年	20×5 年	20×6 年	20×7 年	20×8 年
年末甲设备账面价值	120 000	90 000	60 000	30 000	0
年末甲设备计税基础	100 000	50 000	0	0	0
与甲设备有关的年末暂时性差异	20 000	40 000	60 000	30 000	0
年末与甲设备有关的递延所得税负债应有余额	5 000	10 000	15 000	7 500	0
年末应调整的递延所得税负债	5 000（贷记）	5 000（贷记）	5 000（贷记）	7 500（借记）	7 500（借记）
所得税费用——当期所得税费用	95 000	120 000	145 000	182 500	207 500

5.4 资产负债表债务法运用的特殊问题

5.4.1 直接计入所有者权益的交易或事项产生的递延所得税

前面递延所得税资产与递延所得税负债的举例，所涉及的都是不直接计入所有者权益的交易或事项。在现实生活中，运用资产负债表债务法时，递延所得税资产与递延所得税负债的确认和计量可能涉及直接计入所有者权益的交易或事项，如其他权益工具投资公允价值的变动。在这种情况下，相关资产、负债的账面价值与计税基础之间形成暂时性差异的，应当在符合条件的情况下确认递延所得税资产或递延所得税负债，计入其他综合收益。

例 5-19

20×7 年 6 月 1 日，甲公司以 500 万元银行存款购买某公司的股票，指定分类为以公允价值计量且其变动计入其他综合收益的非交易性权益工具投资，通过“其他权益工具投资”科目进行核算。20×7 年 12 月 31 日，该项金融资产的公允价值为 560 万元，没有发生减值。甲公司的所得税税率为 25%，除该事项之外，该公司不存在其他会计与税法差异。20×8 年 12 月 31 日，该项金融资产的公允价值为 540 万元。20×9 年 4 月 20 日，甲公司将上述金融资产以 570 万元的价格出售。

分析：（1）20×7 年 6 月 1 日。

借：其他权益工具投资——成本　　5 000 000

　贷：银行存款　　5 000 000

（2）20×7 年 12 月 31 日。

1）确认公允价值变动损益，计入其他综合收益。

借：其他权益工具投资——公允价值变动　　600 000

　贷：其他综合收益　　600 000

2）年末该项金融资产形成 600 000 元的应纳税暂时性差异，确认其所得税影响 150 000 元（600 000×25%）。

借：其他综合收益　　150 000

　贷：递延所得税负债　　150 000

以上两笔分录也可以合并为一笔。

借：其他权益工具投资——公允价值变动　　600 000

　贷：其他综合收益　　450 000

　　　递延所得税负债　　150 000

（3）20×8 年 12 月 31 日。

1）确认公允价值变动损益，计入其他综合收益。

借：其他综合收益　　200 000

贷：其他权益工具投资——公允价值变动　　200 000

2）年末该项金融资产的应纳税暂时性差异减少为400 000元，相应调整减少递延所得税负债的余额50 000元（150 000－400 000×25%）。

借：递延所得税负债　　50 000

　贷：其他综合收益　　50 000

以上两笔分录也可以合并为一笔。

借：其他综合收益　　150 000

　　递延所得税负债　　50 000

　贷：其他权益工具投资——公允价值变动　　200 000

（4）20×9年4月20日。

借：银行存款　　5 700 000

　贷：其他权益工具投资——成本　　5 000 000

　　　　　　　　　　　——公允价值变动　　400 000

　　　其他综合收益　　300 000

借：其他综合收益　　600 000

　　递延所得税负债　　100 000

　贷：利润分配——未分配利润　　700 000

本例中，由于其他权益工具投资公允价值的变动按会计准则的规定应该计入其他综合收益，因此在每个资产负债表日，无论是首次确认递延所得税负债，还是后续对原确认的递延所得税负债进行调整，其对应项目都是其他综合收益，而非计入当期的所得税费用。

5.4.2 企业合并中产生的递延所得税

本章前面所讨论的资产负债表债务法的运用，都只涉及有关资产或负债的后续计量时如何考虑所得税的影响。然而，企业有可能在资产或负债的初始确认和初始计量时就需要考虑所得税的影响。例如，企业合并所取得的资产或负债的入账价值可能不同于其计税基础，在这种情况下需要确认相应的递延所得税。

例5-20

假设甲公司20×0年1月1日以每股市价10元、每股面值1元的本公司股份900 000股，以吸收合并的方式购买乙公司的全部资产。该项合并为非同一控制下的企业合并。当日，乙公司的资产只有库存商品和固定资产两项，且没有任何负债。库存商品的账面价值为800 000元，公允价值为1 000 000元；固定资产的账面价值为7 000 000元，公允价值为8 000 000元。按会计准则的规定，所取得的资产需要按公允价值入账，而税法要求按存货和固定资产的原账面价值作为计税基础。所得税税率为25%。

分析：假定甲公司所取得的乙公司的库存商品全部在20×0年出售，会计与税法对固定资产均采用年限平均法，按10年计提折旧，不考虑残值。20×0年与 20×1 年甲公司的税前利润均为 6 000 000 元，且未产生会计与税法之间的其他差异。

在资产负债表债务法下，对于企业合并中所取得的资产、负债的入账价值与计税基础之间的差额，需要考虑其所得税影响。本例中，库存商品和固定资产两项资产在入账时均有应纳税暂时性差异。

应纳税暂时性差异＝(1 000 000－800 000)＋(8 000 000－7 000 000)
＝1 200 000(元)

应确认递延所得税负债＝1 200 000×25%＝300 000(元)

本例中，虽然甲公司所支付股份的公允价值与所取得的乙公司全部净资产的公允价值相等，但由于确认了 300 000 元的递延所得税负债，因此要相应确认一项合并商誉（关于企业合并及商誉的会计处理的详细讨论请参见第 7 章企业合并）。

(1) 20×0 年 1 月 1 日。

借：库存商品	1 000 000	
固定资产	8 000 000	
商誉	300 000	
贷：股本		900 000
资本公积		8 100 000
递延所得税负债		300 000

(2) 20×0 年 12 月 31 日。20×0 年年末，从乙公司购入的库存商品的账面价值和计税基础都已为 0，只需要考虑固定资产的账面价值与计税基础之间的差异。

年末固定资产的账面价值＝8 000 000－800 000＝7 200 000(元)

年末固定资产的计税基础＝7 000 000－700 000＝6 300 000(元)

年末应纳税暂时性差异＝7 200 000－6 300 000＝900 000(元)

年末递延所得税负债应有余额＝900 000×25%＝225 000(元)

年末应调整减少的递延所得税负债＝300 000－225 000＝75 000(元)

本年应交所得税＝(6 000 000＋200 000＋100 000)×25%
＝1 575 000(元)

应编制如下会计分录：

借：递延所得税负债	75 000	
贷：所得税费用——递延所得税费用		75 000
借：所得税费用——当期所得税费用	1 575 000	
贷：应交税费——应交所得税		1 575 000

(3) 20×1 年 12 月 31 日。

年末固定资产的账面价值＝7 200 000－800 000＝6 400 000(元)

年末固定资产的计税基础＝6 300 000－700 000＝5 600 000(元)

年末应纳税暂时性差异＝6 400 000－5 600 000＝800 000(元)

年末递延所得税负债应有余额＝800 000×25％＝200 000(元)

年末应调整减少的递延所得税负债＝225 000－200 000＝25 000(元)

本年应交所得税＝(6 000 000＋100 000)×25％＝1 525 000(元)

应编制如下会计分录：

借：递延所得税负债	25 000	
贷：所得税费用——递延所得税费用		25 000
借：所得税费用——当期所得税费用	1 525 000	
贷：应交税费——应交所得税		1 525 000

20×2 年至 20×9 年的会计处理略。

5.4.3　纳税亏损与税款抵免的所得税影响

企业在一定期间产生的能够结转以后年度的可抵扣亏损和税款抵减，可以减少以后年度的所得税支付额，由此可以为企业带来未来的经济利益，因此在资产负债表债务法下，需要考虑确认一项递延所得税资产。但是，这种未来经济利益实现的前提条件是以后年度必须能够获得足够用来抵扣可抵扣亏损和税款抵减的应纳税所得额，因此，递延所得税资产的确认也必须满足这一前提条件。这与前面可抵扣暂时性差异产生的递延所得税资产的确认标准类似。但是，未利用可抵扣亏损的存在有可能足以表明未来应纳税所得额难以获得。因此，在企业存在能够结转以后年度的可抵扣亏损和税款抵减的情况下，只有在有足够的证据表明企业未来能获得可用以抵扣尚未利用的可抵扣亏损或税款抵减的足够的应纳税所得额时，才能确认相应的递延所得税资产，且确认金额以很可能获得的用来抵扣亏损和税款抵减的未来应纳税所得额为限。

例 5－21

(1) 甲公司 20×7 年有纳税亏损 1 000 万元，预计该公司今后 5 年可获得 1 000 万元以上的应纳税所得额。所得税税率为 25％。

分析：

20×7 年年末应确认递延所得税资产＝1 000×25％＝250(万元)

编制如下会计分录：

借：递延所得税资产——营业亏损	2 500 000	
贷：所得税费用——递延所得税费用		2 500 000

(2) 20×8 年甲公司获得应纳税所得额 100 万元，估计今后 4 年可获得应纳税所得额 600 万元。

分析：

20×8 年年末递延所得税资产应有余额＝600×25％＝150(万元)

应冲减递延所得税资产＝250－150＝100(万元)

编制如下会计分录：

借：所得税费用——递延所得税费用　　1 000 000

　贷：递延所得税资产——营业亏损　　1 000 000

5.4.4 税率变动情况下递延所得税资产与递延所得税负债的计量

在资产负债表债务法下，每一个资产负债表日，对于递延所得税资产或递延所得税负债应当依据税法规定，按照预期收回该资产或清偿该负债期间的适用税率计量。适用税率发生变化的，应对已确认的递延所得税资产（负债）进行重新计量，除直接在权益中确认的交易或事项产生的递延所得税资产（负债）以外，应当将其影响数计入变化当期的所得税费用。

例5-22

（1）甲公司20×7年有纳税亏损1 000万元，预计该公司今后5年可获得1 000万元以上的应纳税所得额。甲公司20×7年适用的所得税税率为33%。假定甲公司之前没有递延所得税资产和递延所得税负债的余额。

分析：

20×7年年末应确认递延所得税资产＝1 000×33%＝330(万元)

编制如下会计分录：

借：递延所得税资产——营业亏损　　3 300 000

　贷：所得税费用——递延所得税费用　　3 300 000

（2）甲公司于20×8年年初知悉企业的所得税税率从20×8年开始变为25%。

分析：

20×8年年初按照25%的新税率确定递延所得税资产的应有余额＝1 000×25%＝250(万元)

应冲减递延所得税资产的金额＝330－250＝80(万元)

20×8年年初编制如下会计分录：

借：所得税费用——递延所得税费用　　800 000

　贷：递延所得税资产　　800 000

5.5 所得税会计信息的披露

所得税会计信息的披露包括在表内列报和在附注中披露。表内列报又可分为在资产负债表中的列示和在利润表中的列示。

5.5.1　表内列报

1. 在资产负债表中的列示

递延所得税资产和递延所得税负债应当分别作为非流动资产和非流动负债在资产负债表中列示。

2. 在利润表中的列示

所得税费用应当在利润表中单独列示。

5.5.2　附注中的披露

企业应当在附注中披露与所得税有关的下列信息：

（1）所得税费用（收益）的主要组成部分。所得税费用（收益）包括当期所得税费用（当期应交所得税）和递延所得税，但不包括直接计入所有者权益项目的交易或事项以及企业合并的所得税影响。

（2）对所得税费用（收益）与会计利润之间的关系作出解释。

（3）未确认递延所得税资产的可抵扣暂时性差异、可抵扣亏损的金额（如果存在到期日，还应披露到期日）。

（4）对每一类暂时性差异和可抵扣亏损，在列报期间确认的递延所得税资产或递延所得税负债的金额，确认递延所得税资产的依据。

（5）未确认递延所得税负债的，与对子公司、联营企业及合营企业投资相关的暂时性差异金额。

思考题

1. 什么是所得税会计处理的资产负债表债务法？它有何主要特点？

2. 什么是暂时性差异？它与时间性差异之间有何异同？

3. 在资产负债表债务法下，所有的应纳税暂时性差异都应确认为递延所得税负债吗？为什么？

4. 在资产负债表债务法下，所有的可抵扣暂时性差异都应确认为递延所得税资产吗？为什么？

5. 在资产负债表债务法下，所有的递延所得税资产都源于可抵扣暂时性差异吗？为什么？

练习题

1. 永兴公司 20×5 年年底购入甲设备，成本为 3 000 000 元。会计上采用年数总和法计提折旧，使用年限为 5 年。税法规定采用直线法计提折旧，使用年限也是 5 年，预计无残值。20×7 年之前享受 15%的所得税优惠税率，但是从 20×7 年开始税率恢复为 25%（假设永兴公司无法预期所得税税率的这一变动）。假设不存在其他会计与税法差异，20×5 年年末“递延所得税资产”科目余额为 0，20×6 年至 20×8 年计提折旧前税前利润分别为 5 000 000 元、6 000 000 元和 6 000 000 元。该公司对甲设备没有计提过减值准备。

要求：计算 20×6 年年末至 20×8 年年末资产负债表上的递延所得税，以及 20×6 年至 20×8 年的所得税费用（假设预计未来能够获得足够的应纳税所得额用以抵扣产生的可抵扣暂时性差异）。

2. 20×0 年年末，新华公司购入机床一台，价值 4 500 000 元。会计和税法都规定按直线法计提折旧，但会计规定折旧年限为 5 年，税法规定折旧年限为 8 年，预计残值为 0。根据减值测试的结果，新华公司于 20×2 年就该机床计提固定资产减值准备 400 000 元，折旧年限不变。新华公司 20×1 年的税前会计利润为 5 000 000 元，20×2 年的税前会计利润为 2 000 000 元，20×3 年会计亏损 4 000 000 元，20×4 年和 20×5 年的税前会计利润均为 3 000 000 元。所得税税率为 25%。假设该公司除了折旧和固定资产减值准备差异外，不存在其他会计与税法差异，20×0 年年末“递延所得税资产”科目余额为 0。

要求：计算 20×1 年年末至 20×5 年年末资产负债表上的递延所得税，以及 20×1 年至 20×5 年的所得税费用（假设预计未来很可能获得用以抵扣产生的可抵扣暂时性差异和营业亏损的应纳税所得额）。

3. 甲公司以银行存款 600 000 元购入 A 设备作为管理用固定资产，当即投入使用。预计该设备无残值，会计折旧与计税折旧均采用年限平均法，会计规定折旧年限为 6 年，税法规定折旧年限为 5 年。

第一年年末甲公司对 A 设备进行减值测试，确定其可收回金额为 450 000 元。

第二年年末甲公司对 A 设备进行减值测试，确定其可收回金额为 300 000 元。

第三年年末甲公司将该设备出售，收到全部出售价款 200 000 元。

甲公司在这三年的税前会计利润分别为 5 000 000 元、6 000 000 元和 8 000 000 元，适用的所得税税率为 25%，假定甲公司这三年除 A 设备之外没有发生任何其他的会计与税法之间的差异。不考虑增值税的影响。

要求：

（1）为甲公司编制第一年与 A 设备的折旧、减值以及所得税有关的会计分录。

（2）为甲公司编制第二年与 A 设备的折旧、减值以及所得税有关的会计分录。

（3）为甲公司编制第三年与 A 设备的折旧、出售以及所得税有关的会计分录（各年的主要数据需列出计算过程）。

第6章 外币折算

学习目标

1. 掌握企业发生外币业务时的会计处理，资产负债表日对外币货币性项目的账面价值的调整，外币会计报表的折算方法。
2. 理解我国现行外币报表折算规则的设计理念。
3. 了解外币统账制、外币分账制。

深度思考——与AI对话

现行会计准则规定，在会计期末要对外币货币性项目的余额按照期末的即期汇率进行重新折算，这种做法有何利弊？

本章主要讲解《企业会计准则第19号——外币折算》的设计理念及其操作规则。该准则系借鉴《国际会计准则第21号——汇率变动的影响》（IAS 21：The Effects of Changes in Foreign Exchange Rates）制定而成。

该准则的核心问题，一是使用何种汇率列报外币性项目；二是如何处理汇率变动对财务报表的影响。本章在介绍会计规则的设计思路和操作要领的基础上，对一些有争议的问题进行辩证分析。目前理论上争议比较大的问题是：为何要在资产负债表日考虑货币性项目（monetary items）因汇率波动而形成的浮动盈亏？提醒读者对此予以深入思考。

6.1 记账本位币的确定

6.1.1 记账本位币

准则所称记账本位币（functional currency，又译作功能货币），是指企业经营所处的主要经济环境中的货币。主要经济环境（primary economic environment）通常是指企业主要的赚取现金和支出现金的环境，使用该环境中的货币最能反映企业的主要交易的经济结果。例如，我国非外向型企业赚取现金和支出现金的环境在国内，因此，一般以人民币作为记账本位币。

《中华人民共和国会计法》规定，业务收支以人民币以外的货币为主的单位，可以选定某一种外币作为记账本位币，但是，编报的财务报表应当折算为人民币。

企业选定记账本位币，应当考虑下列因素：(1) 商品和劳务的销售计价和结算所使用的货币；(2) 人工、材料和其他费用的销售计价和结算所使用的货币；(3) 融资活动获得的货币以及保存经营所得款所使用的货币。

6.1.2 外币交易

准则所称外币（foreign currency），是指企业记账本位币以外的货币，所称外币交易（foreign currency transactions），是指以外币计价或者结算的交易。例如，我国某企业经常采用美元结算，若其选用美元作为记账本位币，则人民币就成为其会计处理中的外币。

外币交易主要包括：以外币计价的商品贸易或服务贸易；借入或者借出外币资金；其他交易（如接受外币捐赠）。在核算外币业务时，应当设置相应的外币账户，包括外币现金、外币银行存款、以外币结算的债权（如应收票据、应收账款、预付账款等）和债务（如短期借款、应付票据、应付账款、预收账款、应付职工薪酬、长期借款等）。外币账户应当与非外币的相同账户分别设置并分别核算。

6.1.3 境外经营的记账本位币的确定

境外经营（foreign operation）是指企业在境外的子公司、合营企业、联营企业、分支机构。如果境内子公司、合营企业、联营企业、分支机构所采用的记账币种与企业总部的记账本位币不同，则视其为境外经营。

在选择境外经营的记账本位币时，除了考虑前述因素，还应当考虑下列因素：境外经营活动是否拥有很强的自主性；境外经营与企业总部之间的交易是否占有较大比重；境外经营的现金流量是否直接影响企业总部的现金流量，是否可以随时汇回；境外经营现金流量是否足以偿还其现有债务和近期债务。

外币统账制

6.1.4 记账本位币的变更

企业记账本位币一经确定，不得随意变更，除非企业经营所处的主要经济环境发生重大变化。

企业因经营所处的主要经济环境发生重大变化，确需变更记账本位币的，应当采用变更当日的即期汇率将所有项目折算为变更后的记账本位币。

6.2 外币交易的入账处理

6.2.1 常规购销业务

《企业会计准则第19号——外币折算》所规定的是外币统账制下的会计处理。

外汇牌价

在外币交易发生时，企业应当将外币金额折算为记账本位币金额。通常应当采用交易日的即期汇率进行折算。即期汇率（spot exchange rate）通常是指中国人民银行公布的当日人民币外汇牌价的中间价。如果汇率变动不大，也可以采用按照系统、合理的方法确定的即期汇率的近似汇率折算。即期汇率的近似汇率是指按照系统、合理的方法确定的与交易发生日即期汇率近似的汇率，通常采用当期平均汇率或加权平均汇率等。

1. 采购业务

例6-1

东南制药股份公司属于增值税一般纳税人，记账本位币为人民币，外币交易采用交易日即期汇率折算。20×6年9月2日从美国某公司购入2 000 000美元的原料，当日即期汇率为1美元=7.6元人民币，货款尚未支付。进口关税为1 520 000元人民币，另缴纳进口环节增值税2 842 400元人民币，税款均用银行存款支付。

分析：会计分录如下。

借：原材料（2 000 000×7.6+1 520 000）　　16 720 000
　　应交税费——应交增值税（进项税额）　　2 842 400
　贷：应付账款——美国某公司（美元）　　15 200 000
　　　银行存款　　4 362 400

2. 销售业务

例6-2

中原粮油股份公司记账本位币为人民币，外币交易采用交易日即期汇率折算。20×7年10月21日向美国某公司出售3 000 000美元的产品，当日即期汇率为1美元=7.2元人民币，货款尚未收到。该企业适用免、抵、退办法，本例之情形可不考虑增值税问题。

分析：会计分录如下。

借：应收账款——美国某公司（美元）（3 000 000×7.2）　　21 600 000

贷：主营业务收入　　21 600 000

6.2.2 外汇借款的取得

例 6-3

伯克希尔股份公司记账本位币为人民币，外币交易采用交易日即期汇率折算。20×7 年 12 月 1 日从中国工商银行借入 1 200 000 欧元，期限为 6 个月，年利率为 6%，计息基准为“实际天数/360”，到期还本付息。当日的即期汇率为 1 欧元＝10 元人民币。借入的欧元借款暂存银行，直到次年 1 月 8 日一次性用于对外支付。

分析：会计分录如下。

借：银行存款——欧元（1 200 000×10）　　12 000 000

　贷：短期借款——欧元　　12 000 000

6.2.3 接受外币投资

准则特别强调，企业收到投资者以外币投入的资本时，应当采用交易发生日的即期汇率折算，不得采用合同约定汇率和即期汇率的近似汇率折算，外币投入资本与相应的货币性项目的记账本位币金额之间不产生外币资本折算差额。

例 6-4

东南电池股份公司的记账本位币为人民币，外币交易采用交易日即期汇率折算。外商在投资合同中约定的汇率是 1 美元＝8 元人民币，分两次投入：第一次在 20×7 年 9 月 2 日，投入 300 000 美元，当日即期汇率为 1 美元＝7.4 元人民币；第二次在 20×7 年 11 月 22 日，投入 300 000 美元，当日即期汇率为 1 美元＝7.2 元人民币。

分析：会计处理如下。

（1）第一次收到投入资本时。

借：银行存款（300 000×7.4）　　2 220 000

　贷：股本　　2 220 000

（2）第二次收到投入资本时。

借：银行存款（300 000×7.2）　　2 160 000

　贷：股本　　2 160 000

6.2.4 外币兑换业务

企业发生的外币兑换业务或涉及外币兑换的交易事项，应当按照交易实际采用的汇率（即银行买入价或卖出价）折算。

1. 购汇业务

例 6-5

中良股份公司记账本位币为人民币，外币交易采用交易日即期汇率折算。20×7 年 9 月 9 日填写售汇申请书，从银行购入 10 000 欧元，银行当日的卖出价为 1 欧元＝11 元人民币，当日中国人民银行公布的外汇中间价为 1 欧元＝10.7 元人民币。

分析：会计分录如下。

借：银行存款——欧元（10 000×10.7）	107 000	
财务费用——汇兑差额	3 000	
贷：银行存款——人民币（10 000×11）		110 000

2. 结汇业务

例 6-6

天良股份公司记账本位币为人民币，外币交易采用交易日即期汇率折算。20×7 年 12 月 16 日填写结汇申请书，将 60 000 美元在银行兑换为人民币，银行当日的买入价为 1 美元＝7.6 元人民币，当日中国人民银行公布的外汇中间价为 1 美元＝7.7 元人民币。

分析：会计分录如下。

借：银行存款——人民币（60 000×7.6）	456 000	
财务费用——汇兑差额	6 000	
贷：银行存款——美元（60 000×7.7）		462 000

6.3 外币交易的期末折算与后续清偿

6.3.1 外币货币性项目的期末折算与后续清偿

外币货币性项目是指企业持有的货币资金和将以固定或可确定的金额收取的资产或者偿付的负债。货币性项目分为货币性资产和货币性负债。货币性资产包括库存现金、银行存款、应收账款、其他应收款、长期应收款等；货币性负债包括短期借款、应付账款、其他应付款、长期借款、应付债券、长期应付款等。

外币货币性项目采用资产负债表日即期汇率折算。因资产负债表日即期汇率与初始确认时或者前一资产负债表日即期汇率不同而产生的汇兑差额，计入当期损益，同时调增或调减外币货币性项目的记账本位币金额。

发生汇兑损失（exchange losses）时，借记“财务费用——汇兑差额”科目，贷记“应收账款”“应付账款”等科目；发生汇兑收益（exchange gains）

时，借记“应收账款”“应付账款”等科目，贷记“财务费用——汇兑差额”科目。

1. 应付账款

例6-7

沿用例6-1的资料。20×6年12月31日，东南制药股份公司仍未偿还前述的应付账款2 000 000美元，按当日的即期汇率1美元=7.3元人民币折算的金额为14 600 000元人民币，比按交易发生日即期汇率1美元=7.6元人民币折算的原账面价值15 200 000元人民币减少了600 000元人民币。

分析：会计分录如下。

借：应付账款——美国某公司（美元）　　600 000
　贷：财务费用——汇兑差额　　600 000

20×7年1月30日，东南制药股份公司偿还前述应付账款2 000 000美元，即期汇率为1美元=7.28元人民币。

分析：会计分录如下。

借：应付账款——美国某公司（美元）（2 000 000×7.28）　　14 600 000
　贷：银行存款　　14 560 000
　　　财务费用——汇兑差额　　40 000

2. 应收账款

例6-8a

沿用例6-2的资料。20×7年12月31日，中原粮油股份公司仍未收到前述的应收账款3 000 000美元，按当日的即期汇率1美元=7.1元人民币折算的金额为21 300 000元人民币，比按交易发生日即期汇率1美元=7.2元人民币折算的原账面价值21 600 000元人民币减少了300 000元人民币。

分析：会计分录如下。

借：财务费用——汇兑差额　　300 000
　贷：应收账款——美国某公司（美元）　　300 000

例6-8b

沿用例6-2的资料。假定20×7年12月31日中原粮油股份公司收到前述的应收账款3 000 000美元，并将其兑换成人民币后直接存入银行，银行买入价为1美元=7元人民币。

分析：会计分录如下。

借：银行存款——人民币（3 000 000×7）　　21 000 000
　　财务费用——汇兑差额　　600 000
　贷：应收账款——美元　　21 600 000

6.3.2 外币借款的期末折算与后续清偿

例6－9

沿用例6－3的资料。20×7年12月31日，即期汇率为1欧元＝9.5元人民币。外币存款的利息的账务处理略。20×8年5月31日，即期汇率为1欧元＝9元人民币，伯克希尔股份公司归还外币借款。

分析：账务处理如下。

(1) 20×7年12月31日，对外币存款和外币借款本金进行期末折算时。

汇兑差额＝1 200 000×(10－9.5)＝600 000(元)

借：财务费用——汇兑差额	600 000	
贷：银行存款——欧元		600 000
借：短期借款——欧元	600 000	
贷：财务费用——汇兑差额		600 000

也可以将上述分录合并为一个分录：

借：短期借款——欧元	600 000	
贷：银行存款——欧元		600 000

(2) 20×7年12月31日，计提应付利息时。

12月的财务费用＝1 200 000×6%×31/360×9.5＝58 900(元)

借：财务费用——外币借款利息	58 900	
贷：应付利息——欧元借款		58 900

(3) 20×8年5月31日，偿还外币借款的本金时。

借：短期借款——欧元	11 400 000	
贷：银行存款（1 200 000×9）		10 800 000
财务费用——汇兑差额		600 000

(4) 20×8年5月31日，支付半年的利息时。

半年的财务费用＝1 200 000×6%×182/360×9＝327 600(元)

应补记的财务费用＝327 600－58 900＝268 700(元)

借：应付利息——欧元借款	58 900	
财务费用——外币借款利息	268 700	
贷：银行存款		327 600

6.3.3 以历史成本计量的外币非货币性项目的折算

准则所称非货币性项目（non-monetary items），是指货币性项目以外的项目。准则所称以历史成本计量的外币非货币性项目（non-monetary items carried at historical cost），主要是指长期股权投资、固定资产、无形资产等，不包括存货。

以历史成本计量的外币非货币性项目，由于已在交易发生日按当日即期汇率折算，因此仍采用交易发生日的即期汇率折算，不改变其记账本位币金额，不产生汇兑差额，即不作处理。

6.3.4 以公允价值计量的外币非货币性项目

以公允价值计量的外币非货币性项目（non-monetary items carried at fair value），如交易性金融资产（股票、基金等），采用公允价值计量当日的即期汇率折算，折算后的记账本位币金额与原记账本位币金额的差额，作为公允价值变动（含汇率变动）处理，计入当期损益。

发生汇兑损失时，借记“公允价值变动损益”科目，贷记“交易性金融资产”科目；发生汇兑收益时，借记“交易性金融资产”科目，贷记“公允价值变动损益”科目。

例 6－10

忠厚证券股份公司记账本位币为人民币，20×7 年 12 月 2 日以每股 1.5 美元的价格购入华盛顿邮报公司股票 10 000 股作为交易性金融资产。当日即期汇率为 1 美元＝7.6 元人民币。款项已付。

分析：会计处理如下。

（1）20×7 年 12 月 2 日，购入股票时。

借：交易性金融资产（1.5×10 000×7.6）　　114 000
　贷：银行存款——美元　　114 000

（2）20×7 年 12 月 31 日，该股票市价变为每股 1 美元，当日即期汇率为 1 美元＝7.2 元人民币。股票价值＝1×10 000×7.2＝72 000 元。

借：公允价值变动损益（114 000－72 000）　　42 000
　贷：交易性金融资产　　42 000

（3）20×7 年 1 月 7 日，忠厚证券股份公司按当日市价每股 1.6 美元将该股票全部售出，所得价款 16 000 美元按当日汇率 1 美元＝7.1 元人民币折算为 113 600 元人民币。

借：银行存款——美元（1.6×10 000×7.1）　　113 600
　贷：交易性金融资产　　72 000
　　　投资收益　　41 600

同时，结转公允价值变动损益。

借：投资收益　　42 000
　贷：公允价值变动损益　　42 000

为何要记录汇率波动形成的浮动盈亏

6.4 外币分账制[①]

我国许多金融保险企业采用分账制，但准则正文未提及分账制。因此，《企业会计准则——应用指南》中做出了补充规定。

外币分账制是指在日常核算时以外币原币记账，区分币种核算损益和编制财务报表；在资产负债表日将外币报表折算为记账本位币的财务报表，并与记账本位币报表进行汇总，编制企业整体业务的财务报表。

金融保险企业的外币交易频繁，涉及外币币种较多，因此，采用分账制记账方法进行日常核算更有效率。如此，平时可以多币种分别记账，在资产负债表日再区分货币性项目和非货币性项目进行调整即可。在实务操作中，外币分账制有两种做法，下面分别予以简要介绍。

6.4.1 平时所有交易均通过“货币兑换”科目

这种做法的要点如下：

(1) 外币交易同时涉及货币性项目和非货币性项目的，按相同外币金额同时计入货币性项目，记入“货币兑换（外币）”科目；同时，根据按交易日即期汇率折算为记账本位币的金额，计入非货币性项目，记入“货币兑换（记账本位币）”科目。

(2) 外币交易仅涉及一种外币的货币性项目的，按相同币种金额入账，不需要通过“货币兑换”科目核算。

(3) 外币交易仅涉及两种以上外币的货币性项目的，按相同币种金额计入相应货币性项目，记入“货币兑换（外币）”科目。

(4) 期末，将所有以外币反映的“货币兑换”科目余额按期末汇率折算为记账本位币金额，并与“货币兑换（记账本位币）”科目余额比较，其差额转入“汇兑损益”科目。

(5) 结算外币货币性项目产生的汇兑差额记入“汇兑损益”科目。

例 6-11

中原实业银行采用分账制，记账本位币为人民币。20×7 年 9 月，该银行的外币交易及其会计处理如下。

分析：(1) 9 月 1 日，收到投资者投入的货币资本 100 000 美元，无合同约定汇率，当日即期汇率为 1 美元=7.8 元人民币。

借：银行存款——美元　　$100 000

　　贷：货币兑换——美元　　$100 000

借：货币兑换——人民币　　780 000

① 本节内容仅供会计学专业研究生研读。对于本科生或者非会计专业研究生，本节可以跳过。

　　贷：实收资本　　780 000

（2）9 月 10 日，以 2 000 美元购入固定资产，当日即期汇率为 1 美元＝7.75 元人民币。

借：货币兑换——美元　　$2 000
　　贷：银行存款——美元　　$2 000
借：固定资产　　15 500
　　贷：货币兑换——人民币　　15 500

（3）9 月 16 日，售汇 5 000 美元，当日银行卖出价为 1 美元＝7.8 元人民币。

借：货币兑换——美元　　$5 000
　　贷：银行存款——美元　　$5 000
借：银行存款——人民币　　39 000
　　贷：货币兑换——人民币　　39 000

（4）9 月 20 日，发放短期贷款 5 000 美元，当日即期汇率为 1 美元＝7.85 元人民币。

借：贷款——美元　　$5 000
　　贷：银行存款——美元　　$5 000

（5）9 月 26 日，拆入 10 000 欧元，期限 1 个月，年利率 3%，当日即期汇率为 1 欧元＝9.5 元人民币。

借：银行存款——欧元　　€10 000
　　贷：拆入资金——欧元　　€10 000

（6）9 月 30 日，即期汇率为 1 美元＝8 元人民币，1 欧元＝10 元人民币。

货币兑换——美元

（2）$2 000 （3）$5 000	（1）$100 000
	$93 000 折算¥744 000

货币兑换——人民币

（1）¥780 000	（2）¥15 500 （3）¥39 000
¥725 500	

“货币兑换”总账科目的借贷方余额之间的差额为 18 500 元人民币，即为当期产生的汇兑差额。

借：货币兑换——人民币　　18 500
　　贷：汇兑损益　　18 500

6.4.2 仅在资产负债表日使用“货币兑换”科目

这种做法的要点如下：

（1）外币交易发生时，直接以外币进行账务处理。

（2）资产负债表日，编制账户科目余额（人民币）调节表，所有以外币反映的账户余额均折算为记账本位币余额，其中：货币性项目以资产负债表日的即期汇率折算，非货币性项目以交易日即期汇率折算。

（3）折算后，所有账户借方余额之和与所有账户贷方余额之和的差额，即为当期汇兑损益。

例 6-12

万国投机银行采用分账制，记账本位币为人民币。20×7 年 9 月，该行发生的外币交易及其会计处理如下。

分析：（1）9 月 1 日，收到投资者投入的货币资本 100 000 美元，无合同约定汇率，当日即期汇率为 1 美元＝7.8 元人民币。

借：银行存款——美元　　$100 000

　贷：实收资本　　$100 000

（2）9 月 10 日，以 2 000 美元购入固定资产，当日即期汇率为 1 美元＝7.75 元人民币。

借：固定资产　　$2 000

　贷：银行存款——美元　　$2 000

（3）9 月 16 日，售汇 5 000 美元，当日银行卖出价为 1 美元＝7.8 元人民币。

借：银行存款——人民币　　$5 000

　贷：银行存款——美元　　$5 000

（4）9 月 20 日，发放短期贷款 5 000 美元，当日即期汇率为 1 美元＝7.85 元人民币。

借：贷款——美元　　$5 000

　贷：银行存款——美元　　$5 000

（5）9 月 26 日，拆入 10 000 欧元，期限 1 个月，年利率 3%，当日即期汇率为 1 欧元＝9.5 元人民币。

借：银行存款——欧元　　€10 000

　贷：拆入资金——欧元　　€10 000

（6）9 月 30 日，即期汇率为 1 美元＝8 元人民币，1 欧元＝10 元人民币。

资产负债表日，编制账户科目余额（人民币）调节表，计算汇兑差额，见表 6-1。

表 6-1　外币分账制下汇兑损益的计算　　单位：元

借方余额账户	币种	外币余额	汇率	人民币余额	贷方余额账户	币种	外币余额	汇率	人民币余额
银行存款	美元	88 000	8	804 000	拆入资金	欧元	10 000	10	100 000
	欧元	10 000	10		实收资本	美元	100 000	7.8	780 000
贷款	美元	5 000	8	40 000					
固定资产	美元	2 000	7.75	15 500					
银行存款	人民币			39 000					
人民币余额合计				898 500	人民币余额合计				880 000
汇兑损益									18 500

借：货币兑换——人民币　18 500
　贷：汇兑损益　18 500

不难看出，外币分账制和外币统账制只是账务处理程序不同，其产生的结果（即汇兑差额）相同，会计处理也相同（即均计入当期损益）。

6.5 外币财务报表的折算

企业集团在编制合并报表之前，需要预先将境外经营的集团成员的外币报表（foreign currency statements）按照编报合并报表所需进行折算，其中有两个方面的问题相当棘手：其一，面对汇率波动，企业集团应当采用哪种汇率进行折算？其二，报表折算所形成的折算差额（translation adjustments）是否应计入当期损益？

对于采用哪种汇率进行折算，实务界和理论界提出了两种思路。一种思路是采用单一的汇率进行折算，即对除未分配利润项目以外的所有报表项目均按照现行汇率（即资产负债表日的即期汇率，下同）折算；另一种思路是采用非单一汇率进行折算，即根据报表项目的不同特点，分别选用历史汇率（即交易发生日的即期汇率，下同）、现行汇率进行折算，在采用现行汇率折算的情形下，也可以根据情况采用按照系统、合理的方法确定的与交易发生日即期汇率近似的汇率（简称平均汇率）折算。

对于折算差额是否应计入当期损益，也存在两种看法。一种看法是将折算差额一律计入当期损益，但反对者指出，这种做法会导致企业集团的合并净利润随汇率波动而波动；另一种看法是把折算损失计入当期损益，对折算收益作递延处理。《企业会计准则第19号——外币折算》借鉴《财务会计准则公告第52号——外币折算》和《国际会计准则第21号——汇率变动的影响》，在外币报表折算规则中主要使用现行汇率法。

6.5.1 外币财务报表折算方法

在对企业境外经营财务报表进行折算前，应当调整境外经营的会计期间和会计政策，使之与企业会计期间和会计政策相一致，根据调整后会计政策及会计期间编制相应货币（记账本位币以外的货币）的财务报表，再按照以下方法对境外经营财务报表进行折算：

（1）资产负债表中的资产和负债项目，采用资产负债表日的即期汇率折算，所有者权益项目除“未分配利润”项目外，其他项目采用发生时的即期汇率折算。

（2）利润表中的收入和费用项目，采用交易发生日的即期汇率折算，也可以采用按照系统、合理的方法确定的与交易发生日即期汇率近似的汇率折算。

（3）按照上述规则折算产生的外币财务报表折算差额，在编制合并报表时，应在合并资产负债表中所有者权益项目下作为“其他综合收益”项目列示。

例 6－13

东方工贸股份公司的记账本位币为人民币，其在境外有一子公司珐琅酒业有限公司，珐琅酒业有限公司确定的记账本位币为美元。根据合同约定，东方工贸股份公司拥有珐琅酒业有限公司 70%的股权，并能够对珐琅酒业有限公司的财务和经营政策施加重大影响。东方工贸股份公司采用当期平均汇率折算珐琅酒业有限公司的利润表项目。珐琅酒业有限公司的有关资料如下：

20×7 年 12 月 31 日的汇率为 1 美元＝7.7 元人民币，20×7 年的平均汇率为 1 美元＝7.6 元人民币。股本、资本公积发生日的即期汇率为 1 美元＝8 元人民币，20×6 年 12 月 31 日的股本为 50 000 万美元，折算为人民币 400 000 万元；累计盈余公积为 5 000 万美元，折算为人民币 40 500 万元，累计未分配利润为 1 200 万美元，折算为人民币 9 720 万元，东方工贸股份公司和珐琅酒业有限公司均在年底提取盈余公积。

分析：报表折算如表 6－2、表 6－3 和表 6－4 所示。

表 6－2　利润表

编制单位：珐琅酒业有限公司　　　　20×7 年

项目	期末数（万美元）	折算汇率	折算为人民币金额（万元）
一、营业收入	49 000	7.6	372 400
减：营业成本	35 000	7.6	266 000
税金及附加	1 300	7.6	9 880
管理费用	8 000	7.6	60 800
财务费用	550	7.6	4 180
加：投资收益	4 000	7.6	30 400
二、营业利润	8 150		61 940
加：营业外收入	50	7.6	380
减：营业外支出	40	7.6	304
三、利润总额	8 160		62 016
减：所得税费用	1 500	7.6	11 400
四、净利润	6 660		50 616
五、每股收益			

表 6－3　所有者权益变动表

编制单位：珐琅酒业有限公司　　　　20×7 年

项目	股本			其他综合收益	盈余公积			未分配利润		所有者权益合计
	美元（万）	折算汇率	人民币（万）	人民币（万）	美元（万）	折算汇率	人民币（万）	美元（万）	人民币（万）	人民币（万）
一、上年年末余额	50 000	8	400 000		5 000		40 500	1 200	9 720	450 220

续表

项目	股本			其他综合收益	盈余公积			未分配利润		所有者权益合计
	美元（万）	折算汇率	人民币（万）	人民币（万）	美元（万）	折算汇率	人民币（万）	美元（万）	人民币（万）	人民币（万）
二、本年年初余额	50 000	8	400 000		5 000		40 500	1 200	9 720	450 220
三、本年增减变动金额										
（一）综合收益总额				−17 014				6 660	50 616	33 602
（二）所有者投入和减少资本										
（三）利润分配										
1. 提取盈余公积					700	7.6	5 320	−700	−5 320	
2. 对所有者（或股东）的分配								−2 000	−15 200	−15 200
（四）所有者权益内部结转										
四、本年年末余额	50 000	8	400 000	−17 014	5 700		45 820	5 160	39 816	468 622

说明：当期计提的盈余公积采用当期平均汇率折算，期初盈余公积为以前年度计提的盈余公积按相应年度平均汇率折算后金额的累计，期初未分配利润记账本位币金额为以前年度未分配利润记账本位币金额的累计。

表6-4 资产负债表

编制单位：珐琅酒业有限公司　　　　20×7年12月31日

资产	期末数（万美元）	折算汇率	折算为人民币金额（万元）	负债和所有者权益	期末数（万美元）	折算汇率	折算为人民币金额（万元）
流动资产：				流动负债：			
货币资金	900	7.7	6 930	短期借款	10 000	7.7	77 000
应收账款	3 500	7.7	26 950	应付账款	30 000	7.7	231 000
存货	55 000	7.7	423 500	其他流动负债	18 590	7.7	143 143
其他流动资产	4 500	7.7	34 650	流动负债合计	58 590		451 143
流动资产合计	63 900		492 030	非流动负债：			
非流动资产：				长期借款	50 000	7.7	385 000
长期应收款	1 000	7.7	7 700	应付债券			
固定资产	95 000	7.7	731 500	其他非流动负债			
在建工程	5 500	7.7	42 350	非流动负债合计	50 000		385 000
无形资产	3 500	7.7	26 950	负债合计	108 590		836 143
其他非流动资产	550	7.7	4 235	所有者权益：			

续表

资产	期末数（万美元）	折算汇率	折算为人民币金额（万元）	负债和所有者权益	期末数（万美元）	折算汇率	折算为人民币金额（万元）
非流动资产合计	105 550		812 735	实收资本（或股本）	50 000	8	400 000
				盈余公积	5 700		45 820
				未分配利润	5 160		39 816
				其他综合收益			−17 014
				所有者权益合计	60 860		468 622
资产总计	169 450		1 304 765	负债和所有者权益总计	169 450		1 304 765

说明：外币财务报表折算差额为以记账本位币反映的净资产减去以记账本位币反映的股本、累计盈余公积及累计未分配利润后的余额。

6.5.2 境外经营的处置

企业在处置境外经营时，应当将资产负债表中所有者权益项目下列示的与该境外经营相关的外币财务报表折算差额，自所有者权益项目转入处置当期损益；部分处置境外经营的，应当按处置的比例计算处置部分的外币财务报表折算差额，转入处置当期损益。

6.5.3 恶性通货膨胀情形下的财务报表折算

恶性通货膨胀情形通常按照以下特征进行判断：最近3年累计通货膨胀率接近或超过100%；利率、工资和物价与物价指数挂钩；公众不是以当地货币，而是以相对稳定的外币为单位作为衡量货币金额的基础；公众倾向于以非货币性资产或相对稳定的外币来保存自己的财富，持有的当地货币立即用于投资以保持购买力；即使信用期限很短，赊销、赊购交易仍按补偿信用期预计购买力损失的价格成交。

企业对处于恶性通货膨胀经济中的境外经营的财务报表，应当按照下列规定进行折算：对资产负债表项目运用一般物价指数予以重述，对利润表项目运用一般物价指数变动予以重述，再按照最近资产负债表日的即期汇率进行折算。

在境外经营不再处于恶性通货膨胀经济中时，应当停止重述，对按照停止之日的价格水平重述的财务报表进行折算。

6.6 外币折算的信息披露

企业应当在附注中披露与外币折算有关的下列信息：（1）企业及其境外经营

选定的记账本位币及选定的原因，记账本位币发生变更的，说明变更理由；（2）采用近似汇率的，近似汇率的确定方法；（3）计入当期损益的汇兑差额；（4）处置境外经营对外币财务报表折算差额的影响。

思考题

1. 为什么会计准则要求企业在资产负债表日把外币货币性项目的账面价值按照最新汇率进行调整？其目的何在？你认为该规则有哪些值得商榷之处？

2. 你对我国的《企业会计准则第19号——外币折算》有何评价？

练习题

甲公司系增值税一般纳税人，开设有外汇账户，会计核算以人民币作为记账本位币，外币交易采用交易发生日的即期汇率折算。该公司20×1年12月发生的外币业务及相关资料如下：

（1）5日，从国外乙公司进口原材料一批，贷款200 000欧元，当日即期汇率为1欧元=8.50元人民币，按规定应交进口关税170 000元人民币，应交进口增值税317 900元人民币。货款尚未支付，进口关税及增值税当日以银行存款支付，并取得海关完税凭证。

（2）14日，向国外丙公司出口销售商品一批（不考虑增值税），贷款40 000美元，当日即期汇率为1美元=6.34元人民币，商品已经发出，货款尚未收到，但满足收入确认条件。

（3）16日，以人民币从银行购入200 000欧元并存入银行，当日欧元的卖出价为1欧元=8.30元人民币，中间价为1欧元=8.26元人民币。

（4）20日，因增资扩股收到境外投资者投入的1 000 000欧元，当日即期汇率为1欧元=8.24元人民币，其中，9 000 000元人民币作为注册资本入账。

（5）25日，向乙公司支付部分前欠进口原材料款180 000欧元，当日即期汇率为1欧元=8.51元人民币。

（6）28日，收到丙公司汇来的货款40 000美元，当日即期汇率为1美元=6.31元人民币。

（7）31日，根据当日即期汇率对有关外币货币性项目进行调整并确认汇兑差额，当日有关外币的即期汇率为1欧元=8.16元人民币；1美元=6.30元人民币。有关项目的余额如表6-5所示。

表6-5

项目	外币金额	调整前的人民币金额
银行存款（美元）	40 000美元（借方）	252 400元（借方）

续表

项目	外币金额	调整前的人民币金额
银行存款（欧元）	1 02[illegible] 000 欧元（借方）	8 360 200 元（借方）
应收账款（欧元）	20 000 欧元（贷方）	170 000 元（贷方）
应收账款（美元）		

要求：

（1）根据资料（1）～（6），编制甲公司与外币业务相关的会计分录。

（2）根据资料（7），计算甲公司 20×1 年 12 月 31 日确认的汇兑差额，并编制相应的会计分录。

第7章　企业合并

学习目标

1. 理解企业合并的方式与基本类型。
2. 理解企业合并带来的会计问题。
3. 掌握购买法和权益结合法的基本原理。
4. 掌握同一控制下的企业合并与非同一控制下的企业合并的具体会计处理方法。

AI深度思考——与AI对话

吸收合并与控股合并有何不同？从会计处理的角度看二者之间的差异是否重要？

7.1 企业合并概述

7.1.1 企业合并的概念

企业合并是企业谋求规模快速扩张的重要方式之一。企业可以通过合并来获取成本优势和分散风险，获得管理、经营和财务上的协同效应。企业合并也可能出于法律、税收或其他原因而以多种方式形成。

我国《企业会计准则第20号——企业合并》规定：企业合并，是指将两个或两个以上单独的企业合并形成一个报告主体的交易或事项。

《国际财务报告准则第3号——企业合并》对企业合并的定义为：企业合并是将单独的主体或业务集合为一个报告主体。

美国会计原则委员会颁布的于1970年11月起生效的第16号意见书《企业合并》第一段对企业合并所下的定义为：企业合并指一家公司与另一家或几家公

司或非公司组织的企业合成一个会计主体。这个会计主体继续从事以前彼此分离、相互独立的企业经营活动。

可见，企业合并这一会计概念，强调了单一的会计主体和参与合并的企业在合并之前的独立性两个方面。虽然在企业合并过程中一个或一个以上的企业可能会丧失其独立的法人资格，但从会计上看，法人资格的消失并不是企业合并的必要条件。因此，只要以前彼此独立的企业合成一个会计主体，而它们的经济资源和经营活动处于单一的管理机构控制之下，就完成了企业合并。合并的实质是控制，而不是法律主体的解散。一个或几个企业成为别的企业的子公司，一家公司将其净资产转移给另一家公司，以及几家公司将其净资产转移给一家新建立的公司，均可认为实施了企业合并。同样，一个企业持有另一个企业的控股权益，也是企业合并。

在企业合并过程中，实施合并的企业所付出的代价，主要有现金、债务性证券和股票等。也就是说，实施合并的企业可以向被并企业的所有者或股东支付现金、签发债务证书，还可以发给新发行的本公司股票。所以，不论采用哪种代价形式，只要以资金纽带关系控制了其他企业，就是合并。

广义的企业合并包括仅通过合同而不是所有权份额将两个或者两个以上单独的企业合并形成一个报告主体的企业合并，但一般会计准则在规范企业合并时通常不包括这种情况，本章下面的讨论也不包括这种情况。

7.1.2 企业合并的分类

对于企业合并，可按不同的标准加以分类。比较常见的有：按照合并企业所涉及的行业分类、按照企业合并的法律形式分类、按照企业合并的性质分类和按照参与合并的企业在合并前后是否受同一方或相同的多方最终控制分类。

1. 按照合并企业所涉及的行业分类

(1) 横向合并。横向合并又称水平式合并，是指生产同类产品的企业之间的合并。横向合并的目的在于把一些规模较小的企业联合起来，组成企业集团，以实现规模效益；或者是利用现有的生产设备增加产量，提高市场占有率，在激烈的竞争中处于有利的地位；或者是优势互补，共渡难关。横向合并会削弱企业间的竞争，甚至造成垄断的局面，在一些国家受到反托拉斯法的限制。

(2) 纵向合并。纵向合并又称垂直式合并，是指生产不同类产品，但相互之间有关联的企业之间的合并，如一家生产彩电的企业和一家生产彩电显像管的企业间的合并。企业通过纵向合并往往能够形成一个产、供、销一体化的企业集团，从而增强实力。

(3) 混合合并。混合合并又称多元化合并，是指所生产产品和所处行业没有内在联系的企业之间的合并，如一家商业银行对一家汽车生产公司的合并。企业通过混合合并可以扩展经营行业，分散经营风险，增强生存和发展能力；或者通过利用被并企业的环境条件，进一步拓展市场。

2. 按照企业合并的法律形式分类

企业合并按其法律形式进行分类，可以分为吸收合并、创立合并和控股合并。

（1）吸收合并。吸收合并也称兼并，是指一家公司通过股票交换、支付现金或其他资产，或发行债务性证券而取得另一家或几家公司的全部净资产，参与合并的公司中，只有一家继续存在，其余公司都丧失其法律地位。丧失法律地位的公司，其经营活动可能继续进行，但只是作为合并后公司的一部分存在。因此，如果甲公司通过吸收合并取得乙公司，则这种合并可用下式表示：

甲公司＋乙公司＝甲公司

（2）创立合并。创立合并也称新设合并，是指一家公司与另一家或几家公司通过交换有表决权的股份或其他形式成立一家新公司，参与合并的公司均丧失其法律地位，原参与合并的公司的股东成为新公司的股东。如果甲公司与乙公司以新设合并的方式组建丙公司，则这种合并可用下式表示：

甲公司＋乙公司＝丙公司

（3）控股合并。控股合并是指一家企业通过支付现金、发行股票或债券等方式取得另一家企业的全部或部分有表决权的股份，从而达到能够对被投资企业实施控制的程度，而参与合并的两家企业仍然保留其法律地位。在这种情况下，投资企业与被投资企业之间形成母子公司关系，需要编制合并财务报表。如果甲公司取得了对乙公司的控制权，则这种控股合并可用下式表示：

甲公司的财务报表＋乙公司的财务报表＝甲公司与乙公司的合并财务报表

依据法律形式对企业合并进行分类，是传统上讨论企业合并会计问题时采用的主要分类方法。吸收合并和新设合并的结果是形成单一的法律主体，不存在编制合并财务报表的问题。而控股合并后，合并企业与被合并企业仍然是两个独立的法律主体和会计主体。但是从经济角度看，由于控股事实的存在，两者已构成了一个经济实体。为了综合全面地反映这一经济实体的财务状况和经营成果，有必要将母子公司组成的整个企业集团视为单一的会计主体，编制集团的合并财务报表，以反映整体的财务状况、经营成果和现金流量的情况。

3. 按照企业合并的性质分类

企业合并按照其性质分类，可以分为购买性质合并和股权联合性质合并。

（1）购买性质合并。购买性质合并是指一个企业（购买企业）通过转让资产、承担债务或发行股票等方式取得对另一个企业（被购企业）的净资产和经营活动的控制权的企业合并。这种合并的特点是能够清楚地区分购买方与被购买方。

（2）股权联合性质合并。股权联合性质合并是指参与合并的企业的股东联合控制它们的全部或实际上是全部的净资产和经营活动，以便继续对合并后实体分享利益和分担风险的企业合并。参与合并的任何一方都不能认定是购买方。

4. 按照参与合并的企业在合并前后是否受同一方或相同的多方最终控制分类

企业合并按照参与合并的企业在合并前后是否受同一方或相同的多方最终控制进行分类，可以分为同一控制下的企业合并与非同一控制下的企业合并。

（1）同一控制下的企业合并。同一控制下的企业合并，是指参与合并的企业在合并前后均受同一方或相同的多方最终控制且该控制并非暂时性的。

同一方，是指对参与合并的企业在合并前后均实施最终控制的投资者，如企业集团的母公司等。

相同的多方，通常是指根据投资者之间的协议约定，在对被投资单位的生产经营决策行使表决权时发表一致意见的两个或两个以上的投资者。

控制并非暂时性，是指参与合并的各方在合并前后较长的时间内受同一方或相同的多方最终控制，控制时间通常在 1 年以上（含 1 年）。

在图 7－1 中，S1 公司、S2 公司、S21 公司和 S22 公司均受 P 公司最终控制，因此四个公司中任意两个（多个）公司的合并，如果合并后仍然受 P 公司最终控制并且控制不是暂时性的，则应认定为同一控制下的企业合并；在图 7－2 中，Z1 和 Z2 均受 M1 和 M2 共同控制，如果 Z1 和 Z2 合并后的公司仍然受 M1 和 M2 共同控制，并且控制不是暂时性的，则应将 Z1 和 Z2 的合并认定为同一控制下的企业合并。

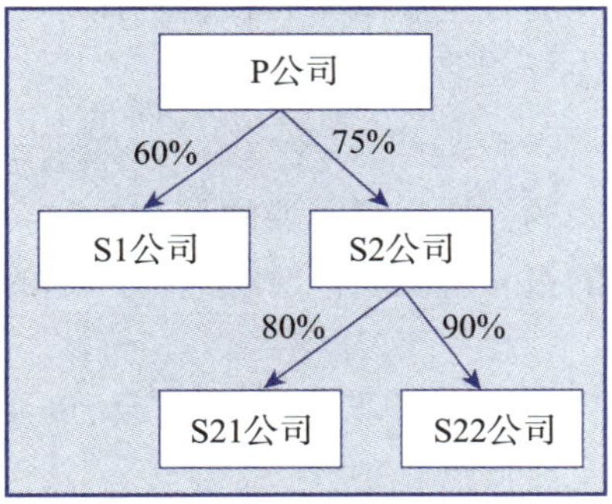

图 7－1　受同一方最终控制

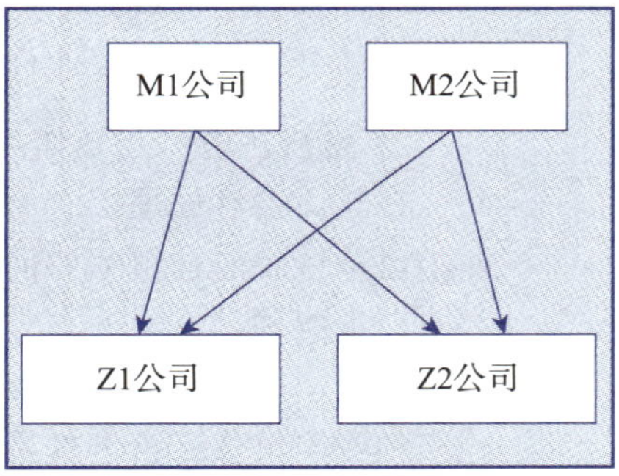

图 7－2　受相同的多方最终控制

说明：Z1 和 Z2 均受 M1 和 M2 共同控制。

（2）非同一控制下的企业合并。非同一控制下的企业合并，是指参与合并的各方在合并前后不受同一方或相同的多方最终控制，或者虽然受同一方或相同的多方最终控制，但这种控制是暂时性的。

此外，按照出资方式，企业合并还可以分为换股合并、现金合并和综合证券收购合并。

7.2　企业合并的会计处理方法

几十年来，企业合并会计一直是最具争议的话题之一。企业合并的会计处理方法

企业合并的会计处理方法

受到会计界、工商界以及相关政府部门和职业团体的极大关注，然而各利益主体关注的焦点不同。会计研究者更多地关注企业合并会计处理方法本身的合理性；准则制定机构更多地关注企业合并不同会计处理方法所提供信息的可比性和对财务报告质量的影响；企业更多地关注企业合并会计处理方法对其当期和以后各期所报告的经营成果的影响；政府部门更多地关注企业合并会计处理方法对经济发展的影响；各职业团体也纷纷关注企业合并会计处理方法对其相关利益主体的影响。

要想全面、深入地理解企业合并的会计处理方法，需要充分认识企业合并所带来的会计问题。

7.2.1 企业合并带来的会计问题

1. 会计上如何看待企业合并

第一个层次的会计问题是会计上如何看待企业合并的问题。企业合并会计的目标是什么？如果以反映企业合并的经济实质为目标，企业合并的经济实质是什么？关于这一问题主要有两种观点。

（1）购买观：企业合并是一家企业购买另一家或几家企业的购买行为。基于购买观采用的企业合并会计方法称为购买法。

（2）权益结合观：企业合并是参与合并的各企业的原有权益的简单结合。基于权益结合观采用的企业合并会计方法称为权益结合法。

2. 可辨认资产与负债的计价

在具体会计处理层次上，企业合并带来的会计问题首要的是，参与合并的企业的可辨认资产与负债如何在合并后企业的报表上反映。解决这一问题的方法主要有以下两种：

方法一：参与合并的所有企业都不改变其计价基础，所有资产、负债都按其原来的账面价值计价。这是权益结合法的主要特点。

方法二：对于主并企业和被并企业的资产与负债的计价采用不同的处理方法，主并企业不改变其计价基础，其资产、负债都按其原来的账面价值计价；而被并企业要改变其计价基础，资产、负债按其合并日的公允价值计价。这是购买法的主要特点。

按照我国《企业会计准则第 20 号——企业合并》的规定，同一控制下的企业合并应采用类似权益结合法（不是严格意义上的权益结合法）的会计处理方法，非同一控制下的企业合并应采用购买法。关于权益结合法与购买法的详细内容将在后面讨论。

3. 企业合并带来的其他会计问题

企业合并还带来其他一些具体的会计问题。例如：

（1）企业合并中发生的各项直接相关费用的处理。在企业合并过程中往往会发生一些直接相关费用，如咨询费用、法律费用等，这些直接相关费用如何处理，也是企业合并带来的会计问题。可能的选择主要有两种：计入当期损益和不计入当期损益。计入当期损益的处理方法操作简单。

在权益结合法下，只能计入当期损益。在购买法下，企业合并中发生的各项直接相关费用的处理，从原理上来讲还可以有计入当期损益或者计入合并成本两种不同的选择。

（2）被并企业期初至合并日的损益的处理。企业合并有可能不是在期初或期末完成，而是在会计期间中间的某一天完成的，于是就产生了被并企业期初至合并日的损益的处理问题：合并后企业的当期（特别是当年）利润表中是否应该包括被并企业期初至合并日的损益。购买法下不应包括该损益，权益结合法下则应包括该损益。

（3）被并企业的留存收益是否保留。对于被并企业在合并前形成的留存收益（盈余公积和未分配利润），是否应当在合并后企业的账面上或者合并资产负债表上予以保留，也是企业合并会计面临的具体问题。对此，购买法下不予保留，严格意义上的权益结合法下则应当尽可能保留。

7.2.2 购买法

购买法将企业合并视为一家企业购买另一家或几家企业的行为。它要求购买方对被购买方的可辨认资产和负债进行重新估价，按照购买日的公允价值入账或反映在购买日的合并资产负债表上。也就是说，与一般购买交易一样，买方对所取得的资产或承担的负债均以取得成本入账，各项资产、负债的取得成本为其在合并日的公允价值。如果总的购买成本大于所取得的全部可辨认净资产的公允价值，则将其差额确认为商誉，反之为负商誉。

1. 购买法的特点

（1）将企业合并视为一种购买交易行为。购买法将企业合并看成是购买方与被购买方之间的买卖交易。如果为吸收合并，则是购买方一揽子买进被购买方的全部资产，并承担其全部负债。如果为控股合并，则是母公司购买了子公司净资产的控制权，子公司置于母公司的控制之下，因而其股权发生了实质性的变化。

（2）有新的计价基础，在购买日对被购买方的资产与负债按公允价值计价。实施合并的企业要按购买日的公允价值记录所收到的资产和应承担的债务，对于因取得被购买方而发生的成本要按与其他经济业务相同的方法加以确定，即按购买日的公允价值，将合并成本分配至所取得的可辨认资产和承担的债务。

（3）需要确定和分配合并成本。

（4）可能产生商誉或负商誉。当合并成本大于所取得的被购买方可辨认净资产的公允价值时，就产生了商誉；当合并成本小于所取得的被购买方可辨认净资产的公允价值时，就产生了负商誉。

（5）合并后企业的当期收益不包括被购买方期初至购买日所实现的收益。

（6）不需要保留被购买方的留存收益。

（7）不需要对参与合并的其他企业的会计记录加以调整，因为它们的资产和负债已按公允价值计量。

以上讨论主要是相对于权益结合法而言的。

2. 合并成本的确定

在购买法下，为了如实反映购买交易的财务影响，需要单独确定合并成本，并将合并成本进行适当的分配。合并成本的必然组成部分是购买方所支付的对价，如果购买方的对价采取支付非现金资产或发行债务性证券、权益性证券的方式，则应当基于所支付非现金资产或所发行债务性证券、权益性证券的公允价值确定合并成本。

购买法下确定合并成本时，还面临一个重要的问题，那就是企业合并中发生的直接相关费用是应当计入合并成本还是应当计入当期损益。计入合并成本的好处是，能够全面反映合并成本的内容，因为企业合并中发生的直接相关费用也是购买方所付出的代价。但是，将直接相关费用计入合并成本会影响合并商誉的计量，而直接相关费用显然是与被购买方的商誉毫无关系的。

3. 合并商誉的会计处理方法

采用购买法会涉及合并商誉的会计处理这一难题。关于合并商誉涉及两个层面的问题：一是要不要在企业并购发生时将购买成本大于所取得的可辨认净资产公允价值的差额作为一项资产入账或入表；二是如果将该差额作为一项资产入账或入表，后续期间应该如何进行会计处理。

商誉是企业不可单独辨认的资产，它不能单独在市场上销售或交换，而只能与企业整体一起确认与转让。从理论上讲，一家企业拥有商誉，意味着该企业的盈利能力超过了本行业平均水平或正常的投资回报水平，或者说商誉代表了企业获取超额收益的能力。商誉的形成通常源于企业卓越的管理队伍、优越的地理位置和良好的社会声誉等。

商誉按照其形成来源，可以分为自创商誉和外购商誉。自创商誉是企业在长期的生产经营过程中，自己创立和积累起来的能够为企业带来超额利润的无形资源。外购商誉则是企业通过并购其他企业而获得的商誉。长期以来商誉的计量是理论与实务中的一大难题。我们通常无法精确计量，而只能估计。常用的估算商誉的方法主要有收益资本化价值法和超额利润现值法两种。在财务会计领域，世界各国对于自创商誉一般不予以确认，而对于外购商誉则大都予以确认。会计上一般采用间接计量的方法，将合并成本超过所获得的被购买方可辨认净资产公允价值的差额作为外购商誉的价值。这一差额意味着购买方对被购买方有良好的预期，认定被购买方存在自创商誉，能够在未来时期为购买方带来超过正常盈利水平的利润。但是，实际情况可能与并购方的预期存在差异，这种差异有时还是巨大的。总之，会计上确认的外购商誉能够在多大程度上代表理论上被并购方的商誉，取决于很多因素。区分会计商誉与理论商誉是很有必要的，不应将二者混为一谈。

从广义的角度来看，外购商誉可以分为正商誉和负商誉。在没有特别指明的情况下，商誉通常是指正商誉。正商誉是合并成本超过所获得的被购买方可辨认净资产公允价值的差额。而负商誉则是所获得的被购买方可辨认净资产公允价值超过合并成本的差额。

(1) 正商誉的确认和计量。这里所讨论的正商誉的确认和计量问题，主要有三种方法：

1）系统摊销法。系统摊销法将外购商誉作为一项没有实物形态的特殊资产予以确认，并在特定的期间内摊销。其理由是：

第一，由于科学技术的进步和同行业的竞争，企业的商誉不可能永久存在，因此应该合理地分期摊销。

第二，对于外购商誉而言，实施合并的企业为了在以后期间获取超额利润，实际发生了超额耗费。这一超额耗费预期能为企业带来未来经济利益，同样符合资产的定义，在本质上与其他资产没有区别。

第三，按照配比原则，为取得外购商誉所发生的费用应与以后各期所产生的超额利润相配比。

系统摊销法曾经在很长一段时间内是国际上通行的会计处理方法。

2）永久保留法。永久保留法把商誉作为永久性资产，不予摊销，除非有证据表明其价值确实发生了持续下跌。这种观点认为外购商誉的价值不会下降，因为以后的经营活动能够不断地维持这种无形价值。如按期摊销，则商誉的账面价值会逐期减少，而企业的经营却可能越来越好，企业的实际价值可能越来越大，这就会导致会计信息与实际不符。特别是在商誉摊销完毕之后，商誉的账面价值已经消失，而其实际价值却可能还很大，甚至可能比以往更大。此外，在企业获取外购商誉之前，被购买方正常的生产经营活动中发生的各项费用形成了该企业的自创商誉，这些费用已计入被购买方以前期间的损益，再将外购商誉加以摊销就不免重复了。

将商誉确认为资产、之后不分期摊销、只进行减值测试的做法，是我国现行会计准则要求采用的会计处理方法①，也是当今国际上通行的会计处理方法。但这种方法是否比系统摊销法更为合理和有效，仍然是一个值得思考和研究的问题。

3）直接冲销法。该方法将外购商誉作为购买方所有者权益的抵减项目，直接冲减留存收益。理由是：

第一，商誉的价值很不确定，它不能单独存在和变现，而且形成商誉的因素难以为企业所控制，在企业合并之后，被购买方的商誉未必能够继续存在。所以，将其作为资产确认不符合谨慎性原则。

第二，外购商誉作为购买成本超过所取得的被购买方可辨认净资产公允价值的差额，表明企业在合并时多付了一部分价款，多付的这部分价款只隐含着被购买方具有获取未来超额利润的可能性，而不是必然性。

第三，外购商誉不作为资产予以确认，保证了外购商誉与自创商誉在会计处理上的一致性。

---

① 2019年1月7日财政部会计准则委员会公布了企业会计准则动态，称会计准则咨询委员大部分同意商誉进行摊销，而不是减值测试。

第四，在被购买方被迫清算的情况下，商誉毫无价值，因而不应将其作为资产予以确认。

显而易见，商誉的会计处理方法会对合并后企业的财务报表产生重大的影响，进一步会对企业的并购行为产生重要影响。出于自身利益的考量，企业管理当局往往喜欢并购，但不喜欢商誉。上述关于商誉的三种会计处理方法，永久保留法容易成为企业管理当局的最爱，系统摊销法与直接冲销法则不容易受企业管理当局的青睐。已有研究表明，会计准则制定机构在确定一些重要事项的会计处理方法时，常常会面临来自企业管理当局的压力。在企业合并领域，特别是在确定商誉的会计处理方法时，这个问题表现得更加突出。现行美国会计准则和国际会计准则对商誉不予分期摊销、只进行定期减值测试的做法，在很大程度上是迫于外在压力所作出的妥协。我国的《企业会计准则第 20 号——企业合并》则是基于会计准则国际趋同的背景，采纳了国际会计准则关于商誉的会计处理方法。

（2）负商誉的确认和计量。企业的合并成本有可能低于所取得的被购买方可辨认净资产公允价值的份额，这一差额可称为负商誉。对于负商誉的处理，目前比较通行的处理方法是直接计入当期损益。

国际会计准则认为，购买法下，如果企业的合并成本低于所取得的被购买方可辨认净资产的公允价值，则意味着购买方是以廉价购买的方式取得了被购买方，该差额本质上是廉价购买产生的利得，应当计入当期损益。

4. 对购买法的评价

（1）优点。购买法最大的优点就是坚持了资产购置的传统会计处理原则。因为在合并谈判过程中，合并双方是以有关资产和负债的公允价值而不是账面价值为基础进行讨价还价的。而且，企业合并是以转让资产、承担负债等方式实现的，企业合并作为一种市场交易，只能以公允价值为基础，而不能以账面价值为基础。所以，企业合并实质上是独立主体之间讨价还价的一种公平交易行为。而购买法正体现了这种交易的实质。它将企业合并视为购买方获得对另一家公司资产的控制权，并以公允价值对所取得的被购买方的资产和负债进行计价的一种交易行为，从而坚持了资产购置的传统会计处理原则。

（2）缺点。

1）公允价值有可能难以确定。购买法下，要对被购买方的资产和负债按公允价值重新计量，而要客观地确定这些资产和负债的公允价值往往存在困难。此外，如果购买方是以本公司的股票作为合并的对价，则所发行股票的公允价值的确定也可能是一个难题。

2）购买方与被购买方的计量基础不一致。购买法将关注的焦点集中于被购买方的资产和负债的计价上，要求按公允价值对被购买方的资产和负债计价，而购买方原来的资产和负债仍然按历史成本记录，这就必然导致合并后企业的财务报表成为一个新旧价格混杂的产物。

3）商誉的确认和计量存在争议。采用购买法会涉及对商誉如何确认和计量的问题，如前所述，目前对于商誉的确认和计量仍然存在争议。

4）购买方有时难以确定。购买法假定可以将参与合并的一方确定为购买方，其他方则为被购买方。然而在实际交易中，有时很难确定谁是购买方，谁是被购买方。尽管可能会找到一些判断的依据，比如，若一个合并实体的公允价值大大超过另一个合并实体的公允价值，则公允价值较大的实体可能是购买方；又如，若企业合并通过以普通权益工具换取现金或其他资产的交易方式实现，则放弃现金或其他资产的实体可能是购买方。但对于具有股权连续性和规模类似性的企业合并来说，购买方与被购买方的区分有时是很困难的。

7.2.3　权益结合法

权益结合法，又称联营法、股权合并法，作为一种企业合并的会计处理方法，其本质特征是指将企业合并视为参与合并的企业的股东为了继续对合并后实体分享利益和分担风险而联合控制它们的全部或实际上是全部的净资产和经营活动的行为。

1. 权益结合法的特点

（1）将合并视为股权联合行为，而不是资产交易。权益结合法的实质是将企业合并视为原有的股东权益在新的会计主体下的联合和继续，而不是企业之间发生的一种取得资产或筹集资本的交易。

（2）没有新的计价基础，参与合并的企业的资产、负债均按其原来的账面价值计价。在权益结合法下，参与合并的企业其各自的资产与负债项目均保持原来的账面价值。如果属于吸收合并，则只需将被合并方的资产与负债按其原来的账面价值计价。如果属于控股合并需要编制合并财务报表时，只需在抵销有关项目后将各个公司相应资产与负债的账面价值相加。

（3）不需要单独确定和分配合并成本。企业合并过程中所发生的所有相关费用，不论是直接相关费用还是间接相关费用，均计入当期损益。

（4）不存在商誉问题。

（5）不论合并发生在会计期间内的哪个时点，参与合并企业自期初至合并日的损益都要包括在合并后企业的利润表中。

（6）需要尽可能保留被合并企业的留存收益。

（7）如参与合并企业的会计方法不一致，则应追溯调整，并重编前期财务报表。

2. 优点

（1）有利于促进企业合并的进行。由于权益结合法允许合并企业在合并当年的合并财务报表中将其净利润予以合并，使合并当年合并实体的利润比较可观，可避免合并当年合并实体净资产收益率、每股收益率等指标的大幅度下降，从而给企业合并带来有利的影响。同时，由于对合并方的购买价格超过被合并方资产账面价值的部分不予以确认，因此不存在商誉，从而可避免合并后对已确认商誉部分的摊销或减值对合并后企业的利润产生不利的影响，使上市公司避免因摊销合并商誉而造成合并后利润率的下降，减少投资者的风险。因此，权益结合法有利于促进企业合并的进行。

（2）符合持续经营假设。权益结合法是以合并后各个参与合并企业的股权及经营活动的持续进行为前提，以原有资产、负债的历史数据为基础，合并前后的数据延续连贯，可以更好地反映参与合并企业股权的集合和存续，从而符合持续经营假设，也有利于对企业未来经营状况进行预测分析。

（3）方法简单，便于操作。对报告主体而言，运用权益结合法的成本低，它保留了参与合并企业所有资产和负债的账面价值，无须确认、计量和报告参与合并企业原来尚未确认的资产和负债及其公允价值，而且合并双方的账面价值仅简单相加，大大节省了操作成本。权益结合法所追求的是反映合并主体各方的连续性，其会计处理相对简单。

3. 缺点

（1）不能准确反映企业合并的经济实质。这是权益结合法的主要缺点。采用权益结合法所记录的是参与合并的企业在合并前以历史成本计量的资产、负债的账面价值，这种处理忽视了一个重要的事实，那就是企业合并往往是长期的、艰难的讨价还价的结果。即使企业合并是通过股票交换进行的，股票作为有价证券也必然有其公允价值，企业之间进行股票交换实质上相当于进行了一次新的交易。实际上，企业并购作为产权交易，其本身也是一种资源，它可能使合并方受益于被合并方所具有的获取超额收益的能力，也可能通过合并产生协同效应，从而为参与合并的企业带来一定的价值。可见，在合并后企业的财务报表中不反映合并协议最终对资产、负债产生的影响，而仍然只反映基于历史成本计量的原账面价值，这种做法显然不符合真实性这一会计信息质量要求。

（2）不利于社会资源的优化配置。能够采用权益结合法进行会计处理的企业往往具有支付较高的收购价格的能力，因为在被合并方的可辨认净资产的公允价值高于账面价值的情况下，按原账面价值而不是合并日的公允价值计价，且不必确认商誉，有利于合并后企业的财务报表显示较好的业绩，从而能够避免对股票价格的不利影响。同时，由于采用权益结合法的企业其现金流量与采用购买法的企业无差异，经济实质无差别，因此，财务报告中显示的盈余差异完全是会计处理的结果，但在市场经济条件下，资源配置往往偏向于那些报告收益较高的企业，从而可能导致社会资源配置出现实质上的不合理，这不但会损害其他企业的利益，也会对整个资本市场造成不良影响。

（3）对实施合并企业的财务报表会产生较大影响。由于在被合并方的可辨认净资产的公允价值高于账面价值的情况下，权益结合法有可能避免较高的固定资产折旧和无形资产摊销，并可避免确认商誉，也可避免因资产价值重估所引起的每股收益的稀释，因此，合并后各期收益往往比购买法下的收益高，这就容易给报表使用者以企业增长的错觉。

7.3 同一控制下的企业合并的会计处理

按照我国《企业会计准则第20号——企业合并》的规定，对于同一控制下的企业合并，要求采用的会计处理方法类似于上述权益结合法，但不是严格意义上的权益结合法。如果要与权益结合法相区别，可以将该方法称为账面价值法。

7.3.1 合并方与被合并方的认定

同一控制下的企业合并，在合并日取得对其他参与合并企业控制权的一方为合并方，参与合并的其他企业为被合并方。其中，合并日是指合并方实际取得对被合并方控制权的日期。

同时满足以下条件的，可认定为实现了控制权的转移：

（1）企业合并合同或协议已获股东会等通过；

（2）企业合并事项需要经过国家有关主管部门审批的，已获批准；

（3）参与合并各方已办理必要的财产交接手续；

（4）合并方或购买方已支付合并价款的大部分（一般应超过50%），并且有能力、有计划支付剩余款项；

（5）合并方或购买方实际上已经控制被合并方或被购买方的财务和经营政策，并享有相应的利益、承担相应的风险。

7.3.2 合并方在企业合并中取得资产和承担负债的计量与报告

1. 所取得的被合并方资产和负债的计量

合并方在企业合并中取得的资产和负债，应当按照合并日在被合并方的账面价值计量。合并方取得的净资产账面价值与支付的合并对价账面价值（或发行股份面值总额）的差额，应当调整资本公积；资本公积不足冲减的，调整留存收益。

这一规定包含下述三层含义：

（1）若被合并方的净资产大于合并方支付的合并对价账面价值（发行股份面值总额），则应将其差额部分相应地增加资本公积。

（2）若被合并方的净资产小于合并方支付的合并对价账面价值（发行股份面值总额），则应将其差额部分先冲减合并方的资本公积，不足部分冲减留存收益。

（3）被合并方留存收益不足冲减的，冲减合并方的留存收益。

总之，对于同一控制下合并方发行股票的企业合并，合并方和被合并方合并后的总资产和总负债等于合并方和被合并方的资产之和与负债之和，因此合并方和被合并方合并后的所有者权益等于合并方和被合并方的所有者权益之和。合并后公司的股本金额等于合并方合并前的股本加上新发行的股本。合并后公司的资本公积等于合并方与被合并方投入资本之和减去合并后公司的股本金额。这些对应关系可以用来检验会计处理的正确性。

2. 会计政策的统一

同一控制下的企业合并中，被合并方采用的会计政策与合并方不一致的，合并方在合并日应当按照本企业会计政策对被合并方的财务报表相关项目进行调整，在此基础上按照企业合并准则的规定确认。

3. 企业合并中发生的直接相关费用的处理

合并方为进行企业合并发生的各项直接相关费用，包括为进行企业合并而支付的审计费用、评估费用、法律服务费用等，应当于发生时计入当期损益。

4. 为企业合并而发行证券或承担其他债务所支付费用的处理

为企业合并发行的债券或承担其他债务支付的手续费、佣金等，应当计入所发行债券及其他债务的初始计量金额。企业合并中发行权益性证券发生的手续费、佣金等费用，应当抵减权益性证券溢价收入，溢价收入不足冲减的，冲减留存收益。

5. 企业合并形成母子公司关系

企业合并形成母子公司关系的，母公司应当编制合并日的合并资产负债表、合并利润表和合并现金流量表。

其中，合并资产负债表中被合并方的各项资产、负债，应当按其账面价值计量。因被合并方采用的会计政策与合并方不一致，已按照企业合并准则的规定进行调整的，应当以调整后的账面价值计量。

合并利润表应当包括参与合并各方自合并当期期初至合并日所发生的收入、费用和利润。

合并现金流量表应当包括参与合并各方自合并当期期初至合并日的现金流量。

同一控制下的企业合并形成母子公司关系的，编制合并财务报表时，参与合并各方的内部交易等，应当按照《企业会计准则第33号——合并财务报表》处理。

6. 会计处理

（1）同一控制下的吸收合并中，被合并方已不复存在，合并方只需记录所付出的代价与所收到的对价即可。合并方所作的会计分录如下：

借：接收的被合并方的各种资产　　　　　　　　　　[被合并方的账面价值]
　　资本公积→盈余公积→未分配利润（依次冲减）　[若为不利差额]
贷：接收的被合并方的各种负债　　　　　　　　　　[被合并方的账面价值]
　　各种对价（如现金/非现金资产/负债/股本面值）　[按其账面价值]
　　资本公积　　　　　　　　　　　　　　　　　　[若为有利差额]

（2）同一控制下的控股合并中，合并方只需确认一项长期股权投资，且该投资行为只对子公司的股权结构（即股东花名册）产生影响，不改变子公司的资产负债状况。因此，子公司不需要作会计分录，只需在备查簿中登记股权结构的变更即可。合并方所作的会计分录如下：

1）以支付资产或承担债务作为合并对价的情形。

借：长期股权投资　　　　　[被合并方所有者权益账面价值×持股比例]
　　资本公积→盈余公积→未分配利润（依次冲减）　[若为借方差额]

贷：有关资产或负债科目　　　　　　　　　　　　　　　　　　　　[按账面价值]
　　资本公积　　　　　　　　　　　　　　　　　　　　　　　　　[若为贷方差额]

2）以发行股份作为合并对价的情形。

借：长期股权投资　　　　　　　　[被合并方所有者权益账面价值×持股比例]
　　资本公积→盈余公积→未分配利润（依次冲减）　　[若为借方差额]
贷：股本　　　　　　　　　　　　　　　　　　　　　　　　　　[股票面值总额]
　　资本公积　　　　　　　　　　　　　　　　　　　　　　　　[若为贷方差额]

同一控制下的控股合并中，会计准则要求母公司根据母子公司的个别财务报表编制合并日的合并财务报表（包括合并资产负债表、合并利润表和合并现金流量表）。这时，准则要解决的不仅是常规意义上的会计处理程序的问题，还有编制合并财务报表的问题。这一问题将在8.5节“同一控制下的控股合并条件下合并财务报表的编制”中展开介绍。

7.3.3 会计处理举例

例7-1

20×7年1月1日，P公司收购了S公司的全部资产，并承担S公司的全部负债。假定P公司和S公司的合并属于同一控制下的企业合并。P公司20×7年1月1日的资产和负债的账面价值及S公司20×7年1月1日的资产和负债的账面价值和公允价值见表7-1。

表7-1 S公司的资产和负债的账面价值和公允价值

20×7年1月1日　　　　　　　　　　单位：元

项目	P公司	S公司	
	账面价值	账面价值	公允价值
银行存款	800 000	100 000	100 000
库存商品	2 400 000	700 000	800 000
固定资产	4 600 000	1 200 000	1 900 000
资产总计	7 800 000	2 000 000	2 800 000
应付账款	280 000	420 000	420 000
长期借款	1 120 000	80 000	80 000
股本	2 000 000	300 000	
资本公积	1 400 000	400 000	
盈余公积	2 000 000	500 000	
未分配利润	1 000 000	300 000	
负债和所有者权益总计	7 800 000	2 000 000	

（1）假定P公司以发行普通股1 000 000股的方式换取S公司的净资产（吸收合并），P公司普通股每股面值为1元，每股市价为2元。P公司以银行存款支付

发行股票发生的手续费、佣金100 000元，合并过程中发生的审计费用100 000元、法律服务费用50 000元。

分析：1）合并方和被合并方的认定。本例中为P公司收购S公司，因此合并方为P公司，被合并方为S公司，合并日为20×7年1月1日。

2）将合并方在企业合并中取得的资产和负债，按照合并日在被合并方的账面价值计量。合并方取得的净资产账面价值与支付的合并对价账面价值（即发行股份面值总额）的差额，应当调整资本公积；资本公积不足冲减的，调整留存收益。将各项直接费用计入当期损益（管理费用）。将企业合并中发行权益性证券发生的手续费、佣金等费用，首先冲减溢价收入，溢价收入不足冲减的，冲减留存收益。

将各项直接费用（审计费用和法律服务费用）150 000元（100 000＋50 000）计入当期管理费用。将企业合并中发行权益性证券发生的手续费、佣金等费用100 000元冲减资本公积。

合并方发行股票的总面值为1 000 000元，被合并方的净资产的账面价值为1 500 000元，将被合并方净资产大于合并方发行股票总面值的部分500 000元计入资本公积。

借：管理费用	150 000	
资本公积	100 000	
贷：银行存款		250 000
借：银行存款	100 000	
库存商品	700 000	
固定资产	1 200 000	
贷：应付账款		420 000
长期借款		80 000
股本		1 000 000
资本公积		500 000

（2）假定P公司发行的普通股为4 000 000股。其他条件保持不变。

分析：1）记录各项直接费用和发行股票的手续费和佣金。

借：管理费用	150 000	
资本公积	100 000	
贷：银行存款		250 000

2）记录P公司吸收合并S公司的交易。

借：银行存款	100 000	
库存商品	700 000	
固定资产	1 200 000	
资本公积	1 300 000	
盈余公积	1 200 000	
贷：应付账款		420 000
长期借款		80 000

　　股本　　　　4 000 000

合并方发行股票的总面值为 4 000 000 元，被合并方的净资产的账面价值为 1 500 000 元，将两者的差额 2 500 000 元首先冲减 P 公司的资本公积余额 1 300 000 元，不足部分冲减 P 公司的盈余公积 1 200 000 元。

我国《企业会计准则第 20 号——企业合并》对于同一控制下的企业合并要求采用的会计处理方法与上一节介绍的权益结合法的要求不完全相同。主要表现在：权益结合法下，对于被合并方的盈余公积和未分配利润，需要在合并后企业的账面上或者合并资产负债表上尽可能保留，而我国会计准则规定不需要保留。

除此之外，还存在适用条件方面的差异：在美国等一些西方国家曾经适用的会计准则中，对权益结合法的运用施加了很多限制条件，其中较为突出的一个条件是，合并方所支付的并购对价应当全部或至少大部分是本公司的股份，也就是说如果全部或主要以现金或非现金资产作为对价，则不能采用权益结合法。而《企业会计准则第 20 号——企业合并》规定，只要是同一控制下的企业合并，无论合并方以何种方式支付合并对价，都应当采用相同的会计处理方法。因此，对于我国会计准则要求同一控制下的企业合并应当采用的会计处理方法，本教材称为类似权益结合法，或者称为账面价值法，而不是简单地将其与权益结合法等同。

7.4　非同一控制下的企业合并的会计处理

我国《企业会计准则第 20 号——企业合并》规定，非同一控制下的企业合并应采用购买法进行会计处理，并对该方法的具体运用进行了详细的规范。

参与合并的各方在合并前后不属于同一方或相同的多方最终控制的，为非同一控制下的企业合并。对非同一控制下的企业合并应运用购买法进行会计处理。非同一控制下企业合并的会计处理步骤包括购买方与被购买方的认定、购买方购买日企业合并成本的计量和企业合并成本的分配。

7.4.1　购买方与被购买方的认定

非同一控制下的企业合并中，在购买日取得对其他参与合并企业控制权的一方为购买方，参与合并的其他企业为被购买方。其中，购买日是指购买方实际取得对被购买方控制权的日期。对控制权转移的判断，与同一控制下的企业合并相同。购买方获得控制权之前并不必然要求交易在法律上结束或完成。购买方应在购买日开始应用购买法。

7.4.2　合并成本的计量

1. 购买方应当区别不同情况计量合并成本

购买法下，为了确定商誉的金额，必须确定合并成本。

（1）一次交换交易实现的企业合并，合并成本为购买方在购买日为取得对被购买方的控制权而付出的资产、发生或承担的负债以及发行的权益性证券的公允价值。

（2）通过多次交换交易分步取得股权并最终形成企业合并（控股合并）的，合并成本为原股权投资在购买日的公允价值与购买日支付对价的公允价值之和。

（3）购买方为进行企业合并发生的各项直接相关费用（包括为进行企业合并而支付的审计费用、评估费用和法律服务费用等）计入当期损益，不计入企业合并成本。发行权益性证券的成本是权益发行交易的组成部分，不是可直接归属于合并的成本。

（4）在合并合同或协议中对可能影响合并成本的未来事项作出约定的，购买日如果估计未来事项很可能发生并且对合并成本的影响金额能够可靠计量的，购买方应当将其计入合并成本。预期由于合并而发生的未来损失或其他成本不是购买方为换取被购买方控制权而发生或承担的负债，不应包括在合并成本中。

2. 支付非现金对价的情况

购买方在购买日对作为企业合并对价付出的资产、发生或承担的负债应当按照公允价值计量，公允价值与其账面价值的差额计入当期损益。

7.4.3 合并成本的分配

购买方在购买日应当对合并成本进行分配，将合并成本具体分配到可辨认资产、负债及或有负债，并将余下的借差确认为合并商誉，将贷差确认为营业外收入。

1. 将合并成本分配到可辨认资产、负债及或有负债

合并成本由商誉和被购买方可辨认净资产公允价值两部分组成。被购买方可辨认净资产公允价值，是指合并中取得的被购买方可辨认资产的公允价值减去负债及或有负债公允价值后的余额。

（1）被购买方各项可辨认资产、负债及或有负债的确认条件。被购买方各项可辨认资产、负债及或有负债符合下列条件的，应当单独予以确认：

1）合并中取得的被购买方除无形资产以外的其他各项资产（不仅限于被购买方原已确认的资产），其所带来的未来经济利益预计能够流入企业且公允价值能够可靠计量的，应当按照公允价值计量。

合并中取得的无形资产，其公允价值能够可靠计量的，应当单独确认为无形资产并以公允价值计量。

2）合并中取得的被购买方除或有负债以外的其他各项负债，履行有关的义务很可能导致经济利益流出企业且公允价值能够可靠计量的，应当按照公允价值计量。

合并中取得的被购买方或有负债，其公允价值能够可靠计量的，应当按照公允价值单独确认为负债。或有负债在初始确认后，应当按照以下两者孰高进行后续计量：

- 按照《企业会计准则第 13 号——或有事项》应予确认的金额。
- 初始确认金额减去按照《企业会计准则第 14 号——收入》的原则确认的累计摊销额后的余额。

（2）被购买方各项可辨认资产和负债的公允价值的确定。企业应当按照以下规定确认合并中取得的被购买方各项可辨认资产、负债及或有负债的公允价值：

1）货币资金，按照购买日被购买方的原账面价值确定。

2）有活跃市场的股票、债券、基金等金融工具，按照购买日活跃市场中的市场价值确定。

3）应收款项，对其中的短期应收款项，一般应按应收取的金额作为其公允价值；对长期应收款项，应按适当的现行利率折现后的现值确定其公允价值。在确定应收款项的公允价值时，要考虑发生坏账的可能性及相关收款费用。

4）存货、产成品和商品按其估计售价减去估计的销售费用、相关税费以及购买方通过自身努力在销售过程中对于类似的产成品或商品可能实现的利润确定；在产品按完工产品的估计售价减去至完工仍将发生的成本、预计的销售费用、相关税费以及基于同类或类似产成品的估计可能实现的利润确定；原材料按现行重置成本确定。

5）不存在活跃市场的金融工具如权益性投资等，应当参照《企业会计准则第 22 号——金融工具确认和计量》等，采用估值技术确定其公允价值。

6）房屋建筑物存在活跃市场的，应以购买日的市场价格确定其公允价值；本身不存在活跃市场，但同类或类似房屋建筑物存在活跃市场的，应参照同类或类似房屋建筑物的市场价格确定其公允价值；同类或类似房屋建筑物也不存在活跃市场、无法取得有关市场信息的，应按照一定的估值技术确定其公允价值。

7）机器设备存在活跃市场的，应按购买日的市场价格确定其公允价值；本身不存在活跃市场，但同类或类似机器设备存在活跃市场的，应参照同类或类似机器设备的市场价格确定其公允价值；同类或类似机器设备也不存在活跃市场，或因有关的机器设备具有专用性，在市场上很少出售、无法取得确定其公允价值的市场证据的，可使用收益法或考虑该机器设备损耗后的重置成本合理估计其公允价值。

8）无形资产存在活跃市场的，应按购买日的市场价格确定其公允价值；不存在活跃市场的，应当基于可获得的最佳信息，以估计熟悉情况的双方在公平的市场交易中为取得该项资产应支付的金额作为其公允价值。

9）应付账款、应付票据、应付职工薪酬、应付债券、长期应付款，对其中的短期债务，一般应按应支付的金额作为其公允价值；对其中的长期债务，应当以按适当的折现率折现后的现值作为其公允价值。

10）取得的被购买方的或有负债，其公允价值在购买日能够可靠计量的，应单独确认为预计负债。此项负债应当以假定第三方愿意代购买方承担该项义务，就其所承担义务需要购买方支付的金额作为其公允价值。

11）递延所得税资产和递延所得税负债。企业合并中取得的被购买方各项可辨认资产、负债及或有负债的公允价值与其计税基础之间存在差额的，应当按照《企业会计准则第 18 号——所得税》的规定确认相应的递延所得税资产或递延所得税负债，所确认的递延所得税资产或递延所得税负债的金额不应折现。

上述对于合并中取得资产、负债公允价值的确定未提到估值技术的，并不排除可以按照有关估值技术确定资产、负债的公允价值，但前提是采用估值技术确定的公允价值估计数的变动区间很小，或者在公允价值估计数变动区间内，各种用于确定公允价值估计数的概率能够合理确定。

2. 借差和贷差的处理

（1）借差的处理。购买方对合并成本大于合并中取得的被购买方可辨认净资产公允价值份额的差额（借差），应当确认为商誉。

初始确认后的商誉，应当以其成本扣除累计减值准备后的金额计量。商誉不应摊销，而应当按照《企业会计准则第 8 号——资产减值》的有关规定进行年度减值测试。

（2）贷差的处理。购买方对合并成本小于合并中取得的被购买方可辨认净资产公允价值份额的差额（贷差），应当按照下列规定处理：

1）对取得的被购买方各项可辨认资产、负债及或有负债的公允价值以及合并成本的计量进行复核。

2）经复核后合并成本仍小于合并中取得的被购买方可辨认净资产公允价值份额的，其差额应当计入当期损益。

7.4.4 非同一控制下的控股合并的特点

如果企业合并为非同一控制下的控股合并，即企业合并形成母子公司关系，那么购买法的运用具体体现在合并资产负债表的编制上，而不像吸收合并那样体现在合并方的账务处理上。对于非同一控制下的控股合并，需要特别强调以下两点注意事项：

1. 母公司应当设置备查簿

企业合并中形成母子公司关系的，母公司应当设置备查簿，记录企业合并中取得的子公司各项可辨认资产、负债及或有负债等在购买日的公允价值。期末编制合并财务报表时，应当以购买日确定的各项可辨认资产、负债及或有负债的公允价值为基础对子公司的财务报表进行调整。

2. 母公司应当编制购买日的合并资产负债表

企业合并中形成母子公司关系的，母公司应当编制购买日的合并资产负债表，其中因企业合并取得的被购买方各项可辨认资产、负债及或有负债应当以公允价值列示。合并成本大于合并中取得的各项可辨认资产、负债公允价值份额的差额，确认为合并资产负债表中的商誉。企业合并成本小于合并中取得的各项可辨认资产、负债公允价值份额的差额，应计入合并当期利润表，但因在购买日不需要编制合并利润表，该差额在合并资产负债表中应调整盈余公积和未分配利润。

7.4.5 会计处理

（1）非同一控制下的吸收合并中，被合并方已不复存在，合并方只需记录所付出的代价与所收到的对价即可，不存在合并财务报表的问题。也就是说，购买方编制会计分录，在自己的账簿和个别财务报表中确认商誉或负商誉。

购买方若以支付现金（银行存款）的方式完成吸收合并，会计分录如下：

借：取得的被购买方各项可辨认资产科目 ［按公允价值］
　　商誉（或贷：营业外收入） ［正商誉（或负商誉）］
贷：取得的被购买方各项可辨认负债及或有负债科目 ［按公允价值］
　　银行存款

购买方若通过转让非现金资产或承担负债的方式完成吸收合并，在购买日确定合并成本时，可以设置临时性的会计科目“合并成本”，会计分录如下：

借：合并成本 ［企业合并成本］
　　营业外支出 ［所付代价的公允价值与账面价值之差］
贷：作为对价的有关资产或负债科目 ［按账面价值］
　　营业外收入 ［所付代价的公允价值与账面价值之差］

购买方在购买日以公允价值接收被购买方的资产和承受被购买方的负债，其会计分录如下：

借：取得的被购买方各项可辨认资产科目 ［按公允价值］
　　商誉（或贷：营业外收入） ［正商誉（或负商誉）］
贷：合并成本 ［企业合并成本］
　　取得的被购买方各项可辨认负债及或有负债 ［按公允价值］

实务操作中，以上两个分录可以合为一个分录。上面之所以分开来写，是为了在第一个分录中清晰地反映合并成本，在第二个分录中清晰地反映商誉（或负商誉）的形成机理。

（2）非同一控制下的控股合并中，在母公司（购买方）的个别财务报表中，控股合并是作为长期股权投资核算的。准则要求，购买方应当按照公允价值计量合并成本。在合并日，母公司需要在合并工作底稿中编制抵销分录。

购买方若以支付现金（银行存款）的方式取得控股权，会计分录如下：

借：长期股权投资
贷：银行存款

购买方若通过转让非现金资产或承担负债的方式完成控股合并，则购买方在购买日确定合并成本的会计分录如下：

借：长期股权投资 ［企业合并成本］
　　营业外支出 ［所付代价的公允价值与账面价值之差］
贷：作为代价的有关资产或负债科目 ［按账面价值］
　　营业外收入 ［所付代价的公允价值与账面价值之差］

购买方若通过发行股票的方式完成控股合并，则购买方在购买日确定合并成本的会计分录如下：

借：长期股权投资　　［发行股票的公允价值］
　贷：股本　　［按所发行股票的面值］
　　资本公积——股本溢价　　［差额］

7.4.6 会计处理举例

例 7-2

续例 7-1，假设 P 公司和 S 公司的合并属于非同一控制下的企业合并。有如下两种情况：

（1）合并成本大于被购买方 S 公司可辨认净资产。

假定 P 公司以支付银行存款 800 000 元、发行普通股 1 000 000 股的方式换取 S 公司的净资产，P 公司普通股每股面值为 1 元，每股市价为 2 元。P 公司以银行存款支付发行股票发生的手续费、佣金 100 000 元，合并过程中发生的审计费用 100 000 元、法律服务费 50 000 元。

（2）合并成本小于被购买方 S 公司可辨认净资产。

假定 P 公司以支付银行存款 200 000 元、发行普通股 1 000 000 股的方式换取 S 公司的净资产，P 公司普通股每股面值为 1 元，每股市价为 2 元。P 公司以银行存款支付发行股票发生的手续费、佣金 100 000 元，合并过程中发生的审计费用 100 000 元、法律服务费用 50 000 元。

分析：（1）在合并成本大于被购买方 S 公司可辨认净资产的情况下：

1）购买方和被购买方的认定。本例中为 P 公司收购 S 公司，因此 P 公司为购买方，S 公司为被购买方。购买日为 20×7 年 1 月 1 日。

2）合并成本的计量。P 公司收购 S 公司的成本为付出资产与发行权益性证券的公允价值之和，其金额为 2 800 000 元（800 000＋1 000 000×2）。

3）将合并成本分配给商誉和被购买方可辨认净资产的公允价值。根据表 7-1，将合并成本分配给商誉和被购买方可辨认净资产的公允价值，分配过程如表 7-2 所示。

（2）在合并成本小于被购买方 S 公司可辨认净资产的情况下：

合并成本为 2 200 000 元，低于被购买方可辨认净资产的公允价值。对可辨认净资产进行复核后，发现可辨认净资产和负债的公允价值均是可靠的，因此将差异直接计入当期损益。合并成本的计量与分配过程如表 7-2 所示。

表 7-2　非同一控制下企业合并的会计处理——购买法的运用　　单位：元

合并成本大于被购买方 S 公司可辨认净资产	合并成本小于被购买方 S 公司可辨认净资产
（1）记录初始直接费用。 借：管理费用　150 000 　贷：银行存款　150 000	（1）记录初始直接费用。 借：管理费用　150 000 　贷：银行存款　150 000

续表

合并成本大于被购买方 S 公司可辨认净资产	合并成本小于被购买方 S 公司可辨认净资产
（2）记录所取得的资产和负债，并确认商誉。 借：银行存款　100 000 　　库存商品　800 000 　　固定资产　1 900 000 　　商誉　500 000 　贷：应付账款　420 000 　　　长期借款　80 000 　　　银行存款　900 000 　　　股本——普通股　1 000 000 　　　资本公积——股本溢价　900 000	（2）记录所取得的资产和负债，并将负商誉计入当期损益。 借：银行存款　100 000 　　库存商品　800 000 　　固定资产　1 900 000 　贷：应付账款　420 000 　　　长期借款　80 000 　　　银行存款　300 000 　　　股本——普通股　1 000 000 　　　资本公积——股本溢价　900 000 　　　营业外收入　100 000

7.5 企业合并信息的披露

7.5.1 同一控制下企业合并有关信息的披露

《企业会计准则第 20 号——企业合并》规定，合并方应当在合并当期附注中披露与同一控制下企业合并有关的下列信息：

（1）参与合并企业的基本情况。

（2）属于同一控制下企业合并的判断依据。

（3）合并日的确定依据。

（4）以支付现金、转让非现金资产以及承担债务作为合并对价的，所支付对价在合并日的账面价值；以发行权益性证券作为合并对价的，合并中发行权益性证券的数量及定价原则，以及参与合并各方交换有表决权股份的比例。

（5）被合并方的资产、负债在上一会计期间资产负债表日及合并日的账面价值；被合并方自合并当期期初至合并日的收入、净利润、现金流量等情况。

（6）合并合同或协议约定将承担被合并方或有负债的情况。

（7）被合并方采用的会计政策与合并方不一致所作调整情况的说明。

（8）合并后已处置或拟处置被合并方资产、负债的账面价值、处置价格等。

7.5.2 非同一控制下企业合并有关信息的披露

《企业会计准则第 20 号——企业合并》规定，购买方应当在合并当期附注中披露与非同一控制下企业合并有关的下列信息：

（1）参与合并企业的基本情况。

（2）购买日的确定依据。

（3）合并成本的构成及其账面价值、公允价值及公允价值的确定方法。

（4）被购买方各项可辨认资产、负债在上一会计期间资产负债表日及购买日的账面价值和公允价值。

（5）合并合同或协议约定将承担被购买方或有负债的情况。

（6）被购买方自购买日起至报告期期末的收入、净利润和现金流量等情况。

（7）商誉的金额及其确定方法。

（8）因合并成本小于合并中取得的被购买方可辨认净资产公允价值的份额计入当期损益的金额。

（9）合并后已处置或拟处置被购买方资产、负债的账面价值、处置价格等。

思考题

1. 企业合并面临的主要会计问题是什么？解决这些问题有何方法？
2. 什么是同一控制下的企业合并？我国会计准则对其会计处理有何规定？
3. 什么是非同一控制下的企业合并？我国会计准则对其会计处理有何规定？
4. 什么是权益结合法？它有何特点？有何优缺点？
5. 什么是购买法？它有何特点？有何优缺点？
6. 购买法与权益结合法的运用有何不同的经济后果？

练习题

1. 20×8年1月1日，甲公司支付银行存款250万元，以吸收合并的方式取得了乙公司的全部资产，并承担全部负债。此外，甲公司以银行存款支付评估费用10万元、审计费用15万元、法律服务费用5万元。该项合并属于非同一控制下的企业合并。假设甲公司和乙公司采用的会计政策一致，并且不考虑所得税的影响。

20×7年12月31日，甲公司与乙公司的资产负债表数据如表7-3所示。

表7-3　甲公司与乙公司的资产负债表数据

20×7年12月31日　　单位：万元

项目	甲公司账面价值	乙公司账面价值	乙公司公允价值
货币资金	300	25	25
应收账款	200	75	75
存货——库存商品	100	75	80
固定资产	400	100	120
资产总计	1 000	275	300
应付账款	200	50	50
长期借款	200	50	50

续表

项目	甲公司账面价值	乙公司账面价值	乙公司公允价值
负债合计	400	100	100
股本	500	100	
资本公积	75	50	
盈余公积	20	22	
未分配利润	5	3	
所有者权益合计	600	175	
负债和所有者权益总计	1 000	275	

要求：

(1) 根据上述资料，按照我国现行企业会计准则的规定，编制甲公司吸收合并乙公司的会计分录。

(2) 假定20×8年1月1日甲公司支付银行存款160万元吸收合并乙公司。其他资料同要求（1）。请按照我国现行企业会计准则的规定，编制甲公司吸收合并乙公司的会计分录。

2. A公司持有B公司100%的股权，持有C公司80%的有表决权股份。20×7年1月1日B公司以发行股份的方式吸收合并C公司，取得C公司的全部资产，并承担全部负债。B公司发行的股票每股面值为1元，C公司原股东持有的股票每股面值为1元，B公司共发行本公司股票640万股交换C公司原股东持有的全部股票。在此次合并中，B公司还以银行存款支付了审计费用、评估费用、法律服务费用等直接与合并相关的费用20万元，以及企业合并中发行股票发生的手续费、佣金等费用10万元。C公司的存货全部为库存商品。B公司和C公司在20×6年12月31日的资产负债表数据如表7-4所示。

表7-4　B公司与C公司的资产负债表数据

20×6年12月31日　　单位：万元

项目	B公司账面价值	C公司账面价值
货币资金	1 200	100
应收账款	800	300
存货——库存商品	400	300
固定资产	1 200	400
无形资产	400	
资产总计	4 000	1 100
应付账款	800	200
长期借款	800	200
负债合计	1 600	400

续表

项目	B公司账面价值	C公司账面价值
股本	2 000	400
资本公积	100	200
盈余公积	220	70
未分配利润	80	30
所有者权益合计	2 400	700
负债和所有者权益总计	4 000	1 100

要求：

(1) 按照我国现行企业会计准则的规定，编制 B 公司吸收合并 C 公司的会计分录。

(2) 假设 20×7 年 1 月 1 日 B 公司以发行本公司股票 900 万股交换 C 公司原股东持有的全部股票的方式吸收合并 C 公司。其他资料同要求 (1)。请按照我国现行企业会计准则的规定，编制 B 公司吸收合并 C 公司的会计分录。

第 8 章　合并财务报表（上）

学习目标

1. 理解合并财务报表的意义和三种合并理论。

2. 掌握合并财务报表的合并范围和确定方法，合并财务报表的编制程序和编制方法。

3. 理解合并财务报表工作底稿的性质与作用。

4. 掌握同一控制下的控股合并条件下合并财务报表的编制方法。

5. 掌握非同一控制下的控股合并条件下合并财务报表的编制方法。

AI深度思考——与AI对话

现行会计准则要求，在编制合并财务报表时，要对母公司股东与子公司少数股东尽可能一视同仁。这一要求对于提升合并财务报表的有用性有何意义？

8.1　合并财务报表概述

第 7 章曾指出，企业合并可以分为吸收合并、创立合并与控股合并。无论是吸收合并后继续存在的企业，还是创立合并后新成立的企业，都是一个统一的法律主体和会计主体，合并后财务报表的编制，与一般企业相同。而控股合并则不同，它带来了新的会计问题。本章和第 9 章将专门介绍如何解决由控股合并所引起的合并财务报表的编制问题。

8.1.1　合并财务报表的意义

一个企业通过对另一个企业的权益性投资而获得对被投资企业的控制权的合并行为称为控股合并。通常把拥有控制权的投资企业称为控股企业（公司）或母公司；把受控制的被投资企业称为被控股企业（公司）或子公司。在会计上，将由母公司和子公司组成的企业集团称为合并主体。合并财务报表，是合并主体依据母公司和子公司的个别财务报表而编制的，为了综合全面地反映其整体财务状况、经营成果以及现金流量情况的财务报表。

编制合并财务报表体现了当今企业会计准则所高度重视的实质重于形式的基本理念。基于这一基本理念的解释是，虽然从法律形式来看，合并主体并不是一个统一的法律实体，但从经济实质来看，它是一个统一的经济实体。为合并主体编制财务报表，是将这一统一的经济实体当作一个特殊的报告主体来看待。因为现行会计实务并不为合并主体设置账簿体系，也不为其进行日常的会计核算，所以合并主体不是记账主体。财务会计学教材中涉及的会计主体，都是报告主体与记账主体一致的情形。但是，在编制合并财务报表的情况下，报告主体与记账主体出现了分离，合并主体只是报告主体，而非记账主体。

一般来说，合并财务报表具有以下意义：

1. 为母公司的股东提供决策有用的信息

母公司的股东最关心合并主体的财务状况与经营成果，因为母公司的财务状况与经营成果在很大程度上受子公司的财务状况与经营成果的影响。由于控股关系的存在，子公司的盈亏事实上就是母公司的盈亏。总之，母公司股东对合并财务报表的需要是第一位的。

2. 为母公司的长期债权人提供决策有用的信息

母公司的债权人通过母公司对子公司的投资而对子公司的资产有间接求偿权，因而母公司的长期债权人要评估母公司的盈利能力与财务状况，就必然关心整个合并主体的经营成果与财务状况。

3. 为企业管理者提供有用的信息

外界对于企业管理业绩的评价往往以整个经济实体为基础，企业所能分配的红利也通常是基于合并主体的业绩来计算的，因此，合并财务报表对企业管理者也有重要作用。

4 为有关政府管理机构提供有用的信息

企业的控股合并容易形成市场垄断或竞争优势，从而可能对整个国民经济产生重大影响。为此，有关法规为了维护正当竞争，常常对企业的市场占有率规定一个上限。合并财务报表可以为有关政府管理机构评价企业的市场占有情况及其对国民经济的影响提供参考依据。

但是，应当指出，合并财务报表在理论上存在较多的争议，实践上也存在不少问题。

8.1.2 编制合并财务报表的目的

编制合并财务报表的目的在于反映和报告在共同控制之下的一个企业集团的财务状况和经营成果的总括情况，以便满足财务报表使用者对该经济实体会计信息的需求。换言之，编制合并财务报表是基于这样一种假设：母公司财务报表的使用者可以通过合并财务报表来满足其对企业集团有关会计信息的需要，在这方面合并财务报表能够提供比个别财务报表更有意义的会计信息。

基于上述基本目的或假设，对于编制合并财务报表的具体目的又有两种不同观点。一种观点认为，编制合并财务报表的具体目的是将母公司个别财务报表上基于权益法的“长期股权投资——对子公司股权投资”和“投资收益——对子公司投资收益”这样的总括项目具体化，详细反映，即放大这些会计信息的内容，因而母公司在提供合并财务报表的同时仍然需要提供母公司的个别财务报表。这种观点可称为放大观。放大观的解释是以母公司个别财务报表上对子公司长期股权投资采用权益法进行会计处理为前提的。另一种观点认为，编制合并财务报表的直接目的是采用一种新的报表形式来提供一个新实体的会计信息，以取代原有的母公司个别财务报表，因而在提供合并财务报表之后，无须再提供母公司的个别财务报表。这种观点可称为取代观。国际上，这两种观点在实务中被不同的国家采用。采用第一种观点的国家有英国、法国、德国、荷兰等，采用第二种观点的典型代表是美国。我国目前采用的大体上是第一种观点，要求母公司既提供合并财务报表，又提供母公司的个别财务报表。

8.2　合并财务报表的合并理论

所谓合并理论，实际上是指认识合并财务报表的观点或看问题的角度，即如何看待由母公司与其子公司所组成的企业集团（合并主体）及其内部联系。各个理论关注的重点是，在合并资产负债表上的少数股东权益和合并利润表上的少数股东损益应当如何归类和表达。当前，合并理论主要有母公司理论、实体理论与所有权理论三种。

8.2.1　母公司理论

母公司理论是一种站在母公司股东的角度，来看待母公司与其子公司之间的控股合并关系的合并理论。母公司理论认为合并财务报表主要是为母公司的股东和债权人服务的，应重点关注母公司股东所拥有的资产、负债和净资产，以及归属于母公司股东的净利润，其只不过是母公司个别财务报表的扩充。

该理论的要点可概括为以下五点：

（1）将子公司的少数股东视为合并主体的特殊债权人。在合并资产负债表上，少数股东权益（非控股股东权益）被视为特殊的负债，作为独立项目列示在负债部分和股东权益部分之间。

（2）在合并利润表上，将归属于少数股东的净收益视为合并主体的费用，合并净利润是归属于母公司股东的净利润。

（3）子公司的全部资产与负债要纳入合并资产负债表。如果在控制权取得日采用购买法，则对于子公司资产和负债的公允价值与账面价值之差，只按母公司股东的股权比例在合并资产负债表上确认属于母公司股东的份额。这就导致了在合并资产负债表上混合使用公允价值与成本对同一资产进行计价的问题。

（4）在抵销企业集团未实现的内部销售损益时，如果是母公司对子公司的销售（顺流销售），作完全的抵销处理；如果是子公司对母公司的销售（逆流销售），只按母公司的持股比例抵销内部销售利润。

（5）合并资产负债表上的商誉只列报控股股东所对应的部分，即已扣除少数股东所对应的商誉。

8.2.2 实体理论

实体理论是一种站在由母公司及其子公司组成的统一实体的角度，来看待母子公司间的控股合并关系的合并理论。我国的相关准则条文主要是基于该理论设计出来的。它强调单一管理机构对一个经济实体的控制。编制合并财务报表的目的在于提供由不同法律实体组成的企业集团作为一个统一的合并主体进行经营的信息，在合并财务报表中应当尽可能对母公司股东和子公司的少数股东一视同仁。

该理论的要点可概括为以下五点：

（1）将子公司的少数股东视为合并主体的股东。在合并资产负债表上，少数股东权益（非控股股东权益）被视为合并股东权益的组成部分，列示在股东权益部分。

（2）在合并利润表上，合并净利润是归属于全部股东的净利润，少数股东损益是合并净利润中分配给少数股东的部分。

（3）子公司的全部资产与负债要纳入合并资产负债表。如果在控制权取得日采用购买法，则在购买日的合并资产负债表上子公司的资产与负债要按全口径的公允价值计价。也就是说，购买日子公司资产、负债的公允价值与账面价值之间的差额要100%在合并工作底稿中进行调整，从而计算子公司净公允价值。购买日子公司少数股东权益等于子公司净公允价值中少数股东按持股比例所占的份额。

（4）对于集团未实现的内部销售损益，无论是顺流销售还是逆流销售，全部予以抵销处理。

（5）购买日合并资产负债表上的商誉要按全部股东的口径进行推算，也就是要包括少数股东所对应的商誉。

8.2.3 所有权理论

所有权理论也称业主权理论，它是一种着眼于母公司在子公司所持有的所有权的合并理论。依据这一理论，编制合并财务报表时，对于子公司的资产与负债，只按母公司所持有股权的份额计入合并资产负债表；对于子公司的收入、费用与利润，也只按母公司持有股权的份额计入合并利润表。

应当指出，母公司在实际编制合并财务报表时，往往不是单纯运用上述合并理论中的某一种，而是综合运用不同的合并理论。

8.3　合并财务报表的合并范围

准则规定，合并财务报表的合并范围应当以控制为基础予以确定。母公司应当将其全部子公司（包括母公司所控制的单独主体）纳入合并财务报表的合并范围。

8.3.1　控制标准及其运用的一般原则

准则规定，控制是指投资方拥有对被投资方的权力，通过参与被投资方的相关活动而享有可变回报，并且有能力运用对被投资方的权力影响其回报金额。

投资方要实现对被投资方的控制，必须同时满足两个基本条件：第一，投资方因涉入被投资方的活动而享有的回报必须是可变回报；第二，投资方必须拥有对被投资方的权力，并且有能力运用对被投资方的权力影响被投资方的回报金额。

下面对于投资方实现控制必须同时满足的两个基本条件进行具体分析。

1. 投资方通过涉入被投资方的活动而享有的回报必须是可变回报

可变回报是不固定且可能随着被投资方业绩的变化而变化的回报。可变回报可以只是正回报，也可以只是负回报，或者同时包括正回报和负回报。投资方的可变回报通常体现为从被投资方获取股利。在某些情况下，受限于法律法规的相关规定，投资方无法通过分配被投资方利润或结余的形式获得回报。例如，当被投资方的法律形式为信托机构时，其盈利可能不是以股利形式分配给投资者。在这种情况下，需要根据具体情况，以投资方的投资目的为出发点，综合分析投资方是否获得除股利以外的其他可变回报，被投资方不能进行利润分配并不必然代表投资方不能获取可变回报。

尽管只有一个投资方能够控制被投资方，但可能存在多个投资方分享被投资方的回报。例如，少数股东权益的持有者可以分享被投资方的利润。因此，投资方获取的回报为可变回报，只是判断投资方是否控制被投资方的必要条件，而不是充分条件。

2. 投资方必须对被投资方拥有权力，并且能够运用此权力影响被投资方的回报金额

投资方能够主导被投资方的相关活动时，称投资方对被投资方享有权力。权力通常表现为表决权，但有时可能表现为其他合同安排。在判断该项条件是否满足时，需要具体考虑以下几个方面：

（1）投资方应当有能力主导能够对被投资方的回报产生重大影响的相关活动。

1）识别相关活动。要判断投资方是否对被投资方拥有权力，首先需要识别被投资方的相关活动。相关活动是指对被投资方的回报产生重大影响的活动。对许多企业而言，经营和财务活动通常对其回报产生重大影响。但是，不同企业的相关活动可能是不同的，应当根据企业的行业特征、业务特点、发展阶段、市场环境等具体情况来进行判断，这些活动可能包括但不限于下述活动：①商品或劳务的销售和购买；②金融资产的管理；③资产的购买和处置；④研究与开发活动；⑤资本结构的确定和融资活动。

2）分析相关活动的决策机制。判断被投资方的相关活动后，了解谁拥有对被投资方的权力的下一个重要步骤是了解此类活动的决策机制。

就相关活动所作出的决策的例子包括但不限于：

①就被投资方的经营、融资等活动作出决策，包括编制预算；

②任命被投资方的关键管理人员或服务提供商，并决定其报酬，以及终止其作为服务提供商的业务关系或者将其予以辞退。

3）比较不同相关活动对回报的影响大小。被投资方的相关活动通常有多个，并且可能不是同时进行。当两个或两个以上投资方能够分别单方面主导被投资方的不同相关活动时，能够主导对被投资方回报产生最重大影响的活动的一方拥有对被投资方的权力。在判断哪个投资方对被投资方拥有权力时，投资方考虑的因素可能包括：

①被投资方的设立目的；

②影响被投资方利润率、收入和企业价值的决定因素；

③各投资方拥有的与上述决定因素相关的决策职权的范围，分别对被投资方回报的影响程度；

④投资方对于可变回报的风险敞口的大小。

（2）投资方对被投资方拥有的权力是一种实质性权利。在判断投资方对被投资方所拥有的权力时，还应区分该权利是实质性权利还是保护性权利。

1）实质性权利。在判断投资方是否拥有对被投资方的权力时，应仅考虑投资方及其他方享有的实质性权利。实质性权利，是指持有人有实际能力行使的可执行权利。实质性权利应是在对相关活动进行决策时可执行的权利。实质性权利通常是当前可执行的权利，但某些情况下目前不可行使的权利也可能是实质性权利。对于投资方拥有的实质性权利，即便投资方并未实际行使，也应在判断投资方是否对被投资方拥有权力时予以考虑。

判断一项权利是否为实质性权利，应当综合考虑所有相关因素。相关因素包括但不限于以下各项：

①权利持有人行使权利是否存在经济或其他方面的障碍。例如，财务处罚或奖励阻止权利持有人行权；法律法规的限制导致权利持有人无法行权（例如，外国投资者被禁止行权）。

②当权利由多方持有或者行权需要多方同意时，是否存在实际可行的机制使

得这些权利持有人在其愿意的情况下能够一致行权。该机制的缺乏可能表明权利是非实质性的。需要一致行权的投资方越多，权利是实质性权利的可能性越小。然而，独立于决策者的董事会可以作为一个众多投资方一致行权的机制。因此，相较于众多投资方单独持有的罢免权，独立的董事会持有的同样的罢免权更有可能是实质性权利。

③权利持有人能否从行权中获利。例如，潜在表决权持有人应考虑行权价格或转换价格。当投资方能在行权或转换中因价格或其他原因获利时（例如，实现投资方和被投资方的协同效应），潜在表决权的条款和条件就更有可能是实质性的。

2）保护性权利。保护性权利旨在保护持有这些权利的当事方的权益，而不赋予当事方对这些权利所涉及的主体的权力。投资方仅持有保护性权利不能对被投资方实施控制，也不能阻止其他方对被投资方实施控制。

保护性权利通常仅适用于被投资方的活动发生根本性改变或某些特殊例外的情况，但并非所有在例外情况下行使的权利或在不确定事项发生时才行使的权利都是保护性权利。例如，当被投资方的活动和回报已被预先设定，只有在发生某些特定事项时才需要进行决策，且这些决策对被投资方的回报产生重大影响，则该等事项引发的活动属于相关活动，对这些相关活动行使的权利就不是保护性权利。对于有权主导这些相关活动的投资者，在判断其对被投资方是否拥有权力时，不需要考虑这些特定事项是否已经发生。

保护性权利的例子可能包括但不限于：贷款方限制借款方进行会对借款方信用风险产生不利影响从而损害贷款方利益的活动的权力；少数股东批准超过正常经营范围的资本性支出或发行权益工具、债务工具的权力；以及贷款方在借款方发生违约行为时扣押其资产的权力。

（3）权力的持有人应为主要责任人。权力是为自己行使的，而不是代其他方行使。拥有决策权的投资方在判断其是否控制被投资方时，需要考虑其行使决策权的身份：是以主要责任人的身份还是以代理人的身份来行使决策权。只有当拥有决策权的投资方以主要责任人的身份行使决策权时，才能够视为对被投资方拥有控制。此外，在其他方拥有决策权时，投资方还需要考虑其他方是否是以代理人的身份代表该投资方行使决策权。

代理人代表其他方（主要责任人）行动并服务于该其他方的利益。主要责任人可能将其对被投资方的某些或全部决策权授予代理人，但在代理人代表主要责任人行使此类权力时，代理人并不对被投资方拥有控制。在评估控制时，代理人的决策权应被视为由主要责任人直接持有，权力属于主要责任人而非代理人。

当存在多个主要责任人时，每个主要责任人需评估其是否拥有对被投资方的权力。

决策者不会仅仅因为其他方能从其决策中获益而成为代理人。决策者在确定其是否为代理人时，应总体考虑其自身、被投资方以及其他方面之间的关系。

8.3.2 源于表决权的权力所形成的控制

大部分情况下，投资方通过表决权或类似权利获得主导被投资方相关活动的现实权力。表决权是以投票表决的方式决定或批准被投资方的经营计划、投资方案、年度财务预算方案和决算方案、利润分配方案和弥补亏损方案、内部管理机构的设置、公司经理的聘任或解聘以及薪酬制度、公司的基本管理制度等重要事项时拥有的投票权。特定投资者拥有的表决权比例通常与其出资比例或持股比例一致，但公司章程另有规定的除外。

1. 投资方持有被投资方半数以上表决权而拥有权力并形成控制的情形

投资方通过直接或间接方式拥有被投资方半数以上表决权的情况下，要对被投资方拥有权力，该投资方所拥有的表决权必须是实质性权利，且使该投资方具有主导该被投资方相关活动的现时能力（通常通过决定财务和经营政策实现）。

当被投资方的相关活动由持有半数以上表决权的投资方表决决定，或者主导相关活动的权力机构的多数成员由持有半数以上表决权的投资方指派，而且权力机构的决策由多数成员主导时，持有半数以上表决权的投资方拥有对被投资方的权力。

例8-1

情况1：甲公司和乙公司分别持有丙公司60%和40%的普通股，丙公司的相关活动通过股东会议上多数表决权主导，在股东会议上，每股普通股享有一票投票权。

分析：假设不存在其他因素，丙公司的相关活动由持有丙公司大多数投票权的一方主导。因此，如果不存在其他相关因素，甲公司拥有对丙公司的权力，因其是丙公司大多数投票权的持有者。

情况2：甲公司和乙公司分别持有丙公司60%和40%的普通股，丙公司的相关活动以董事会会议上多数表决权主导，甲公司和乙公司根据其享有企业所有者权益的比例，各自有权任命6名和4名董事。

分析：如果不存在其他相关因素，甲公司拥有对丙公司的权力，因其有权任命主导丙公司相关活动的董事会的大多数成员。

2. 投资方仅持有被投资方半数或半数以下表决权但拥有权力并形成控制的情形

持有半数或半数以下表决权的投资方，应综合考虑下列事实和情况，以判断其持有的表决权与相关事实和情况相结合是否可以赋予投资方拥有对被投资方的权力。

（1）投资方持有的表决权相对于其他投资方持有的表决权份额的大小，以及其他投资方持有表决权的分散程度。投资方持有的表决权比例越高，越有可能有现时能力主导被投资方相关活动。与其他方持有的表决权比例相比，投资方持有的表决权比例越高，越有可能有现时能力主导被投资方相关活动。为否决投资方而需要联合一致的行动方越多，投资方越有可能有现时能力主导被投资方相关活动。

例 8-2

情况 1：甲公司持有乙公司 48%的投票权，剩余投票权由数千位小股东持有，但没有小股东持有超过 1%的投票权，没有任何股东与其他股东达成协议或能够作出共同决策。当以其他股权的相对规模为基础判断所获得的投票权的比例时，甲公司确定 48%的权益将足以使其拥有控制权。

分析：在这种情况下，无须考虑权利的任何其他证据，即可根据甲公司持有股权的绝对规模和相比其他股东持有股权的相对规模，确定甲公司拥有充分决定性的投票权以满足权力的标准。即可以认定，甲公司拥有对乙公司的权力，能够对乙公司实施控制。

情况 2：甲公司持有乙公司 40%的投票权，其他 12 位股东各持有乙公司 5%的投票权，股东协议授予甲公司任免负责相关活动的管理人员及确定其薪酬的权利，若要改变协议，须获得 2/3 的多数股东表决权同意。

分析：在这种情况下，单凭甲公司持有的投票权的绝对规模和相比其他股东持有的投票权的相对规模，无法对甲公司是否拥有足以赋予其权力的权利作出结论。但是，股东协议条款赋予甲公司任免乙公司的管理人员及确定其薪酬的权力，足以说明甲公司拥有对乙公司的权力，能够对乙公司实施控制。

情况 3：甲公司持有乙公司 45%的投票权，A 公司和 B 公司各持有乙公司 26%的投票权，剩余投票权由其他 3 位股东持有，各占 1%。不存在影响决策的其他安排。

分析：在这种情况下，只要 A 公司和 B 公司联合起来就能够阻止甲公司主导乙公司的相关活动，甲公司投票权的规模及其与其他股东持有的投票权的相对规模，足以得出甲公司不拥有对乙公司的权力的结论。

情况 4：甲公司持有乙公司 45%的投票权，其他 11 位投资者各持有乙公司 5%的投票权，股东之间不存在合同安排以互相协商或作出共同决策。

分析：在这种情况下，单凭甲公司持有的投票权的绝对规模和相比其他股东持有的投票权的相对规模，无法对甲公司是否拥有足以赋予其权力的权利作出结论。应考虑其他可能为甲公司是否拥有权力提供证据的额外事实和情况。

情况 5：甲公司持有乙公司 35%的投票权，其他 3 位股东各持有乙公司 5%的投票权，剩余的投票权由众多小股东持有，没有任何一位小股东持有超过 1%的投票权，股东之间不存在合同安排以互相协商或作出共同决策，涉及乙公司相关活动的决策须获得股东会上大多数投票权的批准（在近期的股东会上乙公司 75%的股东行使了投票权）。

分析：在这种情况下，其他股东在近期股东会上积极参与的事实表明甲公司不具有单方面主导乙公司相关活动的实际能力，无论甲公司是否曾经因有足够数量的其他股东与其作出相同表决而主导过乙公司的相关活动。

（2）与其他表决权持有人的协议。在某些情况下，投资方虽然自己拥有的表决权不足，但可能通过与其他表决权持有人的协议控制足以主导被投资方相关活动的表决权，从而拥有对被投资方的权力。该类协议需确保投资方能够主导其他表决权持有人的表决，即其他表决权持有人按照投资方的意愿进行表决，而不是双方协商与其他表决权持有人协商一致的结果进行表决。

例8-3

A公司有4名股东，分别为甲公司、乙公司、丙公司和丁公司，甲公司持有A公司40%的普通股，其他3位股东各持有20%的普通股，A公司的相关活动受其董事会主导，董事会由6名董事组成，其中3名董事由甲公司任命，剩余3名分别由乙公司、丙公司和丁公司任命。甲公司和乙公司单独签订合同安排，规定乙公司任命的董事必须与甲公司任命的董事以相同方式进行表决。

分析：若不存在其他因素，该合同安排赋予甲公司在董事会议上获得涉及相关活动的大多数投票权这一事实将使甲公司拥有对A公司的权力，即使甲公司并未持有A公司的大多数投票权。

（3）其他合同安排产生的权利。投资方可能通过拥有的表决权和其他决策权相结合的方式使其目前有能力主导被投资方的相关活动。例如，合同安排赋予投资方在被投资方的权力机构中指派若干成员的权力，而该等成员足以主导权力机构对相关活动的决策。又如，投资方可能通过表决权和合同安排给予的其他权利，使其目前有能力主导被投资方的生产活动，或主导被投资方的其他经营和财务活动，从而对被投资方的回报产生重大影响。但是，在不存在其他权利时，仅仅是被投资方对投资方的经济依赖（如供应商和其主要客户的关系）不会导致投资方对被投资方拥有权力。

（4）投资方和其他方持有的潜在表决权。潜在投票权是获得被投资方投票权的权利，如可转换工具或期权（包括远期合同）中的权利。为了确定是否拥有对被投资方的权力，投资方应当考虑其持有的潜在投票权及由其他方持有的潜在投票权，但是，投资方应当仅考虑具有实质性的投票权，上述有关判断实质性权利的条件同样适用于潜在投票权。在考虑潜在投票权时，投资方应当考虑工具的目的和设计，以及投资方涉入被投资方的其他方式的目的和设计，这包括判断工具的各项条款及投资者的期望、动机和同意此类条款的原因。如果投资方还拥有与被投资方活动相关的投票权或其他决策权，投资方应当判断这些权利连同潜在投票权是否赋予了投资方权力。实质性潜在投票权本身或与其他权利结合时，可赋予投资方主导相关活动的现时能力。

（5）其他显示投资方在需要决策时拥有现时能力主导被投资方相关活动的事实或情况，例如，被投资方的其他股东是否均为被动的财务投资者，以及被投资方以往股东大会的表决权行使情况。如果根据上述第（1）至（4）项所列因素尚不足以判断投资者能否控制被投资方，则应进一步考虑本部分前面所述的投资方在考虑其自身是否拥有实际能力，单独主导被投资方的相关活动时应关注的各项因素。投资方所持有的被投资方表决权比例越低，否决投资方所提关于相关活动的议案所需一致行动的其他投资者数量越少，投资者为了证明其拥有主导被投资方权力的权利，就需要在更大程度上运用这些证据。在使用这些证据时，应遵循本部分前面提到的关于各因素权重的要求。

在被投资方的相关活动是通过表决权进行决策的情况下，投资方在考虑了所有相关情况和事实后仍不能确定投资方是否拥有被投资方的权力，则投资方不控制被投资方。

例8-4

情况1：甲公司为乙公司的第一大股东，其对乙公司的持股比例为40%，乙公司其他股东的持股比例高度分散。除甲公司外，乙公司的其他前十大股东的单家持股比例均小于3%，合计不超过10%，剩余股东持股比例均小于0.1%。乙公司的各股东之间不存在关联关系。乙公司的各股东均未持有潜在表决权。

乙公司董事会由9名董事组成，其中3名为独立董事。甲公司有权向乙公司指派4名非独立董事，其中一名任乙公司董事长，另一名任乙公司副董事长。乙公司董事长同时兼任甲公司的董事长，乙公司的一名董事同时兼任甲公司的总经理。乙公司最高权力机构为股东会，与乙公司的相关活动有关的重大决议应由出席股东会的股东所持表决权的1/2以上表决通过。乙公司董事会在股东会授权范围内，负责拟订与乙公司相关活动有关的议案，并报股东会批准，执行股东会的决议。在历年的股东会中，出席股东会的股东所持的表决权总数未超过48%。

分析：在情况1下，乙公司的相关活动通过股东会半数以上的表决权所主导，然而，甲公司所持表决权仅为40%，未超过半数。因此，甲公司在确定其是否有主导乙公司相关活动的权力时，应综合考虑如下因素：

（1）甲公司的持股比例相对其他股东而言较大，并且其他股东持股比例的分散程度较高。

（2）乙公司的各股东均未持有潜在表决权。

（3）除公司章程规定外，乙公司的各股东均未持有其他合同安排的权利。

（4）其他事实或情况。乙公司的9名董事当中有4名非独立董事由甲公司提名，且一名董事任乙公司董事长，另一名任副董事长。由此可见，甲公司除了直接持有表决权，还可以通过任命对乙公司相关活动有重大影响力的关键人员来获取权力。此外，乙公司董事长还同时兼任甲公司的董事长，乙公司的一名董事还同时兼任甲公司的总经理。由此可见，甲公司和乙公司之间除了股权关系，还存在核心管理层交叉的情况。

另外，与乙公司相关活动有关的重大决议应由出席股东会的股东所持表决权的1/2以上表决通过。公司历年的股东会中，出席股东会的股东所持的表决权总数未超过48%。甲公司所持40%的表决权已经超过了出席股东会的股东所持有半数的表决权。

综上考虑，可以认定，甲公司具有对乙公司的权力，能够对乙公司实施控制。

情况2：甲公司为乙公司的第一大股东，其对乙公司的持股比例为40%，乙公司的第二、第三及第四大股东的持股比例分别为11%、10%及9%，其他股东持股比例均小于1%。在历年来的股东大会中，出席股东会的股东所持的表决权总数约为87%。除此以外，其他事实与情况1一致。

分析：在情况2下，甲公司对乙公司的持股比例相对其他股东而言，并不显著高于其他股东。甲公司虽然为第一大股东，但第二、第三及第四大股东持股比例合计达到30%，已经十分接近第一大股东40%的持股比例。此外，乙公司历年来的股东会中，出席股东会的股东所持的表决权总数约为87%。甲公司所持40%的表决权也未能超过出席股东会的股东所持过半数的表决权。

综合考虑，可以认定，甲公司并不具有对乙公司的权力，不能够对乙公司实施控制。

对于被投资方的相关活动通过表决权进行决策，而投资方持有的表决权比例不超过半数的情况，如果投资方在综合考虑了所有相关情况和事实后仍不能确定投资方是否拥有被投资方的权力，则投资方不控制被投资方。

3. 投资方虽然持有被投资方半数以上表决权但不拥有权力因而不能形成控制的情形

投资方虽然持有被投资方半数以上投票权，但当这些投票权不是实质性权利时，其并不拥有对被投资方的权力：

（1）当其他方拥有现时权力使其可以主导被投资方的相关活动（例如，持有半数以下表决权的其他方拥有实质性潜在表决权，并据此取得主导被投资方相关活动的现时权力），且该其他方不是投资方的代理人时，则投资方不拥有对被投资方的权力。

（2）当投资方所拥有的表决权并非实质性权利时，即使持有多数表决权，投资方也不拥有对被投资方的权力。例如，由于无法获得必要的信息或法律法规方面的障碍，投资方虽持有半数以上表决权但无法行使，则该投资方不拥有对被投资方的权力。

确定持有半数以上表决权的投资方是否拥有权力，关键在于该投资方是否拥有主导被投资方相关活动的现时能力。在被投资方相关活动被政府、法院、管理人、接管人、清算人或监管人等其他方主导时，投资方无法凭借其拥有的表决权主导被投资方的相关活动，因此，投资方即使持有被投资方过半数的表决权，也不拥有对被投资方的权力。

有些情况下，根据相关章程、协议或其他法律文件，主导相关活动的决策所要求的表决权比例高于持有半数以上表决权的一方持有的表决权比例。例如，被投资方的公司章程规定，与相关活动有关的决策必须由出席会议的投资方所持2/3以上的表决权通过。这种情况下，持有半数以上但不足2/3表决权的投资方，虽然表决权比例超过半数，但该表决权本身不足以赋予投资方权力，因而应结合其他因素进一步分析和判断。

8.3.3　源于合同安排的权力所形成的控制

在某些情况下，投资方对被投资方的权力并非源于表决权，而是源于合同安排，被投资方的相关活动由一项或多项合同安排决定。例如，被投资方为证券化产品、资产支持融资工具、部分投资基金等结构化主体时。结构化主体，是指没有将表决权或类似权利作为确定其控制方的决定因素而设计的主体。通常情况下，结构化主体在合同约定的范围内开展业务活动，主导该主体相关活动的依据通常是合同安排或其他安排形式，表决权或类似权利仅仅与行政性管理事务相关。

按照现行会计准则的规定，合并财务报表的合并范围是以控制为基础予以确定的，作为母公司的投资方原则上需要将其所控制的所有被投资企业（子公司）纳入合并财务报表的合并范围，当然也包括其所控制的结构化主体在内。

8.3.4　合并范围的豁免

1. 豁免的规定

按照现行会计准则的规定，原则上只要投资企业与被投资企业之间形成了母子公司关系，母公司就应当将其控制的全部子公司纳入合并财务报表的合并范围。但是，如果母公司是投资性主体，则只应将那些为母公司提供相关服务的子公司纳入合并范围，其他子公司不应予以合并，母公司对其他子公司的投资应当按照公允价值计量且其变动计入当期损益。

2. 投资性主体的定义

当一家公司同时满足以下三个条件时，该公司属于投资性主体：

（1）该公司从一个或多个投资者获取资金，其经营的直接目的是为其投资者提供投资管理服务。这是一个投资性主体与其他主体的显著区别。

（2）该公司的唯一经营目的是通过资本增值、投资收益或两者兼有而使投资者获得回报。

（3）该公司按照公允价值对几乎所有投资的业绩进行计量和评价。

8.4　合并财务报表的编制程序

合并财务报表的编制通常需要遵循一定的基本程序。一般来说，合并财务报表的编制程序可以分为以下几大步骤。

8.4.1　设置合并工作底稿

1. 合并工作底稿的意义与性质

虽然从理论上讲，合并财务报表工作底稿（简称合并工作底稿或工作底稿）

的编制并不是必不可少的程序，但在实际工作中，由于合并财务报表编制的复杂性，通常都需要编制合并工作底稿。合并工作底稿的作用是为合并财务报表的编制提供基础。在合并工作底稿中，对母公司和子公司个别财务报表中各项目的数据进行加总、调整和抵销处理，最终计算得出合并财务报表各项目的合并金额。所以，编制合并财务报表的第一步通常是设置合并工作底稿，也就是要设计工作底稿的结构。合并工作底稿在本质上是为编制合并财务报表所打的草稿。

2. 合并工作底稿的设计思路

由于合并工作底稿在本质上是编制合并财务报表的草稿，这一性质决定了依据相同的合并财务报表准则可以有不同形式的工作底稿，而不同形式的工作底稿往往要求编制不同形式的调整与抵销分录，但调整与抵销的最后结果是相同的，因此据以编制的合并财务报表是相同的。

应当说，合并工作底稿的设计不是会计准则规范的内容，合并财务报表准则只是规范合并财务报表的最终列报，至于编制合并财务报表的具体技术应该由企业自己决定。但是，合并工作底稿的设计必然要受准则要求的制约。在设计合并工作底稿时一般需要考虑以下主要问题：

（1）合并工作底稿包括哪些报表项目。按照我国现行会计准则的规定，企业的合并财务报表应当包括合并利润表、合并资产负债表、合并现金流量表与合并所有者权益（或股东权益）变动表。合并现金流量表具有明显的特殊性，通常要单独编制其工作底稿。合并利润表与合并资产负债表之间具有密切的联系，需要将其置于同一张工作底稿上。关键是合并所有者权益变动表如何安排。我们面临三种选择：一是与合并利润表、合并资产负债表一起编制工作底稿；二是单独编制工作底稿，或者不编制工作底稿；三是将其未分配利润变动部分置于合并利润表与合并资产负债表的工作底稿上。本书以下关于合并财务报表的讨论都是基于第三种选择的思路。这种安排或设计的主要考量是：第一，股东权益变动表的格式为“棋盘式”，这就决定了难以将该表的所有项目都直接与利润表、资产负债表项目纳入同一张合并工作底稿。第二，考虑了合并股东权益变动表中未分配利润项目的变动对合并利润表与合并资产负债表的连接作用。第三，在一个会计期间内，合并股东权益变动表中除未分配利润的变动之外，其他股东权益项目的变动很少，这些项目的金额往往不需要通过工作底稿就能比较容易地确定，这种安排能够简化工作底稿的编制，特别是调整与抵销分录的编制。

综上所述，合并股东权益变动表的编制，其重点在于合并未分配利润项目。此外，未分配利润项目还是连接利润表、股东权益变动表与资产负债表的纽带，将该部分内容纳入合并工作底稿，有利于反映各报表之间的内在联系。而如果将所有的股东权益变动表项目都纳入合并工作底稿，则会使工作底稿过于复杂，抵销分录的编制也更复杂，不利于阐述合并工作底稿（特别是调整与抵销分录）的基本原理。因此，基于以上考虑，我们将利润表、资产负债表与股东权益变动表的未分配利润项目的变动部分合在一张工作底稿上反映，股东权益变动表其他项目的内容则通过另外（工作底稿外）的计算确定。合并现金流量表则由于其特殊性和相对独立性，适宜单独编制工作底稿。本书以下关于合并财务报表的讨论都是基于这一思路。

（2）合并工作底稿的栏目设置。合并工作底稿的栏目设置涉及下面两个问题：

1）是否在工作底稿上先调整子公司个别财务报表数据，然后再抵销。我们没有采用先对母子公司的个别财务报表项目的金额进行调整，然后再编制抵销分录的方法，而是将所有的调整与抵销分录都通过统一的"调整与抵销分录"栏反映。

2）是否设置单独的"少数股东权益"栏目。两种方法各有利弊。单独设置"少数股东权益"栏目，可以在该栏中完整地反映少数股东权益的变动情况，但相当于将调整与抵销分录的内容人为地分隔开来，涉及少数股东权益的项目在该栏反映，而不涉及少数股东权益的项目则在"调整与抵销分录"栏反映，不利于通过借贷平衡关系进行检查。我们采用不单独设置"少数股东权益"栏目的方法。

8.4.2　将个别财务报表的数据过入合并工作底稿并加总

将母子公司个别财务报表中纳入合并工作底稿的各项目的金额过入合并工作底稿相应项目的对应栏目，并计算加总金额。如果采用先调整母子公司个别财务报表数据再抵销的方法，则要先调整，再加总母子公司个别财务报表数据。

8.4.3　在合并工作底稿上编制调整与抵销分录

编制合并财务报表是以整个企业集团作为报告主体，而母子公司的个别财务报表则是分别以母公司和子公司作为报告主体的，这就必然导致两类主体的财务报表在会计确认、计量和报告方面存在很多差异。

1. 个别财务报表与合并财务报表的主要差异

（1）确认方面的差异。某些项目从母子公司个别报告主体的角度应该确认，但从企业集团这个合并主体的角度来看是不应该确认的。例如，母公司个别资产负债表上对子公司的长期股权投资以及相应子公司个别资产负债表上的所有者权益金额，集团内部的债权与债务等。

另外，有的项目在母子公司个别财务报表上没有确认，也不能确认，但从企业集团这个合并主体的角度来看则是应该确认的。例如，在采用购买法的情况下，合并资产负债表上可能要确认合并商誉，而这种合并商誉在个别财务报表上是不会确认的。

（2）计量方面的差异。某些项目在个别财务报表上的计量金额并不代表其在合并财务报表上的应有金额。例如，在内部交易形成未实现销售损益的情况下，购货方对所购入存货、固定资产等的计量金额不等于从集团角度应有的计量金额。

（3）报告方面的差异。合并财务报表在报告方面也与个别财务报表有较大的差异。例如，在子公司为非全资子公司的情况下，合并资产负债表上要单独反映“少数股东权益”，合并利润表上要单独反映合并净利润中归属于少数股东的“少数股东净利润”，合并所有者权益（或股东权益）变动表中要设置专门的“少数股东权益”栏目，反映一定期间内少数股东权益的增减变动情况。

由此可见，合并财务报表各项目的金额不能简单地根据母子公司个别财务报表的对应项目的金额加总得到，在合并工作底稿中要通过编制调整与抵销分录，在个别财务报表项目的加总金额基础上，调整确定合并财务报表有关项目的金额。

2. 调整与抵销分录的性质

在合并工作底稿上编制调整与抵销分录，只是在母子公司个别财务报表相关项目的基础上确定合并财务报表各项目金额的辅助方法。这些调整与抵销分录借记与贷记的是报表项目，而不是会计科目。调整与抵销分录不是记账的依据，它们不需要在母公司或子公司的账上登记。由母子公司组成的合并主体没有独立的账簿体系，因而合并工作底稿上的调整与抵销分录也不存在记入合并主体相关账户的问题。这就决定了在连续编制合并财务报表时，对相关报表项目的调整与抵销应当反映以前各期的累积影响，而不能依赖以前期间合并工作底稿上所作的调整与抵销。

3. 对子公司长期股权投资的抵销思路

在编制调整与抵销分录时，母公司对子公司的长期股权投资与子公司的所有者权益相关项目之间的抵销有两种思路：一是基于期末余额的抵销，也就是将母公司对子公司长期股权投资的期末余额与子公司所有者权益的期末余额相抵销；二是基于期初余额的抵销，也就是将母公司对子公司长期股权投资的期初余额与子公司所有者权益的期初余额相抵销。采用两种抵销思路的结果是相同的。本书采用第一种抵销思路。

4. 编制调整与抵销分录的一般步骤

编制调整与抵销分录可以遵循以下步骤：

第一步，从母子公司个别报告主体的角度，分析相关交易或事项对个别财务报表的影响，或者说确定其在个别财务报表上应有的结果。

第二步，从企业集团这个合并报告主体的角度，分析相关交易或事项对合并财务报表的影响，或者说确定其在合并财务报表上应有的结果。

第三步，比较第一步和第二步分析的结果，按照二者的差异确定需要在个别财务报表的基础上调整的项目、调整的方向和调整的具体金额，正式编制调整与抵销分录。

调整与抵销分录只是服务于合并财务报表的编制，它不是记账的依据，所借记和贷记的是报表项目，而不是会计科目。

8.4.4 计算合并金额

在母子公司个别财务报表数据各项目加总金额的基础上，加减“调整与抵销分录”栏的金额，分别计算出各报表项目的合并金额，填入“合并金额”栏。

（1）收入类项目的合并金额，根据该项目的加总金额，减去该项目调整与抵销分录的借方发生额，加上该项目调整与抵销分录的贷方发生额计算确定。

（2）费用类项目的合并金额，根据该项目的加总金额，加上该项目调整与抵销分录的借方发生额，减去该项目调整与抵销分录的贷方发生额计算确定。

（3）资产类项目的合并金额，根据该项目的加总金额，加上该项目调整与抵销分录的借方发生额，减去该项目调整与抵销分录的贷方发生额计算确定。

（4）负债类项目和所有者权益类项目的合并金额，根据该项目的加总金额，减去该项目调整与抵销分录的借方发生额，加上该项目调整与抵销分录的贷方发生额计算确定。

（5）股东权益变动表的“未分配利润”部分，其中，“年初未分配利润”“年末未分配利润”项目的合并金额的确定方法与所有者权益项目相同，“提取盈余公积”“对股东的分配”项目的合并金额的确定方法与资产类项目相同。

8.4.5 填列合并财务报表

根据合并工作底稿中各报表项目的“合并金额”栏的数据，填列正式的合并财务报表。以上讨论虽然主要是针对合并利润表、合并资产负债表和合并所有者权益（或股东权益）变动表中“未分配利润”部分的，但其基本原理也同样适用于合并现金流量表的编制以及合并所有者权益（或股东权益）变动表中的其他项目。

8.5 同一控制下的控股合并条件下合并财务报表的编制

在第7章中已经介绍，按照我国《企业会计准则第20号——企业合并》的规定，企业合并要区分同一控制下的企业合并与非同一控制下的企业合并，采用不同的会计处理方法；对于同一控制下的企业合并，合并方与被合并方资产、负债的计价基础都不改变。这一规定同样适用于控股合并。因此，我们讨论合并财务报表的编制就需要区分两种情形：同一控制下的控股合并条件下合并财务报表的编制与非同一控制下的控股合并条件下合并财务报表的编制。本节介绍同一控制下的控股合并条件下合并财务报表的编制问题，8.6节专门介绍非同一控制下的控股合并条件下合并财务报表的编制。

8.5.1 控制权取得日的合并工作底稿

按照我国《企业会计准则第33号——合并财务报表》的规定，母公司需要在以下两种情况下编制合并财务报表：一是在母公司取得对子公司的控制权时；二是在母公司保留对子公司的控制权的每一个会计期末。在这两种情况下，合并财务报表的编制原理有所不同。因此本节在讨论同一控制下的控股合并条件下合并财务报表的编制原理（主要是合并工作底稿的编制原理）时，区分控制权取得日的合并工作底稿和控制权取得日后的合并工作底稿两种情况。8.6 节讨论非同一控制下的控股合并条件下合并财务报表的编制原理时，同样也区分了这两种情况。

例 8－5

P 公司 20×7 年 1 月 1 日以 212 000 元银行存款购买了 S 公司 80％的股权，P 公司控制了 S 公司。该项控股合并为同一控制下的企业合并。20×7 年 1 月 1 日在该项合并发生后 P 公司和 S 公司的资产负债表数据如表 8－1 所示。

表 8－1 控股合并发生后 P 公司和 S 公司的资产负债表数据

20×7 年 1 月 1 日 单位：元

项目	P 公司		S 公司	
	借方	贷方	借方	贷方
货币资金	38 000		49 000	
应收账款	264 000		111 000	
存货	160 000		130 000	
长期股权投资	168 000			
固定资产	660 000		100 000	
应付账款		208 000		20 000
应付债券				160 000
长期借款		86 000		160 000
股本		300 000		150 000
资本公积		556 000		40 000
盈余公积		135 000		17 000
未分配利润		5 000		3 000
合计	1 290 000	1 290 000	390 000	390 000

分析：虽然投资方对长期股权投资的会计处理本身并不是合并财务报表的内容，但由于合并财务报表的编制问题源于长期股权投资，为了方便讨论与理解，我们需要首先说明投资方对长期股权投资的会计处理，然后再讨论合并工作底稿上调整与抵销分录的编制原理。

（1）F 公司对 S 公司长期股权投资的会计处理。

按照我国现行会计准则的规定，对于形成控股合并的长期股权投资，在确定其入账金额时，需要区分是形成同一控制下的控股合并，还是形成非同一控制下的控股合并，据以采用不同的处理方法。如果一项长期股权投资形成同一控制下的控股合并，则应当以投资企业占被投资企业净资产账面价值的份额作为该投资的入账金额。实际投资成本小于该份额的差额增加资本公积；实际成本大于该份额的差额则冲减资本公积，资本公积不足冲减的，再冲减留存收益。这样处理的结果是，在编制控制权取得日合并财务报表的工作底稿时，便于合并方长期股权投资与被合并方的所有者权益的抵销。

本例中，P 公司对 S 公司的长期股权投资形成同一控制下的控股合并，P 公司为合并方，S 公司为被合并方，合并日为 20×7 年 1 月 1 日。

P 公司的投资成本＝212 000(元)

P 公司占合并日 S 公司净资产账面价值的份额＝210 000×80%
＝168 000(元)

P 公司投资的实际成本大于所占 S 公司净资产账面价值的份额，且 P 公司有足够多的资本公积可以冲减。因此，20×7 年 1 月 1 日，为记录对 S 公司的投资，P 公司应编制如下会计分录：

借：长期股权投资　168 000
　　资本公积　44 000
　贷：银行存款　212 000

(2) 合并工作底稿的调整与抵销分录。

将 P 公司的长期股权投资与 S 公司的净资产抵销，将 S 公司可辨认净资产账面价值的 20%确认为少数股东权益。

借：股本　150 000
　　资本公积　40 000
　　盈余公积　17 000
　　未分配利润　3 000
　贷：长期股权投资　168 000
　　　少数股东权益　42 000

20×7 年 1 月 1 日 P 公司编制的合并资产负债表工作底稿如表 8-2 所示。

表 8-2　P 公司合并工作底稿

20×7 年 1 月 1 日　　单位：元

项目	P 公司	S 公司	合计金额	调整与抵销分录		合并金额
				借方	贷方	
货币资金	38 000	49 000	87 000			87 000
应收账款	264 000	111 000	375 000			375 000
存货	160 000	130 000	290 000			290 000
长期股权投资	168 000		168 000		168 000	
固定资产	660 000	100 000	760 000			760 000
资产总计	1 290 000	390 000	1 680 000		168 000	1 512 000
应付账款	208 000	20 000	228 000			228 000
长期借款	86 000	160 000	246 000			246 000

续表

项目	P公司	S公司	合计金额	调整与抵销分录		合并金额
				借方	贷方	
股本	300 000	150 000	450 000	150 000		300 000
资本公积	556 000	40 000	596 000	40 000		556 000
盈余公积	135 000	17 000	152 000	17 000		135 000
未分配利润	5 000	3 000	8 000	3 000		5 000
少数股东权益					42 000	42 000
负债和股东权益总计	1 290 000	390 00	1 680 000	210 000	42 000	1 512 000
调整与抵销金额合计				210 000	210 000	

8.5.2 控制权取得日后第一年的合并工作底稿

在控制权取得日后的第一个会计年度末编制合并财务报表，与控制权取得日合并财务报表的编制有所不同。

1. 需要编制的合并财务报表的种类增加了

虽然按照现行会计准则的规定，在同一控制下的控股合并条件下，控制权取得日也需要编制合并利润表，但实际上此时合并利润表的编制并无多大意义，甚至连控制权取得日的合并资产负债表，其作用也非常有限。但从讨论合并财务报表的编制原理的角度看，控制权取得日合并资产负债表的编制是有重要意义的。

严格意义上的合并财务报表是指形成母子公司关系之后的各个会计期间的合并财务报表的编制。年度合并财务报表除了合并资产负债表，还包括合并利润表、合并现金流量表和合并股东权益变动表。

2. 需要在合并工作底稿上调整与抵销的内容增加了

上述第一个特点使合并工作底稿上需要调整与抵销的内容大大增加：除了母公司对子公司的长期股权投资与子公司的相应所有者权益的抵销，还可能涉及集团内部的投资收益、内部利润分配的抵销、集团内部交易的抵销等，以及合并净利润的确定、合并净利润在母公司股东与少数股东之间的分配等较为复杂的问题。

3. 年末合并方的长期股权投资余额与被合并方的所有者权益的抵销难度增大了

在同一控制下的控股合并条件下，虽然在控制权取得日长期股权投资的入账金额与母公司占子公司净资产账面价值的份额相一致，但由于在母公司的个别财务报表中对子公司长期股权投资的会计处理要采用成本法，因此第一年年末长期股权投资的余额往往不再等于母公司所占子公司净资产账面价值的份额。所以，为了方便编制抵销分录，需要调整长期股权投资的年末余额，使其等于母公司占子公司净资产账面价值的份额，然后在此基础上进行抵销。

如前所述，在编制控制权取得日后的合并工作底稿时，合并工作底稿的格式可以多种多样。会计准则不宜对工作底稿的格式作出统一规定。在上一节讨论的基础上，进一步明确本教材所采用的工作底稿格式具有以下特点：

（1）将利润表、股东权益变动表的未分配利润变动部分和资产负债表这三部分内容纳入一张合并工作底稿。

（2）在工作底稿中，第一部分列示利润表项目；第二部分列示股东权益变动表中的未分配利润项目的变动，即反映未分配利润从年初余额变化为年末余额的情况；第三部分列示资产负债表项目，并且强化三部分之间的数字勾稽关系：

1）利润表中“归属于母公司股东的净利润”一行的金额转到利润分配部分的“净利润”一行。需要特别说明：合并股东权益变动表中的利润分配部分，只反映母公司的利润分配，不反映子公司的利润分配，所以合并股东权益变动表中“净利润”对应的不是合并利润表中的“净利润”，而是“归属于母公司股东的净利润”。如例 8－6 的表 8－3 中股东权益变动表的未分配利润变动部分的“净利润”项目的“合并金额”94 000 元，系由利润表部分的“归属于母公司股东的净利润”94 000 元转入；资产负债表部分的“未分配利润”项目的“合并金额”66 200 元，系由股东权益变动表的未分配利润变动部分的“年末未分配利润”66 200 元转入。

2）股东权益变动表的未分配利润变动部分的“年末未分配利润”一行的金额直接转到资产负债表部分的“未分配利润”一行。因此，在下文的举例中第 2）笔调整与抵销分录中借记的是合并工作底稿的股东权益变动表的未分配利润变动部分的“年末未分配利润”项目，而不是资产负债表部分的“未分配利润”。这样能够更好地体现报表之间的内在联系，也便于工作底稿的核对。

例 8－6

承例 8－5，假定 S 公司 20×7 年实现净利润 20 000 元，提取盈余公积 2 000 元，当年没有分配股利，年末未分配利润 21 000 元。20×7 年间 P 公司与 S 公司之间未发生其他内部交易。

分析：（1）20×7 年度 P 公司对 S 公司长期股权投资的会计处理。

根据企业会计准则的规定，本例中 P 公司对子公司 S 公司的长期股权投资应采用成本法核算。20×7 年 S 公司没有发放股利，成本法下 P 公司对 S 公司的投资不作账务处理。

（2）20×7 年度 P 公司合并财务报表的编制。

为了方便在合并工作底稿上编制调整与抵销分录，特别是为了方便母公司对子公司的长期股权投资与子公司的相应所有者权益的抵销，以及母公司对子公司的投资收益与子公司的利润分配相关项目的抵销，可以采用在工作底稿上先将母公司对子公司的长期股权投资由成本法下的余额调整为权益法下的余额，然后再进行抵销的方法。需要特别强调的是：第一，这种调整只是在合并工作底稿上进行，并不调整母公司的账面记录；第二，这种调整并非必不可少，也就是说，我们完全可以基于成本法下的余额直接进行抵销，最后也能够得到相同的合并结果。

依据本例的资料，按照上述思路，可以在合并工作底稿上编制如下调整与抵销分录：

1）将长期股权投资成本法下的余额调整为权益法下的余额。

20 000×80%=16 000(元)

借：长期股权投资　　16 000

　贷：投资收益　　16 000

2）将P公司对S公司长期股权投资的年末余额同P公司持有的S公司所有者权益的80%的份额相抵销，并将S公司余下20%的所有者权益转为少数股东权益。

长期股权投资=168 000+16 000=184 000(元)

少数股东权益=42 000+20 000×20%=46 000(元)

借：股本　　150 000

　　资本公积　　40 000

　　盈余公积　　19 000

　　年末未分配利润　　21 000

　贷：长期股权投资　　184 000

　　　少数股东权益　　46 000

3）抵销集团内部的投资收益与子公司的利润分配，确认少数股东损益。

少数股东损益=20 000×20%=4 000(元)

借：投资收益　　16 000

　　少数股东损益　　4 000

　　年初未分配利润　　3 000

　贷：提取盈余公积　　2 000

　　　年末未分配利润　　21 000

20×7年的合并工作底稿见表8-3。

表8-3　P公司合并工作底稿

20×7年12月31日　　单位：元

项目	P公司	S公司	合计金额	调整与抵销分录		合并金额
				借方	贷方	
(利润表部分)						
营业收入	500 000	240 000	740 000			740 000
营业成本	300 000	163 600	463 600			463 600
税金及附加	30 000	14 400	44 400			44 400
销售费用	22 000	17 500	39 500			39 500
管理费用	35 000	13 200	48 200			48 200

续表

项目	P 公司	S 公司	合计金额	调整与抵销分录		合并金额
				借方	贷方	
财务费用	7 000	2 100	9 100			9 100
资产减值损失	1 400	2 000	3 400			3 400
投资收益		300	300	3）16 000	1）16 000	300
营业利润	104 600	27 500	132 100	16 000	16 000	132 100
营业外支出	600	500	1 100			1 100
利润总额	104 000	27 000	131 000	16 000	16 000	131 000
所得税费用	26 000	7 000	33 000			33 000
净利润	78 000	20 000	98 000	16 000	16 000	98 000
少数股东损益				3）4 000		4 000
归属于母公司股东的净利润（①转下：未分配利润变动部分）	78 000	20 000	98 000	20 000	16 000	94 000
（股东权益变动表的未分配利润变动部分）						
年初未分配利润	5 000	3 000	8 000	3）3 000		5 000
净利润（承上①：利润表部分）	78 000	20 000	98 000	20 000	16 000	94 000
提取盈余公积	7 800	2 000	9 800		3）2 000	7 800
对股东的分配	25 000		25 000			25 000
年末未分配利润（②转下：资产负债表部分）	50 200	21 000	71 200	2）21 000 44 000	3）21 000 39 000	66 200
（资产负债表部分）						
货币资金	106 000	69 000	175 000			175 000
应收账款	179 000	98 000	277 000			277 000
存货	192 000	145 000	337 000			337 000
长期股权投资	168 000		168 000	1）16 000	2）184 000	
固定资产	704 000	108 000	812 000			812 000
资产总计	1 349 000	420 000	1 769 000	16 000	184 000	1 601 000
应付账款	214 000	30 000	244 000			244 000
长期借款	86 000	160 000	246 000			246 000
股本	300 000	150 000	450 000	2）150 000		300 000
资本公积	556 000	40 000	596 000	2）40 000		556 000

续表

项目	P公司	S公司	合计金额	调整与抵销分录		合并金额
				借方	贷方	
盈余公积	142 800	19 000	161 800	2）19 000		142 800
未分配利润（承上②：未分配利润变动部分）	50 200	21 000	71 200	44 000	39 000	66 200
少数股东权益					2）46 000	46 000
负债和股东权益总计	1 349 000	420 000	1 769 000	253 000	85 000	1 601 000
调整与抵销金额合计				269 000	269 000	

为了方便读者阅读理解，对表 8－3 所示的合并工作底稿进一步补充说明如下：

（1）这种格式的工作底稿将所有的调整与抵销分录集中在一个统一的“调整与抵销分录”栏内，便于运用借贷平衡的原理进行核对。

（2）合并工作底稿上的报表项目，可以按照其数据的来源不同分为“原始项目”与“计算项目”。原始项目是指其数据直接通过填列进入工作底稿的项目，如“营业收入”“营业成本”“提取盈余公积”“应收账款”等项目。计算项目是指要依据相关原始项目的数据，通过一定的计算才能得到其数据的项目，“营业利润”“利润总额”“净利润”“资产总计”“负债和股东权益总计”等项目。

有两个特殊的计算项目，可称为结转项目。一是股东权益变动表中的“净利润”，其数据是直接从利润表中的“归属于母公司股东的净利润”项目结转而来的；二是资产负债表中的“未分配利润”项目，其数据是直接从股东权益变动表中的“年末未分配利润”项目结转而来的。这两个结转项目体现了三张报表之间的数据勾稽关系。

计算项目不可能出现在调整与抵销分录中，但各个计算项目对应的“调整与抵销分录”栏内，也要计算相应的借方金额和贷方金额，以便于工作底稿的核对。例如，“营业利润”项目“借方”栏的 16 000 是依据相关借记金额计算的结果，“贷方”栏的 16 000 则是依据相关贷记金额计算的结果。

“年末未分配利润”项目的“借方”金额 44 000＝3 000＋20 000＋21 000

“年末未分配利润”项目的“贷方”金额 39 000＝16 000＋2 000＋21 000

（3）该工作底稿的最后一行为借贷平衡的核对。本例中调整与抵销分录的借记金额合计和贷记金额合计均为 269 000 元，借贷平衡，没有发现错误。当然，借贷平衡并不能保证合并工作底稿的编制正确，但如果借贷不平衡，则肯定存在错误，需要进一步查找原因，予以更正。

（4）该工作底稿的平衡关系并不局限于“调整与抵销分录”栏目，每一个计算项目的“合并金额”都可以通过纵向计算与横向计算进行核对。例如：

1）合并“净利润”的核对。

纵向：

合并“利润总额”－合并“所得税费用”＝131 000－33 000＝98 000(元)

横向：

“净利润”合计＋贷方发生额－借方发生额＝98 000＋16 000－16 000
＝98 000(元)

2）合并“年末未分配利润”的核对。

纵向：

“年初未分配利润”合并数＋“归属于母公司股东的净利润”合并数－“提取盈余公积”合并数－“对股东的分配”合并数
＝5 000＋94 000－7 800－25 000＝66 200(元)

横向：

“年末未分配利润”合计＋贷方发生额－借方发生额＝71 200＋39 000－44 000＝66 200(元)

3）合并“资产总计”的核对。

纵向：

79 000＋96 000＋277 000＋337 000＋812 000＝1 601 000(元)

横向：

1 769 000＋16 000－184 000＝1 601 000(元)

8.5.3　控制权取得日后第二年的合并工作底稿

合并财务报表的编制是将由母子公司组成的企业集团作为一个报告主体。但这一报告主体并非记账主体，它没有独立的账簿体系。我们在例8-6的工作底稿中所作的调整与抵销分录并没有在母公司或子公司的账簿体系中记录，例如，在20×7年合并工作底稿上将P公司对S公司的长期股权投资与相应的S公司所有者权益进行了抵销，但这种抵销并没有记录在P公司和S公司的账面上。所以，我们在第二年及之后的各年编制合并财务报表时，需要重新以当年母子公司的个别财务报表为编制依据，在加总母子公司个别财务报表数据的基础上，进行调整与抵销。

例8-7

承例8-5和例8-6，假定P公司于20×7年1月1日投资212 000元取得S公司80%的股权后，S公司于20×8年2月28日发放现金股利16 000元，20×8年实现净利润54 000元，提取盈余公积5 400元。20×8年度P公司与S公司的个别财务报表数据见表8-4。20×8年间P公司与S公司之间未发生其他内部交易。

分析：（1）20×8年度P公司对长期股权投资的会计处理。

P公司对S公司的投资采用成本法核算。

1）20×8年2月28日，P公司记录来自S公司的现金股利12 800元（16 000×80%），确认为投资收益。

借：银行存款	12 800
贷：投资收益	12 800

2）20×8年年末，成本法下P公司对S公司实现的净利润不作账务处理。

（2）20×8年度P公司合并工作底稿的编制。

需要先调整20×8年长期股权投资的年末余额，使其反映母公司占子公司净资产的分额，然后抵销当年母公司确认的投资收益与子公司的利润分配，以及抵销长期股权投资调整后的年末余额与相应的子公司年末股东权益。

1）将长期股权投资成本法下的余额调整为权益法下的余额。

权益法下20×7年年末应调增长期股权投资的金额＝16 000(元)

20×8年权益法下应确认的投资收益＝54 000×80%＝43 200(元)

20×8年成本法下已确认的投资收益＝12 800(元)

应追加确认的投资收益＝43 200－12 800＝30 400(元)

20×8年年末累计应调增长期股权投资余额＝16 000＋43 200－12 800
＝46 400(元)

调整后长期股权投资的年末余额＝168 000＋46 400＝214 400(元)

借：长期股权投资	46 400
贷：年初未分配利润	16 000
投资收益	30 400

2）将P公司对S公司长期股权投资的年末余额同P公司持有的S公司所有者权益的80%的份额相抵销，并将S公司余下20%的所有者权益转为少数股东权益。

少数股东权益＝46 000＋54 000×20%－16 000×20%＝53 600(元)

借：股本	150 000
资本公积	40 000
盈余公积	24 400
年末未分配利润	53 600
贷：长期股权投资	214 400
少数股东权益	53 600

3）抵销集团内部的投资收益与子公司的利润分配，确认少数股东损益。

少数股东损益＝54 000×20%＝10 800(元)

借：投资收益	43 200
少数股东损益	10 800
年初未分配利润	21 000
贷：提取盈余公积	5 400
对股东的分配	16 000

年末未分配利润 53 600

20×8 年的合并工作底稿见表 8－4。

表 8－4 P 公司合并工作底稿

20×8 年 12 月 31 日

单位：元

项目	P 公司	S 公司	合计金额	调整与抵销分录		合并金额
				借方	贷方	
（利润表部分）						
营业收入	600 000	320 000	920 000			920 000
营业成本	390 000	180 000	570 000			570 000
税金及附加	36 000	19 200	55 200			55 200
销售费用	15 300	11 700	27 000			27 000
管理费用	24 000	23 000	47 000			47 000
财务费用	4 600	6 200	10 800			10 800
资产减值损失	2 400	7 700	10 100			10 100
投资收益	12 800	200	13 000	3）43 200	1）30 400	200
营业利润	140 500	72 400	212 900	43 200	30 400	200 100
营业外支出	500	400	900			900
利润总额	140 000	72 000	212 000	43 200	30 400	199 200
所得税费用	35 000	18 000	53 000			53 000
净利润	105 000	54 000	159 000	43 200	30 400	146 200
少数股东损益				3）10 800		10 800
归属于母公司股东的净利润（①转下：未分配利润变动部分）	105 000	54 000	159 000	54 000	30 400	135 400
（股东权益变动表的未分配利润变动部分）						
年初未分配利润	50 200	21 000	71 200	3）21 000	1）16 000	66 200
净利润（承上①：利润表部分）	105 000	54 000	159 000	54 000	30 400	135 400
提取盈余公积	10 500	5 400	15 900		3）5 400	10 500
对股东的分配	62 000	16 000	78 000		3）16 000	62 000
年末未分配利润（②转下：资产负债表部分）	82 700	53 600	136 300	2）53 600 128 600	3）53 600 121 400	129 100
（资产负债表部分）						
货币资金	90 800	40 600	131 400			131 400

续表

项目	P公司	S公司	合计金额	调整与抵销分录		合并金额
				借方	贷方	
应收账款	188 000	128 400	316 400			316 400
存货	214 000	186 000	400 000			400 000
长期股权投资	168 000		168 000	1）46 400	2）214 400	
固定资产	611 200	84 000	695 200			695 200
资产总计	1 272 000	439 000	1 711 000	46 400	214 400	1 543 000
应付账款	94 000	11 000	105 000			105 000
长期借款	86 000	160 000	246 000			246 000
股本	300 000	150 000	450 000	2）150 000		300 000
资本公积	556 000	40 000	596 000	2）40 000		556 000
盈余公积	153 300	24 400	177 700	2）24 400		153 300
未分配利润（承上②：未分配利润变动部分）	82 700	53 600	136 300	128 600	121 400	129 100
少数股东权益					2）53 600	53 600
负债和股东权益总计	1 272 000	439 000	1 711 000	343 000	175 000	1 543 000
调整与抵销金额合计				389 400	389 400	

8.6 非同一控制下的控股合并条件下合并财务报表的编制

8.6.1 控制权取得日的合并工作底稿

第7章已经介绍了我国《企业会计准则第20号——企业合并》的规定：非同一控制下的企业合并需要采用购买法进行会计处理。就控股合并而言，购买法的运用就具体体现在控制权取得日合并财务报表的编制上。

在运用购买法编制合并财务报表的情况下，控制权取得日又常常称为购买日。按照我国现行会计准则的规定，对于非同一控制下的控股合并要采用购买法编制合并财务报表，而对于同一控制下的控股合并则采用权益结合法编制合并财务报表。

例8-8

假定P公司20×7年1月1日以202 000万元银行存款购买了S公司80%的股权，P公司控制了S公司。该项控股合并为非同一控制下的企业合并。20×7年1月1日在购买交易发生后P公司和S公司的资产负债表数据如表8-5所示。

表 8-5　P 公司和 S 公司的资产负债表数据

20×7 年 1 月 1 日　　单位：万元

项目	P 公司		S 公司	
	借方	贷方	借方	贷方
货币资金	38 000		49 000	
应收账款	264 000		111 000	
存货	160 000		130 000	
长期股权投资	202 000			
固定资产	670 000		100 000	
应付账款		208 000		20 000
长期借款		86 000		160 000
股本		800 000		150 000
资本公积		200 000		40 000
盈余公积		35 000		7 000
未分配利润		5 000		13 000
合计	1 334 000	1 334 000	390 000	390 000

在购买日，S 公司的存货的账面价值为 130 000 万元，公允价值为 134 000 万元；固定资产的账面价值为 100 000 万元，公允价值为 130 000 万元。其他可辨认资产与负债的公允价值与账面价值一致。

分析：（1）购买日 P 公司长期股权投资的会计处理。

按照我国现行会计准则的规定，对子公司的长期股权投资要采用成本法进行会计处理。

母公司在购买日对投资的会计处理以及合并资产负债表的编制，首先需要正确认定购买日，确定购买成本。

P 公司 20×7 年 1 月 1 日以 202 000 万元购买了 S 公司 80%的股权，P 公司控制了 S 公司，因此可知 P 公司为购买方，S 公司为被购买方；购买日为 20×7 年 1 月 1 日；购买成本为 202 000 万元。20×7 年 1 月 1 日，为记录对 S 公司的投资，P 公司应编制如下会计分录（单位为万元，下同）：

借：长期股权投资　　202 000

　贷：银行存款　　202 000

（2）购买日合并资产负债表的编制。

为了比较系统地介绍购买法下合并财务报表的编制原理，本章的举例仍然包括控制权取得日（购买日）合并工作底稿的编制。

运用购买法编制购买日的合并财务报表，关键是要将购买成本（合并成本）分配到子公司的各个资产、负债项目上，也就是要在购买日的合并资产负债表上对子公司的资产与负债按公允价值计量，就如同母公司分别购买了子公司的单项资产、承担了子公司的单项负债。由于购买成本可能大于或小于所取得的子公司可辨认净资产公允价值的份额，因此还要面临在购买日的合并资产负债表上如何处理商誉（包括正商誉和负商誉）的问题。

我国现行会计准则规定，对于子公司各资产、负债项目的公允价值与账面价值之间的差额，全部确认；少数股东权益要基于子公司可辨认净资产公允价值的份额确定；合并商誉则只确认属于母公司的份额。

购买日S公司可辨认净资产的账面价值=210 000(万元)

购买日S公司可辨认净资产的公允价值=210 000+34 000

=244 000(万元)

P公司应确认的商誉=202 000−244 000×80%=6 800(万元)

应确认的少数股东权益=244 000×20%=48 800(万元)

1）将S公司的可辨认资产及负债的账面价值调整为公允价值。

借：存货　　4 000

　　固定资产　　30 000

　贷：资本公积　　34 000

2）将P公司对S公司长期股权投资的年末余额与S公司调整后股东权益年末余额的80%的份额相抵销，将S公司调整后股东权益年末余额的20%确认为少数股东权益，差异确认为商誉。

调整后的资本公积=40 000+34 000=74 000(万元)

借：股本　　150 000

　　资本公积　　74 000

　　盈余公积　　7 000

　　未分配利润　　13 000

　　商誉　　6 800

　贷：长期股权投资　　202 000

　　　少数股东权益　　48 800

20×7年1月1日（购买日）P公司编制的合并资产负债表工作底稿如表8-6所示。

表8-6　P公司合并工作底稿

20×7年1月1日　　单位：万元

项目	P公司	S公司	合计金额	调整与抵销分录		合并金额
				借方	贷方	
货币资金	38 000	49 000	87 000			87 000
应收账款	264 000	111 000	375 000			375 000
存货	160 000	130 000	290 000	1）4 000		294 000
长期股权投资	202 000		202 000		2）202 000	

续表

项目	P 公司	S 公司	合计金额	调整与抵销分录		合并金额
				借方	贷方	
固定资产	670 000	100 000	770 000	1）30 000		800 000
商誉				2）6 800		6 800
资产总计	1 334 000	390 000	1 724 000	40 800	202 000	1 562 800
应付账款	208 000	20 000	228 000			228 000
长期借款	86 000	160 000	246 000			246 000
股本	800 000	150 000	950 000	2）150 000		800 000
资本公积	200 000	40 000	240 000	2）74 000	1）34 000	200 000
盈余公积	35 000	7 000	42 000	2）7 000		35 000
未分配利润	5 000	13 000	18 000	2）13 000		5 000
少数股东权益					2）48 800	48 800
负债和股东权益总计	1 334 000	390 000	1 724 000	244 000	82 800	1 562 800
调整与抵销金额合计				284 800	284 800	

8.6.2　控制权取得日后第一年的合并财务报表

在非同一控制下的控股合并条件下，控制权取得日的合并财务报表只有合并资产负债表，而在控制权取得日后第一年的合并财务报表，则不但有合并资产负债表，还有合并利润表、合并股东权益变动表和合并现金流量表。本章重点介绍合并利润表、合并股东权益变动表中的未分配利润变动部分以及合并资产负债表的编制原理。

例 8－9

承例 8－8，假定 S 公司 20×7 年实现净利润 21 000 万元，提取盈余公积 2 100 万元，分配现金股利 8 000 万元，年末未分配利润 23 900 万元。

20×7 年年初被低估的 S 公司存货全部于当年对集团外销售。20×7 年年初被低估的 S 公司固定资产系管理用固定资产，其剩余折旧年限为 10 年，该公司对这部分固定资产采用直线法计提折旧。20×7 年 P 公司与 S 公司之间未发生其他内部交易。

分析：（1）20×7 年度 P 公司长期股权投资的会计处理。

根据企业会计准则的规定，本例中 P 公司对子公司 S 公司的长期股权投资应采用成本法核算。20×7 年 S 公司发放现金股利 8 000 万元，成本法下 P 公司对 S 公司的投资应编制如下会计分录：

P 公司收到的现金股利＝8 000×80%＝6 400(万元)

借：银行存款　　6 400

　贷：投资收益　　6 400

（2）20×7年度P公司合并财务报表的编制。

在权益法下，母公司来自子公司的投资收益应根据子公司在购买日的公允价值进行调整。控制权取得日所发生的子公司资产与负债项目高估或低估的金额，母公司应分期摊销，调整子公司各期的净利润，母公司将调整后的子公司的净利润，作为确认投资收益、调整对子公司长期股权投资账面价值的依据。

20×7年年初S公司存货低估应调整减少当年净利润＝4 000(万元)

20×7年年初S公司固定资产低估应调整减少当年净利润＝30 000÷10＝3 000(万元)

20×7年S公司调整后的净利润＝21 000－4 000－3 000＝14 000(万元)

权益法下P公司应确认的投资收益＝14 000×80％＝11 200(万元)

少数股东损益＝14 000×20％＝2 800(万元)

1）将成本法下的余额调整为权益法下的余额。

成本法下已确认的投资收益＝8 000×80％＝6 400(万元)

权益法下应确认的投资收益＝14 000×80％＝11 200(万元)

应调整增加的金额＝11 200－6 400＝4 800(万元)

借：长期股权投资　　4 800

　贷：投资收益　　4 800

2）基于控制权取得日的评估结果调整S公司的可辨认资产及负债的金额。

借：固定资产　　30 000

　　营业成本　　4 000

　贷：资本公积　　34 000

3）调整固定资产折旧。

借：管理费用　　3 000

　贷：固定资产　　3 000

4）将P公司对S公司长期股权投资的年末余额与S公司调整后股东权益年末余额的80％的份额相抵销，将S公司调整后股东权益年末余额的20％确认为少数股东权益，差异确认为商誉。

调整后的资本公积余额＝40 000＋34 000＝74 000(万元)

调整后的年末未分配利润＝23 900－7 000＝16 900(万元)

调整后的长期股权投资余额＝202 000＋4 800＝206 800(万元)

少数股东权益＝48 800＋2 800－8 000×20％＝50 000(万元)

借：股本　　150 000

　　资本公积　　74 000

　　盈余公积　　9 100

　　年末未分配利润　　16 900

商誉　　6 800
　贷：长期股权投资　　206 800
　　少数股东权益　　50 000

5）抵销集团内部的投资收益与子公司的利润分配，确认少数股东损益。

借：投资收益　　11 200
　少数股东损益　　2 800
　年初未分配利润　　13 000
　贷：提取盈余公积　　2 100
　　对股东的分配　　8 000
　　年末未分配利润　　16 900

16 900 万元不是 S 公司个别财务报表上的年末未分配利润，而是调整后的年末未分配利润。

分录 5）中借记金额之和代表了子公司调整后的可供分配利润，贷记金额之和代表了子公司调整后可供分配利润的分配去向。

在合并利润表上，少数股东损益应该以少数股东在调整后的子公司净利润中所占的份额 2 800 万元列示。

20×7 年的合并工作底稿见表 8－7。

表 8－7　P 公司合并工作底稿

20×7 年度　　单位：万元

项目	P 公司	S 公司	合计金额	调整与抵销分录		合并金额
				借方	贷方	
（利润表部分）						
营业收入	500 000	240 000	740 000			740 000
营业成本	300 000	163 600	463 600	2） 4 000		467 600
税金及附加	30 000	14 400	44 400			44 400
销售费用	22 000	17 500	39 500			39 500
管理费用	35 000	13 200	48 200	3） 3 000		51 200
财务费用	7 000	1 100	8 100			8 100
资产减值损失	1 400	2 000	3 400			3 400
投资收益	6 400	300	6 700	5） 11 200	1） 4 800	300
营业利润	111 000	28 500	139 500	18 200	4 800	126 100
营业外支出	1 000	500	1 500			1 500
利润总额	110 000	28 000	138 000	18 200	4 800	124 600
所得税费用	26 000	7 000	33 000			33 000
净利润	84 000	21 000	105 000	18 200	4 800	91 600
少数股东损益				5） 2 800		2 800

续表

项目	P公司	S公司	合计金额	调整与抵销分录		合并金额
				借方	贷方	
归属于母公司股东的净利润（①转下：未分配利润变动部分）	84 000	21 000	105 000	21 000	4 800	88 800
（股东权益变动表的未分配利润变动部分）						
年初未分配利润	5 000	13 000		5）13 000		5 000
净利润（承上①：利润表部分）	84 000	21 000	105 000	21 000	4 800	88 800
提取盈余公积	8 400	2 100	10 500		5）2 100	8 400
对股东的分配	25 000	8 000	33 000		5）8 000	25 000
年末未分配利润（②转下：资产负债表部分）	55 600	23 900	79 500	4）16 900 50 900	5）16 900 31 800	60 400
（资产负债表部分）						
货币资金	62 000	17 000	79 000			79 000
应收账款	179 000	98 000	277 000			277 000
存货	212 000	87 000	299 000			299 000
长期股权投资	202 000		202 000	1）4 800	4）206 800	
固定资产	644 000	210 000	854 000	2）30 000	3）3 000	881 000
商誉				4）6 800		6 800
资产总计	1 299 000	412 000	1 711 000	41 600	209 800	1 542 800
应付账款	114 000	29 000	143 000			143 000
长期借款	86 000	160 000	246 000			246 000
股本	800 000	150 000	950 000	4）150 000		800 000
资本公积	200 000	40 000	640 000	4）74 000	2）34 000	200 000
盈余公积	43 400	9 100	52 500	4）9 100		43 400
未分配利润（承上②：未分配利润变动部分）	55 600	23 900	79 500	50 900	31 800	60 400
少数股东权益					4）50 000	50 000
负债和股东权益总计	1 299 000	412 000	1 711 000	284 000	115 800	1 542 800
调整与抵销金额合计				325 600	325 600	

根据表8－7的合并工作底稿，编制20×7年的合并利润表、合并资产负债表和合并股东权益变动表，如表8－8、表8－9和表8－10所示。

表 8-8　合并利润表

编制单位：P 公司　　20×7 年度　　单位：万元

项目	本年金额	上年金额
一、营业总收入		
其中：营业收入	740 000	
二、营业总成本		
其中：营业成本	467 600	
税金及附加	44 400	
销售费用	39 500	
管理费用	51 200	
研发费用		
财务费用	8 100	
其中：利息费用	8 100	
利息收入		
加：其他收益		
投资收益（损失以“—”号填列）	300	
其中：对联营企业和合营企业的投资收益		
公允价值变动收益（损失以“—”号填列）		
资产处置收益（损失以“—”号填列）		
减：信用减值损失（转回以“—”号填列）		
资产减值损失（转回以“—”号填列）	3 400	
三、营业利润	126 100	
加：营业外收入		
减：营业外支出	1 500	
四、利润总额（亏损总额以“—”号填列）	124 600	
减：所得税费用	33 000	
五、净利润（净亏损以“—”号填列）	91 600	
（一）按经营持续性分类		
1. 持续经营净利润（净亏损以“—”号填列）	91 600	
2. 终止经营净利润（净亏损以“—”号填列）		
（二）按所有权归属分类		
1. 归属于母公司股东的净利润（净亏损以“—”号填列）	88 800	
2. 少数股东损益（净亏损以“—”号填列）	2 800	

表 8-9　合并资产负债表

编制单位：P 公司　　20×7 年 12 月 31 日　　单位：万元

项目	年末余额	上年年末余额
流动资产：		
货币资金	79 000	
应收账款	277 000	
存货	299 000	
流动资产合计	655 000	
非流动资产：		
长期股权投资		
固定资产	881 000	
商誉	6 800	
非流动资产合计	887 800	
资产总计	1 542 800	
流动负债：		
短期借款		
应付账款	143 000	
流动负债合计	143 600	
非流动负债：		
长期借款	246 000	
应付债券		
非流动负债合计	246 000	
负债合计	389 000	
股东权益：		
股本	800 000	
资本公积	200 000	
盈余公积	43 400	
未分配利润	60 400	
归属于母公司股东权益合计	1 103 800	
少数股东权益	50 000	
股东权益合计	1 153 800	
负债和股东权益总计	1 542 800	

表 8-10 合并股东权益变动表

编制单位：P公司　　20×7年度　　单位：万元

项目	本年金额						上年金额					
	归属于母公司股东权益				少数股东权益	股东权益合计	归属于母公司股东权益				少数股东权益	股东权益合计
	股本	资本公积	盈余公积	未分配利润			股本	资本公积	盈余公积	未分配利润		
一、上年年末余额	800 000	200 000	35 000	5 000	48 800	1 088 800						
加：会计政策变更												
前期差错更正												
二、本年年初余额	800 000	200 000	35 000	5 000	48 800	1 088 800						
三、本年增减变动金额（减少以“—”号填列）												
（一）本年净利润				88 800	2 800	91 600						
（二）所有者投入和减少资本												
（三）利润分配												
1. 提取盈余公积			8 400	8 400								
2. 对股东的分配				25 000	1 600	26 600						
（四）股东权益内部结转												
1. 资本公积转增股本												
2. 盈余公积转增股本												
3. 盈余公积弥补亏损												
四、本年年末余额	800 000	200 000	43 400	60 400	50 000	1 153 800						

8.6.3 控制权取得日后第二年的合并财务报表

和第一年一样，我们采用先调整长期股权投资的余额然后抵销的方法。即在工作底稿上先将成本法下长期股权投资的余额调整为权益法下的余额，然后再抵销。

需要先确定20×8年权益法下长期股权投资的应有年末余额，然后将其与成本法下的余额相比较，按二者的差额编制调整与抵销分录。

控制权取得日后第二年及以后各年合并工作底稿的编制，与控制权取得日后第一年的合并工作底稿的编制有以下不同：

（1）需要考虑购买日子公司可辨认资产或负债的公允价值与账面价值之间的差异的可能的累计影响。

（2）需要考虑权益法与成本法的累计差异，通过“年初未分配利润”调整以前年度权益法与成本法差异的累计影响。

例8-10

承例8-8和例8-9，假定P公司于20×7年1月1日投资202 000万元取得S公司80%的股权后，20×8年S公司实现净利润33 000万元，提取盈余公积3 300万元，发放现金股利10 000万元。20×8年度P公司与S公司的个别财务报表数据见表8-8。假设20×8年P公司与S公司之间未发生其他内部交易。

分析：（1）20×8年度P公司长期股权投资的会计处理。

P公司对S公司的投资采用成本法核算。

1）20×8年P公司记录来自S公司的现金股利8 000万元（10 000×80%），作为投资收益。

借：银行存款　　8 000

　贷：投资收益　　8 000

2）20×8年年末，成本法下P公司对S公司实现的净利润不作账务处理。

（2）20×8年度P公司合并工作底稿的编制。

1）将成本法下的余额调整为权益法下的余额。

在工作底稿上先将成本法下长期股权投资的年末余额调整为权益法下的余额，然后再抵销。

20×7年按权益法应调整增加长期股权投资的金额＝4 800(万元)

20×8年S公司调整后净利润＝33 000－3 000＝30 000(万元)

权益法下P公司应确认的投资收益＝30 000×80%＝24 000(万元)

少数股东损益＝30 000×20%＝6 000(万元)

成本法下已确认的投资收益＝10 000×80%＝8 000(万元)

20×8年应调整增加长期股权投资的金额＝24 000－8 000

＝16 000(万元)

累计应调整增加长期股权投资的金额＝4 800＋16 000＝20 800(万元)

借：长期股权投资　　20 800
　贷：年初未分配利润　　4 800
　　投资收益　　16 000

2）基于控制权取得日的评估结果调整S公司的可辨认资产及负债的金额。

借：固定资产　　30 000
　年初未分配利润　　4 000
　贷：资本公积　　34 000

3）调整固定资产折旧。

借：年初未分配利润　　3 000
　管理费用　　3 000
　贷：固定资产　　6 000

4）将P公司对S公司长期股权投资的年末余额与S公司调整后股东权益年末余额的80％的份额相抵销，将S公司调整后股东权益年末余额的20％确认为少数股东权益，差异确认为商誉。

调整后的资本公积余额＝40 000＋34 000＝74 000(万元)

20×8年年末权益法下长期股权投资的余额＝202 000＋4 800＋16 000
＝222 800(万元)

20×8年调整后的年末未分配利润＝16 900＋33 000－3 300－3 000－10 000
＝33 600(万元)

20×8年年末的少数股东权益＝50 000＋6 000－10 000×20％
＝54 000(万元)

借：股本　　150 000
　资本公积　　74 000
　盈余公积　　12 400
　年末未分配利润　　33 600
　商誉　　6 800
　贷：长期股权投资　　222 800
　　少数股东权益　　4 000

5）抵销集团内部的投资收益与子公司的利润分配，确认少数股东损益。

借：投资收益　　24 000
　少数股东损益　　6 000
　年初未分配利润　　16 900
　贷：提取盈余公积　　3 300
　　对股东的分配　　10 000
　　年末未分配利润　　33 600

调整后的“年初未分配利润”16 900万元等于上年年末调整后的“年末未分配利润”，不是S公司个别财务报表上的年末未分配利润。

分录5）中借记金额之和代表了子公司调整后的可供分配利润，贷记金额之和代表了子公司调整后可供分配利润的分配去向。

20×8年的合并工作底稿见表8-11。

表8-11 P公司合并工作底稿

20×8年度 单位：万元

项目	P公司	S公司	合计金额	调整与抵销分录		合并金额
				借方	贷方	
（利润表部分）						
营业收入	600 000	300 000	900 000			900 000
营业成本	390 000	188 000	578 000			578 000
税金及附加	36 000	19 200	55 200			55 200
销售费用	15 300	11 700	27 000			27 000
管理费用	20 000	23 000	43 000	3）3 000		46 000
财务费用	4 600	6 200	10 800			10 800
资产减值损失	1 600	7 700	9 300			9 300
投资收益	8 000	200	8 200	5）24 000	1）16 000	200
营业利润	140 500	44 400	184 900	27 000	16 000	173 900
营业外支出	500	400	900			900
利润总额	140 000	44 000	184 000	27 000	16 000	173 000
所得税费用	35 000	11 000	46 000			46 000
净利润	105 000	33 000	138 000	27 000	16 000	127 000
少数股东损益				5）6 000		6 000
归属于母公司股东的净利润（①转下：未分配利润变动部分）	105 000	33 000	138 000	33 000	16 000	121 000
（股东权益变动表的未分配利润变动部分）						
年初未分配利润	55 600	23 900	79 500	2）4 000 3）3 000 5）16 900	1）4 800	60 400
提取盈余公积	10 500	3 300	13 800		5）3 300	10 500

续表

项目	P 公司	S 公司	合计金额	调整与抵销分录		合并金额
				借方	贷方	
净利润（承上①：利润表部分）	105 000	33 000	138 000	33 000	16 000	121 000
对股东的分配	62 000	10 000	72 000		5）10 000	62 000
年末未分配利润（②转下：资产负债表部分）	88 100	43 600	131 700	4）33 600 90 500	5）33 600 67 700	108 900
（资产负债表部分）						
货币资金	40 800	40 600	81 400			81 400
应收账款	88 000	128 400	216 400			216 400
存货	114 000	186 000	300 000			300 000
长期股权投资	202 000		202 000	1）20 800	4）222 800	
固定资产	871 200	84 000	955 200	2）30 000	3）6 000	979 200
商誉				4）6 800		6 800
资产总计	1 316 000	439 000	1 755 000	57 600	228 800	1 583 800
应付账款	88 000	33 000	121 000			121 000
长期借款	86 000	160 000	246 000			246 000
股本	800 000	150 000	950 000	4）150 000		800 000
资本公积	200 000	40 000	240 000	4）74 000	2）34 000	200 000
盈余公积	53 900	12 400	66 300	4）12 400		53 900
未分配利润（承上②：未分配利润变动部分）	88 100	43 600	131 700	90 500	67 700	108 900
少数股东权益					4）54 000	54 000
负债和股东权益总计	1 316 000	439 000	1 755 000	326 900	155 700	1 583 800
调整与抵销金额合计				384 500	384 500	

根据表 8－11 的合并工作底稿，编制 20×8 年的合并利润表、合并资产负债表和合并股东权益变动表，如表 8－12、表 8－13 和表 8－14 所示。

表 8－12　合并利润表

编制单位：P 公司　　　　20×8 年度　　　　单位：万元

项目	本年金额	上年金额
一、营业总收入	900 000	740 000

续表

项目	本年金额	上年金额
其中：营业收入	900 000	740 000
二、营业总成本	717 000	610 800
其中：营业成本	578 000	467 600
税金及附加	55 200	44 400
销售费用	27 000	39 500
管理费用	46 000	51 200
研发费用		
财务费用	10 800	8 100
其中：利息费用	10 800	8 100
利息收入		
加：其他收益		
投资收益（损失以“—”号填列）	200	300
其中：对联营企业和合营企业的投资收益		
公允价值变动收益（损失以“—”号填列）		
资产处置收益（损失以“—”号填列）		
减：信用减值损失（转回以“—”号填列）		
资产减值损失（转回以“—”号填列）	9 300	3 400
三、营业利润	173 900	126 100
加：营业外收入		
减：营业外支出	900	1 500
四、利润总额（亏损总额以“—”号填列）	173 000	124 600
减：所得税费用	46 000	33 000
五、净利润（净亏损以“—”号填列）	127 000	91 600
（一）按经营持续性分类		
1. 持续经营净利润（净亏损以“—”号填列）	127 000	91 600
2. 终止经营净利润（净亏损以“—”号填列）		
（二）按所有权归属分类		
1. 归属于母公司股东的净利润（净亏损以“—”号填列）	121 000	88 800
2. 少数股东损益（净亏损以“—”号填列）	6 000	2 800

表 8-13　合并资产负债表

编制单位：P 公司　　20×8 年 12 月 31 日　　单位：万元

项目	年末余额	上年年末余额
流动资产：		
货币资金	81 400	79 000
应收账款	216 400	277 000
存货	300 000	299 000
流动资产合计	597 800	655 000
非流动资产：		
长期股权投资		
固定资产	979 200	881 000
商誉	6 800	6 800
非流动资产合计	986 000	887 800
资产总计	1 583 800	1 542 800
流动负债：		
短期借款		
应付账款	121 000	143 000
流动负债合计	121 000	143 000
非流动负债：		
长期借款	246 000	246 000
应付债券		
非流动负债合计	246 000	246 000
负债合计	367 000	389 000
股东权益：		
股本	800 000	800 000
资本公积	200 000	200 000
盈余公积	53 900	43 400
未分配利润	108 900	60 400
归属于母公司股东权益合计	1 162 800	1 103 800
少数股东权益	54 000	50 000
股东权益合计	1 216 800	1 153 800
负债和股东权益总计	1 583 800	1 542 800

表 8-14 合并股东权益变动表

编制单位：P 公司　　20×8 年度　　单位：万元

项目	本年金额						上年金额					
	归属于母公司股东权益				少数股东权益	股东权益合计	归属于母公司股东权益				少数股东权益	股东权益合计
	股本	资本公积	盈余公积	未分配利润			股本	资本公积	盈余公积	未分配利润		
一、上年年末余额	800 000	200 000	43 400	60 400	50 000	1 153 800	800 000	200 000	35 000	5 000	48 800	1 088 800
加：会计政策变更												
前期差错更正												
二、本年年初余额	800 000	200 000	43 400	60 400	50 000	1 153 800	800 000	200 000	35 000	5 000	48 800	1 088 800
三、本年增减变动金额（减少以“—”号填列）												
（一）本年净利润				121 000	6 000	127 000				88 800	2 800	91 600
（二）股东投入和减少资本												
（三）利润分配												
1. 提取盈余公积			10 500	10 500					8 400	8 400		
2. 对股东的分配				62 000	2 000	64 000				25 000	1 600	26 600
（四）股东权益内部结转												
1. 资本公积转增股本												
2. 盈余公积转增股本												
3. 盈余公积弥补亏损												
四、本年年末余额	800 000	200 000	53 900	108 900	54 000	1 216 800	800 000	200 000	43 400	60 400	50 000	1 153 800

思考题

1. 什么是合并财务报表？合并财务报表主要满足哪些使用者的需要？

2. 什么是合并财务报表的母公司理论、实体理论和所有权理论？

3. 应当如何确定纳入合并财务报表的子公司的范围？

4. 什么是合并工作底稿？为什么要编制合并工作底稿？

关于合并报表的理论争鸣

5. 合并工作底稿的设计应当考虑哪些因素？合并工作底稿的设计思路是如何影响甚至决定调整与抵销分录的编制的？

6. 同一控制下的控股合并条件下合并工作底稿的编制应当注意哪些主要问题？

7. 非同一控制下的控股合并条件下合并工作底稿的编制应当注意哪些主要问题？

8. 合并财务报表有何局限性？

练习题

1. 20×7年1月1日甲公司以40 000万元银行存款购买乙公司80%的股权，取得了对乙公司的控制权。假定该项控股合并为同一控制下的合并。

20×6年12月31日甲公司与乙公司的资产负债表数据见表8-15。

乙公司20×7年实现净利润4 200万元，提取盈余公积420万元，当年没有分配股利。

乙公司20×8年实现净利润10 800万元，提取盈余公积1 080万元，于20×8年2月28日发放现金股利1 200万元。

20×7年与20×8年甲公司和乙公司之间未发生其他内部交易。

甲公司和乙公司20×7年与20×8年的利润表数据见表8-16，20×7年年末与20×8年年末的资产负债表数据见表8-17。

表8-15　甲公司与乙公司的资产负债表数据

20×6年12月31日　　单位：万元

项目	甲公司		乙公司	
	借方	贷方	借方	贷方
货币资金	47 600		9 800	
应收账款	66 000		22 200	
存货	32 000		20 000	

续表

项目	甲公司		乙公司	
	借方	贷方	借方	贷方
固定资产	132 000		26 000	
应付账款		41 600		4 000
长期借款		28 000		32 000
股本		40 000		10 000
资本公积		120 000		8 000
盈余公积		47 000		21 400
未分配利润		1 000		2 600
合计	277 600	277 600	78 000	78 000

表 8-16　甲公司与乙公司的利润表数据　　单位：万元

项目	20×7 年度		20×8 年度	
	甲公司	乙公司	甲公司	乙公司
营业收入	100 000	48 000	120 000	64 000
营业成本	60 000	32 720	78 000	36 000
税金及附加	6 000	2 880	7 200	3 840
销售费用	4 400	3 500	2 060	2 340
管理费用	7 000	2 640	4 200	4 600
财务费用	1 400	220	920	1 240
资产减值损失	280	400	480	1 540
投资收益		60	960	40
营业利润	20 920	5 700	28 100	14 480
营业外支出	120	100	100	80
利润总额	20 800	5 600	28 000	14 400
所得税费用	5 200	1 400	7 000	3 600
净利润	15 600	4 200	21 000	10 800

表 8-17　甲公司与乙公司的资产负债表数据　　单位：万元

项目	20×7 年 12 月 31 日		20×8 年 12 月 31 日	
	甲公司	乙公司	甲公司	乙公司
货币资金	21 200	13 800	18 160	8 120
应收账款	58 200	19 600	50 000	15 680
存货	18 400	29 000	32 800	17 200

续表

项目	20×7年12月31日		20×8年12月31日	
	甲公司	乙公司	甲公司	乙公司
长期股权投资	33 600		33 600	
固定资产	140 800	21 600	162 240	48 800
资产总计	272 200	84 000	296 800	89 800
应付账款	42 800	5 800	38 800	2 000
长期借款	17 200	32 000	37 200	32 000
股本	40 000	10 000	40 000	10 000
资本公积	113 600	8 000	113 600	8 000
盈余公积	48 560	21 820	50 660	22 900
未分配利润	10 040	6 380	16 540	14 900
负债和股东权益总计	272 200	84 000	296 800	89 800

要求：根据以上资料，按照我国现行会计准则的规定：

(1) 编制20×7年1月1日有关甲公司对乙公司长期股权投资的会计分录。

(2) 假定20×7年1月1日甲公司取得对乙公司的控制权的当日，只编制合并资产负债表。请编制20×7年1月1日甲公司合并工作底稿上的相关调整与抵销分录，并填列合并工作底稿。

(3) 编制20×7年度甲公司合并工作底稿上的相关调整与抵销分录，并填列合并工作底稿。

(4) 编制20×8年度甲公司合并工作底稿上的相关调整与抵销分录，并填列合并工作底稿。

2. 沿用上题的资料，假定20×7年1月1日甲公司对乙公司的控股合并为非同一控制下的合并。在上题资料的基础上，补充如下：

20×7年1月1日甲公司取得对乙公司的控制权时，乙公司的各项资产与负债中，存货与固定资产两个项目的公允价值与账面价值不相等：存货的账面价值为20 000万元，公允价值为22 000万元；固定资产的账面价值为26 000万元，公允价值为30 000万元。

乙公司20×7年1月1日的存货全部在当年对集团外销售。乙公司20×7年1月1日的固定资产中公允价值与账面价值存在差异的部分为管理用固定资产，该公司对这部分固定资产采用直线法计提折旧，其剩余折旧年限为10年。

由于甲公司在20×7年1月1日对乙公司长期股权投资的入账金额不同于上题，因此成本法下20×7年12月31日和20×8年12月31日甲公司对乙公司长期股权投资的余额为40 000万元，不同于上题表8-17中的33 600万元；相应地，20×7年12月31日和20×8年12月31日的资本公积为120 000万元，也不同于上题表8-17中的113 600万元。

除此之外，其他财务报表数据均与上题中的表8-15、表8-16和表8-17相同。

要求：根据以上资料，按照我国现行会计准则的规定：

(1) 编制20×7年1月1日有关甲公司对乙公司长期股权投资的会计分录。

(2) 假定20×7年1月1日甲公司取得对乙公司的控制权的当日，只编制合并资产负债表。请编制20×7年1月1日甲公司合并工作底稿上的相关调整与抵销分录，并填列合并工作底稿。

(3) 编制20×7年度甲公司合并工作底稿上的相关调整与抵销分录，并填列合并工作底稿。

(4) 编制20×8年度甲公司合并工作底稿上的相关调整与抵销分录，并填列合并工作底稿。

第9章 合并财务报表（下）

学习目标

1. 掌握合并工作底稿中集团内部的产品或商品销售业务、固定资产业务、债务投资业务等内部往来业务的抵销方法。

2. 掌握合并工作底稿中集团内部交易相关资产减值准备的调整与抵销方法。

3. 理解母公司分次取得对子公司的控制权情况下合并财务报表的编制原理。

4. 掌握合并现金流量表与合并股东权益变动表的编制原理。

AI 深度思考——与AI对话

在子公司已经编制完成其个别利润表之后，母公司能否控制子公司利润表所列报的净利润中归属于少数股东的法定份额？

合并资产负债表中的少数股东权益和合并利润表中的少数股东损益是否反映了少数股东的法定权益？

9.1 集团内部往来业务的相关问题

编制合并财务报表的目的在于反映母公司与各子公司作为一个经济实体的经济活动，因而集团内部公司间的所有交易或往来业务都应抵销，以便使合并财务报表只反映集团与其外部有关方面发生的经济活动。

应该强调的是，集团内部往来业务的抵销，只是为编制合并财务报表而反映在工作底稿上，并不记入母公司或子公司的账簿中。

为了分析与抵销集团内部公司间交易对合并财务报表的影响，有必要对集团内部的往来业务进行适当分类。

9.1.1 集团内部往来业务的分类

集团内部的往来业务按其性质可以分为投资业务、借贷业务与购销业务。若按照是否涉及公司间损益，则可以分为不涉及公司间损益的内部往来业务、涉及已实现公司间损益的内部往来业务以及涉及未实现公司间损益的内部往来业务三类。

1. 不涉及公司间损益的内部往来业务

此类往来业务与母公司或子公司的损益确定无关，又可以分为以下三类：

(1) 只涉及资产负债表的内部往来业务。指不涉及利息的集团内部资金转移业务，即集团内部的无息借贷业务。在编制合并财务报表时，这种内部债权债务应该抵销。

(2) 只涉及利润表的内部往来业务。指集团内部按成本价进行的现销业务。在编制合并财务报表时，应该将销货方确认的销售收入与销售成本抵销。因为从整个企业集团的角度来看，这种销货业务是未实现的。

(3) 既涉及资产负债表又涉及利润表的内部往来业务。指集团内部按成本价进行的赊销业务。例如，母公司A按成本价向子公司B赊销商品，则无论B公司是否将这些商品对集团外部销售，都不涉及公司间损益问题，因为A公司对于这项销货业务并没有确认销售毛利（确认的销售收入与销售成本相等）。在编制合并财务报表时，为了避免重复计算销售收入与销售成本，应该将此类业务予以抵销。虽然抵销销售收入与销售成本之后销售毛利不变，但它可以使销售毛利率等指标能够更精确地反映企业集团的实际情况（销售毛利率提高）。此外，与此相关的内部应收应付款项也应予以抵销，以免重复计算。这种抵销虽然不影响营运资金总额，但在流动资产总额大于流动负债总额的情况下，会提高企业集团的流动比率。

2. 涉及已实现公司间损益的内部往来业务

它是指购货方按照高于或低于成本的价格购货之后，于当期将全部购货向集团外销售的集团内部购销业务。比如母公司按照高于或低于成本的价格从子公司购进商品一批，当期将该批商品全部对集团外出售。

3. 涉及未实现公司间损益的内部往来业务

它是指购货方按照高于或低于成本的价格购货之后，所有或部分购货没有于当期向集团外销售的集团内部购销业务。例如，母公司按照高于或低于成本的价格从子公司购进商品一批，当期该批商品全部或有一部分没有对集团外销售。在这种情况下，会产生集团内部未实现损益的抵销问题。

9.1.2 集团内部未实现损益的抵销方法

为了便于讨论集团内部未实现损益的抵销问题，可以将集团内部的销售业务分为顺流销售、逆流销售与水平销售。顺流销售是指母公司对子公司的销售；逆流销售是指子公司对母公司的销售；水平销售是指集团内部的一家子公司对另一家子公司的销售。依据不同的合并理论，对于不同类型的销售要根据具体情况采用不同的处理方法。

1. 母公司与全资子公司之间未实现损益的抵销

如果子公司为全资子公司，则不论是顺流销售还是逆流销售所形成的集团内部未实现损益，都应予以全部抵销。因为在这种情况下，无论依据何种合并理论，这种内部销售的损益都没有实现，所以不应在合并财务报表上确认。

2. 母公司与非全资子公司之间未实现损益的抵销

如果子公司为非全资子公司，则由于顺流销售所形成的集团内部未实现损益应当全部抵销；由于逆流销售所形成的集团内部未实现损益，依据不同的合并理论，有两种不同的抵销方法，即全部抵销法与部分抵销法。

（1）全部抵销法。这种方法在确定合并销售成本时，对集团内部销售所形成的未实现损益进行全部抵销，因而合并净利润中不包括集团内部未实现损益。

（2）部分抵销法。对于逆流销售所形成的集团内部未实现损益，只抵销其中属于控股权益的份额，对属于少数股东权益的份额则冲减少数股东权益。

显然，全部抵销法是以实体理论为依据的，而部分抵销法是以母公司理论为依据的。依据母公司理论，从母公司的角度来看，逆流销售所形成的内部未实现损益，其中属于少数股东的部分，相当于对外部销售，其损益应视为已实现；而依据实体理论，从整个企业集团的角度来看，属于少数股东的部分也没有实现，因而也应予以抵销。

我国现行会计准则规定，集团内部未实现损益的抵销一律采用全部抵销的方法。

即使是在全部抵销的情况下，区分顺流销售与逆流销售仍有意义，因为还存在合并净利润的划分问题。按照现行会计准则的规定，虽然集团内部的未实现损益需要全部抵销，不会影响合并净利润，但是在确定合并净利润之后，如何将其在归属于母公司股东的净利润与少数股东损益之间进行分配，或者说如何确定少数股东损益，这个问题仍然存在。对此，我国现行会计准则没有明确规定。从理论上讲，顺流销售的未实现销售损益宜全数调整母公司的净利润，从而与少数股东损益无关；逆流销售的未实现销售损益则宜全数调整子公司的净利润，从而既与归属于母公司股东的净利润有关，也与少数股东损益有关。本章 9.5 节将专门讨论集团内部交易对少数股东损益的影响问题。

9.1.3 所得税问题

在编制控制权取得日后的合并财务报表时，特别是在涉及集团内部交易的情况下，所得税是一个需要考虑的重要问题。在合并工作底稿上，对所得税的处理取决于企业集团的所得税申报方式，即合并申报还是分别申报。前者是指母公司与其子公司合在一起申报所得税，后者是指母公司与其子公司各自分别申报所得税。对于企业而言，合并申报所得税的好处是：第一，母子公司间如果一方有净损失，可与另一方的净利润相抵，从而减少所得税税负；第二，集团内部交易所产生的未实现利润可以冲销，从而减少所得税税负；第三，合并申报所产生的所得税抵减数可能比分别申报时大。例如，在分别申报所得税的情况下，子公司以前年度的净损失，可能会由于该子公司连续亏损超过规定的年限而失去抵减应纳税所得额的权利；如果采用合并申报的方式，则子公司的以前年度净损失可抵减母公司的净利润，从而减少整个企业集团的所得税税负。但在企业集团有多家子公司的情况下，合并申报比较复杂。

我国的所得税法规对企业集团合并申报所得税有较为严格的规定。而在有些国家，税法对合并纳税的规定较为宽松，允许企业集团在符合一定条件的情况下合并申报所得税。无论企业集团是合并申报还是分别申报所得税，都需要编制合并财务报表。但在不同的所得税申报方式下，合并工作底稿上的调整与抵销分录会有所不同。本章假定企业集团采用分别申报所得税的方式。

9.2 集团内部的存货交易

存货的抵销处理：首次编制合并报表时

如果企业集团内部一个公司将产品或商品销售给另一个公司，对于购货方来说购进的产品或商品可能出现三种情况：（1）当期全部对集团外销售；（2）当期全部未售出而形成期末存货；（3）未售出部分形成期末存货。在第（2）种和第（3）种情况下，内部购货所形成的购货方期末存货又成为下期的期初存货，从而影响下期合并财务报表的编制。因此，在编制合并财务报表时，应当分别不同情况，将内部销售收入、内部销售成本及可能存在的未实现内部销售利润予以抵销。

9.2.1 购进的商品当期全部对集团外销售

例 9-1

假设甲公司于20×2年年初以银行存款购买了乙公司80%的普通股股份。当年甲公司将成本为4 000元的商品销售给乙公司，售价为5 000元。乙公司当年将该批商品全部对集团外销售，售价为6 000元。

存货的抵销处理：连续编制合并报表时

分析：对于整个企业集团来说，这批商品的销售收入为6 000元，销售成本为4 000元，应确认销售毛利2 000元。

由于在甲公司的个别财务报表上确认了销售收入5 000元，销售成本4 000元，同时在乙公司的个别财务报表上确认了销售收入6 000元，销售成本5 000元，因而在编制合并财务报表时应将重复确认的销售收入5 000元和销售成本5 000元予以消除。在合并工作底稿上编制如下抵销分录：

借：营业收入　　5 000

　贷：营业成本　　5 000

9.2.2　购进的商品当期全部未售出

例 9-2

假设甲公司于 20×2 年年初以银行存款购买了乙公司 80%的普通股股份。当年甲公司将成本为 8 000 元的商品销售给乙公司，售价为 10 000 元，乙公司购进的这批商品当年全部未对外销售，因而包括在年末存货中。20×3 年乙公司将该批商品全部对集团外销售，售价为 12 400 元。甲公司和乙公司的所得税税率均为 25%。

分析：（1）20×2 年的调整与抵销分录。

20×2 年甲公司在个别财务报表上确认了销售收入 10 000 元，销售成本 8 000 元，但从整个企业集团的角度来看，这批商品并没有实现销售，因而不应确认任何销售收入与销售成本。这批商品在乙公司的个别资产负债表上是按 10 000 元的成本计价的，而从企业集团的角度来看，其成本应为 8 000 元，因此在编制合并财务报表时，应消除乙公司期末存货上包括的未实现内部销售利润 2 000 元。从企业集团的角度来看，该存货的账面价值与计税基础之间形成了 2 000 元的可抵扣暂时性差异，在所得税税率为 25%的情况下，应确认递延所得税资产 500 元，同时确认递延所得税收益（即冲减所得税费用）500 元。因此，在 20×2 年的合并工作底稿上应编制如下抵销分录：

借：营业收入　　10 000

　贷：营业成本　　8 000

　　　存货　　2 000

借：递延所得税资产　　500

　贷：所得税费用　　500

（2）20×3 年的调整与抵销分录。

从企业集团的角度来看，甲公司 20×2 年确认的内部销售利润 2 000 元，导致甲公司 20×2 年年末未分配利润和 20×3 年年初未分配利润多计 2 000 元。同时，乙公司 20×2 年年末存货和 20×3 年年初存货多计 2 000 元。由于这批商品在 20×3 年全部对集团外销售，乙公司 20×3 年的销售成本多计 2 000 元。因此，在 20×3 年的合并工作底稿上应编制如下抵销分录：

借：年初未分配利润　　2 000

　贷：营业成本　　2 000

由于集团内交易形成的存货已经对外销售，存货账面价值与计税基础之间的差异也就不复存在，上年合并工作底稿上确认的可抵扣暂时性差异的所得税影响也应该相应消除，即应确认 500 元的所得税费用，相应冲减年初未分配利润 500 元（上年合并工作底稿上确认的递延所得税资产并未反映在个别财务报表上，故本年不能冲减递延所得税资产）。因此，在 20×3 年的合并工作底稿上应编制如下抵销分录：

借：所得税费用　　500

　贷：年初未分配利润　　500

以上两笔分录也可以合二为一：

借：年初未分配利润　　1 500

　　所得税费用　　500

　贷：营业成本　　2 000

9.2.3 购进的商品当期部分对集团外销售

例9-3

假设20×2年母公司甲将成本为8 000元的商品销售给子公司乙，售价为10 000元。乙公司当期对集团外销售其中的40%，售价为4 800元，其余60%形成期末存货，其成本为6 000元。20×3年乙公司将上年从甲公司购入商品的结存部分全部对集团外销售，又从甲公司购入商品20 000元，当年销售其中的50%。甲公司20×2年与20×3年的销售毛利率均为20%。甲公司和乙公司的所得税税率均为25%。

分析：（1）20×2年的调整与抵销分录。

在这种情况下，可以将乙公司从甲公司购进的商品分为两部分，一部分在本期实现对外销售，另一部分没有实现对外销售而形成期末存货。对于已实现对外销售的部分，应当抵销重复确认的销售收入和销售成本4 000元（10 000×40%）。因此，在20×2年的合并工作底稿上应编制如下抵销分录：

借：营业收入　　4 000

　贷：营业成本　　4 000

对于未实现对外销售的部分，应抵销甲公司确认的销售收入6 000元（10 000×60%）、销售成本4 800元（8 000×60%），同时抵销乙公司期末存货未实现的内部销售利润1 200元（6 000×20%）。在20×2年的合并工作底稿上应编制如下抵销分录：

借：营业收入　　6 000

　贷：营业成本　　4 800

　　　存货　　1 200

上述两笔分录可以合并为如下一笔：

借：营业收入　　10 000

　贷：营业成本　　8 800

　　　存货　　1 200

从企业集团的角度来看，存货的账面价值与计税基础之间形成了1 200元的可抵扣暂时性差异，应在合并工作底稿上确认所得税的影响300元。

借：递延所得税资产　　300

　贷：所得税费用　　300

（2）20×3 年的调整与抵销分录。

由于甲公司 20×2 年确认了 1 200 元未实现的内部销售利润，其 20×3 年年初未分配利润多计 1 200 元；乙公司 20×2 年年末存货多计 1 200 元，在先进先出法下其 20×3 年的销售成本多计 600 元。因此，在 20×3 年的合并工作底稿上应编制如下抵销分录：

借：年初未分配利润　　900
　　所得税费用　　300
　贷：营业成本　　1 200

对于 20×3 年的内部购货，应抵销多计的销售收入 20 000 元、销售成本 18 000 元和年末存货 2 000 元（20 000×50%×20%）。在 20×3 年的合并工作底稿上应编制如下抵销分录：

借：营业收入　　20 000
　贷：营业成本　　18 000
　　　存货　　2 000

反映存货的账面价值与计税基础之间的可抵扣暂时性差异的所得税影响 500 元（2 000×25%）。

借：递延所得税资产　　500
　贷：所得税费用　　500

9.3 集团内部的其他交易

集团内部的各企业之间还可能发生非流动资产交易，如买卖固定资产、无形资产，在资产的转让价格高于或低于账面价值时，出售方便确认了一项出售资产的损益。但从合并主体的角度看，公司间非流动资产销售的损益并没有实现，在编制合并财务报表时应该予以抵销。本节重点介绍集团内部固定资产交易的抵销原理。

如果集团内部发生固定资产的购销业务，则在编制合并财务报表时，不但要抵销公司间未实现损益，还要调整购入方多计或少计的折旧。

例 9-4

母公司 P 于 20×2 年 1 月 1 日以 7 000 元的价格向子公司 S 出售一台设备。该设备的原始成本为 20 000 元，累计已提折旧 15 000 元，剩余使用年限为 4 年，无残值，采用直线法计提折旧。假设该设备用于企业管理部门，且在 S 公司使用期间没有发生减值。P 公司与 S 公司的所得税税率均为 25%。

分析：（1）20×2 年的调整与抵销分录。

与前述公司间非折旧长期资产的销售一样，在编制合并财务报表时，首先应抵销母公司所确认的出售设备收益 2 000 元（7 000−5 000），并调整减少设备的账面价值。

借：营业外收入　　2 000

贷：固定资产　　2 000

其次，应抵销S公司购入该设备后当年多计提的折旧（相对于该设备在母公司的折旧而言）。从整个合并主体的角度看，年初该设备的账面净值只有5 000元，年折旧额应为1 250元（5 000/4），而S公司按其购入成本7 000元计提的年折旧额为1 750元（7 000/4），因此多计折旧500元，需要同时调整增加固定资产，减少管理费用。即在合并工作底稿上应编制如下抵销分录：

借：固定资产　　500

　贷：管理费用　　500

此外，还要考虑公司间交易对所得税的影响。上述两笔抵销分录抵销了多计的2 000元收入与500元费用，即相当于抵销了多计的税前利润1 500元，但相应多计的所得税费用并未抵销，按25%的所得税税率，应抵销多计的所得税费用375元，并将其予以递延。应在合并工作底稿上编制如下抵销分录：

借：递延所得税资产　　375

　贷：所得税费用　　375

（2）20×3年的调整与抵销分录。

从整个企业集团的角度来看，20×2年由于P公司确认固定资产出售收益而多计税前利润2 000元，由于S公司多计折旧而少计税前利润500元，两者合计使合并主体的税前利润多计1 500元，在不考虑所得税的情况下，导致年末未分配利润多计1 500元，同时年末固定资产也多计1 500元，因而20×3年编制合并财务报表时，要予以抵销，即应在合并工作底稿上编制如下调整与抵销分录：

借：年初未分配利润　　1 500

　贷：固定资产　　1 500

然后，与20×2年一样，应抵销子公司20×3年多计的折旧500元。

借：固定资产　　500

　贷：管理费用　　500

最后，考虑内部固定资产交易对所得税的影响。

借：递延所得税资产　　250

　　所得税费用　　125

　贷：年初未分配利润　　375

集团内部的无形资产交易，其抵销原理与集团内部的固定资产交易的抵销原理相同。

9.4 集团内部交易相关资产减值准备的抵销

在9.2节和9.3节讨论集团内部交易的抵销问题时，我们假定与集团内部交易相关的资产在会计期末都没有计提减值准备，而实际上内部交易相关资产是可能计提减值准备的。由于合并财务报表的报告主体与母公司或子公司个别财务报表的报告主体不同，因此编制合并财务报表时，与内部交易相关的资产减值准备也需要根据具体情况进行调整与抵销。其具体抵销可以分为两种：一种是可以直接全额抵销的项目，这类项目包括内部应收账款与内部其他应收款的坏账准备、对子公司长期股权投资的减值准备等；另一种是抵销金额需要计算确定的项目，这类项目包括与内部交易相关的存货跌价准备、固定资产减值准备、无形资产减值准备等。在合并工作底稿上，对这两类项目的抵销，在抵销金额范围、抵销方法与抵销分录的编制方面均有所不同。

9.4.1　内部应收账款坏账准备的抵销

对于集团内部交易形成的应收账款，在编制个别财务报表时需要进行减值测试，并可能计提坏账准备。在编制合并财务报表时，从企业集团的角度来看，内部交易形成的应收账款需要全部抵销，因而与内部应收账款相关的坏账准备也应当全部抵销。

例9-5

甲公司于20×2年年初以银行存款购买了乙公司80%的普通股股份。当年甲公司将成本为40 000元的商品赊销给乙公司，售价为50 000元。乙公司当年将该批商品全部对集团外销售，售价为60 000元。20×2年年末甲公司应收乙公司的账款50 000元没有收回。甲公司对该项应收账款计提了10 000元的坏账准备，并按照25%的税率确认了2 500元的递延所得税资产。

分析：对于整个企业集团来说，这批商品的销售收入为60 000元，销售成本为40 000元，应确认销售毛利20 000元。由于在甲公司的个别财务报表上确认了销售收入50 000元，销售成本40 000元，同时在乙公司的个别财务报表上确认了销售收入60 000元，销售成本50 000元，因此在编制合并财务报表时应将重复确认的销售收入50 000元和销售成本50 000元予以消除。另外，集团内部的应付账款和应收账款以及与内部应收账款相关的坏账损失、递延所得税也应予以消除。在合并工作底稿上编制如下抵销分录：

借：营业收入　50 000
　贷：营业成本　50 000
借：应付账款　50 000
　贷：应收账款　40 000
　　信用减值损失　10 000
借：所得税费用　2 500
　贷：递延所得税资产　2 500

例9-6

假定例9-5中甲公司应收乙公司的账款直到20×3年年末仍未收回，甲公司决定对该项应收账款累计计提30 000元的坏账准备。这意味着甲公司在20×2年计提10 000元坏账准备的基础上，又追加计提20 000元的坏账准备，并按照25%的税率追加确认5 000元的递延所得税资产。

分析： 在甲公司20×3年12月31日的个别资产负债表上该项应收账款以20 000元的净值列报，而在乙公司20×3年12月31日的个别资产负债表上对应列报的应付账款为50 000元。因此，在20×3年的合并工作底稿上应编制如下抵销分录：

借：应付账款	50 000	
贷：应收账款		20 000
信用减值损失		20 000
年初未分配利润		10 000
借：所得税费用	5 000	
年初未分配利润	2 500	
贷：递延所得税资产		7 500

9.4.2 内部长期股权投资减值准备的抵销

集团内部的两个企业间，一方对另一方进行股权投资，从企业集团的角度来看，这种投资与被投资关系是不存在的，因而在编制合并财务报表时应将投资企业的长期股权投资账面数额与被投资单位的所有者权益项目数额相抵销，其具体抵销方法已在第8章介绍。如果投资企业对该长期股权投资计提了减值准备，这种减值准备对于整个集团来说也是不存在的，也应予以全额抵销。

具体抵销方法如下：初次编制合并财务报表时，应将“长期股权投资（减值准备）”与相应的“资产减值损失”项目相抵销。连续编制合并财务报表时，应将期末的长期股权投资（减值准备）数额分解成期初数和本期调整增加数或本期调整减少数。期初数抵销时，应将“长期股权投资（减值准备）”与相应的“年初未分配利润”相抵销，本期调整增加数或调整减少数抵销时，应将“长期股权投资（减值准备）”与相应的“资产减值损失”相抵销。

存货跌价准备的合并处理：首次编制合并报表时

9.4.3 内部存货跌价准备的抵销

在个别财务报表上，内部交易形成的期末存货有可能计提了跌价准备。存货的价值通常不会由于存货在企业集团内部的存放地点不同而发生变化。因此，持有存货的企业在对存货进行减值测试时，所确定的可变现净值也就是从整个企业集团的角度所确定的可变现净值。

存货跌价准备的合并处理：连续编制合并报表时

但是，由于从整个企业集团看该存货的账面价值一般不等于持有该存货的企业的账面价值，因此个别财务报表上所计提的存货跌价准备也往往不等于整个企业集团应该计提的跌价准备，在编制合并工作底稿时应该进行分析，确定应调整和抵销的金额。存货跌价准备是否应该抵销或补提以及抵销与补提的金额，需要根据内部交易是产生了未实现内部销售利润还是未实现内部销售亏损，以及从集团角度看存货成本与可变现净值孰高孰低的不同情况分别决定。具体处理原则如下：

1. 内部存货交易产生未实现内部销售利润

（1）存货减值额小于未实现内部销售利润时，跌价准备应全部抵销。如果内部交易存货的可变现净值低于母公司售价但仍高于母公司实际成本，说明该存货并未发生减值。因此，按照成本与可变现净值孰低的原则，子公司计提的跌价准备不能确认，需要全部抵销。连续编制合并财务报表时，如果可变现净值继续下跌，只要尚未跌至母公司实际成本，均应将跌价准备全部抵销，可变现净值出现回升也不能确认。

（2）减值额大于未实现内部销售利润时，跌价准备应按未实现内部销售利润抵销。如果内部交易存货的可变现净值低于母公司实际成本，说明该存货发生了真正的减值。因此，按照成本与可变现净值孰低的原则，需要将子公司已计提的相当于未实现内部销售利润的跌价准备金额加以抵销，而保留下来的跌价准备金额就是可变现净值低于实际成本的差额。连续编制合并财务报表时，如果可变现净值继续下跌，或可变现净值出现回升但未升至母公司实际成本之前，均应只确认可变现净值低于实际成本部分的跌价准备，而将未实现内部销售利润计提的跌价准备抵销。

2. 内部存货交易产生未实现内部销售亏损

在这种情况下，仍应按照成本与可变现净值孰低的原则，将母公司生产该存货的实际成本与其可变现净值进行比较。但是，由于子公司存货价值（即母公司售价）低于母公司实际生产成本，而子公司是将该存货价值与可变现净值进行比较，因此子公司可能出现以下两种情况，应分别加以处理：

（1）减值额大于未实现内部销售亏损，已计提的跌价准备全部保留并补提部分跌价准备。内部交易存货的减值额大于未实现内部销售亏损时，说明存货的可变现净值不仅低于母公司实际成本，而且低于母公司售价。因此，可变现净值低于实际成本的全部差额均应作为该存货的减值处理，这一差额由两部分构成：第一，子公司对该存货计提的跌价准备必须全额保留，以反映可变现净值低于母公司售价发生的减值；第二，母公司售价低于实际成本的部分，需要在合并财务报表中补提跌价准备。连续编制合并财务报表时，如果可变现净值继续下跌，或可变现净值出现回升但未升至母公司售价之前，均应全额保留子公司计提的跌价准备，并对母公司售价低于其实际成本的部分计提跌价准备。

（2）减值额小于未实现内部销售亏损，全额补提跌价准备。内部交易存货的减值额小于未实现内部销售亏损时，子公司尚未对该存货计提跌价准备，但是按照成本与可变现净值孰低的原则，可变现净值低于实际成本的部分应作为该存货的减值处理。所以，应对可变现净值低于母公司实际成本的部分在合并财务报表中补提跌价准备。连续编制合并财务报表时，无论可变现净值上升还是下降，只要尚未低于母公司售价，均应对可变现净值低于母公司实际成本的部分在合并财务报表中补提跌价准备。

例 9－7

P 公司为 S 公司的母公司，两家公司的所得税税率均为 25%。20×7 年 P 公司将一批产品销售给S公司，售价（不含增值税）为20 000元，成本为16 000元。当年均未实现对外销售，20×8年实现对外销售50%。

在20×7年年末和20×8年年末，该存货的可变现净值分别为18 000元和8 500元（即S公司年末存货跌价准备应有余额分别为2 000元与1 500元）。

分析：（1）20×7年度合并工作底稿的调整与抵销分录。

借：营业收入	20 000	
贷：营业成本		16 000
存货		4 000
借：存货（跌价准备）	2 000	
贷：资产减值损失		2 000
借：递延所得税资产	500	
贷：所得税费用		500

S公司为该存货计提的跌价准备为2 000元（20 000－18 000）。从集团的角度来看，存货成本16 000元小于可变现净值18 000元，存货并没发生减值，因此，应抵销S公司为该存货计提的跌价准备2 000元，并反映S公司存货成本高估4 000元与计提存货跌价准备2 000元的所得税净影响500元（(4 000－2 000)×25%）。

（2）20×8年度合并工作底稿的调整与抵销分录。

借：年初未分配利润	1 500	
递延所得税资产	500	
贷：营业成本		1 000
存货		500
资产减值损失		500
借：所得税费用	375	
贷：递延所得税资产		375

由于20×7年P公司确认了4 000元的内部销售利润，而S公司确认了2 000元的存货跌价损失，少确认递延所得税资产500元（同时少贷记所得税费用500元），合计导致20×8年合并年初未分配利润多计1 500元。S公司结转营业成本9 000元（10 000－1 000），多结转1 000元。20×8年年末存货可变现净值为8 500元，应有存货跌价准备余额为1 500元，因上年已计提2 000元，本年销售50%已冲销1 000元存货跌价准备，并相应贷记“营业成本”1 000元，因此，S公司20×8年年末补提了存货跌价准备500元。从集团的角度来看，存货没有减值（成本8 000元小于可变现净值8 500元），因此，应冲销500元资产减值损失，并冲销期末存货高估的500元。此外，S公司在个别资产负债表上确认了与1 500元存货跌价准备余额相关的递延所得税资产375元（1 500×25%），合并资产负债表上应有递延所得税资产余额500元（2 000×25%），调整年初未分配利润时已确认递延所得税资产500元，故应冲减375元。

例9-8

P公司为S公司的母公司，两家公司的所得税税率均为25%。20×7年P公司将一批产品销售给 S 公司，售价（不含增值税）为 20 000 元，成本为 16 000 元。当年均未实现对外销售，20×8 年实现对外销售 50%。

在 20×7 年年末和 20×8 年年末，该存货的可变现净值分别为 14 000 元和 7 500 元（即 S 公司年末存货跌价准备应有余额分别为 6 000 元与 2 500 元）。

分析：（1）20×7 年度合并工作底稿的调整与抵销分录。

借：营业收入　20 000
　贷：营业成本　16 000
　　存货　4 000
借：存货（跌价准备）　4 000
　贷：资产减值损失　4 000

S 公司为该存货计提的跌价准备为 6 000 元（20 000－14 000）。从集团的角度来看，应计提的跌价准备为 2 000 元（16 000－14 000），因此，应抵销多计提的跌价准备 4 000 元（6 000－2 000）。另外，从集团角度看应确认的递延所得税资产与 S 公司已确认的金额相同，因此，在合并工作底稿上对于递延所得税资产无须调整。

（2）20×8 年度合并工作底稿的调整与抵销分录。

由于 20×7 年 P 公司确认了 4 000 元的内部销售利润，而 S 公司多计了减值损失 4 000 元，两相抵销，不影响 20×8 年的合并年初未分配利润。S 公司按 7 000 元结转营业成本，不必调整。S 公司年末存货按 7 500 元计价，也不必调整。

例 9-9

假设例 9-7 中 P 公司存货的售价（不含增值税）为 15 000 元，在 20×7 年年末和 20×8 年年末，该存货的可变现净值分别为 13 000 元和 6 000 元（即 S 公司年末存货跌价准备应有余额分别为 2 000 元与 1 500 元），其他条件与例 9-7 相同。

分析：（1）20×7 年度合并工作底稿的调整与抵销分录。

借：营业收入　15 000
　　存货　1 000
　贷：营业成本　16 000
借：资产减值损失　1 000
　贷：存货（跌价准备）　1 000

可变现净值为 13 000 元，则 S 公司为该存货计提的跌价准备为 2 000 元。而从集团的角度来看，应计提的存货跌价准备为 3 000 元，因此，应补提 1 000 元。在补提存货跌价准备之后，无论是从集团的角度还是从 S 公司的角度看，存货的账面价值均为 13 000 元，计税基础为 15 000 元，因此，在合并工作底稿上不必调整递延所得税资产。

（2）20×8 年度合并工作底稿的调整与抵销分录。

由于 20×7 年 P 公司确认了内部销售亏损 1 000 元，而 S 公司少确认了存货跌价损失1 000元，两相抵销，不影响20×8年的合并年初未分配利润。S公司按6 500元结转营业成本，不必调整。年末可变现净值为6 000元，S公司年末应有跌价准备余额1 500元，上年已计提2 000元，本年销售50%已冲回1 000元，并冲减营业成本1 000元，年末补提500元。从集团的角度来看，年末应有存货跌价准备余额2 000元，上年年末应有余额3 000元，本年销售50%应冲减1 500元，年末应补提500元（与S公司实际补提余额相等），因此，资产减值损失和存货也不必调整。

9.5 集团内部交易对少数股东损益的影响

以母公司和子公司的个别财务报表为依据编制合并财务报表，除了要在合并工作底稿上通过编制调整与抵销分录进行调整与抵销，还有一项重要的工作，就是要将合并净利润划分为少数股东损益与归属于母公司股东的净利润两部分。确定合并利润表上的“少数股东损益”和合并资产负债表上的“少数股东权益”是合并财务报表的难点内容之一。在第8章，我们讨论了非同一控制下的控股合并条件下，控制权取得日子公司可辨认资产及负债的公允价值与账面价值之间存在的差异对后续期间合并净利润以及少数股东损益和少数股东权益的影响；本章前面各节讨论了集团内部未实现损益的调整与抵销，但是没有专门讨论集团内部未实现损益如何影响少数股东损益和少数股东权益。

按照现行会计准则的规定，确定少数股东损益时，不能简单地以子公司的报表利润乘以少数股东的持股比例，而是要以经过调整后的子公司净利润乘以少数股东的持股比例。确定调整后的子公司净利润时，非同一控制下的控股合并条件下，需要作两方面的调整：一是控制权取得日子公司可辨认资产及负债的公允价值与账面价值之间的差异的可能影响；二是集团内部交易的未实现损益的影响。而在同一控制下的控股合并条件下，只需要考虑集团内部交易的未实现损益的影响。

对于第一项调整，其基本原理已经在第8章介绍。对于第二项调整，还需要作进一步的讨论。如前所述，集团内部的销售业务主要可以分为顺流销售、逆流销售与水平销售。无论是顺流销售还是逆流销售，其未实现损益都必须完全消除。问题是，完全消除之后，在确定了合并净利润之后，相关的未实现损益是否应该影响少数股东损益和少数股东权益？从逻辑上讲，顺流销售的未实现损益应该全部归入归属于母公司股东的净利润，不应影响少数股东损益和少数股东权益；逆流销售的未实现损益则应当全部调整子公司净利润，从而按照母公司和少数股东各自的持股比例，分别影响归属于母公司股东的净利润和少数股东损益，并相应影响少数股东权益。

下面举例说明集团内部交易的未实现损益对少数股东损益和少数股东权益的影响。

例9-10

P公司20×7年1月1日以202 000万元银行存款购买了S公司80%的股权，P公司取得了对S公司的控制权。该项控股合并为非同一控制下的企业合并。20×7年1月1日在购买交易发生后P公司和S公司的资产负债表数据如第8章表8-5所示。购买日S公司净资产的账面价值为210 000万元，股东权益的具体构成为：股本为150 000万元，资本公积为40 000万元，盈余公积为7 000万元，未分配利润为13 000万元。

P公司和S公司的所得税税率均为25%。为简化举例，不考虑增值税的影响。

在购买日，S公司有两项资产的公允价值与账面价值存在差异：存货的账面价值为130 000万元，公允价值为134 000万元；固定资产的账面价值为100 000万元，公允价值为130 000万元。其他可辨认资产与负债的公允价值与账面价值一致。

S公司20×7年实现净利润21 000万元，提取盈余公积2 100万元，分配现金股利8 000万元，年末未分配利润23 900万元。

20×7年年初被低估的S公司存货全部于当年对集团外销售。20×7年年初被低估的S公司固定资产系管理用固定资产，其剩余折旧年限为10年，该公司对这部分固定资产采用直线法计提折旧。

20×7年P公司与S公司之间发生以下内部交易：20×7年母公司P将成本为8 000万元的商品销售给子公司S，售价为10 000万元。S公司当年对集团外销售其中的40%，其余60%形成期末存货，其成本为6 000万元。

20×7年S公司将成本为4 000万元的商品以6 000万元的价格卖给P公司作存货使用，P公司当年对集团外部销售了其中的80%。

假定P公司之前没有别的子公司。不考虑购买日乙公司存货、固定资产的公允价值与计税基础之间差异的所得税影响。

S公司20×7年的个别财务报表数据见表9-1。

分析：（1）购买日的相关计算。

合并成本＝202 000（万元）

购买日S公司可辨认净资产的账面价值＝210 000（万元）

购买日S公司可辨认资产的公允价值高于账面价值的差额
＝（134 000－130 000）＋（130 000－100 000）＝34 000（万元）

购买日S公司可辨认净资产的公允价值＝210 000＋34 000
＝244 000（万元）

购买日合并财务报表应确认的商誉＝202 000－244 000×80%
＝6 800（万元）

购买日应确认的少数股东权益＝244 000×20%＝48 800（万元）

（2）20×7年度P公司合并财务报表的编制。

在权益法下，母公司来自子公司的投资收益应根据子公司在购买日的公允价值进行调整。控制权取得日所发生的子公司资产与负债项目高估或低估的金额，母公司应分期摊销，调整子公司各期的净利润，母公司将调整后的子公司的净利润作为确认投资收益、调整对子公司长期股权投资账面价值的依据。

1）基于控制权取得日的评估结果调整S公司的可辨认资产及负债的金额（本例分录中的单位为万元）。

借：固定资产　　30 000
　　营业成本　　4 000
　贷：资本公积　　34 000

2）调整固定资产折旧。

借：管理费用　　3 000
　贷：固定资产　　3 000

3）抵销P公司对S公司的内部销售。

P公司对S公司销售商品的未实现销售利润＝(10 000－8 000)×60%
＝1 200(万元)

借：营业收入　　10 000
　贷：营业成本　　8 800
　　　存货　　1 200

4）抵销P公司对S公司的内部销售的所得税影响。

从企业集团的角度来看，存货的账面价值与计税基础之间形成了1 200万元的可抵扣暂时性差异，应在合并工作底稿上确认所得税的影响300万元。

P公司对S公司销售商品的未实现销售利润的所得税影响＝1 200×25%＝300(万元)

借：递延所得税资产　　300
　贷：所得税费用　　300

5）抵销S公司对P公司的内部销售。

S公司将成本为4 000万元的商品以6 000万元的价格卖给P公司作存货使用，P公司当年对集团外部销售了其中的80%。

S公司对P公司销售商品的未实现销售利润＝(6 000－4 000)×20%
＝400(万元)

借：营业收入　　6 000
　贷：营业成本　　5 600
　　　存货　　400

6）抵销S公司对P公司的内部销售的所得税影响。

S公司对P公司销售商品的未实现销售利润的所得税影响＝400×25%
＝100(万元)

借：递延所得税资产　　100

贷：所得税费用 100

7）将成本法下P公司对S公司长期股权投资的年末余额调整为权益法下的年末余额。

20×7年年初S公司存货低估应调整减少S公司当年净利润＝4 000（万元）

20×7年年初S公司固定资产低估应调整减少S公司当年净利润＝30 000÷10＝3 000（万元）

S公司对P公司销售的未实现损益应调整减少S公司当年净利润＝400－100＝300（万元）

20×7年S公司调整后的净利润＝21 000－4 000－3 000－300
＝13 700（万元）

权益法下P公司应确认的投资收益＝13 700×80%＝10 960（万元）

成本法下已确认的投资收益＝8 000×80%＝6 400（万元）

权益法下应追加确认的投资收益＝10 960－6 400＝4 560（万元）

应调整增加长期股权投资的金额＝4 560（万元）

借：长期股权投资 4 560
　贷：投资收益 4 560

8）将P公司对S公司长期股权投资的年末余额与S公司调整后股东权益年末余额的80%的份额相抵销，将S公司调整后股东权益年末余额的20%确认为少数股东权益，差异确认为商誉。

调整后的资本公积余额＝40 000＋34 000＝74 000（万元）

调整后的年末未分配利润＝23 900－4 000－3 000－300＝16 600（万元）

调整后的长期股权投资余额＝202 000＋4 560＝206 560（万元）

少数股东权益＝48 800＋13 700×20%－8 000×20%＝49 940（万元）

借：股本 150 000
　资本公积 74 000
　盈余公积 9 100
　年末未分配利润 16 600
　商誉 6 800
　贷：长期股权投资 206 560
　　少数股东权益 49 940

9）抵销P公司对S公司长期股权投资的投资收益与S公司的利润分配，确认少数股东损益。

少数股东损益＝13 700×20%＝2 740（万元）

借：投资收益 10 960
　少数股东损益 2 740

年初未分配利润　　13 000
贷：提取盈余公积　　2 100
对股东的分配　　8 000
年末未分配利润　　16 600

20×7年的P公司合并工作底稿见表9-1。

表9-1 P公司合并工作底稿

20×7年度　　单位：万元

项目	P公司	S公司	合计金额	调整与抵销分录		合并金额
				借方	贷方	
（利润表部分）						
营业收入	500 000	240 000	740 000	3）10 000 5）6 000		724 000
营业成本	300 000	163 600	463 600	1）4 000	3）8 800 5）5 600	453 200
税金及附加	30 000	14 400	44 400			44 400
销售费用	22 000	17 500	39 500			39 500
管理费用	35 000	13 200	48 200	2）3 000		51 200
财务费用	7 000	1 100	8 100			8 100
资产减值损失	1 400	2 000	3 400			3 400
投资收益	6 400	300	6 700	9）10 960	7）4 560	300
营业利润	111 000	28 500	139 500	33 960	18 960	124 500
营业外支出	1 000	500	1 500			1 500
利润总额	110 000	28 000	138 000	33 960	18 960	123 000
所得税费用	26 000	7 000	33 000		4）300 6）100	32 600
净利润	84 000	21 000	105 000	33 960	19 360	90 400
少数股东损益				9）2 740		2 740
归属于母公司股东的净利润（①转下：未分配利润变动部分）	84 000	21 000	105 000	36 700	19 360	87 660
（股东权益变动表的未分配利润变动部分）						
年初未分配利润	5 000	13 000	18 000	9）13 000		5 000
净利润（承上①：利润表部分）	84 000	21 000	105 400	35 700	19 360	87 660
提取盈余公积	8 400	2 100	10 500		9）2 100	8 400
对股东的分配	25 000	8 000	33 000		9）8 000	25 000

续表

项目	P公司	S公司	合计金额	调整与抵销分录		合并金额
				借方	贷方	
年末未分配利润（②转下：资产负债表部分）	55 600	23 900	79 500	8）16 600 66 300	9）16 600 46 060	59 260
（资产负债表部分）						
货币资金	62 000	17 000	79 000			79 000
应收账款	179 000	98 000	277 000			277 000
存货	212 000	87 000	299 000		3）1 200 5）400	297 400
长期股权投资	202 000		202 000	7）4 560	8）206 560	
固定资产	644 000	210 000	854 000	1）30 000	2）3 000	881 000
递延所得税资产				4）300 6）100		400
商誉				8）6 800		6 800
资产总计	1 299 000	412 000	1 711 000	41 760	211 160	1 541 600
应付账款	114 000	29 000	143 000			143 000
长期借款	86 000	160 000	246 000			246 000
股本	800 000	150 000	550 000	8）150 000		800 000
资本公积	200 000	40 000	640 000	8）74 000	1）34 000	200 000
盈余公积	43 400	9 100	52 500	8）9 100		43 400
未分配利润（承上②：未分配利润变动部分）	55 600	23 900	79 500	66 300	46 060	59 260
少数股东权益					8）49 940	49 940
负债和股东权益总计	1 299 000	412 000	1 711 000	2 990 004	130 000	1 541 600
调整与抵销金额合计				341 160	341 160	

根据表 9-1 的合并工作底稿，编制 20×7 年度的合并利润表、合并资产负债表和合并股东权益变动表，分别见表 9-2、表 9-3 和表 9-4。

表 9-2　合并利润表

编制单位：P公司　　20×7 年度　　单位：万元

项目	本年金额	上年金额
一、营业总收入	724 000	
其中：营业收入	724 000	
二、营业总成本		

续表

项目	本年金额	上年金额
其中：营业成本	453 200	
税金及附加	44 400	
销售费用	39 500	
管理费用	51 200	
研发费用		
财务费用	8 100	
其中：利息费用	8 100	
利息收入		
加：其他收益		
投资收益（损失以“—”号填列）	300	
其中：对联营企业和合营企业的投资收益		
公允价值变动收益（损失以“—”号填列）		
资产处置收益（损失以“—”号填列）		
减：信用减值损失（转回以“—”号填列）		
资产减值损失（转回以“—”号填列）	3 400	
三、营业利润	124 500	
加：营业外收入		
减：营业外支出	1 500	
四、利润总额（亏损总额以“—”号填列）	123 000	
减：所得税费用	32 600	
五、净利润（净亏损以“—”号填列）	90 400	
（一）按经营持续性分类		
1 持续经营净利润（净亏损以“—”号填列）	90 400	
2 终止经营净利润（净亏损以“—”号填列）		
（二）按所有权归属分类		
1 归属于母公司股东的净利润（净亏损以“—”号填列）	87 660	
2 少数股东损益（净亏损以“—”号填列）	2 740	

表9-3 合并资产负债表

编制单位：P公司　　20×7年12月31日　　单位：万元

项目	年末余额	上年年末余额
流动资产：		
货币资金	79 000	
应收账款	277 000	
存货	297 400	
流动资产合计	653 400	
非流动资产：		
长期股权投资		
固定资产	881 000	
商誉	6 800	
递延所得税资产	400	
非流动资产合计	888 200	
资产总计	1 541 600	
流动负债：		
短期借款		
应付账款	143 000	
流动负债合计	143 000	
非流动负债：		
长期借款	246 000	
应付债券		
非流动负债合计	246 000	
负债合计	389 000	
股东权益：		
股本	800 000	
资本公积	200 000	
盈余公积	43 400	
未分配利润	59 260	
归属于母公司股东权益合计	1 102 660	
少数股东权益	49 940	
股东权益合计	1 152 600	
负债和股东权益总计	1 541 600	

表 9－4　合并股东权益变动表

20×7 年度

编制单位：P公司　　　　单位：万元

项目	本年金额						上年金额					
	归属于母公司股东权益				少数股东权益	股东权益合计	归属于母公司股东权益				少数股东权益	股东权益合计
	股本	资本公积	盈余公积	未分配利润			股本	资本公积	盈余公积	未分配利润		
一、上年年末余额	800 000	200 000	35 000	5 000	48 800	1 088 800						
加：会计政策变更												
前期差错更正												
二、本年年初余额	800 000	200 000	35 000	5 000	48 800	1 088 800						
三、本年增减变动金额（减少以“－”号填列）												
（一）本年净利润				87 660	2 740	90 400						
（二）所有者投入和减少资本												
（三）利润分配												
1. 提取盈余公积			8 400	8 400								
2. 对股东的分配				25 000	1 600	26 600						
（四）股东权益内部结转												
1. 资本公积转增股本												
2. 盈余公积转增股本												
3. 盈余公积弥补亏损												
四、本年年末余额	800 000	200 000	43 400	59 260	49 940	1 152 600						

9.6　母公司分步实现控股合并

在投资企业分步实现对被投资企业的控股合并的情况下，面临合并商誉的确定问题。

9.6.1　母公司的股权投资会计处理

《企业会计准则解释第 4 号》规定，企业通过多次交易分步实现非同一控制下企业合并的，购买方（母公司）应当以购买日之前所持被购买方的股权投资的账面价值与购买日新增投资成本之和，作为该项投资的初始投资成本。也就是说，如果取得控制权之前投资企业对长期股权投资采用权益法核算，原来采用权益法所确定的长期股权投资的账面价值不需要追溯调整。具体计算公式如下：

控制权取得日长期股权投资的余额＝长期股权投资的原账面价值＋追加投资的成本

9.6.2　合并财务报表的处理

在企业通过多次交易分步实现非同一控制下企业合并的情况下，合并财务报表编制的关键是如何确定合并商誉。按照《企业会计准则解释第 4 号》的规定，在这种情况下确定合并商誉时，对于购买日之前持有的被购买方的股权，应当按照该股权在购买日的公允价值进行重新计量，公允价值与其账面价值的差额计入当期投资收益；购买日之前持有的被购买方的股权涉及其他综合收益的，与其相关的其他综合收益应当转为购买日所属当期投资收益。购买方应当在附注中披露其在购买日之前持有的被购买方的股权在购买日的公允价值、按照公允价值重新计量产生的相关利得或损失的金额。也就是说，《企业会计准则解释第 4 号》要求采用以原投资在购买日的公允价值与新投资的成本之和为基础一次确认合并商誉的方法。

由于购买日之前持有的被购买方的股权并不反映在合并资产负债表上，因此准确的表达是：在确定合并商誉时，应当以购买日之前持有的被购买方的股权在购买日的公允价值与购买日新取得股权的成本之和为基础，具体计算公式如下：

合并商誉＝购买日之前持有的被购买方股权在购买日的公允价值＋购买日新取得股权的成本－购买日被购买方可辨认净资产公允价值的份额

9.6.3　举例

例 9－11

20×2 年 1 月 1 日，假设 P 公司以银行存款 2 000 000 元和每股市价 8 元、每股面值1元的普通股1 000 000股，购买S公司流通在外有表决权普通股的30%。P公司以银行存款支付发行股票发生的手续费、佣金100 000元。P公司对S公司具有重大影响，之前两家公司之间不存在关联关系。假定S公司20×2年实现净利润6 000 000元，未发放股利。S公司20×2年年初的存货全部在当年出售，固定资产采用年限平均法计提折旧，剩余折旧年限为20年。

20×3年1月1日，P公司以9 000 000元银行存款收购了S公司另外25%的股份。至此，P公司对S公司的持股比例达到55%，P公司控制了S公司。P公司对S公司的收购属于非同一控制下的企业合并。

假定P公司和S公司资产、负债的账面价值与公允价值资料如表9-5所示。

表9-5 P公司和S公司资产、负债的账面价值与公允价值 单位：元

项目	S公司				P公司
	20×1年12月31日		20×2年12月31日		20×2年12月31日
	账面价值	公允价值	账面价值	公允价值	账面价值
货币资金	3 000 000	3 000 000	5 000 000	5 000 000	5 000 000
应收账款	4 400 000	4 400 000	4 500 000	4 500 000	10 000 000
存货	6 000 000	7 600 000	5 500 000	5 500 000	8 000 000
其他流动资产	6 600 000	6 600 000	7 000 000	7 000 000	15 000 000
长期股权投资					20 000 000
固定资产	10 000 000	16 000 000	20 000 000	22 000 000	30 000 000
资产总计	30 000 000	37 600 000	42 000 000	44 000 000	88 000 000
短期借款			6 000 000	6 000 000	40 000 000
应付账款	2 000 000	2 000 000	2 800 000	2 800 000	8 000 000
长期应付款	4 000 000	4 000 000	3 200 000	3 200 000	
股本	20 000 000		20 000 000		10 000 000
资本公积					20 000 000
盈余公积	3 000 000		3 600 000		8 000 000
未分配利润	1 000 000		6 400 000		2 000 000
负债和股东权益总计	30 000 000		40 000 000		88 000 000

分析：按照我国《企业会计准则第20号——企业合并》的规定，对于非同一控制下的企业合并，应采用购买法进行会计处理。按照《企业会计准则第2号——长期股权投资》的规定，投资企业对被投资企业有重大影响时，应采用权益法进行会计处理；投资企业对被投资企业具有控制时，应采用成本法进行会计处理。

(1) P公司对S公司长期股权投资的账务处理。

①20×2年1月1日，记录对S公司30%的股权投资的初始投资成本。

借：长期股权投资——S公司（成本） 10 000 000

贷：股本　　1 000 000
　　资本公积　　6 900 000
　　银行存款　　2 100 000

初始投资成本＝2 000 000＋1 000 000×8＝10 000 000(元)

所取得的 S 公司可辨认净资产公允价值的份额＝[37 600 000－(2 000 000＋4 000 000)]×30%
＝9 480 000(元)

由于初始投资成本大于所取得的 S 公司可辨认净资产公允价值的份额，因此在投资日不需要对权益法下的初始投资成本进行调整。

2）20×2 年 12 月 31 日，记录在 S 公司账面净利润中的份额。

假定存货在 20×2 年全部出售，固定资产按 20 年计提折旧。

S 公司 20×2 年应确认对 S 公司股权投资的投资收益如表 9－6 所示。

表 9－6　权益法下长期股权投资的投资收益计算表　　单位：元

S 公司的账面净利润	6 000 000
减：存货（20×2 年出售）	7 600 000－6 000 000＝1 600 000
固定资产（按 20 年计提折旧）	(16 000 000－10 000 000)÷20＝300 000
S 公司的调整后净利润	4 100 000
P 公司应确认投资收益	4 100 000×30%＝1 230 000

借：长期股权投资——S 公司（损益调整）　　1 230 000
　贷：投资收益——S 公司　　1 230 000

20×2 年年末 P 公司对 S 公司长期股权投资的账面价值为：

10 000 000＋1 230 000＝11 230 000(元)

3）20×3 年 1 月 1 日，记录 P 公司对 S 公司的追加投资。

收购 S 公司另外 25%的股份，持股比例达到 55%，并控制了 S 公司，因此应改用成本法进行会计处理。改用成本法时，对原投资的权益法下的余额不作调整。这就意味着，在这种处理方法下，控制权取得日对子公司长期股权投资的余额为原投资的账面价值与追加投资成本之和，即

11 230 000＋9 000 000＝20 230 000(元)

20×3 年 1 月 1 日，P 公司记录对 S 公司追加长期股权投资的会计分录如下：

借：长期股权投资——S 公司　　9 000 000
　贷：银行存款　　9 000 000

（2）P 公司购买日合并资产负债表的编制。

1）确定合并商誉。可以根据追加投资支付的对价估计原投资的公允价值。

控制权取得日原 30%股权的公允价值＝9 000 000÷25%×30%
＝10 800 000(元)

控制权取得日的合并成本＝10 800 000＋9 000 000＝19 800 000(元)

控制权取得日S公司可辨认净资产的公允价值＝44 000 000－(6 000 000＋2 800 000＋3 200 000)

＝32 000 000(元)

合并商誉＝19 800 000－32 000 000×55%＝2 200 000(元)

2）20×3年1月1日合并工作底稿上的调整与抵销分录。

①将购买日S公司的可辨认资产与负债的账面价值调整为公允价值。

借：固定资产　　2 000 000

　贷：资本公积　　2 000 000

②将P公司对S公司的长期股权投资与S公司调整后净资产的55%的份额相抵销，将S公司余下45%的调整后股东权益确认为少数股东权益，将差额确认为商誉。

调整后的资本公积＝0＋2 000 000＝2 000 000(元)

长期股权投资余额＝10 000 000＋9 000 000＝19 000 000(元)

少数股东权益＝32 000 000×45%＝14 400 000(元)

投资收益＝10 800 000－10 000 000＝800 000(元)

借：股本　　20 000 000

　　资本公积　　2 000 000

　　盈余公积　　3 600 000

　　未分配利润　　6 400 000

　　商誉　　2 200 000

　贷：长期股权投资　　19 000 000

　　　少数股东权益　　14 400 000

　　　投资收益　　800 000

③结转投资收益。

借：投资收益　　800 000

　贷：未分配利润　　800 000

在非同一控制下的控股合并条件下，控制权取得日只编制合并资产负债表，因此，投资收益800 000元需结转至未分配利润项目。需要强调的是，上述关于投资收益800 000元的确认与结转，都只是体现在合并工作底稿上。在编制20×3年度的合并财务报表时，投资收益800 000元便可反映在合并利润表中。

9.7 复杂持股结构下合并财务报表的编制

由于金字塔式的控股结构是我国企业集团主要的控股模式，多层控股与交叉持股在我国企业集团中很普遍。无疑，多层控股与交叉持股会加大合并财务报表编制的难度。

9.7.1 企业集团内部交叉持股下的合并财务报表

在企业集团内部各企业相互持股的情况下，合并财务报表的编制可以采用库存股法。

库存股法将子公司持有的母公司的股票视为企业集团的库存股，因此，子公司对母公司的长期股权投资应采用成本法进行会计处理，在合并资产负债表中，应将该库存股作为股东权益的减项。母子公司之间或子公司之间的股利收入，在工作底稿中应予以冲销。

下面通过具体例子来说明库存股法的实际运用。

例 9-12

A 公司与 B 公司均为上市公司。A 公司于 20×7 年年初以银行存款 9 000 万元购买了 B 公司 90%的股权，取得了对 B 公司的控制权。该项控股合并为非同一控制下的合并。购买日 B 公司可辨认净资产的公允价值为 9 500 万元，B 公司各项可辨认资产和负债的公允价值等于其账面价值。

20×7 年 2 月 10 日，B 公司以 5 000 万元银行存款从股票市场上购买了 A 公司 5%的股权，作为长期股权投资进行管理，采用成本法核算。

20×7 年 5 月 A 公司发放现金股利 3 000 万元，B 公司发放现金股利 200 万元。20×7 年 A 公司与 B 公司除相互的长期股权投资之外，没有任何其他投资。其余资料见表 9-7 的合并工作底稿。

分析：（1）A 公司采用成本法，记录从 B 公司分得的股利（本例分录中的单位为万元）。

借：银行存款　　180
　贷：投资收益　　180

（2）B 公司采用成本法，记录从 A 公司分得的股利。

借：银行存款　　150
　贷：投资收益　　150

（3）合并工作底稿上的抵销分录。

1）将成本法下 A 公司对 B 公司长期股权投资的余额调整为权益法下的余额。

应调整增加长期股权投资的金额＝(2 000－200)×90%＝1 620(万元)

借：长期股权投资　　1 620
　贷：投资收益　　1 620

2）抵销 A 公司对 B 公司的投资与 B 公司的股东权益。

购买日的商誉＝9 000－9 500×90%＝450(万元)

调整后 A 公司对 B 公司长期股权投资的余额＝9 000＋1 620
＝10 620(万元)

购买日应确认的少数股东权益＝9 500×10%＝950(万元)

20×7年年末应确认的少数股东权益＝950＋(2 000－200)×10%
＝1 130(万元)

借：股本 8 000
　盈余公积 1 400
　年末未分配利润 1 900
　商誉 450
　贷：长期股权投资 10 620
　　少数股东权益 1 130

3）抵销B公司对A公司的投资。

借：库存股 5 000
　投资收益 150
　贷：长期股权投资 5 000
　　对股东的分配 150

4）抵销A公司和B公司之间的内部投资收益和股利分配。

借：投资收益 1 800
　少数股东损益 200
　年初未分配利润 500
　贷：提取盈余公积 400
　　对股东的分配 200
　　年末未分配利润 1 900

根据上述资料，编制合并工作底稿如表9－7所示。

表9－7　A公司与B公司合并工作底稿

20×7年12月31日　　单位：万元

项目	A公司	B公司	合计金额	调整与抵销分录		合并金额
				借方	贷方	
(利润表部分)						
营业收入	130 000	24 000	154 000			154 000
营业成本	98 000	17 400	115 400			115 400
期间费用	15 820	3 950	19 770			19 770
投资收益	180	150	330	3）150 4）1 800	1）1 620	
营业利润	16 360	2 800	19 160	1 950	1 620	18 830
利润总额	16 360	2 800	19 160	1 950	1 620	18 830
所得税费用	4 000	800	4 800			4 800
净利润	12 360	2 000	14 360	1 950	1 620	14 030
少数股东损益				4）200		200

续表

项目	A 公司	B 公司	合计金额	调整与抵销分录		合并金额
				借方	贷方	
归属于母公司股东的净利润（①转下：未分配利润变动部分）	12 360	2 000	14 360	2 150	1 620	13 830
（股东权益变动表的未分配利润变动部分）						
年初未分配利润	2 000	500	2 500	4）500		2 000
净利润（承上①：利润表部分）	12 360	2 000	14 360	2 150	1 620	13 830
提取盈余公积	2 756	400	3 156		4）400	2 756
对股东的分配	3 000	200	3 200		4）200	2 850
年末未分配利润（②转下：资产负债表部分）	8 604	1 900	10 504	2）1 900 4 550	4）1 900 4 270	10 224
（资产负债表部分）						
长期股权投资	9 000	5 000	14 000	1）1 620	2）10 620 3）5 000	
商誉				2）450		450
其他资产	89 380	15 000	104 380			104 380
资产总计	98 380	20 000	118 380	2 070	15 620	104 830
负债合计	37 020	8 700	45 720			45 720
股本	50 000	8 000	58 000	2）8 000		50 000
减：库存股				3）5 000		5 000
盈余公积	2 756	1 400	4 156	2）1 400		2 756
未分配利润（承上②：未分配利润变动部分）	8 604	1 900	10 504	4 550	4 270	10 224
少数股东权益					2）1 130	1 130
股东权益合计	61 360	11 300	72 660	18 950	5 400	59 110
负债和股东权益总计	98 380	20 000	118 380	18 950	5 400	104 830
调整与抵销金额合计				21 020	21 020	

9.7.2　企业集团内部多层控股结构下的合并财务报表

假定当一家公司持有另一家公司股份超过 50%时，就可以对其形成控制；若持股比例小于等于 50%，则不能形成控制；若持股比例小于等于 20%，则不能形成重大影响，进一步假定不能形成重大影响的，按成本法核算。假定 M 集团的持股结构如图 9－1 所示。

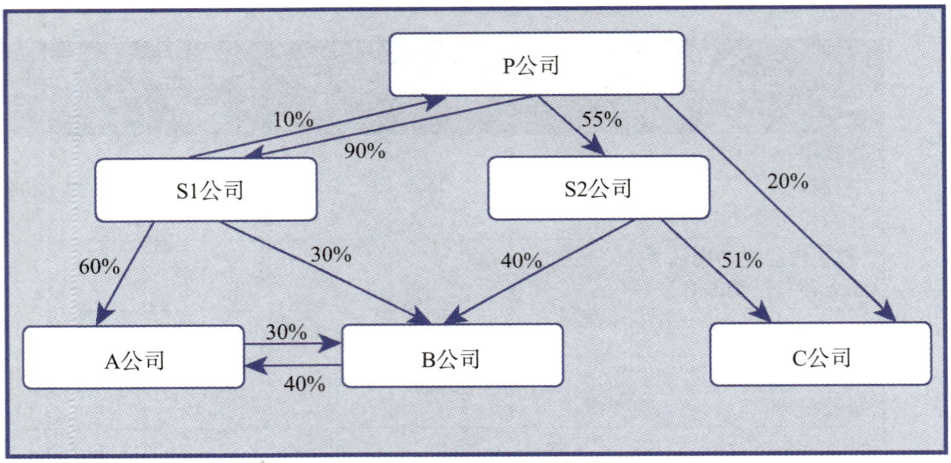

图9-1 M集团持股结构示意图

（1）M集团中哪些公司应当编制合并财务报表？

我国现行会计准则规定，母公司应当编制合并财务报表，其中，母公司是指有一个或一个以上子公司的企业。因此，应编制合并财务报表的公司包括P公司、S1公司和S2公司。

（2）在S1公司控制A公司的情况下，P公司长期股权投资核算应以S1公司的个别财务报表为基础还是以其合并财务报表为基础？

我国现行会计准则规定，对子公司长期股权投资的会计处理应采用成本法，其依据应该为子公司的个别财务报表。因此，P公司长期股权投资的会计处理应以S1公司的个别财务报表为基础，编制合并财务报表时，则以S1公司编制的合并财务报表为基础。

（3）如何计算P公司合并财务报表中C公司的少数股东权益？

少数股东权益是指不直接归属于母公司也不通过其他子公司间接归属于母公司的部分。P公司直接拥有C公司20%的股权，间接拥有C公司28.05%（55%×51%）的股权，因此，少数股东权益的比例应为51.95%（1－（20%＋55%×51%））。在间接控股的情况下，计算少数股东权益时应运用乘法原理。

在多层控股的情况下，合并财务报表的编制可以采用逐级合并的方法。

例9-13

沿用第8章例8-8、例8-9和例8-10的资料，假定P公司20×7年1月1日以202 000万元银行存款购买了S公司80%的股权，P公司取得了对S公司的控制权，该项控股合并为非同一控制下的合并。20×7年1月1日和20×7年度P公司、S公司的个别财务报表数据分别参见第8章例8-8和例8-9。

20×8年1月2日，假定S公司以79 500万元银行存款收购了T公司90%的股权，S公司取得了对T公司的控制权，该项控股合并为非同一控制下的企业合并。在购买日，T公司股东权益的账面价值为85 000万元，具体构成为：股本50 000万元，资本公积20 000万元，盈余公积9 000万元，未分配利润6 000

万元；购买日T公司可辨认净资产的公允价值为85 000万元，T公司各项资产和负债的账面价值与公允价值不存在差异。

20×8年S公司实现净利润33 000万元，提取盈余公积3 300万元，发放现金股利10 000万元。

20×8年T公司实现净利润9 000万元，提取盈余公积900万元，发放现金股利3 000万元。

20×8年度S公司和T公司的个别财务报表数据见表9-8。20×8年度P公司的个别财务报表数据见表9-9。假设20×8年P公司、S公司和T公司之间未发生其他内部交易。

分析：（1）编制20×7年1月1日P公司的合并工作底稿。

参见第8章例8-8。

（2）编制20×7年度P公司的合并工作底稿。

参见第8章例8-9。

（3）编制20×8年1月1日S公司取得对T公司的控制权时的合并工作底稿。

与P公司取得S公司控制权时的编制原理相同，此处略。

（4）20×8年度S公司的合并工作底稿。

为了方便本例的解释，我们引入“经营利润”的概念。经营利润是指一家母公司的净利润中扣除对子公司投资的投资收益后余下的部分，即

经营利润＝净利润－对子公司投资的投资收益

1）将成本法下长期股权投资的年末余额调整为权益法下的年末余额。

在合并工作底稿上先将成本法下长期股权投资的年末余额调整为权益法下的余额，然后再抵销（本例分录中的单位为万元）。

20×8年T公司调整后的净利润＝9 000(万元)

权益法下S公司应确认的投资收益＝9 000×90%＝8 100(万元)

少数股东损益＝9 000×10%＝900(万元)

成本法下已确认的投资收益＝3 000×90%＝2 700(万元)

20×8年权益法下应追加确认长期股权投资的投资收益＝8 100－2 700＝5 400(万元)

应调整增加长期股权投资的金额＝5 400(万元)

借：长期股权投资	5 400	
贷：投资收益		5 400

2）将S公司对T公司长期股权投资的年末余额与T公司调整后股东权益年末余额的90%的份额相抵销，将T公司调整后股东权益年末余额的10%确认为少数股东权益，差异确认为商誉。

20×8年年末T公司的盈余公积余额＝9 000＋900＝9 900(万元)

20×8年年末T公司调整后的年末未分配利润 =6 000+9 000−900−3 000

=11 100（万元）

商誉=79 500−85 000×90%=3 000（万元）

20×8年年末权益法下长期股权投资的余额=79 500+5 400

=84 900（万元）

20×8年年初S公司取得对T公司控制权时的少数股东权益 =85 000×10%=8 500（万元）

20×8年年末的少数股东权益=8 500+（9 000−3 000）×10%

=9 100（万元）

借：股本	50 000	
资本公积	20 000	
盈余公积	9 900	
年末未分配利润	11 100	
商誉	3 000	
贷：长期股权投资		84 900
少数股东权益		9 100

3）抵销S公司与T公司的内部投资收益与T公司的利润分配，确认少数股东损益。

借：投资收益	8 100	
少数股东损益	900	
年初未分配利润	6 000	
贷：提取盈余公积		900
对股东的分配		3 000
年末未分配利润		11 100

分录3）中借记金额之和代表T公司调整后的可供分配利润，贷记金额之和代表T公司调整后可供分配利润的分配去向。

20×8年的S公司合并工作底稿见表9-8。

表9-8　S公司合并工作底稿

20×8年12月31日　　　　单位：万元

项目	S公司	T公司	合计金额	调整与抵销分录		合并金额
				借方	贷方	
（利润表部分）						
营业收入	300 000	50 000	350 000			350 000
营业成本	188 000	32 000	220 000			220 000
税金及附加	19 200	3 000	22 200			22 200
销售费用	11 700	900	12 600			12 600

续表

项目	S 公司	T 公司	合计金额	调整与抵销分录		合并金额
				借方	贷方	
管理费用	23 000	1 800	24 800			24 800
财务费用	6 200	500	6 700			6 700
资产减值损失	7 700		7 700			7 700
投资收益	2 700	200	2 900	3）8 100	1）5 400	200
营业利润	46 900	12 000	58 900	8 100	5 400	56 200
营业外支出	400		400			400
利润总额	46 500	12 000	58 500	8 100	5 400	55 800
所得税费用	11 000	3 000	14 000			14 000
净利润	35 500	9 000	44 500	8 100	5 400	41 800
少数股东损益				3）900		900
归属于母公司股东的净利润（①转下：未分配利润变动部分）	35 500	9 000	44 500	9 000	5 400	40 900
（股东权益变动表的未分配利润变动部分）						
年初未分配利润	23 900	6 000	29 900	3）6 000		23 900
净利润（承上①：利润表部分）	35 500	9 000	44 500	9 000	5 400	40 900
提取盈余公积	3 550	900			3）900	3 550
对股东的分配	10 000	3 000	13 000		3）3 000	10 000
年末未分配利润（②转下：资产负债表部分）	45 850	11 100	56 950	2）11 100 26 100	3）11 100 20 400	51 250
（资产负债表部分）						
货币资金	20 600	2 000	22 600			22 600
应收账款	78 900	3 000	81 900			81 900
存货	96 000	50 000	146 000			146 000
长期股权投资	79 500		79 500	1）5 400	2）84 900	
固定资产	164 000	110 000	274 000			274 000
商誉				2）3 000		3 000
资产总计	439 000	165 000	604 000	8 400	84 900	527 500
应付账款	30 500	14 000	44 500			44 500
长期借款	160 000	60 000	220 000			220 000
股本	150 000	50 000	200 000	2）50 000		150 000

续表

项目	S公司	T公司	合计金额	调整与抵销分录		合并金额
				借方	贷方	
资本公积	40 000	20 000	60 000	2）20 000		40 000
盈余公积	12 650	9 900	22 250	2）9 900		12 650
未分配利润（承上②：未分配利润变动部分）	45 850	11 100	56 950	26 100	20 400	51 250
少数股东权益					2）9 100	9 100
负债和股东权益总计	439 000	165 000	604 000	106 000	29 500	527 500
调整与抵销金额合计				114 400	114 400	

（5）20×8年度P公司的合并工作底稿。

1）将成本法下长期股权投资的年末余额调整为权益法下的年末余额。

在合并工作底稿上先将成本法下长期股权投资的年末余额调整为权益法下的余额，然后再抵销。

20×7年按权益法应调整增加长期股权投资的金额＝4 800(万元)

20×8年S公司调整前的经营利润＝35 500－2 700＝32 800(万元)

20×8年S公司调整后的经营利润＝32 800－3 000＝29 800(万元)

20×8年S公司权益法下的投资收益＝9 000×90%＝8 100(万元)

20×8年S公司调整后的净利润＝29 800＋8 100＝37 900(万元)

权益法下P公司应确认对S公司投资的投资收益＝37 900×80%
＝30 320(万元)

少数股东损益＝37 900×20%＝7 580(万元)

成本法下已确认的投资收益＝10 000×80%＝8 000(万元)

权益法下P公司应追加确认对S公司投资的投资收益＝30 320－8 000
＝22 320(万元)

20×8年权益法下累计应调整增加长期股权投资的金额＝4 800＋22 320
＝27 120(万元)

合并工作底稿上的调整与抵销分录如下：

借：长期股权投资　　27 120
　贷：年初未分配利润　　4 800
　　　投资收益　　22 320

2）基于控制权取得日的评估结果调整S公司的可辨认资产及负债的金额。

借：固定资产　　30 000
　　年初未分配利润　　4 000
　贷：资本公积　　34 000

3）调整固定资产折旧。

借：年初未分配利润　　3 000
　　管理费用　　3 000
　贷：固定资产　　6 000

4）将 P 公司对 S 公司长期股权投资的年末余额与 S 公司调整后股东权益年末余额的 80%的份额相抵销，将 S 公司调整后股东权益年末余额的 20%确认为少数股东权益，差异确认为商誉。

调整后的资本公积余额＝40 000＋34 000＝74 000(万元)

年末盈余公积＝9 100＋3 550＝12 650(万元)

20×8 年调整后的年末未分配利润＝调整后的年初未分配利润＋调整后的本年净利润－提取的盈余公积－对股东的分配
＝16 900＋37 900－3 550－10 000
＝41 250(万元)

20×8 年年末权益法下长期股权投资的余额＝202 000＋27 120
＝229 120(万元)

20×8 年年末的少数股东权益＝50 000＋7 580－10 000×20%
＝55 580(万元)

借：股本　　150 000
　　资本公积　　74 000
　　盈余公积　　12 650
　　年末未分配利润　　41 250
　　商誉　　6 800
　贷：长期股权投资　　229 120
　　　少数股东权益　　55 580

5）抵销 P 公司与 S 公司之间的内部投资收益与 S 公司的利润分配，确认少数股东损益。

借：投资收益　　30 320
　　少数股东损益　　7 580
　　年初未分配利润　　16 900
　贷：提取盈余公积　　3 550
　　　对股东的分配　　10 000
　　　年末未分配利润　　41 250

调整后的“年初未分配利润”16 900 万元等于上年年末调整后的“年末未分配利润”，不是 S 公司个别财务报表上的年末未分配利润。调整后的“年末未分配利润”41 250 万元，既不是 S 公司个别财务报表上的年末未分配利润，也不是 S 公司合并财务报表上的年末未分配利润。

20×8 年的 P 公司合并工作底稿见表 9－9。

表9-9 P公司合并工作底稿

20×8年12月31日　　单位：万元

项目	P公司	S公司	合计金额	调整与抵销分录		合并金额
				借方	贷方	
（利润表部分）						
营业收入	600 000	350 000	950 000			950 000
营业成本	390 000	220 000	610 000			610 000
税金及附加	36 000	22 200	58 200			58 200
销售费用	15 300	12 600	27 900			27 900
管理费用	20 000	24 800	44 800	3）3 000		47 800
财务费用	4 600	6 700	11 300			11 300
资产减值损失	1 600	7 700	9 300			9 300
投资收益	8 000	200	8 200	5）30 320	1）22 320	200
营业利润	140 500	56 200	196 700	33 320	22 320	185 700
营业外支出	500	400	900			900
利润总额	140 000	55 800	195 800	33 320	22 320	184 800
所得税费用	35 000	14 000	49 000			49 000
净利润	105 000	41 800	146 800	33 320	22 320	135 800
少数股东损益		900	900	5）7 580		8 480
归属于母公司股东的净利润（①转下：未分配利润变动部分）	105 000	40 900	145 900	40 900	22 320	127 320
（股东权益变动表的未分配利润变动部分）						
年初未分配利润	55 600	23 900	79 500	2）4 000 3）3 000 5）16 900	1）4 800	60 400
净利润（承上①：利润表部分）	105 000	40 900	145 900	40 900	22 320	127 320
提取盈余公积	10 500	3 550	14 050		5）3 550	10 500
对股东的分配	62 000	10 000	72 000		5）10 000	62 000
年末未分配利润（②转下：资产负债表部分）	88 100	51 250	139 350	4）41 250 106 050	5）41 250 81 920	115 220
（资产负债表部分）						
货币资金	40 800	22 600	63 400			63 400
应收账款	88 000	81 900	169 900			169 900
存货	114 000	146 000	260 000			260 000

续表

项目	P公司	S公司	合计金额	调整与抵销分录		合并金额
				借方	贷方	
长期股权投资	202 000		202 000	1）27 120	4）229 120	
固定资产	871 200	274 000	1 145 200	2）30 000	3）6 000	1 169 200
商誉		3 000	3 000	4）6 800		9 800
资产总计	1 316 000	527 500	1 843 500	63 920	235 120	1 672 300
应付账款	88 600	44 500	133 100			133 100
长期借款	86 000	220 000	306 000			306 000
股本	800 000	150 000	950 000	4）150 000		800 000
资本公积	200 000	40 000	240 000	4）74 000	2）34 000	200 000
盈余公积	53 300	12 650	65 700	4）12 650		53 300
未分配利润（承上②：未分配利润变动部分）	88 100	51 250	139 350	106 050	81 920	115 220
少数股东权益		9 100	9 100		4）55 580	64 680
负债和股东权益总计	1 316 000	527 500	1 843 500	342 700	171 500	1 672 300
调整与抵销金额合计				406 620	406 620	

9.8　合并现金流量表与合并股东权益变动表

按照企业会计准则的规定，母公司除了编制合并资产负债表和合并利润表，还应当编制合并现金流量表与合并股东权益变动表（或合并所有者权益变动表）。合并现金流量表是反映整个企业集团的现金流量情况的财务报表。合并股东权益变动表是以母子公司的个别股东权益变动表为依据编制的用以反映一定期间内整个企业集团的各股东权益项目的变动情况的财务报表。

本节专门讨论合并现金流量表与合并股东权益变动表的编制问题。

9.8.1　合并现金流量表的编制依据

现金流量表是按照收付实现制反映企业经济业务所引起的现金流入和流出情况的报表，一般分为经营活动产生的现金流量、投资活动产生的现金流量、筹资活动产生的现金流量等三大类，反映企业一定会计期间的现金流量情况。其中，经营活动产生的现金流量的列示方法有直接法和间接法两种，我国企业会计准则要求采用直接法，并在附注中披露将净利润调节为经营活动现金流量的信息。企业会计准则对合并现金流量表的基本要求与个别现金流量表相同。

合并现金流量表的编制方法按照其编制依据可以分为两种：

（1）以合并资产负债表和合并利润表为基础，采用与个别现金流量表相同的方法编制出合并现金流量表。

（2）以母公司和纳入合并范围的子公司的个别现金流量表为基础，通过编制抵销分录，将母公司与纳入合并范围的子公司以及子公司相互之间发生的经济业务对个别现金流量表中的现金流量的影响予以抵销，从而编制出合并现金流量表。在采用这一方法编制合并现金流量表的情况下，其编制原理、编制方法和编制程序与合并资产负债表、合并利润表相同。即首先编制合并工作底稿，将母公司和子公司个别现金流量表各项目的数据全部过入合并工作底稿，并予以加总；然后根据当期母公司与子公司以及子公司相互之间发生的影响其现金流量增减变动的经济业务，编制相应的抵销分录，通过抵销分录将个别现金流量表中集团内部成员之间的现金流入和流出数量予以抵销；最后，在此基础上计算出合并现金流量表的各项目的合并数，并填制合并现金流量表。

9.8.2 合并现金流量表需要调整的主要内容和抵销分录的编制

编制合并现金流量表时需要调整的内容主要有两个方面：一是内部交易；二是少数股东权益。从整个企业集团的角度来看，内部交易导致的现金流量仅仅是现金在集团内部存放的地点发生变化，不是真正意义上的现金流转，因此，在编制合并现金流量表时应该对内部交易涉及的现金流量进行相应的抵销调整。对于子公司与少数股东之间的现金流入和流出，如上所述，必须在合并现金流量表中予以反映。

编制合并现金流量表抵销分录的规则是：流入项目的借方表示增加，贷方表示减少；流出项目的借方表示减少，贷方表示增加。

1. 内部交易

（1）内部销售业务的现金收付的抵销。内部销售是指集团内部成员企业之间的销售。在编制现金流量表时，需要将内部销售涉及的现金流量进行抵销，具体又可分为以下三种情况。

第一种情况：一方经营活动现金流入与另一方经营活动现金流出相抵销。在销货方的存货卖给购货方仍然作为存货管理的情况下，需要将销货方的“销售商品、提供劳务收到的现金”与购货方的“购买商品、接受劳务支付的现金”相抵销，即借记“经营活动现金流量——购买商品、接受劳务支付的现金”，贷记“经营活动现金流量——销售商品、提供劳务收到的现金”。

例如，P公司为S公司的母公司，并持有S公司80%的股权。20×7年P公司将自己生产的一批产品销售给S公司，售价为400 000元，增值税为68 000元，成本为280 000元。因此，抵销分录为：

借：经营活动现金流量——购买商品、接受劳务支付的现金　　468 000

　贷：经营活动现金流量——销售商品、提供劳务收到的现金　　468 000

第二种情况：一方经营活动现金流入与另一方投资活动现金流出相抵销。在销货方的存货卖给购货方作为固定资产管理的情况下，需要将销货方的“销售商品、提供劳务收到的现金”与购货方的“购建固定资产、无形资产和其他长期资产支付的现金”相抵销，即借记“投资活动现金流量——购建固定资产、无形资产和其他长期资产支付的现金”，贷记“经营活动现金流量——销售商品、提供劳务收到的现金”。

第三种情况：一方经营活动现金流出与另一方投资活动现金流入相抵销。在销货方的固定资产卖给购货方作为存货管理的情况下，需要将销货方的“处置固定资产、无形资产和其他长期资产收回的现金净额”与购货方的“购买商品、接受劳务支付的现金”相抵销，即借记“经营活动现金流量——购买商品、接受劳务支付的现金”，贷记“投资活动现金流量——处置固定资产、无形资产和其他长期资产收回的现金净额”。

（2）内部权益性投资与筹资相关的现金收付的抵销。主要涉及以下两种情况：

1）内部权益性投资与筹资的现金收付的抵销。这类业务对现金流量的影响在个别现金流量表上表现为：一方为投资支付的现金，另一方为吸收投资收到的现金。编制抵销分录时，应借记“投资活动现金流量——投资支付的现金”，贷记“筹资活动现金流量——吸收投资收到的现金”。

例如，P 公司以银行存款 1 600 000 元向 S 公司投资，取得 S 公司 80%的股权。此项投资活动导致 P 公司现金流量表中“投资支付的现金”项目增加 1 600 000 元，同时，S 公司现金流量表中“吸收投资收到的现金”项目增加 1 600 000 元。因此，在合并现金流量表工作底稿上应编制的抵销分录为：

借：投资活动现金流量——投资支付的现金　　1 600 000
　贷：筹资活动现金流量——吸收投资收到的现金　　1 600 000

2）内部权益性投资收益与权益性筹资费用的现金收付的抵销。这类业务对现金流量的影响，在个别现金流量表上表现为：一方为取得投资收益收到的现金，另一方为分配股利、利润或偿付利息支付的现金。

例如，P 公司本年度从其子公司 S 公司处分得股利 80 000 元。此项业务导致 P 公司现金流量表中“取得投资收益收到的现金”项目增加 80 000 元，同时，S 公司现金流量表中“分配股利、利润或偿付利息支付的现金”项目增加 80 000 元。因此，在合并现金流量表工作底稿上应编制的抵销分录为：

借：筹资活动现金流量——分配股利、利润或偿付利息支付的现金
　　80 000
　贷：投资活动现金流量——取得投资收益收到的现金　　80 000

（3）内部债券投资与筹资相关现金收付的抵销。具体包括以下三种情况：

1）内部债券投资与债券筹资的现金收付的抵销。一家公司可能直接从集团内的另一家公司购买债券作为投资。这种情况在个别现金流量表上表现为：一方为投资支付的现金，另一方为发行债券收到的现金。编制抵销分录时，应借记“投资活动现金流量——投资支付的现金”，贷记“筹资活动现金流量——发行债券收到的现金”。

例如，P 公司于 20×7 年 1 月 1 日折价购入 S 公司当日发行的 5 年期债券，

总面值为 1 000 000 元，利率为 10%，用银行存款支付价款 900 000 元。该债券每年付息一次。在编制合并现金流量表时，抵销分录为：

借：投资活动现金流量——投资支付的现金 900 000

　贷：筹资活动现金流量——发行债券收到的现金 900 000

2）内部债券投资收益与债券筹资费用的现金收付的抵销。这类业务对现金流量的影响在个别现金流量表上表现为：一方为取得投资收益收到的现金，另一方为分配股利、利润或偿付利息支付的现金。

如上例，年末 S 公司为此项债券向 P 公司支付利息 100 000 元。在合并现金流量表工作底稿上应编制的抵销分录为：

借：筹资活动现金流量——分配股利、利润或偿付利息支付的现金 100 000

　贷：投资活动现金流量——取得投资收益收到的现金 100 000

3）内部债券投资收回现金收付的抵销。具体分为两种情况：

第一种情况：债券到期时投资方收回投资。这类业务对现金流量的影响在个别现金流量表上表现为：一方为偿还债务支付的现金，另一方为收回投资收到的现金。编制抵销分录时，应借记“筹资活动现金流量——偿还债务支付的现金”，贷记“投资活动现金流量——收回投资收到的现金”。

第二种情况：将债券投资出售或转让给集团内其他成员企业，则后者为之付出的现金属于投资活动支付的现金，前者因此收到的现金属于投资活动收到的现金。其抵销分录为：借记“投资活动现金流量——投资支付的现金”，贷记“投资活动现金流量——收回投资收到的现金”。

（4）内部固定资产、无形资产和其他长期资产交易的现金收付的抵销。在个别现金流量表上，这类内部交易相关的现金流入与流出属于投资活动的现金流动，即一方为处置固定资产、无形资产和其他长期资产收回的现金净额，另一方为购建固定资产、无形资产和其他长期资产支付的现金。

例如，20×7 年度，P 公司将其一台账面价值为 400 000 元，已提折旧 100 000 元的设备，以 320 000 元的价格出售给 S 公司。在合并现金流量表工作底稿上应编制的抵销分录为：

借：投资活动现金流量——购建固定资产、无形资产和其他长期资产支付的现金 320 000

　贷：投资活动现金流量——处置固定资产、无形资产和其他长期资产收回的现金净额 320 000

2. 少数股东权益

编制合并现金流量表时，如果纳入合并范围的子公司为非全资子公司，就涉及子公司与其少数股东之间的现金流入和流出的处理问题。从整个企业集团的角度来看，这部分现金流量也影响其整体的现金流入和流出数量的增减变动，因而必须在合并现金流量表中予以反映。子公司与少数股东之间的现金流量主要有以下两种情况：

（1）少数股东增加对子公司的权益性投资。这类业务引起的子公司现金流入，反映在其个别现金流量表中筹资活动现金流量部分的“吸收投资收到的现金”项目里。编制合并现金流量表时，应该将收现额在该项目下以“其中：子公司吸收少数股东投资收到的现金”项目单独披露。由于这种处理并不影响“吸收投资收到的现金”项目的合并金额，因此不必编制调整与抵销分录。

（2）子公司向少数股东支付现金股利。在子公司个别现金流量中，向少数股东支付现金股利导致的子公司现金流出，反映在“分配股利、利润或偿付利息支付的现金”项目中。编制合并现金流量表时，应该将该项现金流出在原项目下以“其中：子公司支付给少数股东的股利、利润”项目单独列报。由于这种处理并不影响“分配股利、利润或偿付利息支付的现金”项目的合并金额，因此不必编制调整与抵销分录。

9.8.3　合并现金流量表的基本格式

合并现金流量表的格式与个别现金流量表的格式基本相同，其基本格式如表 9－10 所示。

表 9－10　合并现金流量表　　会合 03 表

编制单位：　　____年____月　　单位：元

项目	本期金额	上期金额
一、经营活动产生的现金流量		
销售商品、提供劳务收到的现金		
收到的税费返还		
收到其他与经营活动有关的现金		
经营活动现金流入小计		
购买商品、接受劳务支付的现金		
支付给职工及为职工支付的现金		
支付的各项税费		
支付其他与经营活动有关的现金		
经营活动现金流出小计		
经营活动产生的现金流量净额		
二、投资活动产生的现金流量		
收回投资收到的现金		
取得投资收益收到的现金		
处置固定资产、无形资产和其他长期资产收回的现金净额		
处置子公司及其他营业单位收到的现金净额		
收到其他与投资活动有关的现金		
投资活动现金流入小计		

续表

项目	本期金额	上期金额
购建固定资产、无形资产和其他长期资产支付的现金		
投资支付的现金		
取得子公司及其他营业单位支付的现金净额		
支付其他与投资活动有关的现金		
投资活动现金流出小计		
投资活动产生的现金流量净额		
三、筹资活动产生的现金流量		
吸收投资收到的现金		
其中：子公司吸收少数股东投资收到的现金		
取得借款收到的现金		
发行债券收到的现金		
收到其他与筹资活动有关的现金		
筹资活动现金流入小计		
偿还债务支付的现金		
分配股利、利润或偿付利息支付的现金		
其中：子公司支付给少数股东的股利、利润		
支付其他与筹资活动有关的现金		
筹资活动现金流出小计		
筹资活动产生的现金流量净额		
四、汇率变动对现金及现金等价物的影响		
五、现金及现金等价物净增加额		
加：期初现金及现金等价物余额		
六、期末现金及现金等价物余额		

9.8.4 合并股东权益变动表

在第8章讨论合并工作底稿的设计思路时，我们曾经对合并股东权益变动表的编制问题进行了简单分析。本节对该问题进行总结和补充。合并股东权益变动表就是要分别反映：(1) 归属于母公司股东的各股东权益项目在本期的增减变动，包括股本、资本公积、库存股、盈余公积和未分配利润等项目的增减变动；(2) 少数股东权益的增减变动。本书中，我们的基本思路是：为合并现金流量表单独编制合并工作底稿；为合并利润表、合并资产负债表以及合并股东权益变动表中的未分配利润部分联合编制合并工作底稿。本书并没有采用将全部的合并股东权益变动表项目都纳入合并工作底稿的做法。采用这种思路的理由如下：

1. 归属于母公司股东的“股本”的增减变动

在一定期间内，归属于母公司股东的“股本”通常不会发生变动，如果有变动，也不必借助合并工作底稿就可以很容易确定其具体金额。因此，在前面各章的讨论中，没有将该项目纳入合并工作底稿。

2. 归属于母公司股东的“资本公积”的增减变动

在一定期间内，归属于母公司股东的“资本公积”的变动也较少，甚至没有变动。如果有变动，不借助合并工作底稿也不难确定其具体金额。因此，在前面的讨论中，没有将该项目纳入合并工作底稿。

3. 归属于母公司股东的“库存股”的增减变动

在一定期间内，归属于母公司股东的“库存股”的变动也较少，甚至没有变动。如果有变动，不借助合并工作底稿也不难确定其具体金额。因此，在前面的讨论中，没有将该项目纳入合并工作底稿。

4. 归属于母公司股东的“盈余公积”的增减变动

在一定期间内，归属于母公司股东的“盈余公积”通常会发生变动，但这种变动非常简单，可以直接从母公司的个别股东权益变动表中获取该数据，而且反映“未分配利润”项目的变动的同时，就基本上反映了盈余公积的变动，因而不借助合并工作底稿也不难确定其具体金额。因此，在前面的讨论中，没有将该项目纳入合并工作底稿。

5. 归属于母公司股东的“未分配利润”的增减变动

在一定期间内，归属于母公司股东的“未分配利润”项目一定会发生变动，而且该项目的变动是连接利润表、股东权益变动表和资产负债表的桥梁，具有特殊的重要性。基于这一考虑，本书中将该项目纳入了合并工作底稿。

6.“少数股东权益”的增减变动

在一定期间内，“少数股东权益”项目一定会发生变动。影响该项目发生变动的因素主要是少数股东损益、子公司分配股利。这些变动数据完全可以从合并利润表、合并资产负债表以及合并股东权益变动表中的未分配利润部分联合编制的合并工作底稿中取得。因此，在前面各章的讨论中，没有将该项目纳入合并工作底稿。

思考题

1. 在编制合并财务报表时集团内部的存货交易应当如何抵销？

2. 在编制合并财务报表时集团内部的固定资产交易应当如何抵销？

3. 你认为在确定少数股东损益时是否应当消除子公司内部销售业务的未实现损益的影响？为什么？

4. 你认为在抵销集团内部往来业务时是否应当考虑所得税因素？为什么？

5. 编制合并现金流量表应当注意哪些问题？

6. 在编制合并工作底稿时，与集团内部交易相关的存货、固定资产和无形资产的减值准备应当如何进行调整与抵销？

7. 在母公司分次取得对被投资企业的控制权的情况下，应当如何确认合并商誉（正商誉或负商誉）？

8. 在集团内部交叉持股的情况下如何编制合并财务报表？

9. 在企业集团内部多层控股结构下如何编制合并财务报表？

练习题

1. 20×6年1月2日，甲公司以132 000万元银行存款从丙公司手中购买了乙公司60%的股份，取得了对乙公司的控制权。甲公司对乙公司的该项控股合并为非同一控制下的控股合并。当日乙公司股东权益总额为210 000万元，具体构成为：股本150 000万元，资本公积40 000万元，盈余公积7 000万元，未分配利润13 000万元。当日乙公司的存货的公允价值比账面价值高1 000万元，固定资产的公允价值比账面价值高4 000万元，其他可辨认资产与负债的公允价值与账面价值相同。甲公司与乙公司均为增值税一般纳税人，增值税税率为13%，两家公司的所得税税率均为25%。其他有关资料如下：

（1）20×6年甲公司对乙公司销售商品一批。成本为2 000万元，售价为2 800万元。至20×6年年末，该批商品全部未对集团外出售。

（2）20×6年乙公司销售一批B商品给甲公司。售价为1 200万元（不含增值税，下同），销售成本为800万元。至20×6年年末，甲公司已对集团外销售50%的B商品。

（3）乙公司20×6年年末对于当年从甲公司购进的商品进行减值测试，对该批商品计提了200万元的存货跌价准备。

（4）乙公司20×6年1月2日结存的存货全部于当年对集团外销售。乙公司20×6年1月2日在用的其公允价值高于账面价值的固定资产，系管理用固定资产，剩余折旧年限为10年，预计净残值为零，乙公司采用直线法计提折旧。

甲公司和乙公司20×6年的利润表数据及利润分配数据见表9-11，甲公司和乙公司20×6年12月31日的资产负债表数据见表9-12。

表9-11 甲公司和乙公司的利润表及利润分配数据

20×6年度　　单位：万元

项目	甲公司	乙公司
（利润表数据）		
营业收入	500 000	240 000
营业成本	300 000	163 600
税金及附加	30 000	14 400

续表

项目	甲公司	乙公司
销售费用	22 000	17 500
管理费用	35 000	13 200
财务费用	7 000	1 100
资产减值损失	1 400	2 000
投资收益	6 400	300
营业利润	111 000	28 500
营业外支出	1 000	500
利润总额	110 000	28 000
所得税费用	26 000	7 000
净利润	84 000	21 000
（利润分配数据）		
年初未分配利润	5 000	13 000
提取盈余公积	8 400	2 100
对股东的分配	25 000	8 000
年末未分配利润	55 600	23 900

表9-12 甲公司和乙公司的资产负债表数据

20×6年12月31日　　单位：万元

项目	甲公司	乙公司
货币资金	62 000	16 000
应收账款	179 000	98 000
存货	212 000	87 000
长期股权投资	132 000	
固定资产	714 000	210 000
递延所得税资产		1 000
资产总计	1 299 000	412 000
应付账款	114 600	29 000
长期借款	86 000	160 000
股本	800 000	150 000
资本公积	200 000	40 000
盈余公积	42 800	9 100
未分配利润	55 600	23 900
负债和股东权益总计	1 299 000	412 000

要求：考虑所得税因素对合并财务报表的影响，根据我国现行会计准则的规定：

（1）计算确定购买日的合并商誉和少数股东权益；

（2）计算确定20×6年度的合并净利润与少数股东损益；

（3）计算确定20×6年12月31日合并资产负债表上少数股东权益的金额；

（4）编制20×6年度合并财务报表的调整与抵销分录，并填列合并工作底稿。

2. 假设P公司在20×8年1月1日，以银行存款700万元购买了S公司流通在外有表决权股份的10%，对S公司不具有重大影响，P公司将其分类为以公允价值计量且其变动计入其他综合收益的金融资产。在该项投资之前，甲公司与乙公司之间不存在任何关联。20×8年年末该项投资的公允价值为750万元。

20×9年1月1日，P公司以4 000万元银行存款收购了S公司另外50%的股份。至此，P公司对S公司的持股比例达到了60%，P公司取得了对S公司的控制权。该项控股合并属于非同一控制下的控股合并。20×9年1月1日，S公司的固定资产的账面价值为4 000万元，公允价值为4 400万元，其他可辨认资产及负债的公允价值与账面价值相同。

20×9年1月1日P公司取得对S公司的控制权后的资产负债表及相关资料如表9-13所示。

表9-13 P公司和S公司的资产负债表及相关资料

20×9年1月1日　　　　单位：万元

项目	P公司	S公司	
		账面价值	公允价值
货币资金	1 300	1 000	1 000
应收账款	2 000	800	800
存货	1 600	1 000	1 000
长期股权投资	4 750		
固定资产	12 700	4 000	4 400
资产总计	17 650	8 000	8 400
应付账款	1 600	560	560
长期借款	8 000	1 200	1 200
股本	2 000	4 000	
资本公积	4 000		
盈余公积	500	320	
未分配利润	1 550	1 280	
负债和股东权益总计	17 650	8 000	

要求：

（1）编制20×8年和20×9年有关P公司对S公司投资的会计分录。

（2）编制20×9年1月1日P公司取得对S公司的控制权时的合并工作底稿的相关调整与抵销分录。

第 10 章　租　赁

学习目标

1. 掌握租赁的概念与特征，了解租赁业务的具体内容，以及租赁的识别、分拆与合并。

2. 能够熟练进行承租人全过程的业务处理，掌握各不同类型业务之间的特征及具体方法。

3. 能够熟练进行出租人全过程的业务处理，掌握各不同类型业务的不同要求及具体内容。

4. 理解售后租回交易的要求，能够熟练进行售后租回交易的会计业务处理。

AI 深度思考——与AI对话

从会计准则的角度看，出租人和承租人对一项租赁业务的分类，是否应当尽可能统一分类的标准？为什么？

10.1　租赁概述

10.1.1　租赁的概念与特征

租赁是指在约定的期间内，出租人为了获取租金而将资产的使用权让与承租人以收取收益的行为。租赁由出租人和承租人共同形成，通常以协议或合同的形式存在，是出租人和承租人这两个经济主体之间通过签订协议，约定转让资产使用权的时间、支付对价以及期满后的资产处理等内容的过程。因此，会计准则也常将租赁定义为一项协议。《国际会计准则第 17

租赁会计规则的设计理念

号——租赁》将租赁定义为：在一个议定的期间内，出租人将某项资产的使用权让与承租人，以换取一项或一系列支付的协议。美国《财务会计准则公告第13号——租赁》将租赁定义为：在一个规定的期间转让固定资产（土地和/或可折旧资产）的使用权的协议。我国最新修订的《企业会计准则第21号——租赁》对租赁所下的定义为：租赁是指在一定期间内，出租人将资产的使用权让与承租人以获取对价的合同。

租赁作为一项经济活动或一项协议，其主要特征表现为：一是协议双方在租赁期内转移的是资产的使用权，而非资产的所有权，由此区别于资产所有权发生转移的资产买卖协议，以及资产使用权不从合同的一方转移给另一方的服务合同，如劳务合同、运输合同、保管合同、仓储合同等；二是这种转移是有偿的，即使用权的转移以租金的收付为条件，从而有别于无偿提供使用权的借用合同。租赁的上述特征决定了租赁资产必须以资产所有权和使用权可相互分离为前提，能够将使用权单独转出和收回，因此，租赁的对象通常是机器、房屋建筑物以及土地等可供企业长期使用的固定资产等可辨认资产，而电影、文稿、专利和版权等项目的许可使用协议一般不属于租赁的范畴。

10.1.2 租赁的识别

1. 租赁条件的识别标准

按照我国《企业会计准则第21号——租赁》的要求，在合同开始时，企业应当评估合同是否为租赁或者包含租赁。如果合同中一方让渡了在一定期间内控制一项或多项已识别资产使用的权利以换取对价，则该合同为租赁或者包含租赁。准则还强调，除非合同条款和条件发生变化，企业无须重新评估合同是否为租赁或者包含租赁。

合同是指两方或多方当事人之间在办理某事时，为了确定各自的权利和义务而订立的各自遵守的条文。如果合同的内容包含“让渡了在一定期间内控制一项或多项已识别资产使用的权利以换取对价”，该合同则应被确认为租赁。由此可知，这里突出了让渡的内容是资产使用的权利，也同时明确了这样做的目的是换取对价，亦即相对应的代价。因此以资产的使用权利换取相对应的代价，即为我们在经济业务中辨别是否为租赁及是否包含租赁的主要标准。

2. 对租赁资产识别的角度和方式

按照会计准则的要求，为确定一份合同是否让渡了在一定期间内占有并使用已识别资产的权利，企业应当评估客户在使用期间内是否有权获得该资产所产生的几乎全部经济利益，并有权主导该资产的使用。

（1）已识别资产。此处的已识别资产通常由合同明确指定，也可以在资产可供客户使用时隐性指定。

例 10-1a

甲公司与乙公司签订一份合同，在未来5年内向后者提供货运服务。甲公司负责配备机车司机，提供并负责保管机车、车厢。

分析：本例中，上述合同中不包含已识别资产，因此，不包含任何租赁业务。该合同是典型的运输合同，而不是租赁合同。

1）供应方的实质性替换权。如果资产的供应方在该资产的使用期间内拥有对该资产的实质性替换权，那么，客户就不拥有该资产的使用权。实质性替换权，是指供应方在资产的使用期内拥有替换该资产的实际能力，并能够通过行使替换权而获取经济利益。

如果企业难以确定供应方是否拥有对该资产的实质性替换权，则应视其为不具有实质性替换权。

例 10－2a

甲公司与乙公司签订一份合同，允许后者在未来10年内在机场特许经营区内销售茶叶并提供茶饮服务。合同约定了总占地面积，但具体地块由甲公司根据经济效益和旅客意见随时进行调整。

分析：本例中，上述合同中不包含已识别资产，因此，不包含任何租赁业务。该合同是典型的特许经营合同，而不是租赁合同。

2）可用功能的区分。如果一项资产的一部分可用功能（如建筑物中的一个楼层）能够在物理形态上与该资产的全部可用功能区分开来，那么可以将该部分资产单独列为已识别资产。如果一项资产的一部分可用功能（如数据光纤的已使用容量）不能在物理形态上与该资产的全部可用功能区分开来，就不应将该部分资产视为已识别资产，除非其实质上代表了该资产的所有功能，从而使客户有权获得该资产所产生的几乎全部经济利益。

例 10－3a

甲公司与乙公司签订一份15年的合同，允许后者使用某大型光缆中的3根光纤的容量。甲公司主导数据的传输（如何时开启光纤，传输什么数据，传输多少数据等）。

分析：本例中，该合同不存在已识别资产，因此，该合同中不包含租赁合同。

（2）有权获得已识别资产所产生的几乎全部经济利益。企业应当基于合同中约定的客户使用已识别资产的具体权利范围，来评估客户是否有权获得因使用已识别资产所产生的几乎全部经济利益。例如，汽车租赁合同中可能会针对汽车的行驶区域、行驶里程等作出具体的限定。

（3）有权主导已识别资产的使用。下列情形表明客户有权主导已识别资产在整个使用期内的使用：

1）客户有权在整个使用期间主导已识别资产的使用方式和使用目的。

2）在已识别资产的使用方式和使用目的在使用期开始前已预先确定，并且客户有权在整个使用期间自行或主导他人按照其确定的方式运营该资产，或者客户设计了已识别资产并在设计时已预先确定了该资产在整个使用期间的使用目的和使用方式。

例 10－1b

甲公司与乙公司签订一份合同，向后者提供货运列车车厢10节，期限为5年。在合同约定的范围内，乙公司有权决定何时、何地使用这些车厢，使用多少车厢，以及运载货物的类型等。乙公司负责保管这些车厢。如果上述车厢出现故障，甲公司应当予以调换。

合同还约定，如果乙公司提出了请求，甲公司还应当依照其请求提供机车，配备机车司机，并指导司机制定合理的运输计划。该机车由甲公司保管。甲公司可以选择任意一辆机车来满足乙公司的请求，且该机车可以同时为多位用户提供服务。

分析：本例中，上述合同中包含车厢租赁业务。因为：(1) 车厢是已识别资产；(2) 客户有权获得该资产所产生的几乎全部经济利益；(3) 客户有权主导该资产的使用。

上述合同中，机车不属于已识别资产，因此，不构成租赁业务。

例 10－2b

甲公司与乙公司签订一份合同，允许后者在未来10年内在机场特许经营区内销售茶叶并提供茶饮服务。合同约定了具体地块和总占地面积。甲公司不具有实质性替换权。

分析：本例中，上述合同包含租赁业务。因为：(1) 机场内的具体地块是已识别资产；(2) 客户有权获得该资产所产生的几乎全部经济利益；(3) 客户有权主导该资产的使用。

例 10－3b

京津数码有限公司与东南高科有限公司签订一份合同，允许后者在未来15年使用某大型光缆中的6根特定的物理隔离的光纤。东南高科有限公司自行决定在光纤两端连接何种设备，并主导数据的传输（如何时开启光纤，传输什么数据，传输多少数据等）。供应商不具有实质性替换权。

分析：本例中，上述合同中包含光纤租赁业务。因为：(1) 特定的6根光纤是已识别资产；(2) 客户有权获得该资产所产生的几乎全部经济利益；(3) 客户有权主导该资产的使用。

判断是否构成租赁合同的流程如图10－1所示。

10.1.3 租赁的分拆和合并

1. 租赁的分拆

合同同时包含租赁和非租赁部分的，承租人和出租人应当将该合同包含的各租赁部分和非租赁部分进行分拆。其中，各租赁部分应当分别按照租赁准则进行

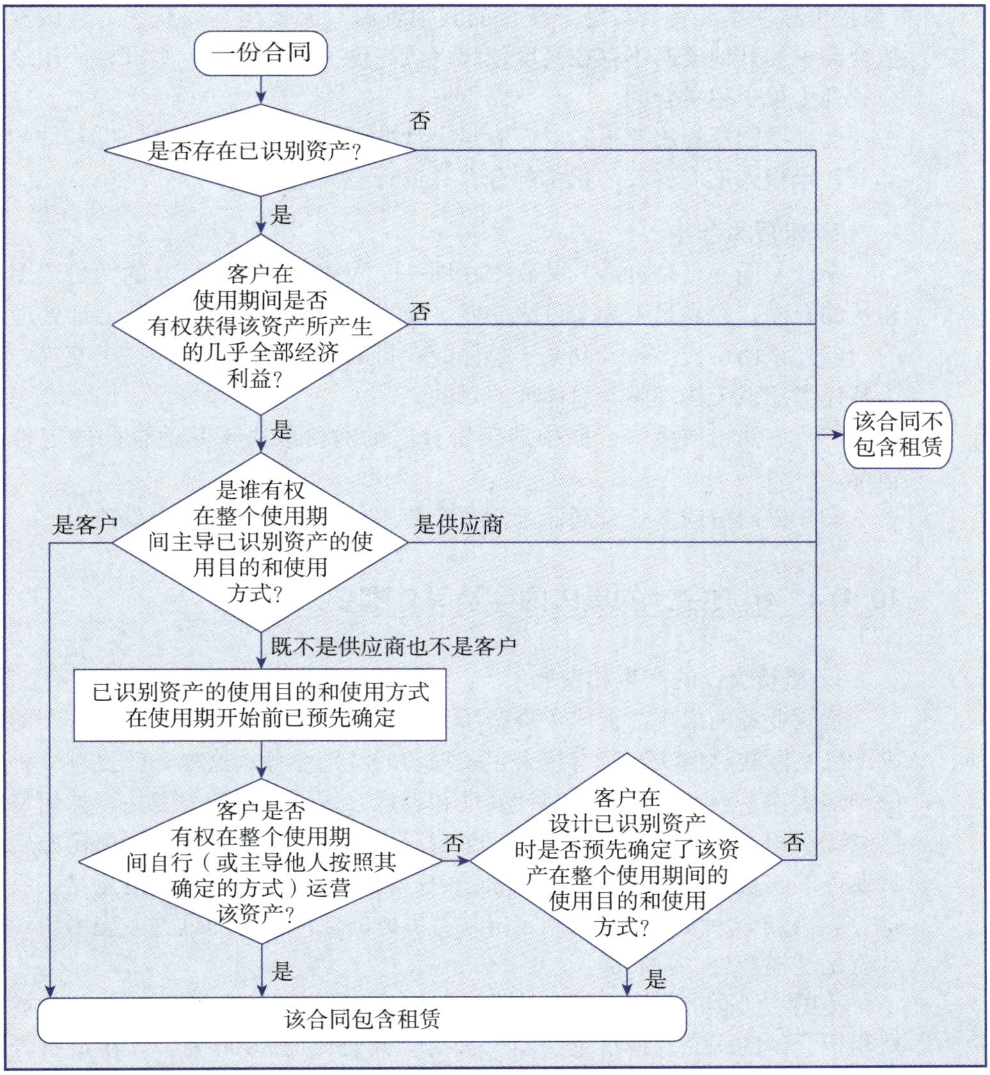

图10-1 判断是否构成租赁合同的流程图

会计处理，非租赁部分应当按照其他适用的企业会计准则进行会计处理。在分拆合同包含租赁和非租赁部分时，承租人应当按照各租赁部分及非租赁部分的单独价格的相对比例分摊合同对价，出租人应当根据收入准则中关于交易价格分摊的规定分摊合同对价。为简化处理，承租人可以按照租赁资产的类别选择是否分拆合同包含的租赁和非租赁部分。承租人选择不分拆的，应当将各租赁部分及与其相关的非租赁部分分别合并为租赁，按照租赁准则进行会计处理。即由于是否将合同内的不同业务进行分拆，主要由承租人确定，若承租人确定了不进行业务分拆，就应当将非租赁部分的业务并入对应的租赁业务，也按照租赁准则的要求进行会计处理。

租赁合同中同时包含多项单独租赁的，承租人和出租人应当将合同予以分拆，分别对各个单项租赁合同进行会计处理。如果承租人可以通过使用某项资产

（包括单独使用或将其与易于获得的其他资源一起使用）而获利，且该资产与租赁合同中的其他资产不存在高度依赖（或高度关联）关系，则可将使用该资产的权利列为单个租赁合同。

会计准则还提出要求：对于满足会计准则中嵌入衍生工具分拆条件的非租赁部分，承租人不应将其与租赁部分合并进行会计处理。

2. 租赁的合并

企业与同一交易方或其关联方在同一时间或相近时间订立的两份或多份包含租赁的合同，在满足下列条件之一时，应当合并为一份合同进行会计处理：

（1）该两份或多份合同基于总体商业目的而订立并构成一揽子交易，若不作为整体考虑就无法理解其总体商业目的。

（2）该两份或多份合同中的某份合同的对价取决于其他合同的定价或履行情况。

（3）该两份或多份合同让渡的资产使用权合起来构成一项单独租赁。

10.1.4 租赁会计的具体内容及其处理要求

1. 租赁会计的产生和发展

租赁业务的出现，促成了资产所有权与使用权的分离，带来了资产的风险和报酬已实际转移但法定所有权未正式划转的特别业务。这样，就要有一种新的能够确切表达上述业务活动的会计处理和表达方式。问题的关键是，如何将实际上已属于承租人的租赁资产等合理记录与适当反映，以及如何根据配比原则确定租赁业务的收益和成本等。在实际业务中，会计界有一个提出规范意见、反馈执行信息，再进一步修正，从而制定出某类事务的会计准则的过程。应当说，租赁会计就是这样产生、发展的。

美国注册会计师协会所属的会计程序委员会早在 20 世纪 50 年代前就开始了对租赁会计的研究。最早见到的公告为会计研究第 38 号公告《在承租者的财务报表中列示长期租赁》。在此之后，美国的会计原则委员会和以后的财务会计准则委员会又陆续发布了系列公告，较为全面、透彻地阐述了租赁会计及其具体方法。国际财务报告准则委员会也于 1982 年制定了《国际会计准则第 17 号——租赁》，并于 1997 年对该准则进行了修订。准则于 2016 年再次修订后，发布为《国际财务报告准则第 16 号——租赁》。

租赁合同、融资租赁合同与租赁业务的发展

鉴于租赁业务在我国的普及与应用，2001 年我国财政部颁布了《企业会计准则——租赁》，规定所有企业从 2001 年 1 月 1 日开始执行；之后，又于 2006 年 2 月 15 日正式颁布了《企业会计准则第 21 号——租赁》，并于 2018 年进行了修订。

2. 租赁会计的分类及其会计处理内容

从租赁会计涉及的范围来看，可将租赁会计划分为承租人会计和出租人会计两大部分。承租人会计处理的内容主要是承租人取得资产、支付费用及对期末存有的租赁资产价值进行揭示；而出租人会计处理的内容则主要是出租人取得资产的耗费、出租资产的收益及期末总投资额的揭示等。

租赁业务有不同的类别，租赁会计也有不同的处理方式。比如，在出租方就存在专门核算融资租赁业务的会计和专门核算经营租赁业务的会计；在承租方，则有短期租赁、低价值资产租赁等业务的会计。只从出租人来看，专门核算融资租赁会计的内容要广泛一些，不仅有租赁的形成、租金的收付等业务，还有承租人将租赁物视同自有资产计提折旧，出租人确定损益，以及双方在租赁期届满后对资产的处理等。经营租赁等会计的内容主要是承租人支付租金和出租人对资产租出、收回等业务事项。

3. 租赁会计处理的基本要求

鉴于租赁业务的特殊性，租赁会计应按照下述要求进行会计处理：

（1）严格区分各不同类型的租赁业务，按不同方式进行会计处理。一项租赁业务是属于融资租赁还是经营租赁等其他租赁，应完全取决于与资产所有权有关的全部风险和报酬是否已实质上转移。若已实质上转移，即应按融资租赁方式进行会计处理，否则应按经营租赁等其他方式处理。

（2）严格按会计准则的要求，准确地揭示租赁资产发生的费用和收益，及其期末实有价值。国际财务报告准则和我国会计准则都对租赁业务的会计处理进行了规范，不同租赁方式的资产计价、披露方式及相关的收益、费用确认均有依据。在进行租赁会计业务处理时，无论是承租人还是出租人，都应严格按会计准则的要求进行确认、计量和揭示，以满足财务报表使用者对租赁业务信息的需求。

（3）严格遵守租约、合同的规定，妥善处理租赁期届满后的各类事项。比如，若合同规定租赁期届满后，承租人有低价续租的选择权或低价购进的选择权，承租人即可行使这方面的权利，按自己的要求处理租赁资产；反之，若承租人无此权利，出租人就应及时收回资产，另行处理。这项工作是租赁业务结束的标志，是租赁会计的重要内容之一。

10.2 承租人的会计处理

10.2.1 承租人对租赁业务的确认与初始计量

1. 在租赁期开始日需进行的会计判断

此处提及的会计判断，是指会计的职业判断，即会计人员按照会计准则的要求，根据企业的经营特点和目的，利用自己的专业知识对需要处理的会计事项等应采取的原则、方法、程序等方面进行判断与选择的过程。根据租赁会计准则的要求，在租赁期开始日，承租人应当对租赁确认使用权资产和租赁负债。

对于这样的规定，我们首先要理解下列相关概念：

（1）租赁期，是指承租人有权使用租赁资产且不可撤销的期间。这样的期间还有下列附带条件：一是承租人有权选择续租该资产且合理确定将行使该选择权的，租赁期还应当包含续租选择权涵盖的期间；二是承租人有权选择终止租赁该资产，但合理确定将不会行使该选择权的，租赁期应当包含终止租赁选择权涵盖的期间。

举例来说，若承租人在合同上规定使用寿命为5年的租赁资产的租赁期为4年，但同时规定，4年期满后承租人只要支付很少的费用就可以继续使用该项资产，而承租人是不会放弃这种优惠价格的；在这种情况下，承租人在会计处理时确定的租赁期应为包括继续租赁的期间，即5年。或者是承租人在合同上规定使用寿命为5年的租赁资产的租赁期为4年，但承租人在租满3年后可以选择是否继续租完最后一年；由于在第4年的租赁费用较低，承租人也很难完成同类资产的转换，因此其租赁期应为包括选择权的4年。

但是，若在租赁期出现承租人可控范围内的重大事件或变化，且影响承租人是否合理确定将行使相应选择权的，承租人应当对其是否合理确定将行使续租选择权、购买选择权或不行使终止租赁选择权进行重新评估。

（2）租赁期开始日，是指出租人提供租赁资产使其可供承租人使用的起始日期。承租人初始记录租赁资产，就是从租赁期开始日开始的。

（3）使用权资产，是指承租人可在租赁期内使用租赁资产的权利。换句话说，就是承租人按照一定的对价租入了使用权，但未获得所有权的资产。需要说明的是，会计准则的上述规定只适用于一般的租赁业务，而不适用于可进行简化处理的短期租赁和低价值资产租赁。

2. 租赁负债的初始计量

租赁负债应当按照租赁期开始日尚未支付的租赁付款额的现值进行初始计量。

租赁付款额，是指承租人向出租人支付的与在租赁期内使用租赁资产的权利相关的款项，包括以下各项。

（1）固定付款额及实质固定付款额。存在租赁激励的，扣除租赁激励相关金额。实质固定付款额，是指在形式上可能包含变量（存在变数）但实质上无法避免的付款额。

（2）取决于指数或比率的可变租赁付款额，该款项在初始计量时根据租赁期开始日的指数或比率确定。可变租赁付款额，是指承租人为取得在租赁期内使用租赁资产的权利，向出租人支付的因租赁期开始日后的事实或情况发生变化（而非时间推移）而变动的款项。取决于指数或比率的可变租赁付款额包括与消费者价格指数挂钩的款项、与基准利率挂钩的款项和为反映市场租金费率变化而变动的款项等。

（3）购买选择权的行权价格，前提是承租人合理确定将行使该选择权。

（4）行使终止租赁选择权需支付的款项，前提是租赁期反映出承租人将行使终止租赁选择权。

（5）承租人因提供了担保余值而预计应支付的款项。担保余值，是指与出租人无关的一方向出租人提供担保，保证在租赁结束时租赁资产的价值至少为某指定的金额。

在计算租赁付款额的现值时，承租人应当采用租赁内含利率作为折现率；无法确定租赁内含利率的，应当采用承租人增量借款利率作为折现率。

（1）租赁内含利率。租赁内含利率，是指使出租人的租赁收款额的现值与未担保余值的现值之和，等于租赁资产公允价值与出租人的初始直接费用之和的利率，即使得下式成立的折现率 r。

$$\text{租赁资产公允价值}+\text{出租人的初始直接费用}=\sum_{t=1}^{n}\frac{\text{第 }t\text{ 期的租赁收款额}}{(1+r)^{t}}+\frac{\text{未担保余值}}{(1+r)^{n}}$$

租赁收款额，是指出租人因让渡在租赁期内使用租赁资产的权利而应向承租人收取的款项。该金额等同于承租人的租赁付款额，如前所述，包括以下各项。

1）承租人需支付的固定付款额及实质固定付款额，存在租赁激励的，扣除租赁激励相关金额；

2）取决于指数或比率的可变租赁付款额，该款项在初始计量时根据租赁期开始日的指数或比率确定；

3）购买选择权的行权价格，前提是合理确定承租人将行使该选择权；

4）承租人行使终止租赁选择权需支付的款项，前提是租赁期反映出承租人将行使终止租赁选择权；

5）由承租人、与承租人有关的一方以及有经济能力履行担保义务的独立第三方向出租人提供的担保余值。

未担保余值，是指租赁资产余值中，出租人无法保证能够实现或仅由与出租人有关的一方予以担保的部分。在租赁交易中，出租人占有信息优势，未担保余值是出租人知道而承租人不知道的信息。承租人往往不愿意提供过高的担保余值，而这恰恰构成出租人提高要价的理由。只要承租人提供了偏低的担保余值，（估计的）资产余值高于担保余值的部分就是未担保余值。

信息不对称与未担保余值

（2）承租人增量借款利率。承租人增量借款利率，是指承租人在类似经济环境下为获得与使用权资产价值接近的资产，在类似期间以类似抵押条件借入资金须支付的利率。

3. 使用权资产的初始计量

使用权资产应当按照成本进行初始计量。该成本包括：

（1）租赁负债的初始计量金额。

（2）在租赁期开始日或之前支付的租赁付款额，存在租赁激励的，扣除租赁激励相关金额。租赁激励，是指出租人为达成租赁向承租人提供的优惠，包括出租人向承租人支付的与租赁有关的款项以及出租人为承租人偿付或承担的成本等。换句话说，此处的激励就是出租人就租赁业务向承租人作出的让价妥协或折扣。

（3）承租人发生的初始直接费用。初始直接费用，是指为达成租赁所发生的增量成本。增量成本是指若企业不取得该租赁，则不会发生的成本。具体来说，承租人在租赁谈判和签订租赁合同过程中发生的，可归属于租赁项目的手续费、律师费、差旅费、印花税等都可归为租赁业务的初始直接费用，计入租入资产价值。

（4）承租人为拆卸及移除租赁资产、复原租赁资产所在场地或将租赁资产恢复至租赁条款约定状态预计将发生的成本。前述成本属于为生产存货而发生的，则按照存货准则的要求进行处理。

承租人应当按照或有事项准则要求对上述第（4）项成本进行确认和计量。

$$\begin{array}{c}\text{使用权资产的}\\\text{初始计量成本}\end{array}=\begin{array}{c}\text{租赁负债的}\\\text{初始计量金额}\end{array}+\begin{array}{c}\text{在租赁期开始日或之前支付的}\\\text{租赁付款额(减去租赁激励)}\end{array}+\begin{array}{c}\text{初始直接}\\\text{费用}\end{array}+\begin{array}{c}\text{拆卸及移除租赁}\\\text{资产等将发生的成本}\end{array}$$

综上所述，在租赁期开始日，承租人按应计入使用权资产的金额，借记“使用权资产”科目，按租赁期开始日尚未支付的租赁付款额的现值，贷记“租赁负债”科目，按在租赁期开始日（或之前）支付的租赁付款额，以及发生的初始直接费用，贷记“银行存款”等科目。涉及预计弃置费用的，还应作相应的处理（如借记“使用权资产”科目，贷记“预计负债”科目等）。可概括如图 10－2 所示。

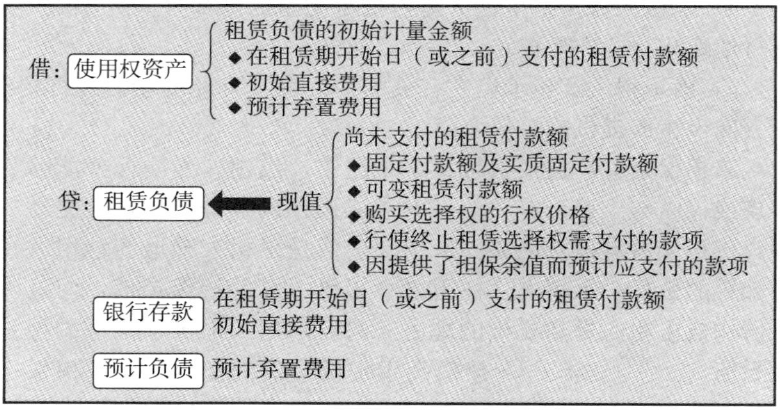

图 10－2　承租人的入账处理

4. 租赁初始计量的举例说明

租赁业务的初始计量包含租赁初始期内发生的一系列经济活动，这些经济活动都是会计要反映的具体内容。

例 10－4

本例讲解普通年金（后付年金）、固定付款额情形下的会计处理。

2×20 年 12 月 1 日，甲公司向乙公司租入一套设备，合同主要条款如下：

（1）租赁期自 2×21 年 1 月 1 日起，至 2×24 年 12 月 31 日，共 4 年。

（2）租金支付方式为租赁期间内每年年末支付固定付款额 15 000 000 元。此外，承租人每年年末需为该设备支付 100 000 元的保险费、维护费等实质固定付款额，均由承租人承担。

（3）承租人因提供了担保余值而预计应支付款项 310 000 元。

（4）承租人不知道出租人的租赁内含利率。承租人增量借款利率为 7%（年利率）。

（5）承租人的初始直接费用为 6 000 元。

（6）该套设备估计使用年限为 5 年，承租人无法合理确定租赁期届满时能够取得租赁资产所有权。

（7）承租人对设备采用年数总和法计提折旧。

（8）在租赁期最后一期，承租人因使用该机器比较满意，支付了未纳入租赁负债计量的可变租赁付款额 60 000 元。

要求：确认租赁负债和使用权资产。

分析：承租人甲公司的会计处理如下：

（1）2×21 年 1 月 1 日，确定租赁负债的入账价值时。

$$\text{租赁负债}=\frac{15\ 100\ 000}{(1+7\%)^1}+\frac{15\ 100\ 000}{(1+7\%)^2}+\frac{15\ 100\ 000}{(1+7\%)^3}+\frac{15\ 100\ 000}{(1+7\%)^4}+\frac{310\ 000}{(1+7\%)^4}$$

$$=51\ 383\ 387(\text{元})$$

（2）2×21 年 1 月 1 日，确定使用权资产的入账价值时。

$$\begin{aligned}\text{使用权资产}&=\text{租赁负债的初始计量金额}+\text{初始直接费用}\\&=51\ 383\ 387+6\ 000\\&=51\ 389\ 387(\text{元})\end{aligned}$$

借：使用权资产　　51 389 387

　贷：租赁负债　　51 383 387

　　　银行存款　　6 000

10.2.2 承租人对租赁业务的后续计量

1. 准则对使用权资产的后续计量要求

在租赁期开始日后，承租人应当采用成本模式对使用权资产进行后续计量。

（1）折旧。承租人应当参照《企业会计准则第 4 号——固定资产》有关折旧规定，对使用权资产计提折旧。

承租人能够合理确定租赁期届满时取得租赁资产所有权的，应当在租赁资产剩余使用寿命内计提折旧。无法合理确定租赁期届满时能够取得租赁资产所有权的，应当在租赁期与租赁资产剩余使用寿命两者孰短的期间内计提折旧。

（2）资产减值。承租人应当按照《企业会计准则第 8 号——资产减值》的规定，确定使用权资产是否发生减值，并对已识别的减值损失进行会计处理。

（3）对使用权资产的调整。承租人基于特定原因重新计量租赁负债时，应当相应调整使用权资产的账面价值。使用权资产的账面价值已调减至零，但租赁负债仍需进一步调减的，承租人应当将剩余金额计入当期损益。

2. 准则对租赁负债的后续计量要求

（1）支付租金时的会计处理。按期支付租金时，借记“租赁负债”科目，贷记“银行存款”等科目。

（2）利息费用的计算。承租人应当按照固定的周期性利率计算租赁负债在租赁期内各期间的利息费用，并计入当期损益。按照《企业会计准则第17号——借款费用》等其他准则规定应当计入相关资产成本的，从其规定。上述“固定的周期性利率”，是指租赁内含利率、承租人增量借款利率，或者根据续租选择权、购买选择权、担保余值的变化进行修订后的折现率。

（3）未纳入租赁负债计量的可变租赁付款额。未纳入租赁负债计量的可变租赁付款额应当在实际发生时计入当期损益。按照《企业会计准则第1号——存货》等其他准则规定应当计入相关资产成本的，从其规定。

（4）租赁负债的重新计量：续租选择权、终止租赁选择权和购买选择权。在租赁期开始日后，发生下列情形的，承租人应当重新确定租赁付款额，并按变动后租赁付款额和修订后的折现率计算的现值重新计量租赁负债：

1）因续租选择权或终止租赁选择权的评估结果发生变化，或者前述选择权的实际行使情况与原评估结果不一致等导致租赁期变化的，应当根据新的租赁期重新确定租赁付款额；

2）因购买选择权的评估结果发生变化的，应当根据新的评估结果重新确定租赁付款额。

在计算变动后租赁付款额的现值时，承租人应当采用剩余租赁期间的租赁内含利率作为修订后的折现率；无法确定剩余租赁期间的租赁内含利率的，应当采用重估日的承租人增量借款利率作为修订后的折现率。

（5）租赁负债的重新计量：担保余值、指数或比率的变化所导致的变动。在租赁期开始日后，根据担保余值预计的应付金额发生变动，或者因用于确定租赁付款额的指数或比率变动而导致未来租赁付款额发生变动的，承租人应当按照变动后租赁付款额的现值重新计量租赁负债。在这些情形下，承租人采用的折现率不变；但是，租赁付款额的变动源自浮动利率变动的，使用修订后的折现率。

例 10-5

承例10-4，要求：对租赁负债和使用权资产进行后续计量。

分析：各期利息费用的计算见表10-1。

表 10-1　各期利息费用的计算*　　单位：元

	利息费用	固定付款额	实质固定付款额	租赁负债的摊余成本
	①	②	③	本期④＝期初④＋①－②－③
2×21-01-01				51 383 387
2×21-12-31	3 596 837	100 000	15 000 000	39 880 225

续表

	利息费用	固定付款额	实质固定付款额	租赁负债的摊余成本
	①	②	③	本期④＝期初④＋①－②－③
2×22－12－31	2 791 616	100 000	15 000 000	27 571 840
2×23－12－31	1 930 029	100 000	15 000 000	14 401 869
2×24－12－31	1 008 131	100 000	15 000 000	310 000
合计	9 326 613	400 000	60 000 000	—

* 每个年度的利息费用和折旧均列示于 12 月 31 日。

（1）2×21 年至 2×24 年每年年底记录财务费用时。

	2×21 年	2×22 年	2×23 年	2×24 年
借：财务费用	3 596 837	2 791 616	1 930 029	1 008 131
贷：租赁负债	3 596 837	2 791 616	1 930 029	1 008 131

（2）2×21 年至 2×24 年每年年底支付固定付款额时。

	2×21 年	2×22 年	2×23 年	2×24 年
借：租赁负债	15 000 000	15 000 000	15 000 000	15 000 000
贷：银行存款	15 000 000	15 000 000	15 000 000	15 000 000

（3）2×21 年至 2×24 年每年支付实质固定付款额时。

	2×21 年	2×22 年	2×23 年	2×24 年
借：租赁负债	100 000	100 000	100 000	100 000
贷：银行存款	100 000	100 000	100 000	100 000

（4）折旧的处理与自有资产相同。

应计折旧额＝51 389 387－310 000＝51 079 387(元)

各年计提折旧额计算如表 10－2 所示。

表 10－2 使用权资产的折旧额的计算 单位：元

年份	尚可使用年限	应计折旧额	年折旧率	年折旧额	累计折旧
1	4	51 079 387	4/10	20 431 755	20 431 755
2	3	51 079 387	3/10	15 323 816	35 755 571
3	2	51 079 387	2/10	10 215 877	45 971 448
4	1	51 079 387	1/10	5 107 939	51 079 387
合计	—	—	1	51 079 387	—

2×21 年至 2×24 年每年计提折旧时。

	2×21年	2×22年	2×23年	2×24年	合计
借：制造费用等成本费用类科目	20 431 755	15 323 816	10 215 877	5 107 939	51 079 387
贷：使用权资产累计折旧	20 431 755	15 323 816	10 215 877	5 107 939	51 079 387

在租赁期末（2×24年12月31日），“租赁负债”账户贷方余额为310 000元。“使用权资产”账户借方余额为51 389 387元，“使用权资产累计折旧”账户贷方余额为51 079 387元，使用权资产的账面价值为310 000元（即承租人担保的余值）。

（5）承租人因使用该机器比较满意，支付了未纳入租赁负债计量的可变租赁付款额60 000元。

借：管理费用　　60 000
　贷：银行存款　　60 000

3. 会计准则对租赁发生变更时的会计处理要求

租赁变更，是指原合同条款之外的租赁范围、租赁对价、租赁期限的变更，包括增加或终止一项或多项租赁资产的使用权，延长或缩短合同规定的租赁期等。租赁变更生效日，是指双方就租赁变更达成一致的日期。会计准则对于发生租赁变更时的相关处理要求如下：

（1）租赁发生变更且同时符合下列条件的，承租人应当将该租赁变更作为一项单独租赁进行会计处理：

1）该租赁变更通过增加一项或多项租赁资产的使用权而扩大了租赁范围；

2）增加的对价与租赁范围扩大部分的单独价格按该合同情况调整后的金额相当。

（2）租赁变更未作为一项单独租赁进行会计处理的，在租赁变更生效日，承租人应当按照租赁准则的相关规定分摊变更后合同的对价，重新确定租赁期，并按照变更后租赁付款额和修订后的折现率计算的现值重新计量租赁负债。

在计算变更后租赁付款额的现值时，承租人应当采用剩余租赁期间的租赁内含利率作为修订后的折现率；无法确定剩余租赁期间的租赁内含利率的，应当采用租赁变更生效日的承租人增量借款利率作为修订后的折现率。租赁变更导致租赁范围缩小或租赁期缩短的，承租人应当相应调减使用权资产的账面价值，并将部分终止或完全终止租赁的相关利得或损失计入当期损益。其他租赁变更导致租赁负债重新计量的，应当相应调整使用权资产的账面价值。

10.2.3　承租人租赁期届满时的会计业务处理

租赁期届满时，对使用权资产的处理有返还、续租和留购，会计处理如下。

（1）承租人返还租赁资产的情形。返还租赁资产时，借记“租赁负债”“使用权资产累计折旧”科目，贷记“使用权资产”科目。

（2）承租人按照合同约定的优惠条款继续承租该项租赁资产的情形。承租人若行使优惠续租选择权，则视同该项租赁一直存在而作出相同的账务处理。如果租赁期届满时承租人没有续租，根据租赁合同规定应向出租人支付违约金时，借记“营业外支出”科目，贷记“银行存款”科目。

（3）承租人按照合同约定的优惠条款留购租赁资产的情形。承租人在支付购买价款时，借记“租赁负债”科目，贷记“银行存款”等科目；同时，将租赁资产从“使用权资产”科目转入“固定资产”科目。

例 10－6

承例 10－4、例 10－5，要求：进行租赁期届满时承租人的会计处理。

分析：（1）2×25 年年初如果承租人不购买，则退还该套设备。

借：租赁负债　　310 000
　　使用权资产累计折旧　　51 079 387
　贷：使用权资产　　51 389 387

（2）2×25 年年初如果出租人允许承租人以 400 000 元购得。

借：租赁负债　　310 000
　　营业外支出　　90 000
　贷：银行存款　　400 000

然后，转换固定资产的类别。

借：固定资产——自有设备　　51 389 387
　贷：使用权资产　　51 389 387

10.2.4 短期租赁和低价值资产租赁

1. 短期租赁和低价值资产租赁的概念和特征

短期租赁，是指在租赁期开始日，租赁期不超过 12 个月的租赁。包含购买选择权的租赁不属于短期租赁。此处的购买选择权，一般是一种契约，其持有人有权利在契约到期日或之前，以通常较低的价格而向对方续租一定数量的租赁资产。

低价值资产租赁，是指单项租赁资产为全新资产时价值较低的租赁。低价值资产租赁的判定仅与资产的绝对价值有关，不受承租人规模、性质或其他情况影响。低价值资产还应当符合下列条件：（1）承租人可从单独使用该资产或将其与易于获得的其他资源一起使用中获利；（2）该资产与其他资产不存在高度依赖或高度关联关系。承租人转租或预期转租租赁资产的，原租赁不属于低价值资产租赁。此处的转租，是指转租租赁，是指承租人在租赁期内将租入资产出租给第三方的行为。

2. 短期租赁和低价值资产租赁的会计处理要求

我国企业会计准则要求，对于短期租赁和低价值资产租赁，承租人可以选择不确认使用权资产和租赁负债。作出该选择的，承租人应当将短期租赁和低价值资产租赁的租赁付款额，在租赁期内各个期间按照直线法或其他系统合理的方法计入相关资产成本或当期损益。其他系统合理的方法能够更好地反映承租人的受益模式的，承租人应当采用该方法。

对于短期租赁，承租人应当按照租赁资产的类别作出上述会计处理选择。

对于低价值资产租赁，承租人可根据每项租赁的具体情况作出上述会计处理选择。

在按照上述规定进行简化处理的短期租赁发生租赁变更或者租赁变更之外的原因导致租赁期发生变化的，承租人应当将其视为一项新租赁进行会计处理。相对而言，低价值资产租赁不必做租赁变更的考虑。

例 10－7

2×22 年 1 月 1 日，甲公司向乙公司租入某商场入口处的一个小型展销厅进行产品推广，租期为 10 个月。合同约定，自租赁开始日（2×22 年 1 月 1 日）起，甲公司每月月末向乙公司支付租金，前 5 个月每月支付租金 30 000 元，后 5 个月每月支付 70 000 元。

分析：甲公司的账务处理如下。

假定甲公司采用直线法分摊确认各期的租金费用。租赁费用总额为 500 000 元（30 000×5＋70 000×5），按直线法计算，每年应分摊的租金费用为 50 000 元。

前 5 个月的记录如下：

	1 月	2 月	3 月	4 月	5 月
借：管理费用	50 000	50 000	50 000	50 000	50 000
贷：银行存款	30 000	30 000	30 000	30 000	30 000
其他应付款	20 000	20 000	20 000	20 000	20 000

后 5 个月的记录如下：

	1 月	2 月	3 月	4 月	5 月
借：管理费用	50 000	50 000	50 000	50 000	50 000
其他应付款	20 000	20 000	20 000	20 000	20 000
贷：银行存款	30 000	30 000	30 000	30 000	30 000

10.3 出租人的会计处理

10.3.1 出租人对租赁业务的分类

1. 出租人应当在租赁开始日进行的分类

出租人应当在租赁开始日将租赁分为融资租赁和经营租赁。

（1）租赁开始日，是指租赁合同签署日与租赁各方就主要租赁条款作出承诺日中的较早者。请注意：本章在前面承租人的会计处理部分也曾强调过一个术语，即租赁期开始日，是指出租人提供租赁资产使其可供承租人使用的日期；这里的租赁开始日则是针对出租人而言，涉及租赁合同签署日与租赁各方就主要租赁条款作出承诺日两个可能会有区别的时间点。

（2）融资租赁，是指实质上转移了与租赁资产所有权有关的几乎全部风险和报酬的租赁。其所有权最终可能转移，也可能不转移。我们还要注意：在本次会计准则修订之前，无论是出租人还是承租人，在租赁业务开始时的首要工作都是认定租赁业务是属于融资租赁还是经营租赁；会计准则在本次修订之后，只是强调了出租人对租赁业务的如此划分，未对承租人的业务提此要求。

（3）经营租赁，是指除融资租赁以外的其他租赁。此处使用的术语解释方法为排除法，其前提是，对于租赁业务只有融资租赁和经营租赁两种类型。我们按照这样的划分可以推导：在本章前面的例题中，我们介绍的出租人的租赁业务，可能是融资租赁，也可能是经营租赁；但是关于承租人的短期租赁和低价值资产租赁业务，一般是经营租赁。

准则对租赁的分类的要求还有：在租赁开始日后，出租人无须对租赁的分类进行重新评估，除非发生租赁变更。租赁资产预计使用寿命、预计余值等会计估计变更或发生承租人违约等情况变化的，出租人不对租赁的分类进行重新评估。

2. 融资租赁与经营租赁的划分标准

一项租赁是属于融资租赁还是经营租赁取决于交易的实质，而不是合同的形式。如果一项租赁实质上转移了与租赁资产所有权有关的几乎全部风险和报酬，出租人应当将该项租赁分类为融资租赁。具体来说，一项租赁存在下列一项或多项情形的，通常分类为融资租赁：

（1）在租赁期届满时，租赁资产的所有权转移给承租人；

（2）承租人有购买租赁资产的选择权，所订立的购买价款与预计行使选择权时租赁资产的公允价值相比足够低，因而在租赁开始日就可以合理确定承租人将行使该选择权；

（3）资产的所有权虽然不转移，但租赁期占租赁资产使用寿命的大部分；

（4）在租赁开始日，租赁收款额的现值几乎相当于租赁资产的公允价值；

（5）租赁资产性质特殊，如果不作较大改造，只有承租人才能使用。

一项租赁存在下列一项或多项迹象的，也可能分类为融资租赁：

（1）若承租人撤销租赁，撤销租赁对出租人造成的损失由承租人承担；

（2）资产余值的公允价值波动所产生的利得或损失归属于承租人；

（3）承租人有能力以远低于市场水平的租金继续租赁至下一期间。

若承租人将租入资产转租时（请注意，此时的原承租人又有了出租业务出租人的身份，即转租出租人），转租出租人应当基于原租赁产生的使用权资产，而不是原租赁的标的资产，对转租赁进行分类。但是，原租赁为短期租赁，且转租出租人应用“不确认使用权资产和租赁负债”方法时，转租出租人应当将该转租赁分类为经营租赁。

10.3.2 出租人在租赁期开始日对融资租赁业务的会计处理

1. 出租人对融资租赁的会计处理之一：租赁期开始日

在租赁期开始日，出租人应当将租赁投资净额作为应收融资租赁款的入账价值，并终止确认融资租赁资产。

出租人对应收融资租赁款进行初始计量时，应当以租赁投资净额作为应收融资资租赁款的入账价值。租赁投资净额，是指未担保余值和租赁期开始日尚未收到的租赁收款额按照租赁内含利率折现的现值之和。

$$\begin{aligned}\text{租赁投资净额} &= \text{租赁投资总额的折现值}\\ &= \sum_{t=1}^{n}\frac{\text{第 } t \text{ 期的租赁收款额}}{(1+r)^t}+\frac{\text{未担保余值}}{(1+r)^n}\end{aligned}$$

在转租的情况下，若转租的租赁内含利率无法确定，转租出租人可采用原租赁的折现率（根据与转租有关的初始直接费用进行调整）计量转租投资净额。

2. 出租人对融资租赁的会计处理之二：生产商或经销商作为出租人的融资租赁

生产商或经销商作为出租人的融资租赁，在租赁期开始日，该出租人应当按照租赁资产公允价值与租赁收款额按市场利率折现的现值两者孰低确认收入，并按照租赁资产账面价值扣除未担保余值的现值后的余额结转销售成本。

生产商或经销商出租人为取得融资租赁发生的成本，应当在租赁期开始日计入当期损益。之所以将该成本计入当期损益，是因为《国际财务报告准则第 16 号——租赁》的设计者认为，该成本主要与生产商或经销商出租人赚取的销售利润有关，所以，该成本不作为初始直接费用，当然也就不再列入租赁投资净额（可参见《国际财务报告准则第 16 号——租赁》第 74 段）。

生产商或经销商出租人的租赁投资净额的账务处理如图 10-3 所示。

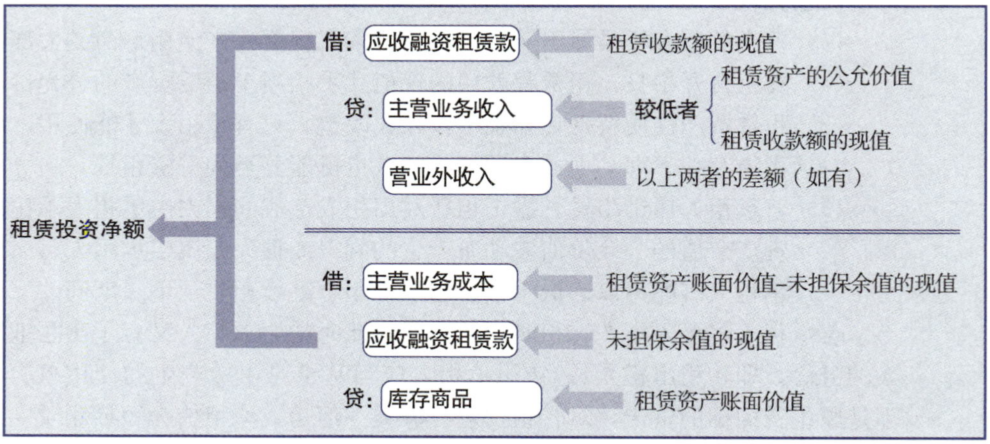

图 10-3 生产商或经销商出租人的租赁投资净额的账务处理

3. 出租人对融资租赁的会计处理之三：融资租赁发生变更

融资租赁发生变更且同时符合下列条件的，出租人应当将该变更作为一项单独租赁进行会计处理：

（1）该变更通过增加一项或多项租赁资产的使用权而扩大了租赁范围；

（2）增加的对价与租赁范围扩大部分的单独价格按该合同情况调整后的金额相当。

融资租赁的变更未作为一项单独租赁进行会计处理的，出租人应当分别下列情形对变更后的租赁进行处理：（1）假如变更在租赁开始日生效，该租赁会被分类为经营租赁的，出租人应当自租赁变更生效日开始将其作为一项新租赁进行会计处理，并以租赁变更生效日前的租赁投资净额作为租赁资产的账面价值；（2）假如变更在租赁开始日生效，该租赁会被分类为融资租赁的，出租人应当按照《企业会计准则第22号——金融工具确认和计量》关于修改或重新议定合同的规定进行会计处理。

4. 出租人对融资租赁会计处理的其他要求

（1）出租人应当按照固定的周期性利率计算并确认租赁期内各个期间的利息收入。

（2）出租人应当按照金融工具确认和计量准则及金融资产转移准则的规定，对应收融资租赁款的终止确认和减值进行会计处理。出租人将应收融资租赁款或其所在的处置组划分为持有待售类别的，应当按照持有待售的非流动资产、处置组和终止经营准则的要求进行会计处理。

（3）出租人取得的可变租赁付款额应当在实际发生时计入当期损益，取决于指数或比率的可变租赁付款额除外。

5. 出租人对融资租赁会计处理的举例说明

例 10-8

2×21年12月1日，甲公司向乙公司出租一套设备，合同主要条款如下：

（1）租赁期自2×21年1月1日起，至2×24年12月31日，共4年。

（2）该租赁资产的账面价值和公允价值均为50 000 000元。

（3）租金收取方式为租赁期间内每年年末收取固定付款额15 000 000元。此外，该设备每年约需100 000元的保险费、维护费等实质固定付款额，均由承租人承担。

（4）该资产的余值预计为800 000元。承租人因提供了担保余值而预计应支付的款项为310 000元。未担保余值为490 000元。

（5）出租人的初始直接费用为6 000元。

（6）在租赁期最后一期，承租人因使用该机器比较满意，支付了未纳入租赁负债计量的可变租赁付款额60 000元。

分析：承租人乙公司的会计处理如下。

（1）租赁内含利率的计算。

租赁内含利率也就是使得下式成立的折现率 r。

$$\begin{matrix}\text{租赁资产}\\\text{公允价值}\end{matrix}+\begin{matrix}\text{出租人的}\\\text{初始直接费用}\end{matrix}=\sum_{t=1}^{n}\frac{\text{第 }t\text{ 期的租赁收款额}}{(1+r)^{t}}+\frac{\text{未担保余值}}{(1+r)^{n}}$$

$$50\ 000\ 000+6\ 000=\frac{15\ 000\ 000}{(1+r)^{1}}+\frac{15\ 000\ 000}{(1+r)^{2}}+\frac{15\ 000\ 000}{(1+r)^{3}}+\frac{15\ 310\ 000}{(1+r)^{4}}+\frac{490\ 000}{(1+r)^{4}}$$

上式中的 15 310 000 元为最后一年的租赁收款额（含承租人提供的担保余值），490 000 元为未担保余值，租赁内含利率为 8.235%。

（2）确定应收融资租赁款的入账价值。

$$\begin{aligned}\text{租赁投资净额}&=\frac{15\ 000\ 000}{(1+r)^{1}}+\frac{15\ 000\ 000}{(1+r)^{2}}+\frac{15\ 000\ 000}{(1+r)^{3}}+\frac{15\ 310\ 000}{(1+r)^{4}}+\frac{490\ 000}{(1+r)^{4}}\\&=50\ 006\ 000(\text{元})\end{aligned}$$

借：应收融资租赁款　50 006 000
　贷：固定资产　50 000 000
　　银行存款　6 000

10.3.3 出租人在租赁期开始日后对融资租赁业务的会计处理

1. 出租人转移租赁资产后的后续计量

例 10-9

承例 10-8。此步骤会计处理涉及的内容主要是取得租赁资产的租金，结转未实现融资收益。

分析：应收融资租赁款的计算见表 10-3。

表 10-3 应收融资租赁款的计算

	利息收入	租赁收款额	应收融资租赁款的摊余成本
	①＝上期③×IRR	②	本期③＝上期③＋①－②
2×21-01-01			50 006 000
2×21-12-31	4 118 022	15 000 000	39 124 022
2×22-12-31	3 221 885	15 000 000	27 345 907
2×23-12-31	2 251 951	15 000 000	14 597 858
2×24-12-31	1 202 142	15 000 000	800 000
合计	10 794 000	60 000 000	

（1）2×21 年至 2×24 年每年年底计算利息收入时。

	2×21年	2×22年	2×23年	2×24年
借：应收融资租赁款——未实现融资收益	4 118 022	3 221 885	2 251 951	1 202 142
贷：租赁收入	4 118 022	3 221 885	2 251 951	1 202 142

（2）2×21年至2×24年每年年底收取租赁收款额时。

	2×21年	2×22年	2×23年	2×24年
借：银行存款	15 000 000	15 000 000	15 000 000	15 000 000
贷：应收融资租赁款——租赁收款额	15 000 000	15 000 000	15 000 000	15 000 000

（3）2×24年收到承租人支付的未纳入租赁负债计量的可变租赁付款额60 000元时。

借：银行存款 60 000

贷：租赁收入 60 000

2. 租赁到期，出租人收回租赁资产的会计处理

租赁期届满时，出租人对租赁资产的处理方式有收回、续租和转让所有权，不同的租赁资产处理方式会有不同的会计处理要求。

例10-10

承例10-8和例10-9。2×24年年底租赁期届满，应收融资租赁款的借方余额为800 000元。

分析：（1）2×25年初如果承租人不购买，则出租人收回该套设备。

借：固定资产 800 000

贷：应收融资租赁款 800 000

（2）2×25年年初如果出租人允许承租人以400 000元购得。

借：银行存款 400 000

营业外支出 400 000

贷：应收融资租赁款 800 000

10.3.4 出租人对经营租赁业务的会计处理

1. 经营租赁业务的会计处理要求

前已述及，按照会计准则的解释，经营租赁是指除融资租赁以外的其他租赁。所以，对于承租人而言，若是没有满足融资租赁的相关条件，一律按照经营租赁的要求进行会计处理。

（1）经营租赁收入的确认要求。在租赁期内各个期间，出租人应当采用直线法或其他系统合理的方法，将经营租赁的租赁收款额确认为租金收入。其他系统合理的方法能够更好地反映因使用租赁资产所产生经济利益的消耗模式的，出租人应当采用该方法。

（2）经营租赁初始直接费用的确认要求。出租人发生的与经营租赁有关的初始直接费用应当资本化，在租赁期内按照与租金收入相同的确认基础进行分摊，分期计入当期损益。

（3）对于经营租赁资产中的固定资产，出租人应当采用类似资产的折旧政策计提折旧；对于其他经营租赁资产，应当根据该资产适用的企业会计准则，采用系统合理的方法进行摊销。

（4）如果经营租赁资产有减值的迹象，出租人应当按照资产减值准则的规定，确定经营租赁资产是否发生减值，并进行相应会计处理。

（5）出租人取得的与经营租赁有关的未计入租赁收款额的可变租赁付款额，应当在实际发生时计入当期损益。

（6）经营租赁发生变更的，出租人应当自变更生效日起将其作为一项新租赁进行会计处理，与变更前租赁有关的预收或应收租赁收款额应当视为新租赁的收款额。

2. 经营租赁业务会计处理的举例说明

例10－11

2×22年1月1日，甲公司向乙公司租入一层写字楼，租期为3年。租赁合同约定，租赁开始日（2×22年1月1日）甲公司向乙公司一次性预付租金150 000元，第一年年末支付租金150 000元，第二年年末支付租金200 000元，第三年年末支付租金250 000元。3年的租金总额为750 000元。（假定甲公司和乙公司均在年末确认租金费用和租金收入，并且不存在租金逾期支付的情况。）

乙公司将该租赁合同分类为经营租赁合同。采用直线法分摊确认各期的租金收入。

分析：此项租赁合同租赁收入总额为750 000元，按直线法计算，每年应分摊的租金收入为250 000元。

（1）2×22年1月1日。

借：银行存款　　150 000

　贷：应收账款　　150 000

（2）2×22年12月31日。

借：银行存款　　150 000

　　应收账款　　100 000

　贷：租赁收入　　250 000

（3）2×23年12月31日。

借：银行存款　　200 000

　　应收账款　　50 000

　贷：租赁收入　　250 000

（4）2×24年12月31日。

借：银行存款　　250 000

　贷：租赁收入　　250 000

10.4 售后租回交易

10.4.1 售后租回交易的初始判断

1. 对售后租回交易的说明

售后租回交易是一种特殊形式的租赁业务，是指卖主（即承租人）将一项自制或外购的资产出售后，又将该项资产从买主（即出租人）租回的业务活动，习惯上也称为回租。在售后租回方式下，卖主同时是承租人，买主同时是出租人。通过售后租回交易，资产的原所有者（即承租人）在保留对资产的控制权的前提下，将固定资产转化为货币资本，在出售时可取得全部价款的现金，而租金则是分期支付的，从而获得了所需的资金；相对而言，资产的新所有者（即出租人）通过售后租回交易，也找到了一个风险小、回报有保障的投资机会（如图 10－4 所示）。

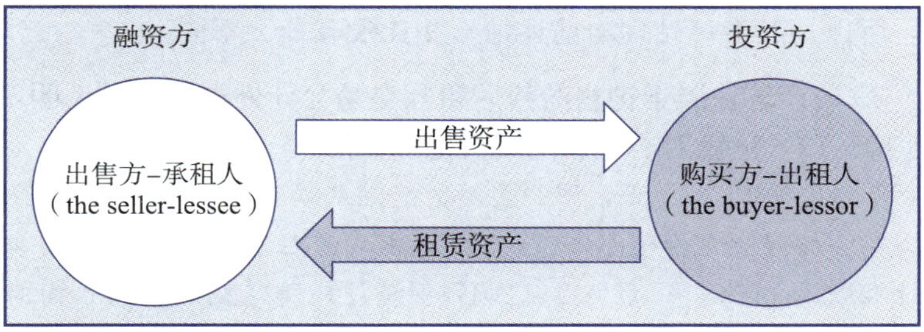

图 10－4 售后租回交易的典型业务流程

2. 售后租回交易的特征与实质

从本质上看，售后租回是一种集销售和融资为一体的特殊形式，是企业筹集资金的新型方法，也是企业间常用的筹资方式之一。

在售后租回的交易过程中，出售方（承租人）对资产所有权转让并不要求资产实物发生转移，因而出售方在售后租回交易过程中可以不间断地使用资产。作为购买方即出租人，则只是取得资产的所有权，取得商品所有权上的风险与报酬，并没有在实质上掌握资产的实物，因而形成实物转移与价值转移的分离。

由此可知，售后租回交易是承租人在不改变其对租赁物占用和使用的前提下，将固定资产及类似资产向流动资产转换的过程，从而增强了长期资产价值的流动性，促进了本不活跃的长期资金发生流动，提高了全部资金的使用效率。这样，一方面解决了企业流动资金困难的问题，另一方面盘活了固定资产，有效地利用现有资产，加速资金再循环，产生资本扩张效应。

3. 对售后租回交易的判断要求

按照会计准则的要求，承租人和出租人应当在业务开始时，依据收入会计准则的规定，评估确定售后租回交易中的资产转让是否属于销售。若租回资产的所有权真正发生了转移，即使是将来可能再以融资租赁的方式转回来，这样的售后租回业务的资产转让仍属于销售。反之，若售后租回资产没有进行所有权的转移，则不属于销售。

10.4.2 资产转让属于销售的售后租回交易的会计处理

1. 资产转让属于销售的售后租回交易的会计处理要求

我国会计准则对售后租回的会计处理要求是依据售后租回交易中的资产转让是否属于销售而进行划分的。售后租回交易中的资产转让属于销售的，出售方-承租人应当用该资产账面价值与公允价值的比值，乘以租赁负债，计量售后租回所形成的使用权资产；仅就转让给购买方-出租人的权利，确认该资产的相关利得或损失（即用公允价值与账面价值之间的比例，乘以公允价值与租赁负债之间的差额来计算）。① 购买方-出租人应当根据其他适用的企业会计准则对资产购买进行会计处理，并根据《企业会计准则第 21 号——租赁》（2018 年修订）对资产出租进行会计处理。由于其出租行为是在买卖合同成立从而取得物权之后进行的，所以，其会计处理与前述情形相比没有什么不同。

2. 资产转让属于销售的售后租回交易会计处理的举例说明

例 10－12 销售对价等于市场价格的情形

2×20 年 12 月 1 日，甲公司签订房屋买卖合同，将一栋造价为 100 000 000 元的写字楼按照公允价值 180 000 000 元出售给乙公司。该房屋买卖合同构成《企业会计准则第 14 号——收入》（2017 年修订）所定义的销售。同时，双方又签署租赁合同，约定租期为 18 年，甲公司自 2×21 年起每年年末支付租金 12 000 000 元。购买方-出租人（乙公司）将该项租赁合同划分为经营租赁合同。

出售方-承租人（甲公司）不知道购买方-出租人（乙公司）的租赁内含利率。出售方-承租人（甲公司）的增量借款利率为 4.5%。

分析：（1）出售方-承租人（甲公司）的会计处理。

1）2×21 年 12 月 1 日销售成立，将固定资产转入固定资产清理时。

借：固定资产清理	100 000 000	
贷：固定资产		100 000 000

2）2×21 年 1 月 1 日，记录租赁合同的使用权资产和租赁负债。

①租赁负债的计算。

$$租赁负债=\sum_{t=1}^{18}\frac{12\ 000\ 000}{(1+4.5\%)^t}=145\ 919\ 902(元)$$

① 准则（第五十一条）原文如下：“售后租回交易中的资产转让属于销售的，承租人应当按原资产账面价值中与租回获得的使用权有关的部分，计量售后租回所形成的使用权资产，并仅就转让至出租人的权利确认相关利得或损失。”

②使用权资产的计算。

租赁负债其实就是未来各期租赁付款额的现值之和，可将其按照资产转让价差与资产账面价值之比进行分摊，前者即是租赁资产中归属于已出售的权利的部分，后者为使用权资产。

资产公允价值＝180 000 000(元)

$$归属于已出售的权利的部分=租赁负债\times\frac{资产转让价差}{资产公允价值}=145\ 919\ 902\times\frac{80\ 000\ 000}{180\ 000\ 000}=64\ 853\ 290(元)$$

$$使用权资产=租赁负债\times\frac{资产账面价值}{资产公允价值}=145\ 919\ 902\times\frac{100\ 000\ 000}{180\ 000\ 000}=81\ 066\ 612(元)$$

③资产处置损益的计算。

资产出售价格 180 000 000 元，可视为各期租赁付款额的现值（即租赁负债）和未来各期利息的现值之和。

未来各期利息的现值＝180 000 000－145 919 902＝34 080 098(元)

可将未来各期利息的现值按照资产转让价差与资产账面价值之比进行分摊，前者即是归属于转让出去的账面价值的部分，后者为归属于保留的使用权资产的部分。

$$归属于已出售的权利的部分=未来各期利息的现值\times\frac{资产转让价差}{资产公允价值}=34\ 080\ 098\times\frac{80\ 000\ 000}{180\ 000\ 000}=15\ 146\ 710(元)$$

$$归属于保留的使用权资产的部分=未来各期利息的现值\times\frac{资产账面价值}{资产公允价值}=34\ 080\ 098\times\frac{100\ 000\ 000}{180\ 000\ 000}=18\ 933\ 388(元)$$

其实上述分析只是把资产的公允价值 180 000 000 元分拆成了两部分。一是未来租金的现值（即租赁负债）145 919 901 元，这部分按照 0.8∶1 的比例分拆成了归属于已出售的权利的部分（即 64 853 290 元）和归属于保留的使用权资产的部分（即 81 066 612 元）。二是未来各期利息的现值 34 080 098 元，这部分按照 0.8∶1 比例分拆成了归属于已出售的权利的部分（即 15 146 710 元）和归属于保留的使用权资产的部分（即 18 933 388 元）。

汇总起来看，归属于已出售的权利部分的金额共计 80 000 000 元（包括租赁付款的现值64 853 290元，以及该部分的利息的现值15 146 710元），归属于保留的使用权资产部分的金额共计100 000 000元（包括租赁付款的现值81 066 612元，以及该部分的利息的现值18 933 388元）。

上述计算思路可概括如图10－5所示。

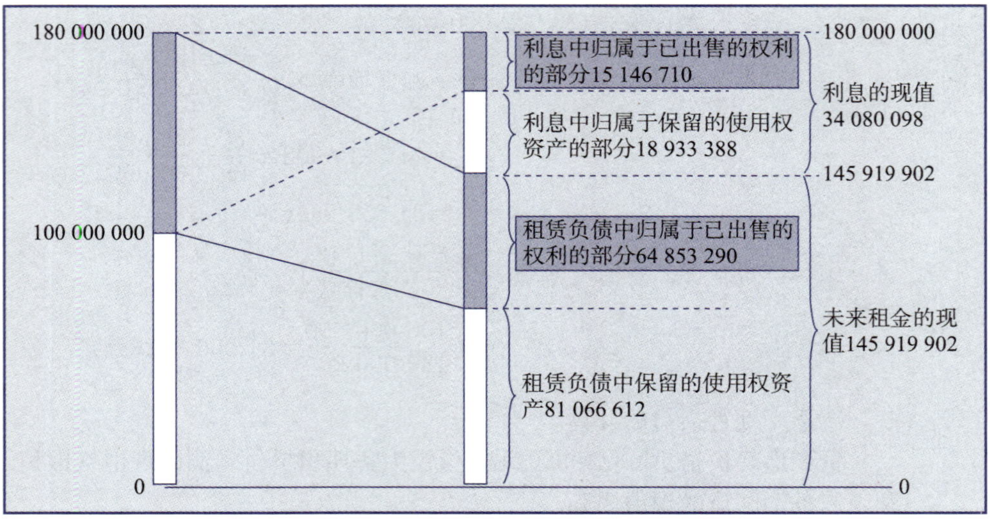

图10－5 使用权资产和资产处置损益的计算逻辑

根据上述分析，记录租赁合同的使用权资产和租赁负债时的会计分录如下：

借：银行存款　180 000 000
　　使用权资产　81 066 612
　贷：固定资产清理　100 000 000
　　　租赁负债　145 919 902
　　　资产处置损益　15 146 710

甲公司办理好租回手续后的会计分录同例10－4，此处略。

（2）购买方-出租人（乙公司）的会计处理。按照会计准则的要求，出租人应当根据其他适用的企业会计准则进行资产购买的会计处理，并根据租赁准则对资产出租进行会计处理。乙公司在取得写字楼的所有权时不考虑增值税的会计分录为：

借：固定资产　180 000 000
　贷：银行存款　180 000 000

乙公司办理好租赁手续后的会计分录参考例10－11，此处略。

10.4.3 资产转让不属于销售的售后租回交易的会计处理

1. 资产转让不属于销售的售后租回交易的会计处理要求

售后租回交易中的资产转让不属于销售的，承租人应当继续确认被转让资产，同时确认一项与转让收入等额的金融负债，并按照金融工具确认和计量准则的要求对该金融负债进行会计处理；出租人不确认被转让资产，但应当确认一项与转让收入等额的金融资产，并按照金融工具确认和计量准则的要求对该金融资产进行会计处理。

2. 资产转让不属于销售的售后租回交易会计处理的举例说明

例 10-13

20×6 年 1 月 1 日，甲公司正式签订合同，将一条公允价值为 150 000 元的在用生产线以同等价格交与乙租赁公司，并与乙租赁公司签订合同，按照资产的公允价值先取得等价的银行存款，再分 3 年按照经营租赁的方式每年归还 54 000 元。不考虑增值税。

分析：（1）出售方-承租人（甲公司）的会计处理。

借：银行存款 150 000

　　贷：长期应付款——应付租赁款 150 000

（2）购买方-出租人（乙公司）的会计处理。

借：长期应收款——应收租赁款 150 000

　　贷：银行存款 150 000

10.5 租赁业务的会计信息列报

10.5.1 承租人的期末会计信息列报

承租人应当在资产负债表中单独列示使用权资产和租赁负债。其中，租赁负债通常分别非流动负债和一年内到期的非流动负债列示。

在利润表中，承租人应当分别列示租赁负债的利息费用与使用权资产的折旧费用。租赁负债的利息费用在财务费用项目列示。

在现金流量表中，偿还租赁负债本金和利息所支付的现金应当计入筹资活动现金流出，支付的按租赁准则简化处理的短期租赁付款额和低价值资产租赁付款额以及未纳入租赁负债计量的可变租赁付款额应当计入经营活动现金流出。

承租人应当在附注中披露与租赁有关的下列信息：

（1）各类使用权资产的期初余额、本期增加额、期末余额以及累计折旧额和减值金额；

（2）租赁负债的利息费用；

（3）计入当期损益的按租赁准则简化处理的短期租赁费用和低价值资产租赁费用；

（4）未纳入租赁负债计量的可变租赁付款额；

（5）转租使用权资产取得的收入；

（6）与租赁相关的总现金流出；

（7）售后租回交易产生的相关损益；

（8）其他按照金融工具列报准则应当披露的有关租赁负债的信息。

承租人应用租赁准则对短期租赁和低价值资产租赁进行简化处理的，应当披露这一事实。

承租人应当根据理解财务报表的需要，披露有关租赁活动的其他定性和定量信息。此类信息包括：

（1）租赁活动的性质，如对租赁活动基本情况的描述；

（2）未纳入租赁负债计量的未来潜在现金流出；

（3）租赁导致的限制或承诺；

（4）售后租回交易中除其产生的相关损益之外的其他信息；

（5）其他相关信息。

10.5.2 出租人的期末会计信息列报

出租人应当根据资产的性质，在资产负债表中列示经营租赁资产。

出租人应当在附注中披露与融资租赁有关的下列信息：

（1）销售损益、租赁投资净额的融资收益以及与未纳入租赁投资净额的可变租赁付款额相关的收入；

（2）资产负债表日后连续五个会计年度每年将收到的未折现租赁收款额，以及以后年度将收到的未折现租赁收款额总额；

（3）未折现租赁收款额与租赁投资净额的调节表。

出租人应当在附注中披露与经营租赁有关的下列信息：

（1）租赁收入，并单独披露与未计入租赁收款额的可变租赁付款额相关的收入；

（2）将经营租赁固定资产与出租人持有自用的固定资产分开，并按经营租赁固定资产的类别提供固定资产准则要求披露的信息；

（3）资产负债表日后连续五个会计年度每年将收到的未折现租赁收款额，以及剩余年度将收到的未折现租赁收款额总额。

出租人应当根据理解财务报表的需要，披露有关租赁活动的其他定性和定量信息。此类信息包括：

（1）租赁活动的性质，如对租赁活动基本情况的描述；

（2）对其在租赁资产中保留的权利进行风险管理的情况；

（3）其他相关信息。

关于租赁合同会计处理规则的理论探讨

思考题

何为使用权资产？承租人确认使用权资产会对资产负债表产生什么样的影响？

练习题

2×20 年 12 月 1 日，甲公司签订房屋买卖合同，将一栋造价为 100 000 000 元的写字楼按照公允价值 180 000 000 元出售给乙公司。该房屋买卖合同构成《企业会计准则第 14 号——收入》(2017 年修订）所定义的销售。同时，双方又签署租赁合同，约定租期为 18 年，甲公司自 2×21 年起每年年末支付租金 12 000 000 元。购买方-出租人（乙公司）将该项租赁合同划分为经营租赁合同。

出售方-承租人（甲公司）不知道购买方-出租人（乙公司）的租赁内含利率。出售方-承租人（甲公司）的增量借款利率为 4.5%。

要求：请完成甲公司和乙公司办完租赁手续之后的会计处理（之前的会计处理见例 10-12)。

第11章 衍生工具会计

学习目标

1. 掌握衍生工具的会计处理规则。
2. 理解远期、期货、期权和互换等合约的设计原理，期货交易制度和期货交易过程。
3. 了解境内外的主要期货期权交易所及其热门交易品种，衍生工具交易的若干行规，我国金融监管机构制定的衍生工具交易相关规则，期权的交易策略。

AI深度思考——与AI对话

现行会计准则规定，在资产负债表日，企业应当按照公允价值计量其衍生工具，并将其公允价值变动形成的利得或损失计入当期损益。这种会计处理有何利弊?

11.1 衍生工具概述

11.1.1 何谓衍生工具

学术界尚未就金融工具的定义达成共识。简单地说，金融工具（financial instrument）是交易各方基于各自的预期所签订的按照其意愿来转移资金的合同，泛指可在金融市场进行交易的各种金融合同（或称金融载体，financial vehicle）。金融工具交易中常常将合同、合约、协议视为同义语，我国现行金融法规的常用词汇是远期协议、期货合约、期权合约、互换合约。

金融工具有原生金融工具与衍生金融工具之分。

原生金融工具（primary financial instruments）又称原生工具、原生资产、基础资产、基础工具，泛指可作为合同标的物或计价参照物，用于构造其他金融合同的金融合同，一般是指债券（又称作债务工具，debt instrument）和股票

（又称作权益工具，equity instrument）。此外，鉴于金融机构常常以本币、外汇、股票价格指数等为基础开发交易品种，因此，业界也常常将它们抽象地称作原生工具。

衍生金融工具（derivative financialinstruments，derivatives）又称衍生工具、金融衍生品、衍生产品、衍生品，是由原生工具派生出来的金融合同，其结算价格通常主要取决于原生工具的价格变动。衍生金融工具的种类多样，常见的交易品种如表 11－1 所示。一般，为便于理解和分析，业界常常将衍生工具区分为远期合约、期货合约、期权合约和互换合约，并视之为衍生工具的四种基本形态。基于这些基本形态可以组合出新的产品形态，如期货期权、远期互换、互换期货、互换期权等。

表 11－1　衍生工具的常见构成

基础资产的风险来源（衍生工具的计价参照物）	衍生工具			
	远期合约	期货合约	期权合约	互换合约
商品价格	—	商品期货	—	—
利率（本币的价格）	远期利率协议	利率期货	利率期权	利率互换
汇率（外汇的价格）	远期外汇协议	汇率期货	汇率期权	货币互换
股票价格	—	—	股票期权	—
股票价格指数	—	股指期货	—	—

《企业会计准则第 22 号——金融工具确认和计量》（2017 年修订）第五条定义的衍生工具，是指属于该准则范围并同时具备下列特征的金融工具或其他合同：（1）其价值随特定利率、金融工具价格、商品价格、汇率、价格指数、费率指数、信用等级、信用指数或其他变量的变动而变动。变量为非金融变量的，该变量不应与合同的任何一方存在特定关系。（2）不要求初始净投资，或者与对市场因素变化预期有类似反应的其他合同相比，要求较少的初始净投资。（3）在未来某一日期结算。上述定义比较抽象，学完本章内容之后再来回味，会更容易理解一些。

期货和期权等衍生工具大多是由美国境内的期货交易所首先推出的，其历史不算悠久。

11.1.2　衍生工具的作用

衍生工具的支持者往往夸大衍生工具的作用。若作局外观，交易所开发新品种并彼此竞争，这跟其他企业做生意谋利在本质上没什么不同。场外交易的情形与此相似。

面对市面上林林总总的衍生工具，投资者究竟能用它来干什么？不妨套用通俗的套利、套期保值和投机“三分法”来说明。总体而言，有少数投资者使用衍生工具进行套利活动（arbitraging），即利用金融市场上的既有规则或既有价格差构造交易策略而谋利。有一些投资者利用衍生工具从事套期保值（hedging），即利用衍生工具交易来控制其从事实业所面临的种种价格风险（如商品价格、利率、汇率、股票价格等的波动），这是企业风险管理和全面预算管理的重要组成部分。套期保值对工商企业的健康、持续、快速发展具有积极意义，因而值得提倡。作为对比，大多数衍生工具的交易者从事的是投机活动（speculating）。因此，对于衍生工具、金融创新等概念，宜作辩证的理解。

衍生工具的交易过程实际上是风险再分配和财富转移的过程。其本身并没有增加社会财富，甚至不会创造虚拟资本，这是衍生工具与原生工具（股票等）的重要区别。有的金融书籍认为衍生工具能够创造价值，实际上说的是衍生工具能够为参与者降低融资成本或规避价格风险（即私人财富有所转移），从社会财富的角度来说，它仍然没有创造价值。

会计研究者的使命是完善会计规则，帮助有关机构规范金融工具信息披露要求，加强监管，遏制衍生工具的弊端，从而发挥金融创新的积极作用。

11.1.3 衍生工具的会计处理规则

1. 会计科目的设置

《企业会计准则第22号——金融工具确认和计量》（2017年修订）第十六条规定，企业应当根据其管理金融资产的业务模式和金融资产的合同现金流量特征，将金融资产划分为以下三类：（1）以摊余成本计量的金融资产；（2）以公允价值计量且其变动计入其他综合收益的金融资产；（3）以公允价值计量且其变动计入当期损益的金融资产。

该准则第二十一条规定，除下列各项外，企业应当将金融负债分类为以摊余成本计量的金融负债：（1）以公允价值计量且其变动计入当期损益的金融负债，包括交易性金融负债（含属于金融负债的衍生工具）和指定为以公允价值计量且其变动计入当期损益的金融负债。（2）金融资产转移不符合终止确认条件或继续涉入被转移金融资产所形成的金融负债。对此类金融负债，企业应当按照《企业会计准则第23号——金融资产转移》相关规定进行计量。（3）不属于上述（1）或（2）情形的财务担保合同，以及不属于上述（1）情形的以低于市场利率贷款的贷款承诺。

根据上述规定，衍生工具应当划分为交易性金融资产或交易性金融负债。但被指定为有效套期工具的衍生工具除外，改用“套期工具”进行账务处理。

企业的衍生工具交易如果构成有效套期（即符合套期会计的适用条件），则应按照套期会计规则，设置“套期工具”科目对衍生工具进行账务处理（见本书第12章）。

2. 衍生工具会计处理的一般规定

（1）衍生工具的入账处理。

1）对于期货和期权，企业应按其支付的期货交易保证金和期权费，在交易日作入账处理，即借记“衍生工具”科目，贷记“银行存款”等科目。

2）对于远期和互换，在交易日不需要作入账处理（因其在交易日不需要支付价款）。远期在结算日作入账处理，企业按其收取（或支付）的结算金额，借记（或贷记）“银行存款”科目，贷记（或借记）“衍生工具”科目。互换在交易日后的首个资产负债表日作入账处理，该衍生工具形成资产的，借记“衍生工具”科目，贷记“公允价值变动损益”科目；该衍生工具形成负债的，作相反的会计分录。

如果在交易日发生相关交易费用[1]，则应当将其直接计入当期损益（借记“投资收益”科目，贷记“银行存款”等科目）。

（2）资产负债表日的盯市处理。在资产负债表日，企业应当按照公允价值计量其衍生工具，并将其公允价值变动所形成的利得或损失计入当期损益。对于远期、互换和期权，上述公允价值是指该合约的公允价值（市值或者估值）；对于期货，上述公允价值是指企业按照交易所通知的结算价划转期货交易保证金后，其保证金账户的应有数额。

上述一般规定是公允价值会计理念在衍生工具会计中的具体体现。在实际操作中，由于远期、期货、期权和互换的合约设计及其交易策略机理存在一定差异，因此，其账务处理在细节上存在一定的差异。详见以下各节的讲解。

11.2　远　期

通俗地说，远期合约（forward contracts）是指交易双方先行谈妥价格，等到未来某一确定时间再办理交割手续的合同。《中华人民共和国期货和衍生品法》（简称《期货和衍生品法》）所称远期合约，是指期货合约以外的，约定在将来某一特定的时间和地点交割一定数量标的物的金融合约。准备买入标的物的一方为多头，准备卖出标的物的一方为空头。如果远期合约以一般商品为交易标的，则这种合同其实就是先谈妥价格后提货的买卖合同。其实读者对此并不陌生，如购买期房所签订的房屋买卖合同。

在风险管理实践中，常用的是金融远期合约，也就是以金融原生工具为标的资产的远期合约，一般是指远期利率协议和远期外汇协议。远期利率协议通常用于利率风险管理，远期外汇协议通常用于外汇风险管理。

金融行话——头寸

远期合约的交易是场外交易，即在 OTC 市场进行交易，不通过交易所进行交易。OTC 是“面对面”的意思（over the counter），这个词形象地刻画了一个画面：买卖双方随便找个桌子面对面坐下来谈一谈，就有可能签署一份合同。OTC 交易具有简单快捷、量身定做、得遂所愿的优点，但反过

① 交易费用是指可直接归属于购买、发行或处置金融工具新增的外部费用（即企业不购买、发行或处置金融工具就不会发生的费用），包括支付给代理机构、咨询公司、券商等的手续费和佣金及其他必要支出，不包括内部管理成本及其他与交易不直接相关的费用。

来看，它是缺乏监管的交易，其安全性完全取决于交易双方的信誉，存在较大的违约风险。

远期合约的特点及优点主要体现在以下三个方面：(1) 远期合约是非标准化合约，灵活性较大是其主要优点。交易双方可以就交割地点、交割时间、交割价格、合约规模、标的物的品质等细节进行谈判，实现按需定制。(2) 远期合约可以弥补期货合约的不足。期货的交易品种相对有限，且期货的到期日可能与套期保值对象的期限不匹配。(3) 远期交易在买卖成交时并不发生现金流动，双方只是将交易的各项条件（如交易标的物的质量、交易的数量、交易的价格及交割结算日等）用合约的形式确定下来，实际交割则在预约的将来某一个特定日期进行。

远期合约的缺点如下：与期货相比，由于远期合约不是标准化合约，因此，一方面，远期合约通常不在交易所中进行集中交易，这不利于信息交流和传递，导致价格发现的效率较低；另一方面，远期合约流动性较差，履约没有保证，违约风险较高，即使采取缴纳定金、第三方担保等方式也无法解决违约风险问题。

11.2.1 远期利率协议及其会计处理

1. 交易过程

远期利率协议（forward rate agreement，FRA）是买卖双方同意从未来某一商定的时刻开始，在某一特定时期内按协议利率借贷一笔数额确定、以具体货币表示的名义本金的协议。之所以称为名义，是因为在将来清算时，往往不涉及本金的交易，而是由某一方支付利息差额。换言之，借贷双方不必交换本金，只是在结算日按照协议利率与参考利率之间的差额以及名义本金额，由交易一方付给另一方结算金额。远期利率是指现在约定的将来一定期限的利率，如 1×4 远期利率，即表示 1 个月之后开始的期限为 3 个月的远期利率。

远期利率协议的作用是通过固定将来的利率水平控制利率风险。由于该协议仅仅按照利率差额结算，而不必支付本金，因此其资金流动量较小。这就给企业提供了一种无须改变其资产负债结构即可管理利率风险的工具。

与场内交易的衍生工具（期货、期权）相比，远期利率协议的优点是简便、灵活、无须支付保证金等。虽然场外交易存在信用风险和流动性风险，但是由于仅仅按照差额结算、不涉及本金，因此其风险相对有限。

英国银行家协会（British Bankers' Association，BBA）1985 年颁布的远期利率标准化文件是业界常用的参考范本。根据该文件，每笔 FRA 仅需一个电传确认即可成交。该范本规定了合约中的重要术语。

(1) 名义本金额（contract amount），是指借贷的名义金额。

(2) 合同货币（contract currency），是指合同标的货币币种。

(3) 合同利率（contract rate），是指缔约双方确定的借贷利率。

(4) 参考利率（reference rate），是指协议中指定的在确定日用以确定结算金额的某种市场利率，通常采用确定日的伦敦银行间拆借利率（London interbank offered rate，SOFR/ICE SOFR）。

浮动利率的常用参照标准

(5) 结算金额（settlement sum），是指在结算日，根据合同利率和参照利率的差额计算出来的、由某一缔约方向另一方交付的金额。

(6) 交易日（dealing date），是指合同生效的日期。一般，交易日与起算日间隔两个交易日。

(7) 结算日（settlement date），是指名义借贷开始的日期，也是某一缔约方向另一方交付结算金额的日期。

(8) 到期日（maturity date），是指名义借贷到期的日期。

(9) 合同期（contract period），是指结算日至到期日之间的天数。天数的计算规则通常预先在协议中予以约定。

(10) 确定日（fixing date），是指确定参考利率的日期。一般，确定日与结算日间隔两个交易日。

上述日期之间的关系如图 11－1 所示。

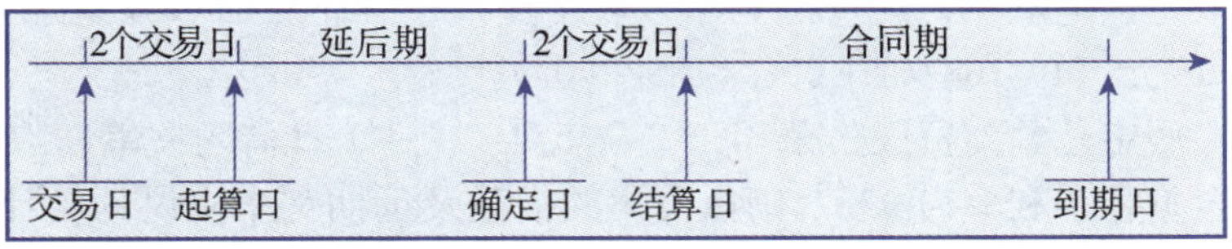

图 11－1　远期利率协议的交易过程示意图

令 C＝合同利率，S＝参考利率，N＝合同标的金额，d＝远期利率协议的合同期的计息天数，D＝参考利率计息基准对应的年度计息天数。若 $S>C$，则卖方向买方支付；若 $S<C$，则买方向卖方支付。结算金额的一种常用计算公式如下：

$$N\times\frac{(S-C)\times d/D}{1+S\times d/D}$$

2. 会计处理

采用“衍生工具”科目对远期利率协议进行账务处理时，需要把握以下四个要点：

(1) 在交易日，不需要作账务处理。这是因为远期利率协议属于场外交易的合约，企业在签约时不发生交易代价。

(2) 在结算日，需要作衍生工具的入账分录。按实际收到的结算金额，借记“银行存款”科目，贷记“衍生工具”科目。支付结算金额的情形，作相反的会计分录。

(3) 在资产负债表日，应当按照公允价值计量远期利率协议，并将其公允价值变动形成的利得或损失计入当期损益。若远期利率协议与企业的借款相关，则应按其公允价值变动，借记（或贷记）“衍生工具”科目，贷记（或借记）“财务费用”科目。若远期利率协议用于投机，则应按其公允价值变动，借记（或贷记）“衍生工具”科目，贷记（或借记）“公允价值变动损益”科目。

（4）远期利率协议到期时，应注销其账面价值，同时调整当期损益。

例 11－1

假定 20×5 年 6 月 29 日，范鑫商贸股份公司与某银行签订了一份“3×9”、名义金额 100 万元、合同利率为 4%的远期利率协议。交易日是 6 月 29 日，起算日是 7 月 1 日，结算日是 10 月 1 日，到期日是 20×6 年的 4 月 1 日，合同期是 6 个月。确定日与结算日间隔两日（即为 9 月 29 日），确定日的参考利率为 6%。假定计息期按实际天数计，一年按 360 天计。

分析： 按照前述公式，范鑫商贸股份公司在结算日收到的现金可计算如下。

$$1\ 000\ 000\times\frac{(6\%-4\%)\times183/360}{1+6\%\times183/360}=9\ 866(\text{元})$$

上述计算过程常常令初学者感到困惑。以下给出通俗的解读（以下计算结果均取整数）：范鑫商贸股份公司在合同到期时（即 20×6 年 4 月 1 日）可得到的好处约为 10 167 元（1 000 000×(6%－4%)×183/360），那么，若其在结算日就取走该笔款项，则按照利率 6%计算，到期日的 10 167 元就相当于结算日的 9 866 元（10 167/(1+6%×183/360)）。

假定范鑫商贸股份公司于 20×5 年 10 月 1 日借入一笔期限为 6 个月的流动资金贷款，利率为 6%。则该公司的借款及远期利率协议的会计处理如表 11－2 所示。假定不满足套期会计的条件。

表 11－2　借款及远期利率协议的会计处理

日期	业务分录	衍生工具交易
交易日（20×5 年 6 月 29 日）	—	—
结算日（20×5 年 10 月 1 日）	—	（1）远期利率协议入账时。 借：银行存款　　9 866 　贷：衍生工具 　　——远期利率协议　　9 866
资产负债表日（20×5 年 12 月 31 日）	（3）记载应付利息时。 借：财务费用　　15 333 　贷：应付利息　　15 333*	（2）记载衍生工具的公允价值变动时。 借：衍生工具——远期利率协议 　　4 886* 　贷：财务费用　　4 886
到期日（20×6 年 4 月 1 日）	（5）补记应付利息时。 借：财务费用　　15 167 　贷：应付利息　　15 167** （6）支付 6 个月的利息时。 借：应付利息　　30 500** 　贷：银行存款　　30 500	（4）注销衍生工具时。 借：衍生工具 　　——远期利率协议　　4 980[1] 　贷：财务费用　　4 980

*按照参考利率 6%，自结算日（20×5 年 10 月 1 日）到资产负债表日（20×5 年 12 月 31 日）应负

担的财务费用计算如下：

3 个月的应付利息＝1 000 000×6%×92/360＝15 333(元)

20×5 年 12 月 31 日，远期利率协议自 20×6 年 1 月 1 日到 4 月 1 日所节省的财务费用的现值计算如下：

$$节省的财务费用的现值=\frac{1\ 000\ 000\times(6\%-4\%)\times 91/360}{1+6\%\times 91/360}=4\ 980(元)$$

远期利率协议自结算日（20×5 年 10 月 1 日）到资产负债表日（20×5 年 12 月 31 日）已节省的财务费用计算如下：

前三个月节省的财务费用＝9 866－4 980＝4 886(元)

也可以将分录（2）和（3）合并成一个复合分录：

借：财务费用	10 447	
衍生工具——远期利率协议	4 886	
贷：应付利息		15 333

** 按照参考利率 6%，自 20×6 年 1 月 1 日到 4 月 1 日应负担的财务费用计算如下：

3 个月的应付利息＝1 000 000×6%×91/360＝15 167(元)

自 20×5 年 10 月 1 日到 20×6 年 4 月 1 日的应付利息共计 30 500 元。

也可以将分录（4）和分录（5）合并成一个复合分录：

借：财务费用	10 187	
衍生工具——远期利率协议	4 980	
贷：应付利息		15 167

11.2.2 远期外汇协议及其会计处理

远期外汇协议又称期汇合同，是指缔约双方约定在将来某一时间，按约定的远期汇率买卖一定金额的某种外汇的合约。如果直接从现在起算，则可称之为直接远期外汇协议（outright forward foreign exchange contracts）；如果从未来的某个时点起算，则可称之为远期外汇综合协议（synthetic agreement for forward exchange，SAFE）。

2005 年，中国外汇交易中心、全国银行间同业拆借中心发布人民币外汇远期交易主协议和交易规则，对全国银行间外汇远期交易进行统一规范。

远期外汇协议的交易方式比远期利率协议略微复杂。例如，远期外汇协议有全额结算和差额结算之分，前者指在结算日根据约定的远期汇率全额交割本金的结算方式，后者指在结算日根据约定的远期汇率与参考价格轧差交割本金的结算方式。

采取差额结算方式的远期外汇综合协议的交易过程和会计处理与远期利率协议相似，这里不再赘述。以下简要介绍对采取差额结算方式的直接远期外汇协议进行会计处理的操作要点：

（1）在交易日，不需要作账务处理。

（2）在交易日后的首个资产负债表日，应当将直接远期外汇协议按照公允价值作会计分录。该衍生工具形成资产的，按其公允价值借记“衍生工具”科目，贷记“公允价值变动损益”科目；该衍生工具形成负债的，作相反的会计分录。

（3）在后续的资产负债表日，企业应当按照公允价值计量其衍生工具，并将其公允价值变动所形成的利得或损失计入当期损益。对于有利的变动，借记“衍生工具”科目，贷记“公允价值变动损益”科目；对于不利的变动，作相反的会计分录。

（4）合同期满，收取对方给付的款项时，按实际收到的结算金额借记“银行存款”科目，贷记“衍生工具”科目；支付结算金额的情形，作相反的会计分录。

采取全额结算方式的情形，可比照上述规则予以处理，此处从略。

例 11－2

昌富投资股份公司预期英镑将会走强，遂于 20×7 年 10 月 2 日与某银行签订了一份 180 天的购入 1 000 000 英镑的远期外汇协议。约定的汇率为 1 英镑＝9.1 元人民币。

汇率信息如表 11－3 所示。

表 11－3 英镑的即期汇率和远期汇率变动情况

项目	20×7 年 10 月 2 日	20×7 年 12 月 31 日	20×8 年 3 月 31 日
即期汇率	1 英镑＝9.0 元人民币	1 英镑＝9.3 元人民币	1 英镑＝9.8 元人民币
远期汇率	1 英镑＝9.1 元人民币 （期限 6 个月的远期外汇协议）	1 英镑＝9.5 元人民币 （期限 3 个月的远期外汇协议）	1 英镑＝9.8 元人民币

分析：假定采用 3%的折现率，计息天数按照每月 30 天、每年 360 天计算。则会计处理如下。

（1）20×7 年 10 月 2 日（交易日），无会计分录。

（2）20×7 年 12 月 31 日（资产负债表日），采用公允价值会计规则记录公允价值变动损益。

借：衍生工具——远期外汇协议　　397 022

　贷：公允价值变动损益　　397 022

上述数字是采用折现法计算的，其逻辑如下：在 20×7 年 12 月 31 日，昌富投资股份公司预期当前已经实现的汇率差（9.5－9.1）能够一直持续到合同终止，则其在合同终止时（即 20×8 年 3 月 31 日）预期可实现的盈利额为 400 000 元（(9.5－9.1)×1 000 000）。但距合同到期还有 3 个月（计算时按每月 30 天匡算），所以要把上述预期的盈利额折算为 20×7 年 12 月 31 日的现值，即 397 022 元（(9.5－9.1)×1 000 000/(1＋3%×90/360)）。这就是美国证券市场上的公认会计原则的奇特逻辑，我国的会计准则并未明确规定上述算法。

（3）20×8 年 3 月 31 日，记录金融投机的利得。此时远期外汇协议已经到期，昌富投资股份公司计算已经实现的盈利额如下：

已实现盈利额＝(9.8－9.1)×1 000 000＝700 000(元)

此前已经记载公允价值变动损益 397 022 元，因此，需要补记公允价值变动损益 302 978 元，其会计分录如下：

借：衍生工具——远期外汇协议　　302 978

贷：公允价值变动损益 302 978

（4）收取对方给付的款项时。

借：银行存款 700 000

贷：衍生工具——远期外汇协议 700 000

11.3 期 货

《期货和衍生品法》所称期货交易，是指以期货合约或者标准化期权合约为交易标的的交易活动。期货合约（future contracts/futures），是指期货交易场所统一制定的、约定在将来某一特定的时间和地点交割一定数量标的物的标准化合约。为避免引起混淆，本节仅探讨期货相关知识，期权的知识留待下一节探讨。

期货合约包括商品期货合约和金融期货合约及其他期货合约。

通俗地说，期货合约是指标准化的买卖合同，即标准化的远期合同，其主要条款包括：合约名称、交易品种、交易单位、报价单位、最小变动价位、每日价格最大波动限制（又称涨跌停板幅度）、合约月份、交易时间、最后交易日、交割日期、交割品级、交割地点、最低交易保证金、交易手续费、交割方式、交易代码。期货合约的交易单位为“手”，期货交易必须以“一手”的整数倍进行，不同交易品种每手合约的商品数量在该品种的期货合约中载明。

期货交易所提供期货合约，对买方和卖方的报价进行撮合成交。买方和卖方不直接签订合同，而是以交易所为交易对手，分别向期货交易所提交买入交易指令和卖出交易指令，不必考虑真正的成交对手（甚至日后的交割对手）是谁。

一般认为，期货市场具有价格发现（price discovery）的功能。期货价格是买方和卖方在期货交易所通过公开竞价方式所达成的成交价格，他们在竞价之前通常需要对交易标的物的价格形成机制进行详尽的研究。因此，在公开、公平、高效、竞争的期货市场中，通过期货交易形成的期货价格，具有真实性、预期性、连续性和权威性的特点，能够比较真实地反映出未来商品价格变动的趋势。某些期货交易所的交易量最大的交易品种的期货价格，常常成为世界范围内的指标性价格。

国际市场上，期货市场的公开竞价方式一度主要有两种：一种是电脑自动撮合成交方式；另一种是公开叫价方式（open-outcry system）。在我国交易所中全部采用电脑自动撮合成交方式，期货价格的形成遵循价格优先、时间优先的原则。公开叫价方式那种热热闹闹、比比画画的场面如今在境外交易所中也已较为罕见。

基于期货市场的价格发现功能，工商企业可以通过期货交易进行套期保值，即风险管理。有的书上称之为避险（hedging）功能。此功能源于可观测的经济规律：同种商品的期货价格走势与现货价格走势从长期来看基本一致；现货市场价格与期货市场价格随着合约到期日的临近存在逼近并大致相等的趋势，如图 11-2 所示。

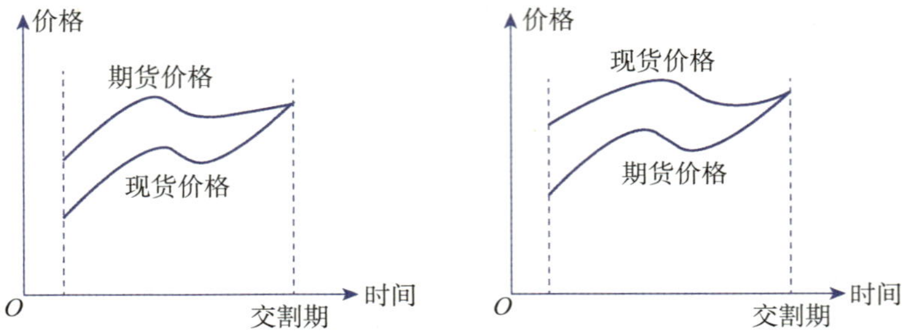

图 11-2　期货价格与现货价格的收敛

11.3.1　期货交易市场

期货交易市场一般称作商品交易所（或期货交易所）。全世界的数十家期货交易所大多分布在北美洲和欧洲。我国境内的期货市场自1986年开始进入理论探讨阶段，之后经过快速发展，目前已经成立多家颇具规模的期货交易所。

1. 境外的主要期货交易所

1848年，芝加哥的82位商人发起组建了芝加哥商品交易所。该交易所于1851年推出远期合同，1865年推出标准化合约，在合同中预先规定商品名称、质量标准、每份合同中标的物的数量、交货时间和交货地点等条款，只有价格留待买方和卖方竞价，同时实行保证金制度（向签约双方收取不超过合约价值10%的保证金）。这些具有历史意义的制度创新促成了真正意义上的期货交易的诞生。1972年，芝加哥商业交易所旗下的国际货币市场首创金融期货（汇率期货）。1975年，芝加哥商品交易所首次推出利率期货，其交易标的为美国国民抵押贷款协会发行的转手型抵押担保证券。1982年2月，美国堪萨斯交易所推出Value Line股价指数期货，这是第一份股指期货合约。

目前，芝加哥商业交易所集团因其旗下拥有芝加哥商业交易所、芝加哥商品交易所、纽约商品交易所（Commodity Exchange Inc.，COMEX）和纽约商业交易所（New York Mercantile Exchange，NYMEX）等知名交易所而备受关注。同样具有较大影响的还有中国香港交易所集团（HKEx Group）旗下的伦敦金属交易所（London Metal Exchange，LME）、纽约泛欧证券交易所集团旗下的伦敦国际金融期货期权交易所等大型交易所。

2. 境内的主要期货交易所

1990—1994年是期货交易所的初步形成阶段。1990年10月12日，中国郑州粮食批发市场经国务院批准，引入期货交易机制，成为第一个商品期货市场。在期货市场初创时期，一度涌现出50多家交易所。1995—2000年是我国期货交易所的清理整顿阶段。1995年，全国共有15家期货交易所，分布于北京、上海、郑州、大连、苏州、深圳等地。1998年，监管部门对交易所进行清理整顿、撤销合并，按照“继续试点，加强监管，依法规范，防范风险”的原则，只在郑州、上海、大连保留 3 家期货交易所。2001 年至今是我国期货市场的规范发展阶段。2004 年 3 月，国务院发布《国务院关于推进资本市场改革开放和稳定发展的若干意见》，要求稳步发展期货市场，在严格控制风险的前提下，逐步推出为大宗商品生产者和消费者提供发现价格和套期保值功能的商品期货品种。2006 年 9 月，中国金融期货交易所在上海成立。该交易所肩负建立和发展中国金融期货市场的艰巨任务。2021 年 1 月，经国务院同意，中国证监会正式批准成立广州期货交易所，我国第五家期货交易所落地。

期货交易所作为专门进行标准化期货合约买卖的场所，按照其章程实行自律管理，以其全部财产承担民事责任，具有高度系统性和严密性、高度组织化和规范化的特点。其主要职能是提供交易场所、设施及相关服务；发布市场信息，制定并实施规则；设计期货合约，安排合约上市；保证期货合约的履行；组织和监督期货交易，监管交割仓库，监管会员的交易行为；监控市场风险。期货交易所本身不参与交易活动，不参与期货价格的形成，也不拥有合约标的商品。

11.3.2 期货交易品种

1. 商品期货

商品期货合约（commodity futures）是指以农产品、工业品、能源和其他商品及其相关指数产品为标的物的期货合约。

商品期货合约是根据社会经济实践中的大宗商品买卖的实际情况设计而成的。一般，大宗交易的标的物只要在质量技术上可予以标准化、在现有技术条件下可以储存较长时间，就可以设计成为期货合约。各交易所的主打品种互有差异，它们推出的交易品种并不总是成功的。

实践中，常见的商品期货合约是基于金属（包括贵金属、粗金属和战略性稀有金属）、常用消费品和易耗品（如咖啡、糖、可可）、农产品（如大豆、玉米、小麦、家畜、纤维物、谷物、油料作物种子）、工业原料（如燃料油、天然橡胶、线型低密度聚乙烯、聚氯乙烯、焦炭）和能源物资（如原油、石油产品、天然气）而设计成形的。其中，大豆、小麦和玉米因其交易量极大而被称为“三大农产品期货”。

在我国，郑州商品交易所、大连商品交易所和上海期货交易所结合国内的市场需求，已经开发出 30 余个商品期货品种。

期货合约的每手交易单位规模较大。例如，郑州商品交易所强麦期货合约的每手（即每份合同）交易单位为 20 吨（见表 11-4），大连商品交易所黄大豆 1 号期货合约的每手交易单位为 10 吨，上海期货交易所阴极铜期货合约的每手交易单位为 5 吨。

表 11-4 郑州商品交易所强麦期货合约

交易品种	强麦
交易单位	20 吨/手
报价单位	元（人民币）/吨

续表

最小变动价位	1元/吨
每日价格波动限制	上一个交易日结算价的±4%及《郑州商品交易所期货交易风险控制管理办法》相关规定
最低交易保证金	合约价值的5%
合约月份	1月，3月，5月，7月，9月，11月
交易时间	每周一至周五（北京时间，法定节假日除外）9:00—11:30，13:30—15:00
最后交易日	合约月份的第10个交易日
最后交割日	合约月份的第12个交易日
交割品级	符合《中华人民共和国国家标准——小麦》（GB 1351－2008）的三等及以上小麦，且稳定时间、湿面筋等指标符合《郑州商品交易所期货交割细则》规定要求
交割地点	交易所指定交割仓库
交割方式	实物交割
交易代码	WH
上市交易所	郑州商品交易所

2013年11月6日，上海国际能源交易中心股份有限公司（简称上期能源）在中国（上海）自由贸易试验区注册成立，注册资本50亿元。

2018年3月26日，原油期货合约在上海国际能源交易中心正式挂牌交易。目前，上期能源提供的期货产品包括能源化工期货产品（中质含硫原油、低硫燃料油、20号胶）和有色金属期货产品（阴极铜），期权产品是原油期货期权合约，指数产品（上期原油指数）包括上期原油价格指数（SHFE Sour Crude Oil Commodity Index，SCCI）和上期原油超额收益指数（SHFE Sour Crude Oil Excessive Return Index，SCEI）。

2. 金融期货

金融期货合约（financial futures）是指以有价证券、利率、汇率等金融产品及其相关指数产品为标的物的期货合约。实践中，金融期货的交易品种主要是基于债务工具的利率期货、基于外汇汇率的外汇期货、基于股票价格指数的股票指数期货。从全球市场的实践来看，金融期货的交易量占整个期货市场交易量的比例远大于商品期货交易量所占的比例。

金融期货和商品期货在原理上是相似的，但报价方法、交付和结算条款有所区别。

（1）利率期货。利率期货（interest rate future）是以固定收益证券（fixed-income securities/fixed-income instruments）为标的物的期货合约，可以用于规避利率波动所引起的债券价格变动的风险。在金融期货发展的早期，利率期货由于存在庞大的现货市场（即债券市场）而占据期货市场的主导地位。

1）短期利率期货。1975 年 10 月，芝加哥商品交易所推出以美国国民抵押贷款协会抵押凭证为标的物的期货合约，这是第一个利率期货交易品种。此后不久，其当时的竞争对手①芝加哥商业交易所旗下的国际货币市场就于 1976 年 1 月推出了标的物为面值 100 万美元、到期时间为 13 个星期（90 天、91 天或 92 天）的美国国库券期货。这是第一个短期利率期货品种，交割方式为实物交割。1981 年，国际货币市场推出欧洲美元期货（eurodollar futures），即标的物为面值 100 万美元、距到期日 3 个月的欧洲美元定期存单，交割方式为现金交割。这一交易品种迅速超越美国国库券期货，成为短期利率期货中更为热门的交易品种，合约条款如表 11－5 所示。

表 11－5　芝加哥商业交易所集团的欧洲美元期货合约（部分条款）

基础资产	本金为 1 000 000 美元、期限为 3 个月的欧洲美元定期存单
报价方式	按照国际货币市场 3 个月 SOFR 指数，即 100 减去年利率点数（例如，若年利率为 2.5%，则报价为 97.5） 报价每变动 1 个基点（basis point）即 0.01%，合约价值变动 25 美元
最小变动单位	略
到期月份	3 月，6 月，9 月，12 月
头寸限制	无

鉴于债券的价格与利率呈反方向变动（即利率越高，债券价格越低；利率越低，债券价格越高），考虑到短期债券普遍采取零息债券的发行方式（即以贴现方式发行，到期支付面值），因此，投资者的“低价位买、高价位卖”交易策略从利率的角度来看恰恰就是“高利率时买入期货合约，低利率时卖出期货合约”（高买低卖），这容易导致投资者产生错觉，出现操作错误。

为克服上述缺陷，尽量使短期利率期货的报价方式符合人们低买高卖的直觉，短期利率期货合约的设计者发明了以指数报价的方法，尤以国际货币市场设计的 IMM 指数为典型。其计算公式为：

$$\text{IMM 指数}=100-\text{折现年报酬率}\times 100$$

例如，假设折现年报酬率为 3%，则 IMM 指数＝100－3＝97；假设折现年报酬率为 6%，则 IMM 指数＝100－6＝94。

根据这种报价方式，投资者可以在 IMM 指数高时（如报价为 97）卖出欧洲美元期货合约，在 IMM 指数低时（如报价 93）买入，这样操作符合低买高卖的习惯，不容易出错。

初学者往往感到不易理解短期利率期货的交易策略机理。不妨以简单的类比来阐释。欧洲美元期货的多头（即买方）的预期是期货价格即 IMM 指数走高（这意味着利率走低），因此其做多的行为可理解为抢先在高利率时购买债券或发放贷款。欧洲美元期货的空头的预期是期货价格即 IMM 指数走低（这意味着利

① 2007 年，芝加哥商品交易所和芝加哥商业交易所合并，组建芝加哥商业交易所集团。

率走高），因此其做空的行为可理解为抢先在低利率时发行债券或者借款。简言之，多头预期IMM指数将会走高，空头预期IMM指数将会走低。

由于欧洲美元期货合约的期限只有3个月，因此IMM指数并不等同于期货的成交价格。由于

$$\text{年报酬率}=\frac{100-\text{IMM 指数}}{100}\times 100\%$$

因此，短期利率期货的成交价格可计算如下：

$$\begin{aligned}\text{短期利率期货成交价格}&=\text{到期时的面值}\times\left(1-\text{年报酬率}\times\frac{\text{期货合约的天数}}{360}\right)\\&=\text{到期时的面值}\times\left(1-\frac{100-\text{IMM 指数}}{100}\times\frac{\text{期货合约的天数}}{360}\right)\end{aligned}$$

例11-3

若欧洲美元期货合约的报价为91.6。

分析：该期货合约每手实际成交价格可计算如下。

$$\begin{aligned}\text{成交价格}&=\text{到期时的面值}\times\left(1-\frac{100-\text{IMM 指数}}{100}\times\frac{\text{期货合约的天数}}{360}\right)\\&=1\ 000\ 000\times\left(1-\frac{100-91.6}{100}\times\frac{90}{360}\right)\\&=979\ 000(\text{美元})\end{aligned}$$

2）长期利率期货。芝加哥商品交易所1977年8月推出的美国政府长期公债期货是热门的长期利率期货合约。

以芝加哥商业交易所集团的10年期美国国债期货合约（10-Year U.S. Treasury Note Futures）为例，该合约的基础资产为到期面值为100 000美元的美国国债，报价方式以点数（整数）加小数表示。小数部分以1/32的若干倍表示，最小报价单位为0.5个1/32。例如，126-16表示$126\frac{16}{32}$，126-16.5表示$126\frac{16.5}{32}$。票面价值为100点。

例11-4

若芝加哥商业交易所的10年期美国国债期货合约报价为93-06。

分析：该期货合约每手实际成交价格可计算如下。

$$\begin{aligned}\text{每手成交价格}&=100\ 000\times 93\frac{6}{32}\times\frac{1}{100}\\&=93\ 187.5(\text{美元})\end{aligned}$$

芝加哥商品交易所在交易制度上进行的创新值得称道。为限制少数投机者在交割时垄断市场，该交易所允许使用不同票面利率的长期国库券充任交割标的物，只要距到期日或赎回日超过15年的国库券都可以用于交割。当然，在交割

计价时，应当比照标准标的物（即票面利率为 8%的长期国库券），采用转换因子（conversion factor）进行调整。限于本章的教学目的，此处从略，感兴趣者可参阅金融工程相关书籍。

在我国，中国金融期货交易所推出的国债期货合约有 2 年期、5 年期和 10 年期的国债期货合约，合约条款如表 11－6 所示。

表 11－6 中国金融期货交易所 10 年期国债期货合约表

合约标的	面值为 100 万元人民币、票面利率为 3%的名义长期国债
可交割国债	发行期限不高于 10 年、合约到期月份首日剩余期限不低于 6.5 年的记账式附息国债
报价方式	百元净价报价
最小变动价位	0.005 元
合约月份	最近的 3 个季月（3 月、6 月、9 月、12 月中的最近 3 个月循环）
交易时间	9:15—11:30，13:00—15:15
最后交易日交易时间	9:15—11:30
每日价格最大波动限制	上一交易日结算价的±2%
最低交易保证金	合约价值的 2%
最后交易日	合约到期月份的第 2 个星期五
最后交割日	最后交易日后第 3 个交易日
交割方式	实物交割
交易代码	T
上市交易所	中国金融期货交易所

（2）股票指数期货。股票指数期货（index futures，股指期货）一般基于某个区域内的代表性股票价格指数（如标准普尔 500 指数、日经 225 指数、伦敦金融时报 100 指数）而设计成形。股指期货合约价格的计算公式为：

股指期货合约价格＝股票价格指数的点数×每点价格

在我国，中国金融期货交易所推出的股指期货合约有沪深 300 股指期货合约、上证 50 股指期货合约、中证 500 股指期货合约和中证 1000 股指期货合约。

沪深 300 股指是中证指数有限公司开发的，以上海和深圳证券市场中规模大、流动性好的最具代表性的 300 只 A 股作为样本而编制的成分股指数。该指数是沪深证券交易所第一次联合发布的综合反映沪深 A 股市场整体走势的指数。该指数以 2004 年 12 月 31 日为基日，基点为 1 000 点。沪深 300 股指期货合约的合约条款如表 11－7 所示。

表 11－7 中国金融期货交易所沪深 300 股指期货合约表

合约标的	沪深 300 指数
合约乘数	每点 300 元
报价单位	指数点

续表

最小变动价位	0.2点
合约月份	当月、下月及随后2个季月
交易时间	9:30—11:30，13:00—15:00
每日价格最大波动限制	上一个交易日结算价的±10%
最低交易保证金	合约价值的8%
最后交易日	合约到期月份的第3个星期五，遇国家法定节假日顺延
交割日期	同最后交易日
交割方式	现金交割
交易代码	IF
上市交易所	中国金融期货交易所

中证指数有限公司基于其所推出的中证500指数和沪深300指数的成分股，设计了中证800指数，用于综合反映沪深证券市场内大、中、小市值公司的整体状况。此外，中证指数有限公司在中证800指数的成分股之外，遴选了规模偏小且流动性好的1 000只证券，设计了中证1000指数，力求与沪深300指数和中证500指数等形成互补。中证指数有限公司的部分指数关系见图11－3。

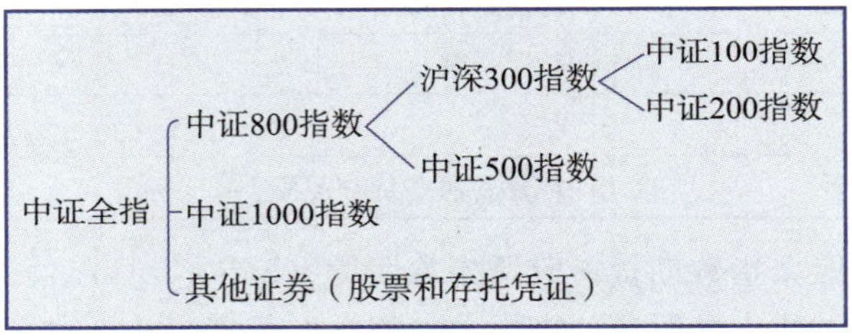

图11－3　中证指数有限公司的部分指数关系图

（3）外汇期货。外汇期货（foreign exchange futures）又称货币期货，是以外汇为标的物的期货合约。

1972年5月16日，芝加哥商业交易所旗下的国际货币市场首创金融期货（汇率期货）。另一个重要的外汇期货交易场所是1982年成立的伦敦金融期货期权交易所。

芝加哥商业交易所集团的英镑期货合约（GBP/USD Future）的主要条款如表11－8所示。

表11－8　芝加哥商业交易所集团的英镑期货合约

交易单位	62 500英镑/手
合约月份	期限为6个月，3月、6月、9月、12月交割
交割方式	实物交割
最大持仓量	10 000手

续表

交易代码	略
最小变动价位	0.000 1 美元
交易时间	略
最后交易日期/时间	略
是否允许大宗交易	允许
大宗交易最低规模	100 手

11.3.3　期货交易制度

期货交易所实行保证金制度、风险准备金制度、每日无负债结算制度、涨跌停板制度、实物交割制度、套期保值头寸审批制度、信息披露制度、投资者交易编码制度、投机头寸限仓制度、大户报告制度、强制平仓制度、市场禁止进入制度等，对期货交易进行管理和风险控制。当然，它们提供上述服务不是免费的，每一份期货合约的买方和卖方都要向期货交易所支付少量的手续费（具体金额在合同中明确给出）。《期货交易所管理办法》规定，期货交易所应当按照手续费收入的 20%的比例提取风险准备金，风险准备金应当单独核算，专户存储。

1. 保证金制度

期货交易实行保证金制度，期货结算机构向结算参与人收取保证金，结算参与人向交易者收取保证金。保证金用于结算和履约保障。保证金的形式包括现金，国债、股票、基金份额、标准仓单等流动性强的有价证券，以及国务院期货监督管理机构规定的其他财产。以有价证券等作为保证金的，可以依法通过质押等具有履约保障功能的方式进行。在我国，保证金分为结算准备金和交易保证金。

(1) 结算准备金。结算准备金是指会员为了交易结算在交易所专用结算账户中预先准备的资金，是未被合约占用的保证金。结算准备金的最低余额由交易所规定并公告，会员须以自有资金足额缴纳。2005 年中国证监会把结算准备金的要求从 50 万元提高到 200 万元，从而大大提高了经纪商的准入门槛。我国的三大商品交易所对存入结算账户的资金支付利息，每季度核算一次。

(2) 交易保证金。交易保证金（margin，俗称垫头）是指会员在交易所专用结算账户中确保合约履行的资金，是已被合约占用的保证金。买卖双方成交后，交易所按持仓合约价值和规定的比例收取交易保证金。

期货交易所的清算所会对买卖双方的浮动盈亏进行逐日盯市，也就是说，每天都要根据期货价格的涨跌调整买卖双方的保证金，当天兑现浮动盈亏。这在制度上确立了结算机构作为期货交易最终履约担保人的地位。同时，期货合约不会有累积的未交割盈亏。

由于交易保证金仅仅占合约价值很小的一个百分比，这就给交易者提供了

"以小博大"的机会。又由于保证金的功能只是保证执行，期货交易所并不总是需要以现金的形式提供担保（经交易所同意，会员可用有价证券、标准仓单或交易所允许的其他质押物充作交易保证金充抵保证金），因此，期货市场在一定意义上可以看作不需要投资就能构筑头寸的市场。

在我国，期货结算是由各交易所的内设结算机构负责的，它们根据交易所公布的结算价格，对客户持有头寸的盈亏状况进行资金清算。与股票类似，我国期货采用两级结算制度：其一是交易所对会员进行结算；其二是会员公司对其所代理的客户进行结算。

2. 当日无负债结算制度（逐日盯市制度）

期货交易实行当日无负债结算制度，又称逐日盯市制度（marking to market）。在期货交易场所规定的时间，期货结算机构应当在当日按照结算价对结算参与人进行结算；结算参与人应当根据期货结算机构的结算结果对交易者进行结算。结算结果应当在当日及时通知结算参与人和交易者。客户应当及时查询并妥善处理自己的交易持仓。

结算是指根据期货交易所公布的结算价格对交易双方的交易结果进行的资金清算和划转。

当日盈亏为持仓盈亏与平仓盈亏之和。

当日结算完毕后，交易所通过会员服务系统向会员发送结算结果。会员的结算准备金低于最低余额时，该结算结果即视为交易所向会员发出的追加保证金通知。交易所发出追加保证金的通知后，可以通过存管银行从会员的专用资金账户中扣划。会员应当及时追加保证金（即在下一个交易日开市前补足至结算准备金最低余额）或者自行平仓。会员未在期货交易所规定的时间内追加保证金或者自行平仓的，期货交易所应当将该会员的合约强制平仓，强制平仓的有关费用和发生的损失由该会员承担。

客户保证金不足时，应当及时追加保证金或者自行平仓。客户未在期货公司规定的时间内及时追加保证金或者自行平仓的，期货公司应当将该客户的合约强制平仓，强制平仓的有关费用和发生的损失由该客户承担。

3. 持仓限额制度

期货交易实行持仓限额制度，防范合约持仓过度集中的风险。从事套期保值等风险管理活动的，可以申请持仓限额豁免。持仓限额是指期货交易所对期货交易者的持仓量规定的最高数额。

在国外，会员公司对某种合约的持仓总量（单边计算）不得超过交易所此种合约持仓总量的一定比例（如15%），否则强制平仓。距交割日越近，持仓限量越小。套期保值者不受限制。

在我国，交易所实行投机头寸限仓制度，套期保值头寸不限仓。一般月份合约和交割月前一个月份合约同时按会员和投资者编码限仓，经纪会员的限仓由交易所根据其注册资本、信誉、抗风险能力、以前年度交易情况和投资者数量核定。交割月份合约实行对会员和投资者绝对量限仓。投资者在不同经纪会员处开户，其持仓量应合并计算。交易所实行套期保值头寸审批制度。交易所对套期保值申请者的经营范围和以前年度经营业绩资料、现货购销合同等能够表明其现货经营情况的资料进行审核，确定其套期保值额度。投资者申请套期保值额度必须委托经纪会员办理。

4. 涨跌停板制度

涨跌停板是指合约在一个交易日中的交易价格不得高于或者低于规定的涨跌幅度，超出该涨跌幅度的报价将被视为无效，不能成交。例如，郑州商品交易所强麦期货合约、大连商品交易所黄大豆 1 号期货合约规定的每日价格最大上下波动限制均为不超过上一交易日结算价的±4%。上海期货交易所阴极铜期货合约规定的每日价格最大上下波动限制均为不超过上一交易日结算价的±3%。此外，当某一期货合约在某一交易日收盘前 5 分钟内出现只有停板价位的买入（卖出）申报、没有停板价位的卖出（买入）申报，或者一有卖出（买入）申报就成交、但未打开停板价位的情况时，交易所确定该合约在该交易日收市时出现涨（跌）停板，并按交易所制定的有关规定处理。

不少国际性交易所对股指期货的交易采用熔断机制（circuit breakers），即在市场非理性暴跌时暂停某些品种的交易，待市场参与者“冷静”一段时间后再恢复交易。

5. 大户报告制度

我国期货交易所实行大户报告制度。当会员或投资者某品种持仓合约的投机头寸达到交易所对其规定的投机头寸最大持仓限制标准 80%时，会员或投资者应向交易所报告其资金情况、头寸情况，投资者须通过经纪会员报告。交易所可根据市场风险状况，调整持仓报告标准。报告内容包括：会员或投资者名称、住所、经营范围；持仓方向、品种、月份、数量；持仓意向；资金来源和追加保证金的能力；实际拥有的交货或接货能力等。

6. 强制平仓制度

我国期货交易所实行强制平仓制度，对会员或投资者违规超仓的或者未按规定及时追加交易保证金的，以及发生其他违规行为的，交易所对违规会员采取强制平仓措施。强制平仓盈利按有关规定处理，发生的费用及损失由违规者承担。由于市场原因无法强制平仓造成的损失扩大部分也由违规者承担。

11.3.4　期货交易的过程

参与期货交易前，投资者需要基于自己的交易经验、资产状况，妥当评估自己的风险承受能力，对交易标的物有足够的认识。总之，应当对交易风险有充分的了解，还应当充分了解期货合约条款的约束力，制定合理的投资计划，采取严格的风险控制措施。

1. 开户

在我国期货交易所进行期货交易的，应当是期货交易所会员。期货交易所会员应当是在中华人民共和国境内登记注册的企业法人或者其他经济组织。会员分为期货经纪公司会员（简称经纪会员）和非期货经纪公司会员。符合规定条件的境外机构，可以在期货交易所从事特定品种的期货交易。

期货公司接受客户委托为其进行期货交易，应当事先向客户出示风险说明书，经客户签字确认后，与客户签订书面合同。

投资者（包括单位投资者和个人投资者）必须事先在交易所认可的期货经纪公司会员处办理开户登记，然后才能通过该经纪公司进行期货交易。期货公司应当为每一个客户单独开立专门账户、设置交易编码，不得混码交易。经纪会员对其名下的期货交易先行承担全部责任，投资者对自己委托的期货交易负全部责任。

期货经纪公司会员和非期货经纪公司会员可以电子方式或纸质方式，向交易所提交套期保值申请及相关材料。申请套期保值交易的客户和非期货公司会员必须具备与套期保值交易品种相关的生产经营资格。

2. 选择期货合约

商品期货合约明确规定有合约交割月份。从事套期保值的投资者通常需要选择稍稍超出套期保值期限的那个交割月份的期货合约。例如，正明食品有限公司为生产面包和巧克力需要大量使用白糖，根据现有原料库存来看，需要在20×7年9月中旬大批量采购白糖，遂决定采用买入郑州商品交易所期货合约的方式进行套期保值。该合约的交割月份为1月、3月、5月、7月、9月、11月，则该公司需要选择11月交割的期货合约。这是因为如果选择9月交割的期货合约，则有可能面临期货价格在交割前大幅波动的不利局面。

3. 下达交易指令

期货交易所只接受会员单位代理客户发出的交易指令（又称委托单）。交易所是所有买家的卖家，是所有卖家的买家。

国外的实践中，委托单有市价委托单（market order）、限价委托单（limit order）、停止委托单或撤销委托单（stop order）之分。

目前国内期货交易所只有限价指令、撤销指令，前者是执行时必须按限定价格或更好价格成交的指令，后者是投资者要求将某一指定指令取消的指令。交易指令当日有效。在指令成交前，投资者可提出变更或撤销指令。期货合约的交易价格是指该期货合约的交割标准品在基准交割仓库交货的含增值税价格。客户可以通过书面、电话、互联网或者国务院期货监督管理机构规定的其他方式，向期货公司下达交易指令。客户的交易指令应当明确、全面。

4. 交易所撮合成交

经纪会员对其代理投资者的所有指令，须通过交易所集中撮合交易。期货交易实行价格优先、时间优先的撮合成交原则。买卖申报经计算机撮合成交即生效，其信息通过计算机成交回报系统发送至会员的计算机联网终端。会员在收到成交回报信息时应及时通知投资者。申报买卖的数量如未能一次全部成交，其余量仍存于交易所计算机主机内，继续参加当日竞价交易。每日交易结束，会员可通过交易所会员服务系统获得成交记录。

期货交易的集合竞价与连续竞价

5. 了结期货合约

了结未平仓合约（open interest）的方法有平仓、实物交割、现金结算和期货转现货等几种方式。

（1）平仓。平仓（offset）是指期货交易者买入或者卖出与其所持合约的品种、数量和交割月份相同但交易方向相反的合约，以了结期货交易的行为。这是期货交易最主要的了结方式。

通俗地讲，对一份期货合约的多头（即买入期货合约的一方）而言，平仓是指通过卖出一份同样的期货合约，使得自己同时是该期货合约的多头和空头，这样，就可以达到退出市场的效果。对一份期货合约的空头（即卖出期货合约的一方）而言，平仓是指通过买入一份同样的期货合约，使得自己同时是该期货合约的空头和多头，这样也可以达到退出市场的效果。因此，平仓可以简单地概括为一句话：卖出已买入合约，买回已卖出合约。

对于买入期货合约然后平仓的交易者来说，其结算结果的计算公式如下：

盈利或亏损=(卖出价－买入价)×合约张数×合约单位－手续费

对于卖出期货合约然后平仓的交易者来说，其结算结果的计算公式如下：

盈利或亏损=(买入价－卖出价)×合约张数×合约单位－手续费

（2）实物交割。期货合约到期时，交易者应当通过实物交割或者现金交割，了结到期未平仓合约。期货合约采取实物交割的，由期货结算机构负责组织货款与标准仓单等合约标的物权利凭证的交付。实物交割（delivery）是指期货合约到期时，根据交易所的规则和程序，交易双方通过该期货合约所载商品所有权的转移，了结未平仓合约的过程。各期货合约最后交易日后未平仓合约必须进行交割。到期合约的交割只能以会员的名义进行。投资者交割，须通过会员办理。会员进行实物交割必须在交易所规定的时间内将货款或交割单据交到交易所。交易所采用配对的办法，确定卖方会员和买方会员的交割关系。交割关系一经确定，买卖双方不得擅自调整或变更。在交易所规定的时间内，卖方会员交出标准仓单后，交易所付给卖方会员货款；买方会员交入货款后，交易所付给买方会员标准仓单，一收一付，先收后付。标准仓单是指交割仓库开具并经期货交易所认定的标准化提货凭证。交易所在收到卖方会员标准仓单或买方会员货款后，将应清退的保证金部分划转卖方会员或买方会员。交割结算价为该期货合约交割结算的基准价。发生允许范围内的数量溢短时，以配对日结算价计算溢短货款。

自然人不能进行交割。原因在于，自然人不是增值税的一般纳税人，无法开具或接受增值税专用发票。而根据目前国家税收政策，在商品期货的交割环节，参与交割的双方要开具或接受增值税发票。

（3）现金结算。期货合约采取现金交割的，由期货结算机构以交割结算价为基础，划付持仓双方的盈亏款项。金融期货或石油期货一般采取现金交割的方式。我国商品期货市场不允许进行现金交割。

（4）期货转现货。期货转现货（exchange-for-physicals，EFP）是指期货合约的多头和空头私下谈妥后，向交易所申请将期货头寸转为现货头寸（即交易所负责将其合约平仓），多空双方以私下谈妥的价格在场外完成实物交割。

11.3.5 期货的会计处理

采用“衍生工具”科目对期货进行会计处理时，需要把握以下三个要点：

（1）在交易日，期货应当按照实际支付的期货交易保证金入账。企业按其支付的保证金，借记“衍生工具”科目，按发生的交易费用，借记“投资收益”科目，按实际支付的金额，贷记“银行存款”科目。①

（2）在资产负债表日，企业应当将“衍生工具”科目的账面价值，调整为其期货交易保证金在逐日盯市结算后的实际数额。在收取保证金的情形下，借记“衍生工具”科目，贷记“公允价值变动损益”科目；在追加保证金的情形下，应当先记录公允价值变动损益，即借记“公允价值变动损益”科目，贷记“衍生工具”科目，同时，按实际追加支付的保证金，借记“衍生工具”科目，贷记“银行存款”科目。

（3）通过平仓了结期货合约时，应按收回的期货保证金，借记“银行存款”科目，贷记“衍生工具”科目。

通过实物交割了结期货合约时，比照采购货物的情形进行相关账务处理即可。

1. 商品期货的会计处理

例 11-5

20×3 年 4 月 1 日，能人投资股份公司预计强麦的价格将会下跌，遂出于投机的动机，于当日售出 11 月交割的强麦期货 5 000 手，每手交易单位为 20 吨，期货卖价每吨 2 790 元。初始保证金为标的额的 5%。交易手续费等因素此处从略。

6 月 30 日，现货价格为每吨 2 580 元，11 月交割的强麦期货的结算价格为每吨 2 610 元。

9 月 7 日，11 月交割的强麦期货买价为每吨 2 560 元，能人投资股份公司平仓，了结期货合约（即买入 11 月交割的强麦期货 5 000 手）。

分析：能人投资股份公司上述投机业务的账务处理如下。

（1）4 月 1 日，进场交易支付初始保证金时。

借：衍生工具——期货保证金（100 000×2 790×5%）　　13 950 000
　　贷：银行存款　　13 950 000

（2）6 月 30 日，记录衍生工具的公允价值变动时。

借：衍生工具——期货保证金　　18 000 000
　　贷：公允价值变动损益（100 000×(2 790－2 610)）　　18 000 000

---

① 实务中，企业通过证券期货经纪机构进行衍生工具交易时，通常采用“其他货币资金——存出投资款”科目核算保证金及结算事宜。本书为简化讨论，一律以“银行存款”科目予以处理。

(3) 9 月 7 日，记录衍生工具的公允价值变动时。

借：衍生工具——期货保证金　　5 000 000

　　贷：公允价值变动损益（100 000×(2 610−2 560)）　　5 000 000

(4) 9 月 7 日，了结期货合约时。

借：银行存款　　36 950 000

　　贷：衍生工具——期货保证金　　36 950 000

2. 外汇期货的会计处理

例 11-6

新锐电商股份公司的记账本位币为美元。该公司于 20×7 年 11 月 30 日向英国的邦德科技公司购买了 10 000 000 英镑的商品。双方约定，卖方当年 11 月 30 日发货，买方于 20×8 年 5 月 31 日以英镑付款。

新锐电商股份公司为规避英镑升值的风险，于 20×7 年 11 月 30 日买入次年 6 月交割的 160 手英镑期货合约，买入价格为 1 英镑＝1.53 美元。每手期货合约标的金额为 62 500 英镑，每手期货合约的初始保证金为 10 000 美元。维持保证金为初始保证金的 80%。

英镑的即期汇率和期货结算价格如表 11-9 所示。

表 11-9　英镑的即期汇率与期货结算价格

项目	20×7 年 11 月 30 日	20×7 年 12 月 31 日	20×8 年 5 月 31 日
现汇价格	1 英镑＝1.5 美元	1 英镑＝1.56 美元	1 英镑＝1.61 美元
期货结算价格	—	1 英镑＝1.59 美元	—

新锐电商股份公司在 20×8 年 5 月 31 日将买入的英镑期货提前平仓，卖出的 6 月交割的期货合约价格为 1 英镑＝1.63 美元。

分析：假定新锐电商股份公司的上述业务不满足套期会计的条件，其相关账务处理如表 11-10 所示。

表 11-10　新锐电商股份公司的相关账务处理一览表　　单位：美元

日期	业务分录	衍生工具交易分录
20×7 年 11 月 30 日	(1) 发生应付账款时。 借：在途物资　15 000 000 　贷：应付账款——英镑　15 000 000 (计算过程：15 000 000＝10 000 000×1.5)	(2) 记录期货保证金时。 借：衍生工具——期货保证金 　1 600 000 　贷：银行存款　1 600 000 (计算过程：1 600 000＝10 000×160)
20×7 年 12 月 31 日	(3) 资产负债表日记录汇兑损益时。 借：财务费用——汇兑损益　600 000 　贷：应付账款——英镑　600 000 (计算过程：600 000＝10 000 000×(1.56−1.5))	(4) 记录持仓盈亏（浮动盈亏）时。 借：衍生工具——期货保证金 　600 000 　贷：公允价值变动损益　600 000 (计算过程：600 000＝10 000 000×(1.59−1.53))

续表

日期	业务分录	衍生工具交易分录
20×8 年 5 月 31 日	（5）记录汇兑损益时。 借：财务费用——汇兑损益　500 000 　贷：应付账款——英镑　　500 000 （计算过程：500 000＝10 000 000×(1.61－1.56)）	（6）记录平仓盈亏时。 借：衍生工具——期货保证金　400 000 　贷：公允价值变动损益　400 000 （计算过程：400 000＝10 000 000×(1.63－1.59)）
	（7）以即期汇率购入英镑偿付债务时。 借：应付账款——英镑　161 000 000 　贷：银行存款　　161 000 000	（8）退出期货交易收回结算款时。 借：银行存款　　2 600 000 　贷：衍生工具——期货保证金　2 600 000

3. 短期利率期货的会计处理

例 11－7

布劳证券股份公司的记账本位币为美元。该公司 20×7 年 11 月 30 日买入 100 手次年 6 月交割的欧洲美元期货合约，买入价格为 96.40（IMM 指数，下同）。假定按照合约价值的 8%交纳保证金。

20×7 年 12 月 31 日，期货合约结算价格为 97.72。

20×8 年 3 月 1 日，布劳证券股份公司将上述期货合约平仓，卖出价格为 98.92。

分析： 布劳证券股份公司上述业务的会计处理如下。

（1）买入欧洲美元期货时。

$$\text{每手成交价格}=1\ 000\ 000\times\left(1-\frac{100-96.40}{100}\times\frac{90}{360}\right)$$

$$=991\ 000(\text{美元})$$

$$\text{期货交易保证金}=991\ 000\times 100\times 8\%=7\ 928\ 000(\text{美元})$$

借：衍生工具——期货保证金　　7 928 000

　贷：银行存款　　7 928 000

（2）20×7 年 12 月 31 日（资产负债表日），记录浮动盈亏时。

按照期货报价（IMM 指数）计算成交价格并逐日盯市固然可行，但略显麻烦。实务中，常常根据 IMM 指数报价每变动 1 个基点，期货合约价格变动 25 美元的规则进行计算。

$$\text{持仓盈亏}=(9\ 772-9\ 640)\times 25\times 100=330\ 000(\text{美元})$$

借：衍生工具——期货保证金　　330 000

　贷：公允价值变动损益　　330 000

（3）20×8 年 3 月 1 日，记录平仓盈亏时。

$$\text{平仓盈亏}=(9\ 892-9\ 772)\times 25\times 100=300\ 000(\text{美元})$$

借：衍生工具——期货保证金　　300 000

　贷：公允价值变动损益　　300 000

（4）退出期货交易收回结算款时。

借：银行存款 8 558 000

　贷：衍生工具——期货保证金 8 558 000

4. 股指期货的会计处理

例 11－8

20×2 年 12 月 9 日，牛柒证券股份公司购入 1 000 手次年 6 月交割的沪深 300 指数期货合约，合约乘数为每点 300 元，买入时的成交价位为 2 300 点。该公司按照合约价值的 12% 支付最低交易保证金。

20×2 年 12 月 31 日，沪深 300 指数期货的结算价格为 2 480 点。

20×3 年 3 月 1 日，牛柒证券股份公司将股指期货平仓，卖出价格为 2 700 点。

分析：牛柒证券股份公司上述业务的相关账务处理如下。

（1）买入股指期货支付期货交易保证金时。

交易保证金＝2 300×300×1 000×12%＝82 800 000(元)

借：衍生工具——期货保证金 82 800 000

　贷：银行存款 82 800 000

（2）20×2 年 12 月 31 日（资产负债表日），记录持仓盈亏时。

平仓盈亏＝(2 480－2 300)×300×1 000＝54 000 000(元)

借：衍生工具——期货保证金 54 000 000

　贷：公允价值变动损益 54 000 000

（3）记录平仓盈亏时。

平仓盈亏＝(2 700－2 480)×300×1 000＝66 000 000(元)

借：衍生工具——期货保证金 66 000 000

　贷：公允价值变动损益 66 000 000

（4）退出期货交易收回结算款时。

借：银行存款 202 800 000

　贷：衍生工具——期货保证金 202 800 000

11.4 期　权

《期货和衍生品法》所称期权合约（option contract/option），是指约定买方有权在将来某一时间以特定价格买入或者卖出约定标的物（包括期货合约）的标准化或非标准化合约。该合同赋予合同持有人在某指定日期（或该日期之前任何时间）以预先约定的价格买进或卖出一定数量的标的资产的权利，但合同持有人并不因之而负有买入或卖出标的资产的义务。也就是说，期权的持有人可以选择是否行使合同所赋予的权利，在未来出现新信息的时候再进行决策。授权合同持有人买入标的物的期权称作看涨期权，又称买权、买入期权（call options/

calls），如我国证券市场上出现的认股权证和备兑认购权证。授权合同持有人卖出标的物的期权称看跌期权，又称卖权、卖出期权（put options/puts），如我国证券市场上出现的备兑认沽权证。

我国证券市场上的期权合约

2019 年 12 月 23 日，上海证券交易所和深圳证券交易所推出了沪深 300ETF 期权（期权标的分别为华泰柏瑞沪深 300ETF、嘉实沪深 300ETF），中国金融期货交易所推出了沪深 300 股指期权（期权标的为沪深 300 指数）。

设计并出售期权合同的一方称为卖方（seller/writer/grantor），或称空头、立权者、授权者。付出期权费（option premium）购入期权合同的一方为买方（holder/purchaser/buyer），或称多头、持有者。合同中约定有到期日（expiration date/expiry），随后合同终止。期权合同中所约定的行权价格（strike price/exercise price）又称敲定价格或执行价格。如果期权合同的持有人选择行使合同所约定的权利，则称为执行期权（exercising the option）。

如果合同约定持有人仅能在到期日行使合同所约定的权利，则称为欧式期权（European options）；如果合同约定持有人可以在到期日之前的任意一天行使合同所约定的权利，则称为美式期权（American options）。美式期权的选择余地更大、更灵活，价格相对较高。在到期日，二者的价值是相同的。在交易所内（即场内）交易的多为美式期权，场外交易的多为欧式期权。某些用于风险管理的期权是在场外交易的。

至于期权合同究竟该卖多少钱，恐怕没有哪个学科能够给出令人信服的算法。一些教材中通常会给出很多种估值模型，但模型本身的可信度是难以验证的。这是因为根据估值模型给出的所谓“定价”，本质上是基于多种多样颇为精妙的假设所算出的理论数值。恰如打扑克牌时人们往往约定 A（即扑克牌中的 Ace）比 3 大，这样牌局就可以按约定玩下去，如果玩兴正浓时突然有人问为什么 A 比 3 大，又有谁能说得清原因呢？目前，期权定价模型在金融学等学术杂志中遍地开花，仍未达成共识。感兴趣者可参阅金融工程相关书籍。

有的书中说“期权费（option premium）＝内在价值（intrinsic value）＋时间价值（time value）”，这种说法其实只是一种笼统的理论化说法，看似严谨，其实并没有多少内涵。其中所称的内在价值通常是指根据各种估值模型所计算的理论数值。这种说法的逻辑是这样的：人们注意到，实际交易价格与内在价值往往存在差异，对于这种差异却没有什么妥当的理由去解释它，干脆就笼统地称为时间价值或投机价值（speculative value）。

11.4.1 期权的价值图和盈亏图

1. 看涨期权的价值图

对于买入看涨期权（buy-a-call，又称多头看涨期权、多头买权）的情形而言，该期权在到期日的价值为：

到期日的期权价值＝标的资产的最新市价－约定的行权价格

我们可以在一张图中描述期权的到期价值与标的物市价的关系。一般，以横轴表示标的资产的现行市价，以纵轴表示不考虑期权费情况下的到期回报（pay-off）。这张图一般称作期权的价值图。

例 11 - 9

基于某只股票的看涨期权，执行价格为 50 元，对应于不同的股价，对于买入或卖出看跌期权的交易者而言，到期日的期权价值如表 11 - 11 所示。

表 11 - 11　期权的到期价值　　单位：元

股票价格	30	40	50	60	70	80
基于股票的看涨期权的到期价值	0	0	0	10	20	30

分析： 看涨期权对于买方和卖方的到期价值如图 11 - 4、图 11 - 5 所示。

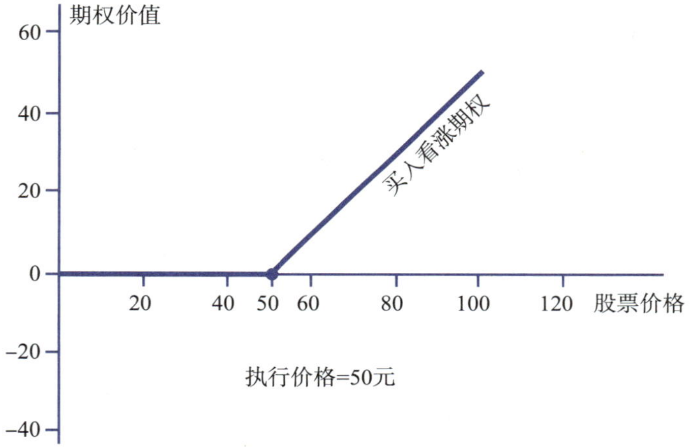

图 11 - 4　看涨期权的价值图（买方）

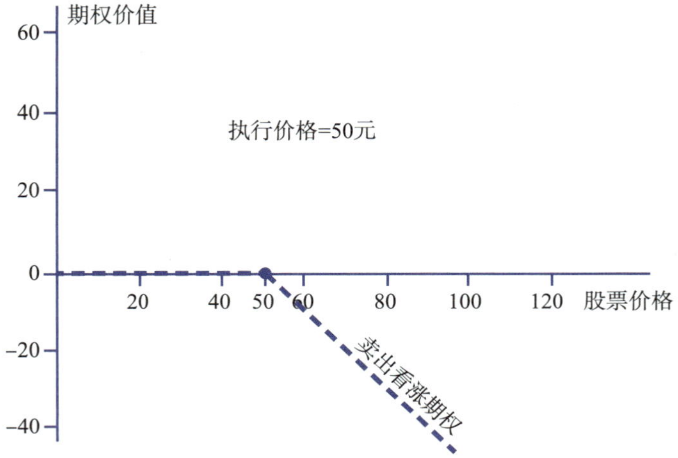

图 11 - 5　看涨期权的价值图（卖方）

对于买入看涨期权的情形而言，如果标的物的市价（或估值）大于行权价格，则称其为价内的或实值的（in-the-money）；如果标的物的市价（或估值）等于行权价格，则称其为平价的或两平的（at-the-money）；如果标的物的市价（或估值）小于行权价格，则称其为价外的或虚值的（out-of-the-money）。

2. 看涨期权的盈亏图

如果在价值图中添加期权费的信息（设期权费为 10 元），即把例 11－9 中的价值线上下平移（平移的距离等于期权费），就可以绘制出盈亏图或利润图（见图 11－6）。

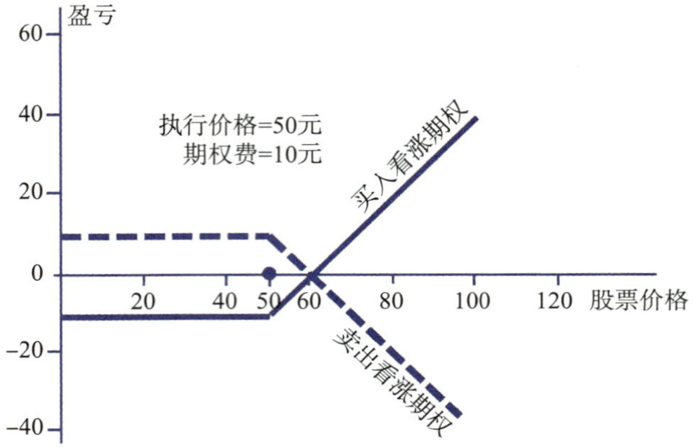

图 11－6 看涨期权的盈亏图

3. 看跌期权的价值图

对于买入看跌期权（buy-a-put，又称多头看跌期权、多头卖权）的情形而言，该期权在到期日的价值为：

到期日的期权价值＝约定的行权价格－标的资产的最新市价

例 11－10

基于某只股票的看跌期权，执行价格为 50 元，对应于不同的股价，对于买入或卖出看跌期权的交易者而言，到期日的期权价值如表 11－12 所示。

表 11－12 期权的到期价值 单位：元

股票价格	30	40	50	60	70	80
基于股票的看跌期权的到期价值	20	10	0	0	0	0

分析：看跌期权对于买方和卖方的到期价值如图 11－7、图 11－8 所示。

对于买入看跌期权的情形而言，如果标的物的市价（或估值）大于行权价格，则称其为价外的或虚值的；如果标的物的市价（或估值）等于行权价格，则称其为平价的或两平的；如果标的物的市价（或估值）小于行权价格，则称其为价内的或实值的。

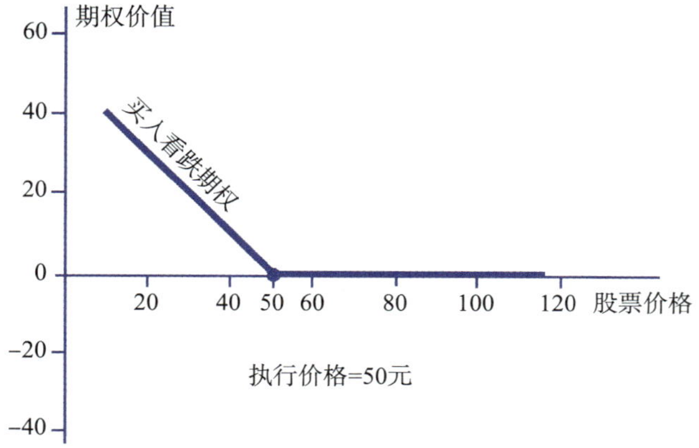

图 11-7 看跌期权的价值图（买方）

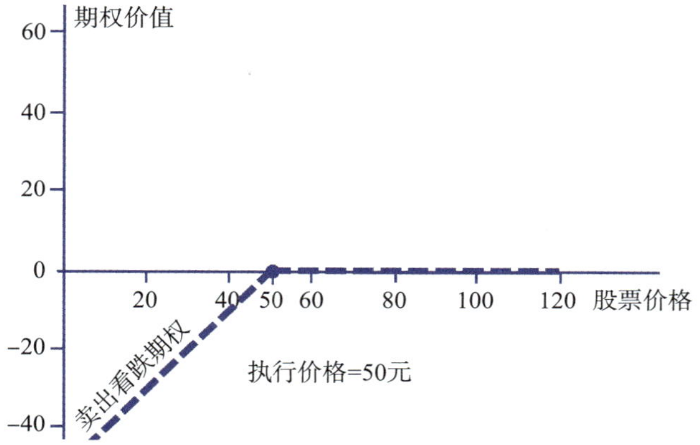

图 11-8 看跌期权的价值图（卖方）

4. 看跌期权的盈亏图

如果在价值图中添加期权费的信息（设期权费为 10 元），即把例 11-10 中的价值线上下平移（平移的距离等于期权费），就可以绘制出盈亏图或利润图（见图 11-9）。

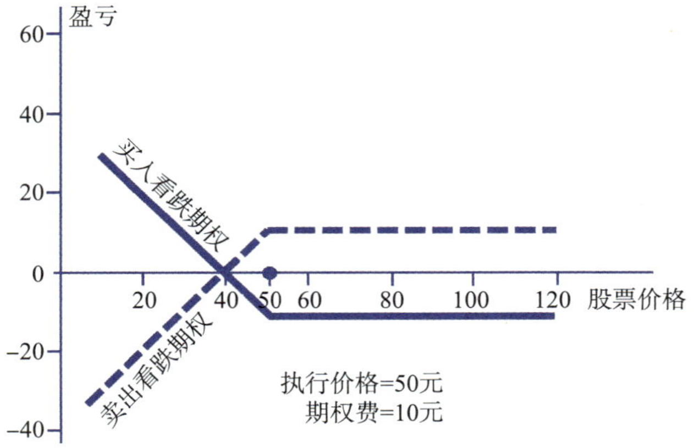

图 11-9 看跌期权的盈亏图

上述期权盈亏图直观地表明，衍生工具是交易双方基于各自对未来的预期所签订的转移资金的合同，其交易属于零和博弈，实质上实现了风险的转移（或称再分配），总体而言它不创造价值（即社会财富并没有因之而增长）。

11.4.2 期权的会计处理

与期货的情形相似，采用“衍生工具”科目对期权进行会计处理时，有三个要点（以期权合约的买方为例）：

（1）在交易日，期权应当按照公允价值入账。企业按其支付的期权费（期权的公允价值），借记“衍生工具”科目，按发生的交易费用，借记“投资收益”科目，按实际支付的金额，贷记“银行存款”科目。

（2）在资产负债表日，企业应当按照公允价值计量其期权合约，并将其公允价值变动所形成的利得或损失计入当期损益。期权的公允价值高于其账面价值的差额，借记“衍生工具”科目，贷记“公允价值变动损益”科目；公允价值低于其账面价值的差额，作相反的会计分录。

（3）行权时，按取得的资产的公允价值，借记相应的资产类科目，按期权的账面价值，贷记“衍生工具”科目，按两者之差（补付的价款），贷记“银行存款”科目。

期权到期放弃行权时，按期权的账面价值，借记“投资收益”科目，贷记“衍生工具”科目。

1. 外汇期权的会计处理

例 11－11

安全食品有限公司的记账本位币为人民币，该公司于 20×7 年 12 月 11 日从英国采购了价款为 1 000 000 英镑的商品，约定于 20×8 年 1 月 10 日付款。该公司为规避英镑升值的风险，于采购当天与某银行订立了 30 天的欧式看涨期权合约。该合约授权安全食品有限公司在行权日以 1 英镑＝10.00 元人民币的行权价格购入 1 000 000 英镑。该公司支付的期权费为每英镑 0.07 元。

20×8 年 1 月 10 日，期权到期，安全食品有限公司执行期权（即以行权价格购入 1 000 000 英镑），如约支付给英国方面。

分析： 假定上述业务不满足套期会计的适用条件，一律以“衍生工具”科目进行会计处理。即期汇率的变动与期权价值的计算如表 11－13 所示。

表 11－13 即期汇率的变动与期权价值的计算　　单位：元

项目	20×7 年		20×8 年 1 月 10 日
	12 月 11 日	12 月 31 日	
即期汇率	1 英镑＝10.00 元人民币	1 英镑＝10.56 元人民币	1 英镑＝10.96 元人民币
期权的公允价值	—	600 000*	960 000**

* 由于此项期权合约为 OTC 交易，因此按照估值模型计算公允价值，假定为 600 000 元。

** 此时，期权已到期，时间价值为零，其公允价值即等于其到期价值。

安全食品有限公司上述业务的账务处理如表 11－14 所示。

表 11－14　安全食品有限公司的相关账务处理一览表　　单位：元

日期	业务分录	衍生工具交易分录
20×7 年 12 月 11 日	(1) 应付账款入账时。 借：库存商品　10 000 000 　贷：应付账款——英镑　10 000 000	(2) 支付期权费时。 借：衍生工具——期权　70 000 　贷：银行存款　70 000
20×7 年 12 月 31 日	(3) 记录汇兑损益时。 借：汇兑损益　560 000 　贷：应付账款——英镑　560 000 (计算过程：560 000＝(10.56－10)×1 000 000)	(4) 记录衍生工具的公允价值变动时。 借：衍生工具——期权　530 000 　贷：公允价值变动损益　530 000
20×8 年 1 月 10 日	(5) 记录汇兑损益时。 借：财务费用汇兑损益　400 000 　贷：应付账款——英镑　400 000 (计算过程：400 000＝(10.96－10.56)×1 000 000)	(6) 记录衍生工具的公允价值变动时。 借：衍生工具——期权　360 000 　贷：公允价值变动损益　360 000
	(7) 清偿应付账款时。 借：应付账款　10 960 000 　贷：银行存款——英镑　10 960 000	(8) 行权时。 借：银行存款——英镑　10 960 000 　贷：衍生工具——期权　960 000 　　银行存款　10 000 000

2. 权证的会计处理

例 11－12

能人投资股份公司出于投机的动机，于 20×3 年 12 月 1 日以每份 1 元的价格，购入 1 000 000 份某证券公司发行的基于中原畜产股份公司股票的存续期尚有 10 个月的百慕大式备兑认沽权证。该权证的行权价格为 8 元，结算方式为证券给付，行权期限为 20×4 年 8 月 1 日至 9 月 30 日。能人投资股份公司并未持有该畜产公司的股票。

20×3 年 12 月 31 日，该权证的市价为 1.5 元，中原畜产股份公司的股票收盘价为每股 7 元。

20×4 年 5 月初，中原畜产股份公司接连发布重大利好消息，股价逐步攀升，认沽权证应声下跌。

20×4 年 6 月 30 日，该权证的市价为 0.6 元，中原畜产股份公司的股票收盘价为每股 8.3 元。

20×4 年 9 月 30 日，权证到期，中原畜产股份公司的股票收盘价为每股 13 元，能人投资股份公司放弃行权。

分析：能人投资股份公司上述业务的账务处理如下。

(1) 20×3 年 12 月 1 日，购入认沽权证时。

借：衍生工具——认沽权证　　1 000 000

　贷：银行存款　　1 000 000

（2）20×3 年 12 月 31 日（资产负债表日），记录认沽权证公允价值变动形成的利得时。

借：衍生工具——认沽权证　　500 000

　贷：公允价值变动损益　　500 000

（3）20×4 年 6 月 30 日（资产负债表日），记录认沽权证公允价值变动形成的利得时。

借：公允价值变动损益　　900 000

　贷：衍生工具——认沽权证　　900 000

（4）20×4 年 9 月 30 日，权证到期放弃行权时。

借：投资收益　　600 000

　贷：衍生工具——认沽权证　　600 000

11.5 互　换

通俗地说，互换合约（swap contracts/swaps，又称套购、掉期）是指两个或两个以上的当事人按照商定条件，在约定的时间内交换某种资产（即他们认为具有相同经济价值的现金流）的合同。交易双方如果在两种资产或负债上存在比较优势且对对方的资产或负债均有需求，就可以进行互换。《期货和衍生品法》所称互换合约，是指约定在将来某一特定时间内相互交换特定标的物的金融合约。

互换是英国著名经济学家大卫·李嘉图（David Ricardo）的比较优势（comparative advantage）理论在金融领域的生动运用。比较优势理论的思想精髓是“两弊相衡取其轻，两利相权取其重”。根据该理论，在两国都能生产特定的两种产品，且一国在这两种产品的生产上均处于有利地位，而另一国均处于不利地位的条件下，如果前者专门生产优势较大的产品，后者专门生产劣势较小（即具有比较优势）的产品，那么通过专业化分工和国际贸易，双方仍能从合作中获益。下面借助示例予以说明。

互换市场的特征是，互换不在交易所内进行交易，而主要是通过银行进行场外交易，对互换交易几乎没有政府监管。为了达成交易，互换合约的一方必须找到愿意与之交易的另一方。如果一方对期限或现金流等有特殊要求，则不大容易找到交易对手。由于互换是两个对手之间的合约，因此，如果没有双方的同意，互换合约是不能更改或终止的。对于期货和在场内交易的期权而言，交易所为交易双方都提供了履约保证，而互换市场则没有人提供这种保证。因此，互换双方都必须关注对方的信用。

利率互换和货币互换是常见的互换合同。前者通常是指一方以其固定利率与另一方的浮动利率的金融条件进行互换。后者是指双方对不同种类的货币进行互换。

11.5.1　利率互换

1. 交易策略

利率互换（interest rate swaps，IRS）又称利率调换、利率掉期，是指双方同意在未来的一定期限内根据同种货币的同样的名义本金交换现金流，其中，一方的现金流按照浮动利率计算，而另一方的现金流按照固定利率计算。互换的期限通常在一年以上。双方进行利率互换的主要原因是各自在固定利率和浮动利率市场上分别具有比较优势。由于合约中所交换的是同种货币，一般不伴随本金的交换，因此，利率互换的信用风险较小。最早公之于世的利率互换发生于1982年。

例 11-13a

假定A公司和B公司的信用等级不同，故市场向它们提供的利率条件也不同，如表11-16所示，表中的利率均为一年计一次复利的年利率。两家公司都想借入2年期的某种货币1 000万元，其中，A公司想借入基于6个月SOFR的浮动利率借款（即每隔6个月，根据最新的6个月SOFR重新确定浮动利率），B公司想借入固定利率借款。如果各自直接按照自己的意愿去借款，而不是寻求合作共赢，则各自的实际筹资成本如表11-15中的铺灰部分所示。

表 11-15　筹资成本与比较优势

项目	A公司	B公司	比较优势
固定利率	6%	7%	1%
浮动利率	6个月SOFR+0.6%	6个月SOFR+1%	0.4%

分析：（1）如果两家公司基于比较优势进行互换交易，则可共同降低筹资成本。交易安排如下：

A公司以其比较优势（6%的固定利率）借入1 000万元，B公司以其比较优势（6个月SOFR+1%的浮动利率）借入1 000万元。由于本金相同，因此，以后期间两家公司只需要交换利息的现金流（即A公司向B公司支付浮动利息，B公司向A公司支付固定利息），就可以确保交易双方得偿所愿（即A公司的借款按照浮动利率计息，B公司的借款按照固定利率计息）。

两家公司通过各自发挥其比较优势分头融资并签署互换合同，共同实现的互换利益可计算如下：

互换利益＝互换前的融资成本－互换后的融资成本
＝[7%＋(SOFR＋0.6%)]－[6%＋(SOFR＋1%)]
＝0.6%

通常情况下，双方通过谈判决定各自对互换利益的分享比例。本例中，假定它们基于各自的信用等级，决定按照2∶1分享互换利益（即A公司享有0.4%，B公司享有0.2%），则交易双方通过互换交易所实现的实际筹资成本可计算如下：

互换后 A 公司的筹资成本 ＝无互换时独自筹资的成本－分享的互换利益

＝(6 个月 SOFR＋0.6%)－0.4%

＝6 个月 SOFR＋0.2%

互换后 B 公司的筹资成本 ＝无互换时独自筹资的成本－分享的互换利益

＝7%－0.2%

＝6.8%

把上述分析结果列示在表 11－16 中，现在，我们要来计算双方如何交换利息现金流。

表 11－16 利息现金流的交换额的计算

项目		A 公司	B 公司
无互换时的筹资成本		6 个月 SOFR＋0.6%	7%
互换	按照比较优势筹资所负担的筹资成本	6%	6 个月 SOFR＋1%
	收到的利息现金流互换金额	待求解	待求解
互换后的净筹资成本		6 个月 SOFR＋0.2%	6.8%
通过互换节省的筹资成本		0.4%	0.2%

显然，按照比较优势筹资所负担的筹资成本和互换后的净筹资成本存在下列关系：

按照比较优势筹资所负担的筹资成本 － 收到的互换利息差额 ＝ 互换后的净筹资成本

亦即

收到的互换利息差额 ＝ 按照比较优势筹资所负担的筹资成本 － 互换后的净筹资成本

因此，可计算各自每 6 个月（因本例中的浮动利率借款是基于 6 个月的 SOFR）收到的利息现金流互换金额如下：

A 公司收到的利息现金流互换金额 ＝10 000 000×0.5×[6%－(6 个月 SOFR＋0.2%)]

＝10 000 000×0.5×(5.8%－6 个月 SOFR)

B 公司收到的利息现金流互换金额 ＝10 000 000×0.5×[(6 个月 SOFR＋1%)－6.8%]

＝10 000 000×0.5×(6 个月 SOFR－5.8%)

设计后的互换交易流程如图 11－10 所示。

假定某一支付日的 6 个月 SOFR 为 5%，则 A 公司应收取的利息现金流互换金额可计算如下：

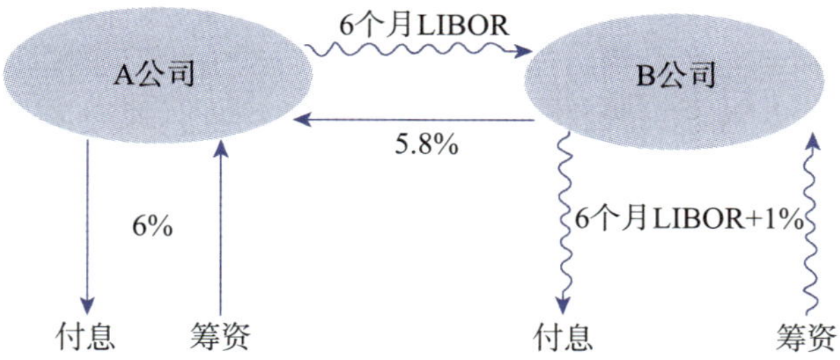

图 11-10 利率互换的交易流程（示意图）

$$A公司收到的利息现金流互换金额=10\ 000\ 000\times0.5\times(5.8\%-5\%)=40\ 000(元)$$

也就是说，A 公司应收取 B 公司支付的 40 000 元的互换利息差。

（2）法律文书（合约文本）的设计。基于上述交易策略，A 公司以 6%的年利率借入本金为 1 000 万元的某种货币的 2 年期贷款，B 公司以 6 个月 SOFR＋1%的浮动利率借入本金为 1 000 万元的某种货币的 2 年期贷款。

20×1 年 1 月 1 日，双方签署名义本金为 1 000 万元的 2 年期利率互换合约，如表 11-17 所示。实务中的合同样式多种多样，既可能是表格形式的，也可能是纯文字形式的。

表 11-17 A 公司和 B 公司利率互换的主要条款

一、名义金额	1 000 万元
二、交易日	20×1 年 1 月 1 日
三、起息日	20×1 年 1 月 1 日
四、到期日	20×2 年 12 月 31 日
五、固定金额	
固定利率支付方	B 公司
固定利率支付方支付日期	每年的 6 月 30 日和 12 月 31 日
固定利率	5.8%
计息基准	（本例不涉及）
六、浮动金额	
浮动利率支付方	A 公司
浮动利率支付方支付日期	每年的 6 月 30 日和 12 月 31 日
浮动利率选项	6 个月 SOFR
重定日	每年的 6 月 30 日和 12 月 31 日
计息基准	（本例不涉及）

对于 A 公司而言，该合约为“收 5.8%的固定利息、付 6 个月 SOFR 的浮动利息”的利率互换合约（即 A 公司按照 5.8%的年利率向 B 公司收取固定利息；同时，按 6 个月 SOFR 的浮动利率向 B 公司支付浮动利息）。对于 B 公司而言，该合约为“收 6 个月 SOFR 的浮动利息、付 5.8%的固定利息”的利率互换合约（即 B 公司按照 6 个月 SOFR 的浮动利率向 A 公司收取浮动利息；同时，按 5.8%的年利率向 A 公司支付固定利息）。

浮动利率每半年重订一次，一般在 6 月 30 日和 12 月 31 日重订下一个半年的浮动利率。为简化起见，本例将重订日与支付日视为同一天（实务中，利率重订日通常稍早于支付日）。

通过上述示例可以看出，互换合约往往是交易双方基于各自的实际需求和融资待遇而设计成形的。交易双方巧妙地利用现有的融资待遇，重新设计业务流程，通常能够达到双赢的效果（即共同降低筹资成本）。作为对比，远期、期货、期权的交易通常体现为财富在交易者之间的转移（即一方受益、另一方受损），就总体而言实属零和博弈，难以形成双赢的效果。

教材中通常把这种最常见的利率互换称作“plain vanilla swap”（又译作常规互换、基本的互换或普通香草型互换）或“fixed-for-floating swaps”（以固定利率换浮动利率的互换）。

实务中，往往由大型银行充任利率互换的中介，它们会参与分享以上所述的互换利益，因此，实务中的合同条款要比本节示例复杂一些。

2. 会计处理规则及示例

我国 2006 年发布的企业会计准则体系未对互换合同的会计处理给出明确的规定。鉴于我国衍生工具相关会计规则系借鉴《国际会计准则第 39 号——金融工具确认与计量》制定而成，而后者又是以美国证券市场上的公认会计原则之《财务会计准则公告第 133 号——衍生工具会计与套期会计》（SFAS 133: Accounting for Derivative Instruments and Hedging Activities）为蓝本设计出台的，因此，本章基于上述域外规则的设计理念，分析业务分录和衍生工具会计分录，记载相应的法律事实和预期因素。感兴趣的读者可访问美国财务会计准则委员会网站（www.fasb.org），参阅公认会计原则中的操作指南。

这里举例阐释浮动利率支付方（“收固定、付浮动”的一方）的会计处理。

(1) 在交易日，不需要为互换合约作账务处理。这是因为互换合约是场外交易的合约，企业在签订合约时无须支付价款。

(2) 在交易日后的首个资产负债表日，应当将互换合约按照公允价值入账。该衍生工具形成资产的，按其公允价值借记“衍生工具”科目，贷记“公允价值变动损益”科目；该衍生工具形成负债的，作相反的会计分录。

(3) 在后续的资产负债表日，企业应当按照公允价值计量互换合约，并将其公允价值变动所形成的利得或损失计入当期损益。当发生有利变动时，借记“衍生工具”科目，贷记“公允价值变动损益”科目；当发生不利变动时，作相反的会计分录。

（4）合同期满注销衍生工具时，按照衍生工具的账面价值，以相反方向，借记或贷记“衍生工具”科目，同时，贷记或借记“公允价值变动损益”科目。

例 11－13b

沿用例 11－13a 的资料。本例阐释 A 公司对利率互换的会计处理。

为简化起见，本例将重订日与支付日视为同一天（实务中，利率重订日通常稍早于支付日）。

分析：SOFR 的变动、相关支付情况及互换合约的公允价值变动情况如表 11－18 所示。

表 11－18　“收固定、付浮动”互换合约的相关计算　　金额单位：元

日期	SOFR ①	收固定利息 ②＝本金×5.8%÷2	付浮动利息 ③＝本金×上期①÷2	得款数 ④＝②－③	互换的公允价值⑤	公允价值变动额 ⑥＝本期⑤－上期⑤
20×1 年 1 月 1 日	5.8%					
20×1 年 6 月 30 日	5.4%	290 000	290 000	0	56 900[a]	56 900
20×1 年 12 月 31 日	5.6%	290 000	270 000	20 000	19 190[b]	－37 710
20×2 年 6 月 30 日	5.2%	290 000	280 000	10 000	29 240[c]	10 050
20×2 年 12 月 31 日	5%	290 000	260 000	30 000	0	－29 240[d]

注：a. 20×1 年 6 月 30 日，重订的 SOFR 为 5.4%。预期未来将会产生的互换利息差额计算如下：

$$\text{互换利息差额}=10\ 000\ 000\times(5.8\%-5.4\%)\div2=20\ 000(\text{元})$$

预期未来三个半年均能获得此项现金流入，按照半年的利率（2.7%）折现计算三次现金流入的现值，可得到互换的公允价值如下：

$$\text{互换的公允价值}=20\ 000\times\sum_{t=1}^{3}\frac{1}{(1+2.7\%)^t}=56\ 900(\text{元})$$

因此，本期应将衍生工具作为金融资产入账，借记“衍生工具”科目，贷记“公允价值变动损益”科目。

b. 20×1 年 12 月 31 日，重订的 SOFR 为 5.6%。预期未来将会产生的互换利息差额计算如下：

$$\text{互换利息差额}=10\ 000\ 000\times(5.8\%-5.6\%)\div2=10\ 000(\text{元})$$

预期未来两个半年均能获得此项现金流入，按照半年的利率（2.8%）折现计算两次现金流入的现值，可得到互换的公允价值如下：

$$\text{互换的公允价值}=10\ 000\times\sum_{t=1}^{2}\frac{1}{(1+2.8\%)^t}=19\ 190(\text{元})$$

因此，本期应冲减衍生工具所形成的金融资产 37 710 元。

c. 20×2 年 6 月 30 日，重订的 SOFR 为 5.2%。预期未来将会产生的互换利息差额计算如下：

$$\text{互换利息差额}=10\ 000\ 000\times(5.8\%-5.2\%)\div2=30\ 000(\text{元})$$

预期未来一个半年仍将产生此项现金流入，按照半年的利率（2.6%）折现计算现金流入的现值，可得到互换的公允价值如下：

$$\text{互换的公允价值}=30\ 000\times\frac{1}{1+2.6\%}=29\ 240(\text{元})$$

因此，本期应增记衍生工具所形成的金融资产 10 050 元。

d. 互换协议到期，冲减相应的账面价值 29 240 元。

A 公司对利率互换的会计处理如表 11－19 所示。

表 11-19　借款业务和互换合约的会计处理　　单位：元

日期	业务分录	衍生工具分录
20×1年 1月1日	（1）取得固定利率借款。 借：银行存款　10 000 000 　贷：长期借款　10 000 000	—
20×1年 6月30日	（2）支付固定利率借款的利息。 借：财务费用　300 000 　贷：银行存款　300 000	（3）记录利率互换合约的公允价值。 借：衍生工具——利率互换　56 900 　贷：公允价值变动损益　56 900
20×1年 12月31日	（4）支付固定利率借款的利息。 借：财务费用　300 000 　贷：银行存款　300 000 （6）收到互换结算款，冲抵财务费用。 借：银行存款　20 000 　贷：财务费用　20 000	（5）记录利率互换合约的公允价值变动。 借：公允价值变动损益　37 710 　贷：衍生工具——利率互换　37 710
20×2年 6月30日	（7）支付固定利率借款的利息。 借：财务费用　300 000 　贷：银行存款　300 000 （8）收到互换结算款，冲抵财务费用。 借：银行存款　10 000 　贷：财务费用　10 000	（9）记录利率互换合约的公允价值变动。 借：衍生工具——利率互换　10 050 　贷：公允价值变动损益　10 050
20×2年 12月31日	（10）支付固定利率借款的利息。 借：财务费用　300 000 　贷：银行存款　300 000 （11）收到互换结算款，冲抵财务费用。 借：银行存款　30 000 　贷：财务费用　30 000 （12）归还借款本金。 借：长期借款　10 000 000 　贷：银行存款　10 000 000	（13）注销衍生工具。 借：公允价值变动损益　29 240 　贷：衍生工具——利率互换　29 240

表11-20对比了6个月SOFR的变动与A公司的实际筹资成本。

表 11-20　A公司的1 000万元借款实际承担的浮动利率

项目	20×1年		20×2年	
	上半年	下半年	上半年	下半年
适用的6个月SOFR（%）	5.8	5.4	5.6	5.2
6个月SOFR+0.2%（%）	6	5.6	5.8	5.4
半年的财务费用（元）	300 000	280 000	290 000	270 000

可以看出，A公司首先通过比较优势筹得固定利率为6%的2年期借款，然后签订“收5.8%的固定利息、付6个月SOFR的浮动利息”的2年期利率互换合约，这样，就达到了将其财务费用转变为6个月SOFR+0.2%的浮动利率贷

款的目的，而且每年比独自径行筹措浮动利率借款（筹资成本为 6 个月 SOFR＋0.6%）节约了 0.4 个百分点的财务费用。

11.5.2 货币互换

货币互换（currency swaps）又称货币掉期，一般用于将一种货币的本金和利息与另一货币的等价本金和利息进行交换。货币互换的主要原因是双方在各自所在区域的金融市场上具有比较优势。最早公之于世的货币互换发生于 1981 年。

2007 年 8 月，中国人民银行发布《关于在银行间外汇市场开办人民币外汇货币掉期业务有关问题的通知》，在银行间外汇市场开办人民币兑美元、欧元、日元、港元、英镑五种货币对的货币掉期交易。该文件所称人民币外汇货币掉期，是指在约定期限内交换约定数量人民币与外币本金，同时定期交换两种货币利息的交易协议。本金交换的主要形式是在协议生效日双方按约定汇率交换人民币与外币的本金，在协议到期日双方再以相同的汇率、相同金额进行一次本金的反向交换。利息交换是指双方定期向对方支付以换入货币计算的利息金额，可以固定利率计算利息，也可以浮动利率计算利息。同年 11 月，经国家外汇管理局批准，中国外汇交易中心、全国银行间同业拆借中心公布《全国银行间外汇市场人民币外汇货币掉期交易规则》和《全国银行间外汇市场人民币外汇货币掉期交易指引》。

基本的货币互换所涉及的利息交换均按固定利率计算。为简化起见，本小节以英镑和美元的固定利率借款为例来阐释基本的货币互换的交易策略机理。

例 11-14a

假定英镑和美元汇率为 1 英镑＝1.5 美元，在本例的合同期间保持不变。以美元为记账本位币的 C 公司想借入 3 年期的借款 1 000 万英镑，以英镑为记账本位币的 D 公司想借入 5 年期的借款 1 500 万美元。市场向它们提供的固定利率借款如表 11-21 所示，表中利率均为每年计一次复利的年利率。看起来 C 公司的融资待遇样样都比 D 公司强，似乎没有必要去关注 D 公司的境遇。如果它们各自直接按照自己的意愿去筹资，而不是寻求合作共赢，则各自的实际筹资成本如表 11-21 中的铺灰部分所示。

表 11-21 筹资成本与比较优势

项目	C 公司	D 公司	比较优势
筹措美元所负担的利率	8%	10%	2%
筹措英镑所负担的利率	11.6%	12%	0.4%

然而，如果两家公司基于比较优势进行货币互换交易，则可共同降低筹资成本。

分析：（1）交易安排如下：C 公司以其比较优势即优势较大的融资待遇（8%的美元利率）借入 1 500 万美元，D 公司以其比较优势即劣势较小的融资待遇（12%的英镑利率）借入1 000万英镑。然后，双方进行本金的交换（即C公司向D公司交付1 500万美元，换取1 000万英镑）。

通过发挥比较优势并互换本金，双方共同实现的互换利益可计算如下：

$$\begin{aligned}\text{互换利益} &= \text{互换前的融资成本} - \text{互换后的融资成本}\\ &= (11.6\% + 10\%) - (8\% + 12\%)\\ &= 1.6\%\end{aligned}$$

在上述计算中，由于汇率为1英镑=1.5美元，即1 500万美元与1 000万英镑为等值货币，因此，可以做上述抽象化的计算。

通常情况下，双方通过谈判决定各自对互换利益的分享比例。本例中，假定二者商定C公司分享1%，D公司分享0.6%，则各自的实际筹资成本可计算如下。

$$\begin{aligned}\begin{matrix}\text{C公司使用的英镑的}\\ \text{实际筹资成本}\end{matrix} &= \begin{matrix}\text{无互换时独自}\\ \text{筹资的成本}\end{matrix} - \begin{matrix}\text{分享的}\\ \text{互换利益}\end{matrix}\\ &= 11.6\% - 1\% = 10.6\%\end{aligned}$$

$$\begin{aligned}\begin{matrix}\text{D公司使用的美元的}\\ \text{实际筹资成本}\end{matrix} &= \begin{matrix}\text{无互换时独自}\\ \text{筹资的成本}\end{matrix} - \begin{matrix}\text{分享的}\\ \text{互换利益}\end{matrix}\\ &= 10\% - 0.6\% = 9.4\%\end{aligned}$$

把上述分析结果列示在表11-22中。现在，我们要来计算双方如何交换利息现金流。

表11-22 互换结算差额的计算

项目		C公司	D公司
无互换时的筹资成本（本金×利率）		1 000万英镑×11.6%	1 500万美元×10%
互换	按照比较优势筹资所负担的筹资成本	1 500万美元×8%	1 000万英镑×12%
	收到的互换利息差额	?	?
互换后的净筹资成本		1 000万英镑×10.6%	1 500万美元×9.4%
通过互换节省的筹资成本		1%	0.6%

显然，按照比较优势筹资所负担的筹资成本和互换后的净筹资成本存在下列关系：

$$\begin{matrix}\text{按照比较优势筹资}\\ \text{所负担的筹资成本}\end{matrix} - \begin{matrix}\text{收到的互换}\\ \text{利息差额}\end{matrix} = \begin{matrix}\text{互换后的}\\ \text{净筹资成本}\end{matrix}$$

因此，可计算各公司应收到的互换利息差额如下（统一以美元表示）。

$$\begin{aligned}\begin{matrix}\text{C公司收到的}\\ \text{互换利息差额}\end{matrix} &= 15\,000\,000 \times 8\% - 10\,000\,000 \times 10.6\% \times 1.5\\ &= -390\,000(\text{美元})\end{aligned}$$

$$\begin{matrix}\text{D公司收到的}\\ \text{互换利息差额}\end{matrix} = 10\,000\,000 \times 12\% \times 1.5 - 15\,000\,000 \times 9.4\%$$

=390 000(美元)

也就是说，C 公司每年应付给 D 公司 39 万美元（或 26 万英镑）。互换交易终止时，双方交换本金后予以清偿即可。

设计后的互换交易流程如图 11－11 所示，图中以虚线表示与美元相关的现金流量，实线表示与英镑相关的现金流量。

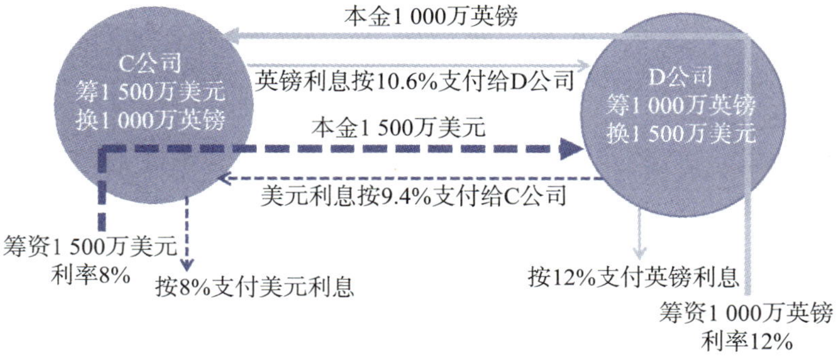

图 11－11　货币互换的交易流程（示意图）

限于篇幅，货币互换的法律文书和会计处理本书从略。

思考题

现实生活中存在多种多样的射幸合同，如保险合同、彩票、衍生工具、赌博合同等。人民法院确认合同是否有效的依据是全国人民代表大会及其常务委员会制定的法律和国务院制定的行政法规。有的射幸合同是有效合同，如依照《中华人民共和国保险法》签订的保险合同；有的射幸合同却被认定为无效合同，如赌博合同。请阅读《中华人民共和国民法典》第八条和第一百四十三条，结合本章所介绍的金融法规，想一想：远期合约、期货合约和期权合约具有射幸合同的特征，它们应当被认定为有效还是无效？请阐释相应的法律依据。

练习题

1. 20×5 年 6 月 29 日，范蠡商贸股份公司与某银行签订了一份“3×9”、名义金额为 100 万元、合同利率为 3%的远期利率协议。交易日是 6 月 29 日，起算日是 7 月 1 日，结算日是 10 月 1 日，到期日是 20×6 年 4 月 1 日，合同期为 6 个月。确定日与结算日间隔两日（即为 9 月 29 日），确定日的参照利率为 7%。

假定范蠡商贸股份公司于 20×5 年 10 月 1 日借入一笔期限为 6 个月的流动资金贷款，利率为 7%。假定计息基准为“实际天数/360”（即计息期按实际天数计，一年按 360 天计）。

要求：请对该公司的借款及远期利率协议的相关业务作账务处理。

2. 能人投资股份公司预期强麦价格将会下跌，遂出于投机的动机，于20×3年4月1日售出11月交割的强麦期货5 000手，每手交易单位为20吨，期货卖价为每吨2 790元。初始保证金为标的额的5%。交易手续费等因素此处从略。

6月30日，现货价格为每吨2 810元，11月交割的强麦期货结算价格为每吨2 830元。

9月7日，现货价格为每吨2 960元。11月交割的强麦期货买价为每吨2 980元，能人投资股份公司在该价位平仓，了结期货合约（即买入11月交割的强麦期货5 000手）。

要求：请对能人投资股份公司的上述投机业务作账务处理。

3. 能人投资股份公司出于投机的动机，于20×3年12月1日以每份1元的价格，购入1 000 000份某证券公司发行的基于中原畜产股份公司股票的存续期尚有10个月的百慕大式备兑认沽权证。该权证的行权价格为8元，结算方式为证券给付，行权期限为20×4年8月1日至9月30日。能人投资股份公司并未持有该畜产公司的股票。

20×3年12月31日，该权证的市价为1.5元，中原畜产股份公司的股票收盘价为每股7元。

20×4年5月初，市场上接连传出中原畜产股份公司的重大利空消息，股价逐步下跌，认沽权证应声上涨。

20×4年6月30日，该权证的市价为6元，中原畜产股份公司的股票收盘价为每股3元。

20×4年9月30日，权证到期，中原畜产股份公司的股票收盘价为每股1元，能人投资股份公司立即行权。

要求：请对能人投资股份公司的上述业务作账务处理。

第 12 章　套期会计

学习目标

1. 掌握公允价值套期和现金流量套期的处理规则。
2. 理解会计学和金融学对套期保值的分类之异同。
3. 了解境外经营净投资套期。

AI 深度思考——与AI对话

套期会计与套期业务的关系是什么？套期业务是套期会计产生的根本原因吗？

12.1　套期会计概述

企业为规避外汇风险、利率风险、商品价格风险、股票价格风险、信用风险等特定风险，可能会想到利用金融工具进行金融交易，使得该金融工具的价格变动基本能够抵补上述特定风险。这种行为就是准则所称的套期。其中，金融工具泛指交易各方根据约定条件转移资金的各种合同。

根据《企业会计准则第 24 号——套期会计》第二条的规定，套期是指企业为管理外汇风险、利率风险、价格风险、信用风险等特定风险引起的风险敞口，指定金融工具为套期工具，从而使套期工具的公允价值变动（或现金流量变动）预期能够大致抵销被套期项目的全部或部分公允价值变动（或现金流量变动）的风险管理活动。

如本书第 11 章所述，金融工具有原生工具和衍生工具之分。原生工具又称基础工具，即交易盈亏取决于交易标的物的价格变动的金融工具，如货币、外汇、债券、股票等。衍生工具又称衍生品，即交易盈亏取决于原生工具的价格变动的金融工具，如远期、期货、期权、互换等。企业在进行套期交易时，既可以选择使用金融市场上的金融工具，也可以寻找交易对手并量身定做金融工具，金融工程（financial engineering）就专门为企业量身定做金融工具。

12.1.1 套期工具

套期工具（hedging instruments）是指企业为进行套期而指定的、其公允价值或现金流量变动预期可抵销被套期项目的公允价值或现金流量变动的金融工具，包括以下两类。

（1）以公允价值计量且其变动计入当期损益的衍生工具，如远期、期货、期权、互换等。例如，企业可以使用商品期货合约进行套期，其套期保值策略通常是，通过买入期货合同提前锁定买入价格，或者通过卖出期货合约提前锁定卖出价格。

有些签出期权[1]不应当指定为套期工具。[2] 只有那些用于对购入期权（包括嵌入混合合同中的购入期权）进行套期的签出期权，才可以指定为套期工具。

嵌入混合合同中但未分拆的衍生工具也不能作为单独的套期工具。

准则关于套期工具的规定

（2）以公允价值计量且其变动计入当期损益的非衍生金融资产或非衍生金融负债。但指定为以公允价值计量且其变动计入当期损益、其自身信用风险变动引起的公允价值变动计入其他综合收益的金融负债除外。[3]

企业自身权益工具（即企业自身所发行的股票）不属于企业的金融资产或金融负债，不能作为套期工具。

企业设置“套期工具”科目核算企业开展套期业务的套期工具及其公允价值变动所形成的资产或负债。该科目可按套期工具类别或套期关系进行明细核算。该科目期末借方余额，反映企业套期工具所形成的资产的公允价值；期末贷方余额，反映企业套期工具所形成的负债的公允价值。

企业将已确认的衍生工具、以公允价值计量且其变动计入当期损益的非衍生金融资产（或非衍生金融负债）等金融资产（或金融负债）指定为套期工具的，应当按照其账面价值，借记（或贷记）“套期工具”科目，贷记（或借记）“衍生工具”“交易性金融资产”等科目。

12.1.2 被套期项目

准则原文相当复杂。通俗地说，企业所关心的、承受公允价值变动或现金流量变动风险的所有事项（包括账上已经记载的资产和负债，以及账上没有记载的事项），都是被套期项目。

---

① 签出期权（written options）是指企业作为发行人（writer，又称立权人）售出的期权合约，如卖出看涨期权、卖出看跌期权。

② 签出期权的潜在损失可能大大超过被套期项目的潜在利得，从而不能有效地对冲被套期项目的风险。作为对比，购入期权的一方可能承担的损失最多就是期权费，可能拥有的利得通常等于或大大超过被套期项目的潜在损失，可被用来有效对冲被套期项目的风险，因此，购入期权的一方可以将购入的期权作为套期工具。

③ 这种金融资产由于没有将整体公允价值变动计入损益，因而不能被指定为套期工具。

准则规定，被套期项目是指使企业面临公允价值变动或现金流量变动风险，且被指定为被套期对象的、能够可靠计量的项目。企业可以将下列单个项目、项目组合或其组成部分指定为被套期项目：

（1）已确认的资产或负债。

（2）尚未确认的确定承诺。尚未确认是指尚未在资产负债表中确认。确定承诺是指在未来某特定日期或期间以约定价格交换特定数量资源、具有法律约束力的协议。

（3）极可能发生的预期交易。预期交易是指尚未承诺但预期会发生的交易。评估预期交易发生的可能性不能仅依靠企业管理人员的意图，而应当基于可观察的事实和相关因素。在评估预期交易发生的可能性时，企业应当考虑以下因素：1）类似交易之前发生的频率；2）企业在财务和经营上从事此项交易的能力；3）企业有充分的资源（例如，在短期内仅能用于生产某一类型商品的设备）能够完成此项交易；4）交易不发生时可能对经营带来的损失和破坏程度；5）为达到相同的业务目标，企业可能会采用在实质上不同的交易的可能性（例如，计划筹集资金的企业可以通过获取银行贷款或者发行股票等方式筹集资金）；6）企业的业务计划。此外，企业还应当考虑预期交易发生时点距离当前的时间跨度和预期交易的数量或价值占企业相同性质交易的数量或价值的比例。在其他因素相同的情况下，预期交易发生的时间越远，或预期交易的数量或价值占企业相同性质交易的数量或价值的比例越高，预期交易发生的可能性就越小，就越需要有更强有力的证据来支持“极可能发生”的判断。例如，企业预计将在 3 年后发生的交易比预计将在 3 个月后发生的交易的可能性小，判断前者“极可能发生”时需要更多的证据支持；企业预计将在 1 个月内销售 1 000 件商品（假设过去 3 个月平均每月的销售量为 1 000 件）比预计将在 1 个月内销售 200 件商品的可能性小，判断前者“极可能发生”时需要更多的证据支持。

企业应当明确区分预期交易与确定承诺。例如，某公司 20×8 年 5 月 1 日签订了一份法律上具有约束力的采购协议，约定于 20×8 年 6 月 30 日向乙公司以每吨 4 万元的价格购买 200 吨铜，由于签订了法律上具有约束力的采购协议，因而构成确定承诺。作为对比，某公司 20×8 年 5 月 1 日预期 2 个月后将购买 200 吨铜，用于 20×8 年 7 月的生产，这种尚未承诺但预期会发生的交易为预期交易。

（4）境外经营净投资。境外经营净投资是指企业在境外经营净资产中的权益份额，如境外的子公司、合营安排、联营企业或分支机构。在境内的子公司、合营安排、联营企业或分支机构，采用不同于企业记账本位币的，也视同境外经营。企业既无计划也无可能在可预见的未来会计期间结算的长期外币货币性应收项目（含贷款），应当视同实质构成境外经营净投资的组成部分。但是，因销售商品或提供劳务等形成的期限较短的应收账款，不构成境外经营净投资。

上述四类项目的组成部分，是指小于项目整体公允价值或现金流量变动的部分，企业只能将下列项目组成部分或其组合指定为被套期项目：（1）项目整体公允价值或现金流量变动中仅由某一个或多个特定风险引起的公允价值或现金流量变动部分（风险成分）。根据在特定市场环境下的评估，该风险成分应当能够单独识别并可靠计量。如铜线价格中的铜基准价格风险。风险成分也包括被套期项目公允价值或现金流量的变动仅高于或仅低于特定价格或其他变量的部分。（2）一项或多项选定的合同现金流量。（3）项目名义金额的组成部分，即项目整体金额或数量的特定部分，既可以是项目整体的一定比例部分，也可以是项目整体的某一层级部分（如库存原油中最先实现销售的100桶原油的价格风险）。若某一层级部分包含提前还款权，且该提前还款权的公允价值受被套期风险变化影响的，企业不得将该层级指定为公允价值套期的被套期项目，但企业在计量被套期项目的公允价值时已包含该提前还款权影响的情况除外。

准则关于被套期项目的规定

企业可以将符合被套期项目条件的风险敞口与衍生工具组合形成的汇总风险敞口指定为被套期项目。

不单独承担公允价值变动或现金流量变动风险的项目，不能作为被套期项目，如采用权益法核算的股权投资①、对纳入合并财务报表范围且采用记账本位币核算的境内子公司的股权投资等。

企业设置“被套期项目”科目核算企业开展套期业务的被套期项目及其公允价值变动所形成的资产或负债。该科目可按被套期项目类别或套期关系进行明细核算。该科目期末借方余额，反映企业被套期项目形成的资产；期末贷方余额，反映企业被套期项目形成的负债。

企业将已确认的资产、负债或其组成部分指定为被套期项目时，应当按照其账面价值，借记（或贷记）“被套期项目”科目，贷记（或借记）“原材料”“债权投资”“长期借款”等科目。已计提跌价准备或减值准备的，还应当同时结转跌价准备或减值准备。

12.1.3 准则对套期保值的分类

会计准则基于独特的逻辑，将套期保值分为公允价值套期、现金流量套期和境外经营净投资套期三类，并分别规定了会计处理规则，如表12-1所示。

表12-1 常见的被套期项目和套期工具

套期保值在会计上的分类	被套期项目	套期工具
公允价值套期	已确认的资产或负债 尚未确认的确定承诺	衍生工具 非衍生的金融资产或金融负债（仅对外汇风险）
现金流量套期	已确认的资产或负债 极可能发生的预期交易	
境外经营净投资套期	在境外经营净资产中的权益份额	

① 因为权益法下，投资方只是将其在联营企业或合营企业中的损益份额确认为当期损益，而不确认投资的公允价值变动。

1. 公允价值套期

公允价值套期（fair value hedge）是指对已确认的资产或负债、尚未确认的确定承诺，或上述项目组成部分的公允价值变动风险敞口进行的套期。也就是说，企业所担心的是被套期项目的公允价值。该公允价值变动源于特定风险，且将影响企业的损益或其他综合收益。这种情形下的被套期项目包括已确认的资产或负债、尚未确认的确定承诺，或上述项目组成部分的公允价值变动风险敞口。其中，已确认的资产或负债已经记载于账簿；尚未确认的确定承诺属于账外的事项。上述影响其他综合收益的情形，仅限于企业对指定为以公允价值计量且其变动计入其他综合收益的权益工具投资的公允价值变动风险敞口进行的套期。

例如，以下情形属于准则所称的公允价值套期：

（1）某企业签订一项以固定利率换浮动利率的利率互换合约，对其承担的固定利率负债的利率风险引起的公允价值变动风险敞口进行套期。

（2）某石油公司签订一项 6 个月后以固定价格购买原油的合同（尚未确认的确定承诺），为规避原油价格风险，该公司签订一项未来卖出原油的期货合约，对该确定承诺的价格风险引起的公允价值变动风险敞口进行套期。

（3）某企业购买一项看跌期权合同，对持有的选择以公允价值计量且其变动计入其他综合收益的权益工具投资的证券价格风险所引起的公允价值变动风险敞口进行套期。

2. 现金流量套期

现金流量套期（cash flow hedge）是指对被套期项目的现金流量变动风险敞口进行的套期。也就是说，企业所担心的是被套期项目的现金流量变动。该现金流量变动源于与已确认的资产或负债、极可能发生的预期交易，或上述项目组成部分有关的特定风险，且将影响企业的损益。其中，极可能发生的预期交易属于账外的事项。

例如，以下情形属于准则所称的现金流量套期：

（1）某企业签订一项以浮动利率换固定利率的利率互换合约，对其承担的浮动利率债务的利率风险引起的现金流量变动风险敞口进行套期。

（2）某橡胶制品公司签订一项未来买入橡胶的远期合同，对 3 个月后预期极可能发生的与购买橡胶相关的价格风险引起的现金流量变动风险敞口进行套期。

（3）某企业签订一项购入外币的远期外汇协议，对以固定外币价格买入原材料的极可能发生的预期交易的外汇风险引起的现金流量变动风险敞口进行套期。

3. 境外经营净投资套期

境外经营净投资套期（hedge of a net investment in a foreign operation），是指对境外经营净投资外汇风险敞口进行的套期。其中，境外经营净投资是指企业在

会计学与金融学中对套期保值的不同分类

境外经营净资产中的权益份额。境外经营净投资套期这个名词比较令人费解。其设计思路是，在对境外子公司的外币财务报表进行折算时，折算出的净资产常常受到汇率变动的影响。那么，能不能想办法让折算结果不至于波动太大？于是，就有人提出了对外币财务报表折算进行套期的设想，这种做法称作境外经营净投资套期。显然，境外经营净投资套期中的被套期风险是指境外经营的记账本位币与母公司的记账本位币之间的折算差额。

此外，企业对确定承诺的外汇风险进行套期的，按照准则的规定，可以将其作为现金流量套期或公允价值套期处理。例如，某航空公司签订一项 3 个月后以固定外币金额购买飞机的合同（尚未确认的确定承诺），为规避外汇风险，签订一项远期外汇协议，对该确定承诺的外汇风险进行套期。在这种情况下，该航空公司既可以按照公允价值套期进行处理，也可以按照现金流量套期进行处理。

12.1.4 套期会计方法

为什么要设计套期会计规则

套期会计方法（hedge accounting）是指企业将套期工具和被套期项目产生的利得或损失在相同会计期间计入当期损益（或其他综合收益），以反映风险管理活动的影响的方法。其核心思路是，套期保值行为对利润表的冲击应当仅限于将套期工具和被套期项目产生的利得或损失抵销之后的部分。显然，套期会计方法可以降低利润表的波动程度。

套期会计规则起源于 20 世纪 90 年代美国证券市场上的公认会计原则。

12.1.5 套期损益

企业设置“套期损益”科目核算套期工具和被套期项目价值变动形成的利得和损失。该科目可按套期关系进行明细核算。

在套期会计规则下，套期保值行为对会计数据的影响仅限于套期工具和被套期项目的套期损益相互抵销之后剩余的部分，也就是无效套期的部分。

12.2 公允价值套期

12.2.1 被套期项目为已确认资产或负债的情形

当被套期项目为已确认资产或负债时，公允价值套期满足运用套期会计方法条件的，应当按照下列规定处理。

1. 被套期项目为实物资产的情形

（1）套期工具的会计处理。套期工具产生的利得或损失应当计入当期损益。

资产负债表日，企业应当按照套期工具产生的利得，借记“套期工具”科目，贷记“套期损益”科目。套期工具产生损失的，作相反的会计分录。

（2）被套期项目的会计处理。被套期项目因被套期风险敞口形成的利得或损失应当计入当期损益，同时调整未以公允价值计量的已确认被套期项目的账面价值。

被套期项目为按成本与可变现净值孰低进行后续计量的存货、按摊余成本进行后续计量的金融资产或其他权益工具投资的，也应当按上述规定处理。注意，依此规则，存货有可能以高于成本的公允价值入账。

资产负债表日，应当按照被套期项目因被套期风险敞口形成的利得，借记“被套期项目”科目，贷记“套期损益”科目。被套期项目因被套期风险敞口形成损失的，作相反的会计分录。

下面以已确认资产为例来阐释上述会计规则。

例 12－1

神州粮仓股份公司库存有 100 000 吨强麦，成本为每吨 2 200 元，现货价格为每吨 2 780 元。该公司的强麦质量优异，深受市场欢迎，但受季节和天气影响，近期销售欠佳。

20×8 年 4 月 1 日，该公司担心这批存货的公允价值会下跌，遂决定采用期货作为套期工具，对被套期项目（存货）的全部公允价值变动风险进行套期。当日售出 11 月交割的强麦期货 5 000 手，每手交易单位为 20 吨，期货卖价为每吨 2 790 元。初始保证金为标的额的 5%。交易手续费等因素此处从略。

6 月 30 日，现货价格为每吨 2 580 元，11 月交割的强麦期货的结算价格为每吨 2 610 元。

9 月 7 日，现货价格为每吨 2 530 元，神州粮仓股份公司将库存的强麦全部售出，增值税等税费本例从略。11 月交割的强麦期货买价为每吨 2 560 元，神州粮仓股份公司平仓，了结期货合约（即买入 11 月交割的强麦期货 5 000 手）。

分析：为便于理解，可对上述信息进行梳理，如表 12－2 和图 12－1 所示。

表 12－2　强麦的现货与期货报价

日期	现货价格	11 月交割的期货			
		买价（叫买价）	卖价（叫卖价）	成交价	结算价
4 月 1 日	2 780 元/吨	2 790 元/吨	—	2 790 元/吨	—
6 月 30 日	2 580 元/吨	—	—	—	2 610 元/吨
9 月 7 日	2 530 元/吨	—	2 560 元/吨	2 560 元/吨	—

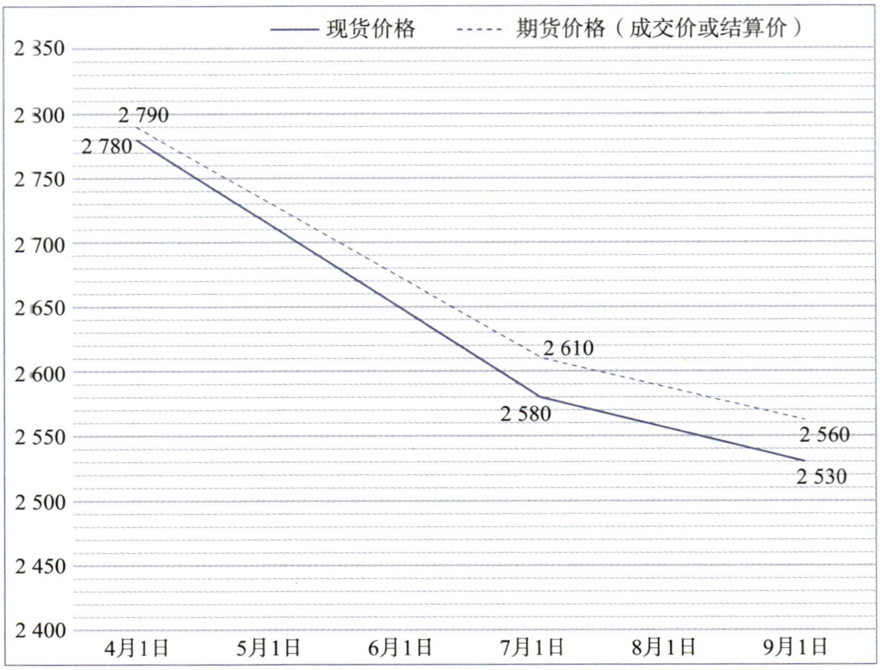

图 12－1　强麦的期货价格（成交价或结算价）和现货价格走势图

会计处理如表 12－3 所示。

表 12－3　公允价值套期的套期会计规则（示意）　　单位：元

日期	业务分录	衍生工具交易分录
4 月 1 日	(2) 指定被套期项目。 借：被套期项目——库存商品　220 000 000 　贷：库存商品　220 000 000	(1) 指定套期工具。 借：套期工具——期货保证金　13 950 000 　贷：银行存款　13 950 000 (计算过程：13 950 000＝100 000×2 790×5%)
6 月 3C 日	(4) 反方向记录套期损益，调整被套期项目。 借：套期损益　20 000 000 　贷：被套期项目——库存商品　20 000 000 (计算过程：20 000 000＝100 000×(2 780－2 580))	(3) 记录套期工具的公允价值变动。 借：套期工具——期货保证金　18 000 000 　贷：套期损益　18 000 000 (计算过程：18 000 000＝100 000×(2 790－2 610))
9 月 7 日	(6) 反方向记录套期损益，调整被套期项目。 借：套期损益　5 000 000 　贷：被套期项目——库存商品　5 000 000 (计算过程：5 000 000＝100 000×(2 580－2 530))	(5) 记录套期工具的公允价值变动。 借：套期工具——期货保证金　5 000 000 　贷：套期损益　5 000 000 (计算过程：5 000 000＝100 000×(2 610－2 560))

续表

日期	业务分录	衍生工具交易分录
9 月 7 日	(8) 记录主营业务收入。 借：应收账款 253 000 000 贷：主营业务收入 253 000 000	(7) 了结期货合约。 借：银行存款 36 950 000 贷：套期工具——期货保证金 36 950 000
	(9) 结转主营业务成本。 借：主营业务成本 195 000 000* 贷：被套期项目——库存商品 195 000 000	

* 在结转成本前，被套期项目的账面价值=220 000 000−20 000 000−5 000 000=195 000 000（元）。

我们先来看套期保值的效果。在套期保值之前，神州粮仓股份公司如果能够在 4 月 1 日全部售出该批存货，则可实现利润 58 000 000 元（100 000×(2 780−2 200)）。这也是该公司套期保值的大致目标。

套期保值的效果如何？在现货市场上，神州粮仓股份公司的 100 000 吨强麦由于现货价格从 2 780 元下降到 2 530 元而蒙受了 25 000 000 元的损失。在期货市场上，该公司卖出的强麦期货却为之赚得 23 000 000 元。可见，期货市场上赚得的价差未能完全弥补现货市场上的损失，两者之差为 2 000 000 元。

在利润表上可以看到，神州粮仓股份公司通过套期保值业务实现的利润是 56 000 000 元，与最初的套期保值目标相差不大。该公司的套期保值效果相当令人满意。

我们再来看套期会计的效果。上述会计处理的结果表明，神州粮仓股份公司采用套期会计规则后，6 月 30 日所记录的套期损益净额为借记 2 000 000 元，这一结果能够减小利润表的波动。作为对比，如果没有采用套期会计，该公司需要在 6 月 30 日记录公允价值变动收益 18 000 000 元。

在例 12－1 中，期货和现货的价格走势如神州粮仓股份公司所料，呈双双下跌态势。在这种情况下，套期保值的效果相当显著。那么，假如期货和现货的价格走势与预期完全相反，套期保值的效果又会怎样？我们来看一个例子。

例 12－2

沿用例 12－1 的资料。

6 月 30 日，现货价格为每吨 2 810 元，11 月交割的强麦期货的结算价格为每吨 2 830 元。

9 月 7 日，现货价格为每吨 2 960 元，神州粮仓股份公司将库存的强麦全部售出，增值税等税费本例从略。11 月交割的强麦期货买价为每吨 2 980 元，神州粮仓股份公司在该价位平仓，了结期货合约（即买入 11 月交割的强麦期货 5 000 手）。

分析： 为便于理解，可对上述信息进行梳理，如表 12－4、图 12－2 所示。

表 12-4　强麦的现货与期货报价

日期	现货价格	11 月交割的期货			
		买价（叫买价）	卖价（叫卖价）	成交价	结算价
4 月 1 日	2 780 元/吨	2 790 元/吨	—	2 790 元/吨	—
6 月 30 日	2 810 元/吨	—	—	—	2 830 元/吨
9 月 7 日	2 960 元/吨	—	2 980 元/吨	2 980 元/吨	—

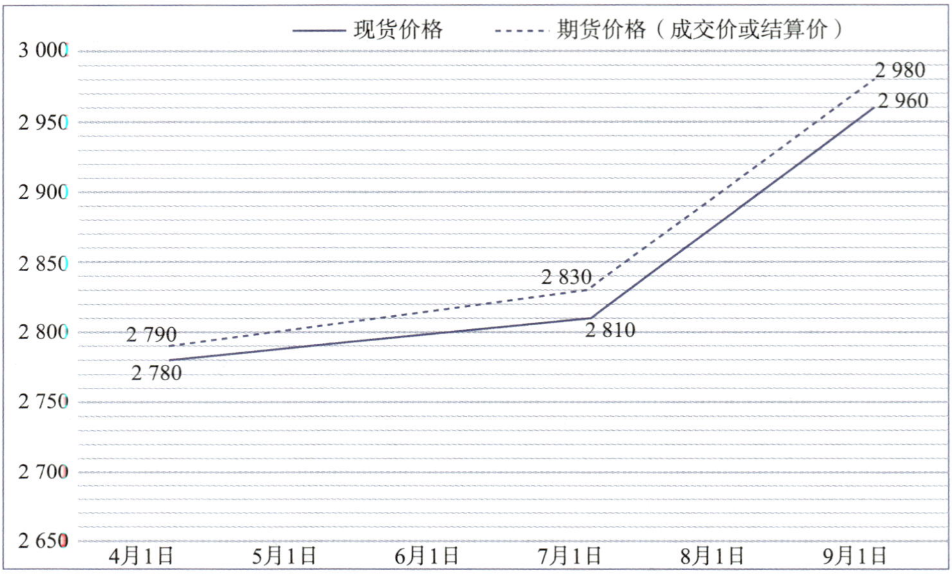

图 12-2　强麦的期货价格（成交价或结算价）和现货价格走势图

会计处理如表 12-5 所示。

表 12-5　公允价值套期的套期会计规则（示意）　　单位：元

日期	业务分录	衍生工具交易分录
4 月 1 日	（2）指定被套期项目。 借：被套期项目——库存商品 220 000 000 贷：库存商品　220 000 000	（1）指定套期工具。 借：套期工具——期货保证金 13 950 000 贷：银行存款　13 950 000 （计算过程：13 950 000＝100 000×2 790×5%）
6 月 30 日	（5）反方向记录套期损益，调整被套期项目。 借：被套期项目——库存商品 3 000 000 贷：套期损益　3 000 000 （计算过程：3 000 000＝100 000×(2 780－2 810)）	（3）记录套期损益。 借：套期损益　4 000 000 贷：套期工具——期货保证金 4 000 000 （计算过程：4 000 000＝100 000×(2 830－2 790)） （4）追加保证金。 借：套期工具——期货保证金 4 000 000 贷：银行存款　4 000 000

续表

日期	业务分录	衍生工具交易分录
9 月 7 日	(8) 反方向记录套期损益，调整被套期项目。 借：被套期项目——库存商品 15 000 000 贷：套期损益 15 000 000 (计算过程：15 000 000＝100 000×(2 810－2 960))	(6) 记录套期损益。 借：套期损益 15 000 000 贷：套期工具——期货保证金 15 000 000 (计算过程：15 000 000＝100 000×(2 980－2 830))
	(10) 记录主营业务收入。 借：应收账款 296 000 000 贷：主营业务收入 296 000 000	(7) 追加保证金。 借：套期工具——期货保证金 15 000 000 贷：银行存款 15 000 000
	(11) 结转主营业务成本。 借：主营业务成本 238 000 000* 贷：被套期项目——库存商品 238 000 000	(9) 了结期货合约。 借：银行存款 13 950 000 贷：套期工具——期货保证金 13 950 000

* 在结转成本前，被套期项目的账面价值＝220 000 000＋3 000 000＋15 000 000＝238 000 000（元）。

我们先来看套期保值的效果。在套期保值之前，神州粮仓股份公司如果能够在 4 月 1 日全部售出该批存货，则可实现利润 58 000 000 元（100 000×(2 780－2 200)）。这也是该公司套期保值的大致目标。

套期保值的效果最终如何？在现货市场上，神州粮仓股份公司的 100 000 吨强麦由于现货价格从 2 780 元上升到 2 960 元而增值 18 000 000 元。在期货市场上，该公司卖出的强麦期货却损失了 19 000 000 元。可见，期货市场上的损失超过了现货市场上的增值，两者之差为 1 000 000 元。

在利润表上可以看到，神州粮仓股份公司通过套期保值业务实现的利润是 57 000 000 元，与最初的套期保值目标相差不大。该公司的套期保值效果相当令人满意。

也许有人会说，如果该公司根本不做套期保值，也就不会损失那 19 000 000 元，则其利润将会是 76 000 000 元，何苦去做套期保值？这种理解过于片面。套期保值的立意是为实体经济保驾护航，规避价格变动对企业经营造成的冲击，从而协助管理层遵照战略定位去实现预算目标，这是全面预算管理和全面风险管理的价值所在。

我们再来看套期会计的效果。上述会计处理的结果表明，神州粮仓股份公司采用套期会计规则后，6 月 30 日所记录的套期损益净额为借记 1 000 000 元，这一结果能够减小利润表的波动。作为对比，如果没有采用套期会计，该公司需要在 6 月 30 日记录公允价值变动损失 4 000 000 元。

2. 被套期项目为其他权益工具投资的情形①

企业在“其他综合收益”科目下设置“套期损益”明细科目，核算公允价值套期下对指定为以公允价值计量且其变动计入其他综合收益的权益工具投资（即其他权益工具投资）或其组成部分进行套期时，套期工具和被套期项目的公允价值变动所形成的利得和损失。该明细科目可按套期关系进行明细核算。当套期关系终止时，应当将该明细科目转入“盈余公积”“利润分配——未分配利润”等科目。

（1）套期工具的会计处理。针对企业选择以公允价值计量且其变动计入其他综合收益的权益工具投资（即其他权益工具投资）或其组成部分进行公允价值套期的，该套期工具产生的利得或损失应当记入“其他综合收益——套期损益”科目。

资产负债表日，企业应当按照套期工具产生的利得，借记“套期工具”科目，贷记“其他综合收益——套期损益”等科目。套期工具产生损失的，作相反的会计分录。

（2）被套期项目的会计处理。被套期项目（即其他权益工具投资）因被套期风险敞口形成的利得或损失应当记入“其他综合收益——套期损益”科目，其账面价值已经按公允价值计量，不需要调整。

资产负债表日，应当按照被套期项目因被套期风险敞口形成的利得，借记“被套期项目”科目，贷记“套期损益”“其他综合收益——套期损益”等科目。被套期项目因被套期风险敞口形成损失的，作相反的会计分录。

例 12-3

20×6年1月1日，正阳实业股份公司以每股100元的价格购入蔡州纺织股份公司股票10 000股（占该公司有表决权股份的0.5‰），且选择将其指定为以公允价值计量且其变动计入其他综合收益的权益工具投资（即其他权益工具投资）。为规避该股票价格下跌的风险，该公司与某客户于20×6年12月31日签订一份远期协议，约定其将于20×8年12月31日以每股130元的价格将上述股份出售给该客户。在缔约日，该远期合同的公允价值为零。正阳实业股份公司通过分析发现，蔡州纺织股份公司股票与远期协议存在经济关系，且价值变动中信用风险不占主导地位，套期比率也反映了套期的实际数量，符合套期有效性要求。

正阳实业股份公司购入的蔡州纺织股份公司股票和股票远期合同的公允价值如表12-6所示。

表12-6 股票和股票远期合同的公允价值　　单位：元

项目	20×6年12月31日	20×7年12月31日	20×8年12月31日
每股价格	130	120	114

① 本小节仅供学有余力者研读，不作教学要求。

续表

项目	20×6 年 12 月 31 日	20×7 年 12 月 31 日	20×8 年 12 月 31 日
股票公允价值	1 300 000	1 200 000	1 140 000
远期合同公允价值	0	100 000	160 000

20×8 年 12 月 31 日，正阳实业股份公司履行远期协议，出售了上述股份。假设不考虑远期合同的远期要素。

分析：正阳实业股份公司进行的套期有效性分析及会计处理情况如表 12－7 所示。

表 12－7　公允价值套期的套期会计规则（示意）　　单位：元

日期	业务分录	衍生工具交易分录
20×6 年 1 月 1 日	（1）购入其他权益工具投资。 借：其他权益工具投资　1 000 000 　贷：银行存款　1 000 000	—
20×6 年 12 月 31 日	（2）确认其他权益工具投资的公允价值变动。 借：其他权益工具投资　300 000 　贷：其他综合收益——公允价值变动 　300 000	—
	（3）指定被套期项目。 借：被套期项目——其他权益工具投资 　1 300 000 　贷：库存商品　1 300 000	
20×7 年 12 月 31 日	（5）记录被套期项目的公允价值变动。 借：其他综合收益——套期损益 　100 000 　贷：被套期项目——其他权益工具投资 　100 000	（4）确认套期工具的公允价值变动。 借：套期工具——远期协议 　100 000 　贷：其他综合收益——套期损益 　100 000
20×8 年 12 月 31 日	（7）记录被套期项目的公允价值变动。 借：其他综合收益——套期损益 60 000 　贷：被套期项目——其他权益工具投资 　60 000	（6）确认套期工具的公允价值变动。 借：套期工具——远期协议 60 000 　贷：其他综合收益——套期损益 　60 000
	（8）履行远期合同，出售其他权益工具投资。 借：银行存款　1 300 000 　贷：被套期项目——其他权益工具投资 　1 140 000 　　套期工具——远期协议　160 000	—
	（9）将计入其他综合收益的公允价值变动转出，计入留存收益。 借：盈余公积——法定盈余公积 30 000 　利润分配——未分配利润　270 000 　贷：其他综合收益——公允价值变动 　300 000	

表12－7中，分录（4）和分录（5）直观地展示了20×7年12月31日采用套期会计的效果，分录（6）和分录（7）直观地展示了20×8年12月31日采用套期会计的效果。

3. 被套期项目为债权投资的情形①

被套期项目为以摊余成本计量的金融工具（即债权投资）或其组成部分的，企业对被套期项目账面价值所作的调整应当按照开始摊销日重新计算的实际利率进行摊销，并计入当期损益。该摊销可以自调整日开始，但不应当晚于对被套期项目终止套期利得和损失调整的时点。

例12－4

20×6年12月31日，城南商业银行做了两项交易：

（1）按面值购入100 000 000元国债，票面年利率为3.39%，每季度付息一次，到期日为20×7年12月31日。城南商业银行对该国债以摊余成本计量（即作为债权投资）。

（2）与某交易对手签订名义金额100 000 000元的1年期利率互换合约，起息日为20×6年12月31日。城南商业银行每个季度按照3.39%的年利率支付固定利息，同时按照每个季度初重置的3个月期Shibor计算并收取浮动利息。浮动利率的首个确定日为20×6年12月31日。利率互换合约的初始公允价值为零。

城南商业银行将利率互换合约指定为套期工具，对该国债由于市场利率变动产生的公允价值变动风险进行套期保值。假设不考虑国债的信用风险。

上述国债和利率互换合约的计息基准均为30/360（即每个月按30天，全年按360天计算）。

20×7年7月1日，城南商业银行的风险管理目标发生变化，导致套期关系不再满足运用套期会计的条件。该银行遂在当日终止运用套期会计。

分析：利率互换合约现金流量以及公允价值变动如表12－8所示。

表12－8 套期工具和被套期项目的相关信息一览表 单位：元

日期	套期工具的公允价值变动					对被套期项目的调整及其摊销情况						
	收浮动	付固定	收款额	期末余额	本期变动	重新计算的实际利率	投资收益	实际收款	摊销额	本期调整额	期末摊余成本	公允价值
	①	②	③	④	⑤	a*	b=a÷4×上期f	c	d=b－c	e	f=e+上期f	g
20×6年12月31日											100 000 000	100 000 000
20×7年3月31日	3.568%	3.39%	44 448	131 000	131 000	3.39%	847 500	847 500	0	－129 000	99 871 000	99 871 000

① 本小节仅供学有余力者研读，不作教学要求。

续表

日期	套期工具的公允价值变动					对被套期项目的调整及其摊销情况						
	收浮动	付固定	收款额	期末余额	本期变动	重新计算的实际利率	投资收益	实际收款	摊销额	本期调整额	期末摊余成本	公允价值
	①	②	③	④	⑤	a*	b=a÷4×上期 f	c	d=b−c	e	f=e+上期 f	g
20×7 年 6 月 30 日	3.521%	3.39%	32 750	−520 000	−651 000	3.565 075 032 718 79%	890 119	847 500	42 619	656 000	100 569 619	100 527 000
20×7 年 9 月 30 日	3.091%	3.39%	−74 750	−283 000	237 000	2.241 178 450 244 55%	563 486	847 500	−284 014	0	100 285 605	100 888 000
20×7 年 12 月 31 日	3.002%	3.39%	−97 000	0	283 000	2.241 178 450 244 55%	561 895	847 500	−285 605	0	100 000 000	100 000 000
合计	—	—	−94 552	—	—	—	2 863 000	3 390 000	−527 000	527 000	—	—

*20×7 年 6 月 30 日，根据间隔为一年的现金流量（−99 871 000，847 500，847 500，100 847 500）计算的实际利率为 3.565 075 032 718 79%；

20×7 年 9 月 30 日，根据间隔为一年的现金流量（−100 569 619，847 500，100 847 500）计算的实际利率为 2.241 178 450 244 55%；

20×7 年 12 月 31 日，根据间隔为一年的现金流量（−100 285 605，100 847 500）计算的实际利率为 2.241 178 450 244 55%。

从表 12-8 中的右端第 e 列可以直观地看出，该公司在 20×7 年 3 月 31 日记录调减被套期项目 129 000 元，6 月 30 日记录调增被套期项目 656 000 元，累计调增 527 000 元。

从表 12-8 中的右端第 d 列可以直观地看出，该公司在 20×7 年 3 月 31 日后，分三次对上述被套期项目的调增额 527 000 元进行了摊销。

会计处理如表 12-9 所示。

表 12-9　公允价值套期的套期会计规则（示意）　　单位：元

日期	业务分录	衍生工具交易分录
20×6 年 12 月 31 日	（1）指定被套期项目。 借：被套期项目——债权投资　100 000 000 　贷：债权投资　100 000 000	—
20×7 年 3 月 31 日	（3）记录收到的债券利息。 借：银行存款　847 500 　贷：利息收入　847 500	（2）记录收到的互换金。 借：银行存款　44 448 　贷：利息收入　44 448
	（5）反方向记录套期损益（即记录被套期项目的公允价值变动）。 借：被套期项目——债权投资 129 000 　贷：套期损益　129 000	（4）记录套期工具的公允价值。 借：套期工具——利率互换　131 000 　贷：套期损益　131 000

续表

日期	业务分录	衍生工具交易分录
20×7 年 6 月 30 日	（7）记录收到的债券利息，同时摊薄对被套期项目的公允价值调整额。 借：银行存款 847 500 被套期项目——债权投资 42 619 贷：利息收入 890 119	（6）记录收到的互换金。 借：银行存款 32 750 贷：利息收入 32 750
	（9）反方向记录套期损益（即记录被套期项目的公允价值变动）。 借：被套期项目——债权投资 656 000 贷：套期损益 656 000	（8）记录套期损益。 借：套期损益 651 000 贷：套期工具——利率互换 651 000
20×7 年 7 月 1 日	（11）套期关系终止，调整被套期项目。 借：债权投资——本金 100 000 000 ——利息调整 569 619 贷：利息收入 100 569 619	（10）套期关系终止，调整套期工具。 借：套期工具——利率互换 520 000 贷：衍生工具——利率互换 520 000
20×7 年 9 月 30 日	（13）记录收到的债券利息，同时摊薄对被套期项目的公允价值调整额。 借：银行存款 847 500 贷：利息收入 563 486 债权投资——利息调整 284 014	（12）记录收到的互换金。 借：投资收益 74 750 贷：银行存款 74 750
		（14）记录衍生工具的公允价值变动。 借：衍生工具——利率互换 237 000 贷：公允价值变动损益 237 000
20×7 年 12 月 31 日	（16）记录收到的债券利息，同时摊薄对被套期项目的公允价值调整额。 借：银行存款 847 500 贷：利息收入 561 895 债权投资——利息调整 285 605 （17）收回债权投资的本金。 借：银行存款 100 000 000 贷：债权投资——本金 100 000 000	（15）记录收到的互换金。 借：投资收益 97 000 贷：银行存款 97 000
		（18）记录衍生工具的公允价值变动。 借：衍生工具——利率互换 283 000 贷：公允价值变动损益 283 000

表 12－9 中，分录（4）和分录（5）直观地展示了 20×7 年 3 月 31 日采用套期会计的效果，分录（8）和分录（9）直观地展示了 20×7 年 6 月 30 日采用套期会计的效果。分录（14）和分录（18）是没有采用套期会计规则，而采用公允价值会计规则的效果，这种会计处理下利润表的波动比较大。

4. 被套期项目为其他债权投资的情形①

被套期项目为以公允价值计量且其变动计入其他综合收益的金融资产（即其

① 本小节仅供学有余力者研读，不作教学要求。

他债权投资）或其组成部分的，企业对被套期项目账面价值所作的调整应当按照开始摊销日重新计算的实际利率进行摊销，并计入当期损益，其账面价值已经按公允价值计量，不需要调整。

例 12－5

沿用例 12－4 的资料，以便读者作对比。20×6 年 12 月 31 日，城南商业银行做了两项交易：

（1）按面值购入 100 000 000 元国债，票面年利率为 3.39%，每季度付息一次，到期日为 20×7 年 12 月 31 日。城南商业银行将该国债分类为以公允价值计量且其变动计入其他综合收益的金融资产（即作为其他债权投资）。

（2）与某交易对手签订名义金额 100 000 000 元的 1 年期利率互换合约，起息日为 20×6 年 12 月 31 日。城南商业银行每个季度按照 3.39% 的年利率支付固定利息，同时按照每个季度初重置的 3 个月期 Shibor 计算并收取浮动利息。浮动利率的首个确定日为 20×6 年 12 月 31 日。利率互换合约的初始公允价值为零。

城南商业银行将利率互换合约指定为套期工具，对该国债由于市场利率变动产生的公允价值变动风险进行套期保值。假设不考虑国债的信用风险。

上述国债和利率互换合约的计息基准均为 30/360（即每个月按 30 天，全年按 360 天计算）。

20×7 年 7 月 1 日，城南商业银行的风险管理目标发生变化，导致套期关系不再满足运用套期会计的条件。该银行遂在当日终止运用套期会计。

分析：利率互换合约现金流量以及公允价值变动如表 12－10 所示（同表 12－8，为便于阅读，重录至此）。

表 12－10　套期工具和被套期项目的相关信息一览表　单位：元

日期	套期工具的公允价值变动					对被套期项目的调整及其摊销情况						
	收浮动	付固定	收款额	期末余额	本期变动	重新计算的实际利率	投资收益	实际收款	摊销额	本期调整额	期末摊余成本	公允价值
	①	②	③	④	⑤	a	b=a÷4×上期 f	c	d=b−c	e	f=e+上期 f	g
20×6 年 12 月 31 日											100 000 000	100 000 000
20×7 年 3 月 31 日	5.009%	3.39%	404 750	131 000	131 000	3.39%	847 500	847 500	0	−129 000	99 871 000	99 871 000
20×7 年 6 月 30 日	3.521%	3.39%	32 750	−520 000	−651 000	3.565 075 032 718 79%	890 119	847 500	42 619	656 000	100 569 619	100 527 000
20×7 年 9 月 30 日	3.091%	3.39%	−74 750	−283 000	237 000	2.241 178 450 244 55%	563 486	847 500	−284 014	0	100 285 605	100 888 000

续表

日期	套期工具的公允价值变动					对被套期项目的调整及其摊销情况						
	收浮动	付固定	收款额	期末余额	本期变动	重新计算的实际利率	投资收益	实际收款	摊销额	本期调整额	期末摊余成本	公允价值
	①	②	③	④	⑤	a	b=a÷4×上期 f	c	d=b−c	e	f=e+上期 f	g
20×7 年 12 月 31 日	3.002%	3.39%	−97 000	0	283 000	2.241 178 450 244 55%	561 895	847 500	−285 605	0	100 000 000	100 000 000
合计	—	—	609 250	—	—	—	2 863 000	3 390 000	−527 000	527 000	—	—

会计处理如表 12-11 所示。

表 12-11　公允价值套期的套期会计规则（示意）　　单位：元

日期	业务分录	衍生工具交易分录
20×6 年 12 月 31 日	（1）指定被套期项目。 借：被套期项目——其他债权投资　100 000 000 　贷：其他债权投资　100 000 000	—
20×7 年 3 月 31 日	（3）记录收到的债券利息。 借：银行存款　847 500 　贷：利息收入　847 500	（2）记录收到的互换金。 借：银行存款　44 448 　贷：利息收入　44 448
	（5）反方向记录套期损益（即记录被套期项目的公允价值变动）。 借：被套期项目——其他债权投资　129 000 　贷：套期损益　129 000	（4）记录套期工具的公允价值。 借：套期工具——利率互换　131 000 　贷：套期损益　131 000
20×7 年 6 月 30 日	（7）记录收到的债券利息，同时摊薄对被套期项目的公允价值调整额。 借：银行存款　847 500 　　被套期项目——其他债权投资　42 619 　贷：利息收入　890 119	（6）记录收到的互换金。 借：银行存款　32 750 　贷：利息收入　32 750
	（9）反方向记录套期损益（即记录被套期项目的公允价值变动）。 借：被套期项目——其他债权投资　656 000 　贷：套期损益　656 000	（8）记录套期工具的公允价值变动。 借：套期损益　651 000 　贷：套期工具——利率互换　651 000
20×7 年 7 月 1 日	（11）套期关系终止，调整被套期项目。 借：其他债权投资——本金　100 000 000 　　　　　　　——利息调整　569 619 　贷：利息收入　100 569 619	（10）套期关系终止，调整套期工具。 借：套期工具——利率互换　520 000 　贷：衍生工具——利率互换　520 000

续表

日期	业务分录	衍生工具交易分录
20×7 年 9 月 30 日	(13) 记录收到的债券利息，同时摊薄对被套期项目的公允价值调整额。 借：银行存款　847 500 　贷：利息收入　563 486 　　其他债权投资——利息调整 　　284 014	(12) 记录收到的互换金。 借：投资收益　74 750 　贷：银行存款　74 750
	(15) 记录其他债权投资的公允价值变动。 借：其他债权投资——公允价值变动 　601 395 　贷：其他综合收益——其他债权投资公允价值变动　601 395	(14) 记录衍生工具的公允价值变动。 借：衍生工具——利率互换 　237 000 　贷：公允价值变动损益　237 000
20×7 年 12 月 31 日	(17) 记录收到的债券利息，同时摊薄对被套期项目的公允价值调整额。 借：银行存款　847 500 　贷：利息收入　561 895 　　其他债权投资——利息调整 　　285 605 (18) 收回其他债权投资的本金。 借：银行存款　100 000 000 　贷：其他债权投资——本金 　　100 000 000	(16) 记录收到的互换金。 借：投资收益　97 000 　贷：银行存款　97 000
	(20) 注销其他债权投资的其他综合收益。 借：其他综合收益——其他债权投资公允价值变动　601 395 　贷：其他债权投资——公允价值变动 　　601 395	(19) 注销衍生工具。 借：衍生工具——利率互换 　283 000 　贷：公允价值变动损益　283 000

表 12－11 中，分录（4）和分录（5）直观地展示了 20×7 年 3 月 31 日采用套期会计的效果，分录（8）和分录（9）直观地展示了 20×7 年 6 月 30 日采用套期会计的效果。分录（14）和分录（19）是没有采用套期会计规则，而采用公允价值会计规则的效果，这种会计处理下利润表的波动比较大。

12.2.2　被套期项目为尚未确认的确定承诺的情形

准则规定，对确定承诺的外汇风险进行的套期，既可以划分为公允价值套期，也可以划分为现金流量套期。以下先讲解公允价值套期会计规则下的处理。

在公允价值套期下，被套期项目为尚未确认的确定承诺（或其组成部分）的，在其套期关系指定后，由被套期风险引起的公允价值累计变动额应当确认为一项资产或负债，相关的利得或损失应当计入各相关期间损益。

当履行确定承诺而取得资产或承担负债时，应当调整该资产或负债的初始确认金额，以包括已确认的被套期项目的公允价值累计变动额。

例 12－6

天良粮油有限公司 20×8 年 10 月 2 日开出订单从英国订购价值 1 000 000 英

镑的威士忌生产设备，约定在20×9年3月31日交货、付款。由中国银行出面开出不可撤销付款担保。

为规避英镑升值风险，天良粮油有限公司20×8年10月2日同时与银行签订了一项180天的购入同额英镑的远期外汇协议（又称期汇合同），约定的汇率为1英镑=9.1元人民币。汇率信息如表12-12、图12-3所示。

表12-12 英镑的即期汇率和远期汇率变动情况

项目	20×8年10月2日	20×8年12月31日	20×9年3月31日
即期汇率	1英镑=9.0元人民币	1英镑=9.3元人民币	1英镑=9.8元人民币
远期汇率	1英镑=9.1元人民币 （期限6个月的远期外汇协议）	1英镑=9.5元人民币 （期限3个月的远期外汇协议）	1英镑=9.8元人民币

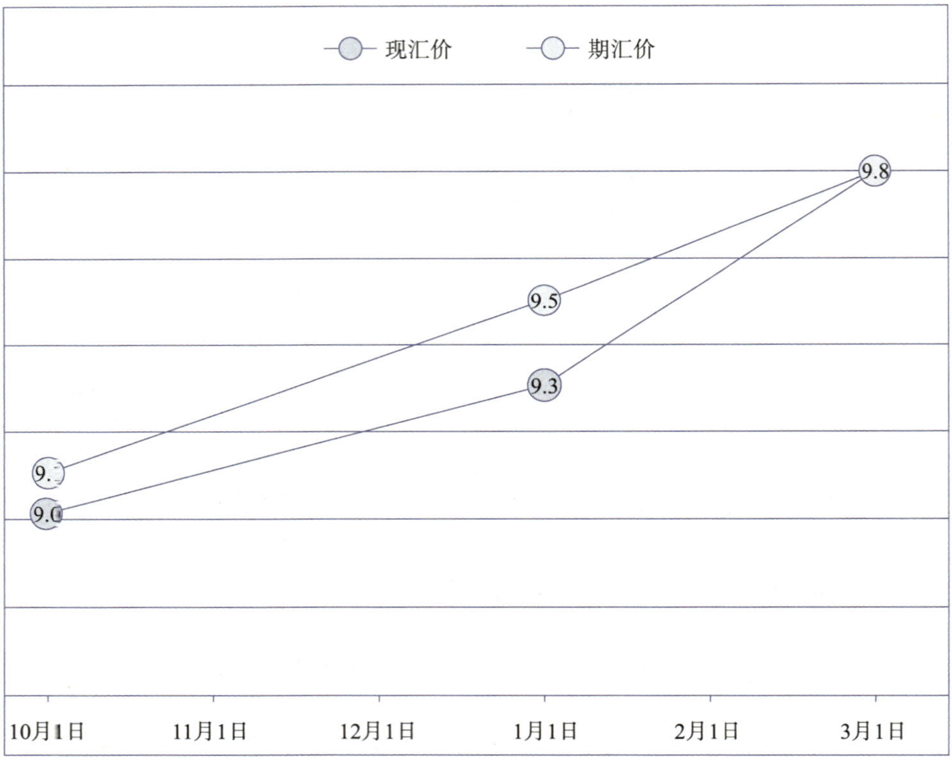

图12-3 英镑的现汇价和期汇价走势图

假定采用3%的折现率，计息天数按照每月30天、每年360天计算。

分析：会计处理情况如表12-13所示。

表12-13 公允价值套期的套期会计规则（示意） 单位：元

日期	业务分录	衍生工具交易分录
20×8年10月2日	—	—

续表

日期	业务分录	衍生工具交易分录
20×8 年 12 月 31 日	（2）反方向记录套期损益，被套期项目入账。 借：套期损益　300 000 　贷：被套期项目——确定承诺 300 000 （计算过程：300 000=(9.3−9.0)×1 000 000）	（1）衍生工具入账，记录套期损益。 借：套期工具——远期外汇协议　397 022 　贷：套期损益　397 022 （计算过程：397 022=(9.5−9.1)×1 000 000÷(1+3%×90÷360)）
20×9 年 3 月 31 日	（4）反方向记录套期损益，调整被套期项目。 借：套期损益　500 000 　贷：被套期项目——确定承诺 500 000 （计算过程：500 000=(9.8−9.3)×1 000 000）	（3）记录套期损益。 借：套期工具——远期外汇协议　302 978 　贷：套期损益　302 978 （计算过程：302 978=(9.8−9.1)×1 000 000−397 022）
	（6）购入固定资产。 借：固定资产　9 800 000 　贷：银行存款　9 800 000	（5）了结远期合约。 借：银行存款　700 000 　贷：套期工具——远期外汇协议　700 000
	（7）调整资产的入账价值。 借：被套期项目——确定承诺 800 000 　贷：固定资产　800 000	

其中，折现算法的逻辑是这样的：20×8 年 12 月 31 日，天良粮油有限公司预期当前已经实现的利率差（9.5−9.1）能够一直持续到合同终止，则其在合同终止时（即 20×9 年 3 月 31 日）预期可实现的盈利额为 400 000 元（(9.5−9.1)×1 000 000)。但距合同到期还有 3 个月（计算时按每月 30 天匡算），所以要把上述预期的盈利额折算为 20×8 年 12 月 31 日的现值，即 397 022 元（(9.5−9.1)×1 000 000/(1+3%×90/360))。这就是美国证券市场上公认会计原则的奇特逻辑，我国的会计准则并未明确规定上述算法。

我们先来看套期保值的效果。在即期外汇市场上，汇率波动使得天良粮油有限公司在 20×9 年 3 月 31 日实际付款时支付了 9 800 000 元，比起按照 20×8 年 10 月 2 日的汇率计算的 9 000 000 元，多支付了 800 000 元。在衍生工具交易中，企业进行套期保值所取得的套期收益为 700 000 元。可见，套期保值的效果相当不错。

我们再来看套期会计的效果。上述会计处理的结果表明，天良粮油有限公司采用套期会计规则后，20×8 年 12 月 31 日所记录的套期损益净额为贷记 97 022 元，这一结果能够减小利润表的波动。作为对比，如果没有采用套期会计，该公司需要在 20×8 年 12 月 31 日记录公允价值变动收益 397 022 元。

12.3　现金流量套期和境外经营净投资套期

12.3.1　基本规则

现金流量套期的会计规则的设计思路与其他权益工具投资的设计思路相似，

着眼于将金融工具由于公允价值变动所形成的浮动盈亏计入资产负债表（其他综合收益），而不是计入利润表（套期损益）。这样，与公允价值套期需要对利润表作两次方向相反的记录（即一次借记“套期损益”科目、一次贷记“套期损益”科目）的做法相比，现金流量套期的处理规则显得更为简洁。

准则规定，现金流量套期满足运用套期会计方法条件的，应当按照下列规定处理：

（1）套期工具产生的利得或损失中属于套期有效[①]的部分，作为现金流量套期储备，应当计入其他综合收益。现金流量套期储备的金额，应当按照“套期工具自套期开始以来的累计利得或损失”和“被套期项目自套期开始以来的预计未来现金流量现值的累计变动额”之中的较低者确定。每期计入其他综合收益的现金流量套期储备的金额应当为当期现金流量套期储备的变动额。

如果在其他综合收益中确认的现金流量套期储备金额是一项损失，且该损失全部或部分预计在未来会计期间不能弥补，企业应当在预计不能弥补时，将预计不能弥补的部分从其他综合收益中转出，计入当期损益。

（2）套期工具产生的利得或损失中属于套期无效的部分（即扣除计入其他综合收益后的其他利得或损失），应当计入当期损益。

现金流量套期：已确认的资产

企业在“其他综合收益”科目下设置“套期储备”明细科目核算现金流量套期下套期工具累计公允价值变动中的套期有效部分，该明细科目可按套期关系进行明细核算。

资产负债表日，企业应当按照套期工具产生的利得，借记“套期工具”科目，按照套期有效部分的变动额，贷记“其他综合收益——套期储备”等科目，按照套期工具产生的利得大于套期有效部分的变动额的差额（即套期无效部分），贷记“套期损益”科目。套期工具产生损失的，作相反的会计分录。

以下以已确认资产为例来阐释上述基本规则。

例12-7

神州粮仓股份公司库存有100 000吨强麦，成本为每吨2 200元，现货价格为每吨2 780元。该公司的强麦质量优异，深受市场欢迎，但受季节和天气影响，近期销售欠佳。

20×3年4月1日，该公司担心这批存货卖不到好价钱，遂决定采用期货作为套期工具，对被套期项目（存货）的未来现金流量变动风险进行套期。当日售出11月交割的强麦期货5 000手，每手交易单位为20吨，期货卖价为每吨2 790元。初始保证金为标的额的5%。交易手续费等因素此处从略。

6月30日，现货价格为每吨2 580元，11月交割的强麦期货的结算价格为每吨2 610元。

① 套期有效性是指套期工具的公允价值或现金流量变动能够抵销被套期风险引起的被套期项目公允价值或现金流量变动的程度。套期工具的公允价值变动（或现金流量变动）大于或小于被套期项目的公允价值变动（或现金流量变动）的部分为套期无效部分。详见本章12.5节。

9 月 7 日，现货价格为每吨 2 530 元，神州粮仓股份公司将库存的强麦全部售出，增值税等税费本例从略。11 月交割的强麦期货买价为每吨 2 560 元，神州粮仓股份公司平仓，了结期货合约（即买入 11 月交割的强麦期货 5 000 手）。

分析：为便于理解，可对上述信息进行梳理，如表 12－14 所示。

表 12－14　强麦的现货与期货报价

日期	现货价格	11 月交割的期货			
		买价（叫买价）	卖价（叫卖价）	成交价	结算价
4 月 1 日	2 780 元/吨	2 790 元/吨	—	2 790 元/吨	—
6 月 30 日	2 580 元/吨	—	—	—	2 610 元/吨
9 月 7 日	2 530 元/吨	—	2 560 元/吨	2 560 元/吨	—

会计处理如表 12－15 所示。

表 12－15　现金流量套期的套期会计规则（示意）　单位：元

日期	业务分录	衍生工具交易分录
4 月 1 日		（1）指定套期工具。 借：套期工具——期货保证金　13 950 000 　贷：银行存款　13 950 000
		计算过程：100 000×2 790×5%
6 月 30 日	—	（2）记录套期工具的公允价值变动。 借：套期工具——期货保证金　18 000 000 　贷：其他综合收益——套期储备　18 000 000[a]
9 月 7 日	—	（3）记录套期工具的公允价值变动。 借：套期工具——期货保证金　5 000 000 　贷：其他综合收益——套期储备　5 000 000[b]
	（6）记录主营业务收入。 借：应收账款　253 000 000 　贷：主营业务收入　253 000 000	（4）了结期货合约。 借：银行存款　36 950 000 　贷：套期工具——期货保证金　36 950 000
	（7）记录主营业务成本。 借：主营业务成本　220 000 000 　贷：库存商品　220 000 000	（5）结转套期损益。 借：其他综合收益——套期储备　23 000 000 　贷：套期损益　23 000 000

注：a. 本期应记录的现金流量套期储备按照“套期工具自套期开始以来的累计利得或损失”（即 100 000×(2 780－2 580)＝20 000 000(元)），与“被套期项目自套期开始以来的预计未来现金流量现值的累计变动额”（即 100 000×(2 790－2 610)＝18 000 000(元)）之中的较低者确定，为 18 000 000 元。

b. 现金流量套期储备的累计数按照“套期工具自套期开始以来的累计利得或损失”（即 100 000×(2 780－2 530)＝25 000 000(元)），与“被套期项目自套期开始以来的预计未来现金流量现值的累计变动额”（即 100 000×(2 790－2 560)＝23 000 000(元)）之中的较低者确定，为 23 000 000 元。因此，本期应补记的金额为 5 000 000 元。

我们先来看套期保值的效果。表 12－15 中的业务分录显示，营业利润（本例中简化为营业收入与营业成本之差）为 33 000 000 元；衍生工具交易分录显示，套期损益为 23 000 000 元。因此，该公司通过套期保值业务记录的利润总额为56 000 000元。作为对比，如果该公司在4月1日将该批商品售出，则可实现利润58 000 000元。可见，该公司的套期保值效果显著。

我们再来看套期会计的效果。本例中，由于套期有效的部分一律被计入其他综合收益，因此，减小了利润表的波动。

12.3.2 极可能发生的预期交易的处理规则

对于极可能发生的预期交易，现金流量套期储备的金额应当按照下列规定处理。

1. 随后形成非金融资产（或负债）的情形

准则规定，被套期项目为预期交易，且该预期交易使企业随后确认一项非金融资产或非金融负债的，或者非金融资产或非金融负债的预期交易形成一项适用于公允价值套期会计的确定承诺时，企业应当将原在其他综合收益中确认的现金流量套期储备金额转出，计入该资产或负债的初始确认金额，即对资产的入账价值进行基数调整（basis adjustment）。

2. 随后形成金融资产（或金融负债）的情形

准则规定，企业应当在被套期的预期现金流量影响损益的相同期间，将原在其他综合收益中确认的现金流量套期储备金额转出，计入当期损益。

前已述及，准则规定，对确定承诺的外汇风险进行的套期，既可以划分为公允价值套期，也可以划分为现金流量套期。前面已经讲解了公允价值套期会计规则下的处理，以下讲解现金流量套期会计规则下的处理。

例12-8

天良粮油有限公司20×8年10月2日决定在次年4月新建生产部门，需从英国订购价值1 000 000英镑的威士忌生产设备。该交易极可能发生，但仍需要董事局批准，有不确定性。如获批准，则需在20×9年3月31日交货、付款。为规避英镑升值风险，天良粮油有限公司20×8年10月2日同时与银行签订了一项180天的购入同额英镑的远期外汇协议（又称期汇合同）。业务期间的汇率变化如表12-16所示。

表12-16 英镑的即期汇率和远期汇率变动情况

项目	20×8年10月2日	20×8年12月31日	20×9年3月31日
即期汇率	1英镑=9.0元人民币	1英镑=9.3元人民币	1英镑=9.8元人民币
远期汇率	1英镑=9.1元人民币（期限6个月的远期外汇协议）	1英镑=9.5元人民币（期限3个月的远期外汇协议）	1英镑=9.8元人民币

假定采用3%的折现率，计息天数按照每月30天、每年360天计算。

分析：会计处理情况如表12-17所示。

表 12-17 现金流量套期的套期会计规则（示意） 单位：元

日期	业务分录	衍生工具交易分录
20×8 年 10 月 2 日	—	—
20×8 年 12 月 31 日	—	(1) 衍生工具入账，记录套期损益。 借：套期工具——远期外汇协议 397 022 贷：其他综合收益——套期储备 300 000[a] 套期损益 97 022[a]
20×9 年 3 月 31 日	—	(2) 记录套期工具的公允价值变动。 借：套期工具——远期外汇协议 302 978 套期损益 97 022[a] 贷：其他综合收益——套期储备 400 000[b]
	(4) 固定资产按照调整基数后的金额入账。 借：固定资产 9 100 000 其他综合收益——套期储备 700 000 贷：银行存款 9 800 000	(3) 了结远期合约。 借：银行存款 700 000 贷：套期工具——远期外汇协议 700 000

注：a. 我国会计准则并未明确规定这时如何计量衍生工具的公允价值。鉴于国际准则乃是借鉴美国证券市场上的公认会计原则《财务会计准则公告第 133 号——衍生工具会计与套期会计》制定而成的，因此，本例比照该文件进行计算。此处计算过程的逻辑是：假定到合同结束时依然能够保持当前的获利水平，从远期外汇协议中获利的金额为：

$$(9.5-9.1)\times 1\ 000\ 000=400\ 000(\text{元})$$

这是合同到期后的获利额，如果把它折现为当年年末的现值，则为：

$$400\ 000\div(1+3\%\times 90\div 360)=397\ 022(\text{元})$$

本期应记录的现金流量套期储备按照“套期工具自套期开始以来的累计利得或损失”（即损失额 1 000 000×(9.3－9.0)＝300 000(元)），与“被套期项目自套期开始以来的预计未来现金流量现值的累计变动额”（397 022 元）之中的较低者确定，为 300 000 元。

套期工具产生的利得或损失中属于套期无效的部分（即扣除计入其他综合收益后的其他利得或损失）97 022 元，应当计入当期损益。

b. 现金流量套期储备的累计数按照“套期工具自套期开始以来的累计利得或损失”（即累计损失 1 000 000×(9.8－9.0)＝800 000(元)），与“被套期项目自套期开始以来的预计未来现金流量现值的累计变动额”（即 1 000 000×(9.8－9.1)＝700 000(元)）之中的较低者确定，为 700 000 元。

本期计入其他综合收益的现金流量套期储备的金额，应当为当期现金流量套期储备的变动额 400 000 元。

我们先来看套期保值的效果。与例 12－6 的套期保值情形相同，在即期外汇市场上，汇率波动使得天良粮油有限公司在 20×9 年 3 月 31 日实际付款时支付了 9 800 000 元，比起按照 20×8 年 10 月 2 日的汇率计算的 9 000 000 元，多支付了 8 000 000 元。在衍生工具交易中，企业进行套期保值所取得的套期收益为 7 000 000 元。可见，套期保值的效果相当不错。

我们再来看套期会计的效果。与例 12－6 的套期会计不同，天良粮油有限公司采用套期会计规则后，套期工具套期有效部分的浮动盈亏 300 000 元不再被计入利润表，只有套期无效部分的浮动盈亏 97 022 元被计入其他综合收益，因此，套期会计能够减小利润表的波动。作为对比，如果没有采用套期会计，该公司则需要在 20×8 年 12 月 31 日记录公允价值变动收益 397 022 元。

当企业对现金流量套期终止运用套期会计时，在其他综合收益中确认的累计现金流量套期储备金额，应当按照下列规定进行处理：

（1）被套期的未来现金流量预期仍然会发生的，累计现金流量套期储备的金额应当予以保留，并按照现金流量套期储备的会计规则进行会计处理。

（2）被套期的未来现金流量预期不再发生的，累计现金流量套期储备的金额应当从其他综合收益中转出，计入当期损益。被套期的未来现金流量预期不再极可能发生但预期仍然会发生的，累计现金流量套期储备的金额应当予以保留，并按照现金流量套期储备的会计规则的规定进行会计处理。

12.3.3 境外经营净投资套期

对境外经营净投资的套期，应当按照类似于现金流量套期会计的规定处理。

（1）套期工具形成的利得或损失中属于有效套期的部分，应当直接确认为所有者权益，并单列项目反映。处置境外经营时，上述在所有者权益中单列项目反映的套期工具利得或损失应当转出，计入当期损益。

（2）套期工具形成的利得或损失中属于无效套期的部分，应当计入当期损益。对确定承诺的外汇风险进行的套期，企业可以作为现金流量套期或公允价值套期处理。

例 12－9

20×6 年 10 月 1 日，神功建设有限公司（记账本位币为美元）在其境外子公司有一笔金额为 50 000 000 英镑的境外经营净投资。为规避汇率风险，该公司与境外某金融机构签订了一项远期外汇协议，约定其于 20×7 年 4 月 1 日卖出 100 000 000 英镑。其他有关资料如表 12－18 所示（汇率均采用直接标价法，即外币：本币）。

表 12－18　境外经营净投资的相关资料　　单位：美元

日期	即期汇率	远期汇率	远期外汇协议的公允价值*
20×6 年 10 月 1 日	1.71	1.70	0
20×6 年 12 月 31 日	1.64	1.63	6 860 000
20×7 年 3 月 31 日	1.60	1.60	10 000 000

* 远期外汇协议的公允价值是根据估值模型计算的估计值。

假定：神功建设有限公司不把远期合同的远期要素和即期要素分开考虑；该公司的上述套期满足运用套期会计方法的所有条件。

分析： 神功建设有限公司的账务处理如表 12－19 所示。

表 12-19 境外经营净投资套期的套期会计规则（示意） 单位：美元

日期	业务分录	衍生工具交易分录
20×6 年 10 月 1 日	—	—
20×6 年 12 月 31 日	(2) 确认对子公司净投资的汇兑损益。 借：其他综合收益——外币财务报表折算差额 7 000 000 贷：长期股权投资 7 000 000 (计算过程：7 000 000＝100 000 000×(1.71－1.64))	(1) 确认远期外汇协议的公允价值变动。 借：套期工具——远期外汇协议 6 860 000 贷：其他综合收益——外币财务报表折算差额 6 860 000
20×7 年 3 月 31 日	(4) 确认对子公司净投资的汇兑损益。 借：其他综合收益——外币财务报表折算差额 4 000 000 贷：长期股权投资 4 000 000 (计算过程：4 000 000＝100 000 000×(1.64－1.60))	(3) 确认远期外汇协议的公允价值变动。 借：套期工具——远期外汇协议 3 140 000 贷：其他综合收益——外币财务报表折算差额 3 140 000
	—	(5) 结算远期外汇协议。 借：银行存款 10 000 000 贷：套期工具——远期外汇协议 10 000 000

境外经营净投资中套期工具形成的利得在其他综合收益中列示，直至子公司被处置。

套期会计对传统会计的冲击

12.4 套期会计规则的一些特殊问题[①]

12.4.1 再平衡

2006 年版的《企业会计准则第 24 号——套期保值》要求，如果套期关系不再符合套期有效性要求，企业就应当终止套期会计。2017 年修订后的《企业会计准则第 24 号——套期会计》则引入了灵活的套期关系再平衡机制，允许企业在套期关系的风险管理目标没有改变的情况下，通过调整套期关系的套期比率延续此前的套期关系，这样就不必终止原有的套期关系，再重新指定套期关系了。准则制定者认为，套期关系再平衡机制的引入，更加贴合企业风险管理活动的实际情况，在一些情形下避免了套期关系的终止，简化了企业的会计处理，能够更好地适应企业实务发展和风险管理的需要。

企业对套期关系做出再平衡时，应当在调整套期关系之前确定套期关系的套期无效部分，并将相关利得或损失计入当期损益。

① 本节只有 12.4.1 节属于教学范围，其余各小节仅供学有余力者研读，不作教学要求。

套期关系再平衡可能会导致企业增加或减少指定套期关系中被套期项目（或套期工具）的数量。企业增加了指定的被套期项目（或套期工具）的，增加部分自指定增加之日起作为套期关系的一部分进行处理；企业减少了指定的被套期项目（或套期工具）的，减少部分自指定减少之日起不再作为套期关系的一部分，作为套期关系终止处理。

例 12－10

正道石化股份公司的记账本位币为美元。20×6年1月1日，该公司预计未来12个月将要采购100万桶西得克萨斯中质原油（West Texas Intermediate，WTI原油），遂购入105万桶布伦特原油（Brent原油）期货合约，对该项预期采购进行现金流量套期（即套期比率为1∶1.05）。

同年6月30日，被套期项目（即WTI原油）自套期开始的预计未来现金流量现值的累计变动额为上升2 000 000美元，套期工具（即Brent原油期货合约）的公允价值累计下降2 290 000美元。正道石化股份公司通过分析发现，上述套期工具与被套期项目的经济关系与预期效果存在差异，因此决定对套期关系进行再平衡，遂将套期比率重新设定为1∶0.98。具体方案可以在以下两种做法中选择：一种做法是将被套期风险敞口扩大至107万桶（105÷0.98），另一种做法是将套期工具减少至98万桶（100×0.98）。根据成本效益分析，该公司决定选用后一种做法，即终止指定7万桶Brent原油期货合约作为套期工具。

假定正道石化股份公司的上述套期满足运用套期会计方法的所有条件，不考虑其他因素。

分析：正道石化股份公司20×6年6月30日的账务处理如下（金额单位为美元）。

（1）记录套期工具的套期损益。现金流量套期储备的金额，应当按照“套期工具自套期开始以来的累计利得或损失”和“被套期项目自套期开始以来的预计未来现金流量现值的累计变动额”之中的较低者确定。

借：其他综合收益——套期储备　　2 000 000
　　套期损益　　290 000
　贷：套期工具——期货合约　　2 290 000

（2）记录套期关系的再平衡。由于正道石化股份公司终止指定7万桶Brent原油期货合约作为套期工具，该公司需将其转为衍生工具来处理，并更新相应的套期保值业务的书面记录。重分类的套期工具的公允价值为2 290 000×7/105＝152 667（美元）。进行再平衡时的会计处理如下。

借：套期工具——期货合约　　152 667
　贷：衍生工具——期货合约　　152 667

例 12－11

豫东石化股份公司的记账本位币为美元。20×6年4月1日，该公司预期极可能在9月1日采购10 000吨柴油，遂购入9 500吨以D2柴油新加坡普氏（PLATTS）价格为标的的期货合约，进行套期保值，即套期比率为1∶0.95。

同年 6 月 30 日，被套期项目自套期开始的预计未来现金流量现值的累计变动额为上升 8 200 000 美元，套期工具的公允价值累计下降 6 500 000 美元。豫东石化股份公司分析认为，未来的适当套期比率应为 1∶1.05。具体方案可以在以下两种做法中选择：一种做法是将被套期项目减少至 9 048 万吨（9 500/1.05），另一种做法是将套期工具增加至 10 500 万吨（10 000×1.05）。根据成本效益分析，该公司决定选用前一种做法，即减少被套期项目 952 万吨（10 000−9 048）。

分析：豫东石化股份公司 20×6 年 6 月 30 日的账务处理如下（金额单位为美元）。

（1）记录套期工具的套期损益。现金流量套期储备的金额，应当按照“套期工具自套期开始以来的累计利得或损失”和“被套期项目自套期开始以来的预计未来现金流量现值的累计变动额”之中的较低者确定。

将套期工具公允价值的累计变动 6 500 000 美元作为现金流量套期储备计入其他综合收益。

借：其他综合收益——套期储备	6 500 000	
贷：套期工具——期货合约		6 500 000

（2）套期关系的再平衡。豫东石化股份公司进行再平衡时，套期文件有关书面记录应当予以相应更新，无须进行账务处理。

12.4.2　被套期项目为风险净敞口的情形

对于被套期项目为风险净敞口的套期，被套期风险影响利润表不同列报项目的，企业应当将相关套期利得或损失单独列报，不应当影响利润表中与被套期项目相关的损益列报项目金额（如营业收入或营业成本）。

例如，某公司有一笔由 1 000 000 美元的预期外币销售收入和 1 200 000 美元的预期外币支出构成的外汇风险净头寸，该公司利用金额为 200 000 美元的远期外汇协议对该外汇风险净头寸进行套期。当该外汇风险净头寸影响损益时，该远期外汇协议产生的现金流量套期储备重分类至损益的利得或损失，应当与被套期的销售收入和费用区分开来并单独列示。如果销售收入产生的期间早于支出发生的期间，则销售收入仍应当按照即期汇率计量。相关的套期利得（或损失）应当单独列示，从而在损益中反映出净头寸套期的影响，并相应调整现金流量套期储备。如果被套期的支出将影响以后期间的损益（例如该支出将分期摊销），则之前对支出确认的套期利得或损失应在以后期间重分类至损益，且在利润表中与包含被套期费用的项目区分开来并单独列示。

再如，企业通过利率互换合同对固定利率债务工具的利率风险进行套期。企业的套期目标旨在将固定利率现金流量转换成浮动利率现金流量。在对净头寸（例如，一项固定利率资产和一项固定利率负债构成的净头寸）进行套期时，套期工具的应计净利息应当单独列示，以避免将单个套期工具产生的利得或损失净额以相互抵销的总额形式在不同的报表项目中分别列示（即不得将单项利率互换合同产生的净利息收入列示为利息收入总额和利息支出总额）。

因此，企业开展净敞口套期业务的，应当在利润表中增设“净敞口套期收益”项目，将“净敞口套期损益”科目的当期发生额在该项目中列示。

企业设置“净敞口套期损益”科目，核算净敞口套期下被套期项目累计公允价值变动转入当期损益的金额或现金流量套期储备转入当期损益的金额。该科目可按套期关系进行明细核算。期末，应当将该科目余额转入“本年利润”科目，结转后该科目无余额。

1. 对于净敞口公允价值套期

对于被套期项目为风险净敞口的公允价值套期，涉及调整被套期各组成项目账面价值的，企业应当对各项资产和负债的账面价值做相应调整。

企业应当在被套期项目影响损益时，将被套期项目因被套期风险敞口形成的累计利得（或损失）转出，贷记（或借记）“被套期项目”等科目，借记（或贷记）“净敞口套期损益”科目。

2. 对于净敞口现金流量套期

企业应当在将相关现金流量套期储备转入当期损益时，借记（或贷记）“其他综合收益——套期储备”科目，贷记（或借记）“净敞口套期损益”科目。

将相关现金流量套期储备转入资产（或负债）的，当资产（和负债）影响损益时，借记资产或其备抵科目（或贷记负债科目），贷记（或借记）“净敞口套期损益”科目。

例 12－12

润叶家具有限公司的记账本位币为人民币。该公司预计20×6年12月31日极有可能收取10 000 000美元的销售货款，极有可能支付12 000 000美元用于采购固定资产，遂于20×6年1月1日按照1美元＝6.5元人民币签订了1年期的远期外汇协议，对上述2 000 000美元的外汇净头寸进行套期，如表12－20所示。

表 12－20

日期	美元汇率（直接标价法）	远期外汇协议的公允价值（元）
20×6年1月1日	6.5	0
20×6年12月31日	6.4	－200 000

20×6年12月31日，该公司的预期销售收款和预期现金流出如期发生，该公司也于当日对远期外汇协议进行了结算。假设该公司不区分远期外汇协议的远期要素和即期要素（即不考虑远期外汇协议的远期要素）。上述购入的固定资产将采用直线法在5年内计提折旧。

分析：润叶家具有限公司的相关账务处理见表12－21。

表 12－21 净敞口套期的会计处理（示意） 单位：元

日期	业务分录	衍生工具交易分录
20×6年1月1日	—	—

续表

日期	业务分录	衍生工具交易分录
20×6年12月31日	—	(1) 确认套期工具的公允价值变动。 借：其他综合收益——套期储备 200 000 贷：套期工具——远期外汇协议 200 000
	—	(2) 结算远期外汇协议。 借：套期工具——远期外汇协议 200 000 贷：银行存款 200 000
	(3) 记录销售收入。 借：银行存款 64 000 000 贷：主营业务收入 64 000 000	(4) 将套期工具的累计损失中对应预期销售的部分从其他综合收益中转出，计入净敞口套期损益。 借：其他综合收益——套期储备 1 000 000 贷：净敞口套期损益 1 000 000 (计算过程：1 000 000=10 000 000×(6.5−6.4))
20×6年12月31日	(5) 将套期工具的累计损失中对应预期采购的部分从其他综合收益中转出，计入固定资产的初始确认金额。 借：固定资产 78 000 000 贷：银行存款 76 800 000 其他综合收益——套期储备 1 200 000 (计算过程：1 200 000=12 000 000×(6.4−6.5))	
其后5年	(6) 每年按照实际付款额计提折旧。 借：制造费用——折旧费用 15 360 000 贷：累计折旧 15 360 000 (计算过程：15 360 000=76 800 000/5)	(7) 每年在固定资产折旧期间摊销套期调整。 借：净敞口套期损益 240 000 贷：累计折旧 240 000 (计算过程：240 000=1 200 000/5)

值得注意的是，在净敞口套期下，与被套期项目相关的利润表列示项目（即营业收入和营业成本）不会因采用套期会计而受到影响。

12.4.3 被套期项目组合的公允价值套期和现金流量套期

对于被套期项目为一组项目的公允价值套期，企业在套期关系存续期间，应当针对被套期项目组合中各组成项目，分别确认公允价值变动所引起的相关利得或损失，按照公允价值套期会计规则进行相应处理，计入当期损益或其他综合收益。涉及调整被套期各组成项目账面价值的，企业应当对各项资产和负债的账面价值做相应调整。被套期项目为风险净敞口的情形除外。

对于被套期项目为一组项目的现金流量套期，企业在将其他综合收益中确认的相关现金流量套期储备转出时，应当按照系统、合理的方法将转出金额在被套期各组成项目中分摊，并按照现金流量套期会计规则进行相应处理。被套期项目为风险净敞口的情形除外。

12.4.4 用于套期的期权的时间价值

期权时间价值的会计处理方法的出台原因

企业在“其他综合收益”科目下设置“套期成本”明细科目，核算企业将期权的时间价值、远期合同的远期要素或金融工具的外汇基差排除在套期工具之外时，期权的时间价值等产生的公允价值变动。该科目可按套期关系进行明细核算。

资产负债表日，对于期权的时间价值等的公允价值变动中与被套期项目相关的部分，应当借记（或贷记）“衍生工具”等科目，贷记（或借记）“其他综合收益——套期成本”科目。

企业在选择将期权的内在价值和时间价值分开，只将期权的内在价值变动指定为套期工具的情况下，应当根据被套期项目的性质（如该被套期项目何时以及如何影响到企业的损益），将其区分为与交易相关的被套期项目（transaction related hedged item）或与时间段相关的被套期项目（time-period related hedged item），并分别对期权的时间价值进行会计处理。

1. 与交易相关的被套期项目

如果套期工具（期权）的时间价值对于被套期项目来说具备交易成本的特征，那么，该被套期项目便属于与交易相关的被套期项目。如套期工具（期权）的时间价值未来将会被计入被套期项目所形成的资产的入账价值的情形。

在这种情形下，企业应当将套期工具（期权）的时间价值的公允价值变动中与被套期项目相关的部分计入其他综合收益。对于其他综合收益的公允价值累计变动额，应当按照现金流量套期会计规则进行处理，这里不再赘述。

2. 与时间段相关的被套期项目

如果套期工具（期权）的时间价值对于被套期项目来说具备为保护企业在特定时间段内规避风险所需支付成本的特征，那么，该被套期项目便属于与时间段相关的被套期项目。例如，企业使用商品期权对未来 6 个月存货的价格风险进行套期保值时，期权的时间价值将会按照系统和合理的方法分摊到未来 6 个月的损益中。再如，企业使用外汇期权对未来 18 个月境外经营净投资进行套期保值时，期权的时间价值也需要在未来 18 个月按照系统、合理的方法予以分摊。

对于与时间段相关的被套期项目，企业应当将期权时间价值的公允价值变动中与被套期项目相关的部分计入其他综合收益。同时，企业应当按照系统、合理的方法，将期权被指定为套期工具当日的时间价值中与被套期项目相关的部分，在套期关系影响损益或影响其他综合收益（仅限于企业对指定为以公允价值计量且其变动计入其他综合收益的权益工具投资的公允价值变动风险敞口进行的套期）的期间摊销，摊销金额从其他综合收益中转出，计入当期损益。若企业终止运用套期会计，则其他综合收益中剩余的相关金额应当转出，计入当期损益。

如果期权的主要条款（如名义金额、期限和基础资产）与被套期项目一致，则可认为期权的时间价值与被套期项目相关。

如果期权的主要条款与被套期项目不完全一致，企业应当参照对主要条款与被套期项目完全一致的期权所进行的估值，即校准时间价值（aligned time value），确定期权费中所包含的与被套期项目有关的实际时间价值（actual time value）。

（1）实际时间价值高于校准时间价值的情形。如果在套期关系开始时期权的实际时间价值高于校准时间价值，企业则应以校准时间价值为基础，将其累计公允价值变动计入其他综合收益，并将两者的公允价值变动额之差额计入当期损益。

（2）实际时间价值低于校准时间价值的情形。如果在套期关系开始时期权的实际时间价值低于校准时间价值，企业则应将两个时间价值中累计公允价值变动的较低者计入其他综合收益。如果实际时间价值的累计公允价值变动扣减累计计入其他综合收益金额后尚有剩余，则应计入当期损益。

例 12-13

神州重工股份公司在发行一只 7 年期的浮动利率债券后，为了防范前 2 年利率上升的风险，遂买入了一份期限为 2 年的利率上限期权。该公司按照现金流量套期来进行会计处理，且仅将利率上限期权的内在价值指定为套期工具。

假定该期权在被指定为套期工具时的实际时间价值为 200 000 元，神州重工股份公司在保护期（即前 2 年）内按照系统、合理的方法将其分摊至当期损益（为简化核算，本例采用直线法进行分摊）。

分析：（1）实际时间价值等于校准时间价值的情形。由于期权被指定时的实际时间价值为 200 000 元，假定其开始时的校准时间价值也为 200 000 元，因此，期权实际时间价值等于校准时间价值。假定期权的时间价值在第 1 年年末为 130 000 元。

在这种情形下，期权时间价值的变动如表 12-22 所示。

表 12-22 期权实际时间价值等于校准时间价值的情形 单位：元

项目	指定套期时	第 1 年年末	第 2 年年末	合计
期权的时间价值	200 000	130 000	0	
计入其他综合收益的公允价值变动	—	70 000	130 000	200 000
从其他综合收益转出（分摊）的金额	—	100 000	100 000	200 000

甲公司有关期权时间价值的账务处理如下：

1）第 1 年。

借：其他综合收益——套期成本　　70 000

　贷：衍生工具　　70 000

借：财务费用　　100 000

　贷：其他综合收益——套期成本　　100 000

2）第 2 年。

借：其他综合收益——套期成本　　130 000
　贷：衍生工具　　130 000
借：财务费用　　100 000
　贷：其他综合收益——套期成本　　100 000

（2）实际时间价值高于校准时间价值的情形。期权被指定时的实际时间价值为200 000元，假定开始时的校准时间价值为150 000元，此时期权实际时间价值高于校准时间价值。假定该期权的实际时间价值在第1年年末为100 000元，校准时间价值在第1年年末为90 000元。

在这种情形下，期权时间价值的变动如表12－23所示。

表12－23　期权实际时间价值高于校准时间价值的情形　　单位：元

项目	行次	指定套期时	第1年年末	第2年年末	合计
期权的实际时间价值	①	200 000	100 000	0	
期权的校准时间价值	②	150 000	90 000	0	
期权实际时间价值的变动金额	③	—	100 000	100 000	200 000
期权校准时间价值的变动金额（计入其他综合收益）	④	—	60 000	90 000	150 000
期权实际时间价值变动不计入其他综合收益的部分	⑤＝③－④	—	40 000	10 000	50 000
从其他综合收益转出（分摊）的金额	⑥	—	75 000	75 000	150 000
影响当期损益的金额	⑦＝⑤＋⑥	—	115 000	85 000	200 000

甲公司有关期权时间价值的账务处理如下：

1）第1年。

借：其他综合收益——套期成本　　60 000
　　公允价值变动损益　　40 000
　贷：衍生工具　　100 000
借：财务费用　　75 000
　贷：其他综合收益——套期成本　　75 000

2）第2年。

借：其他综合收益——套期成本　　90 000
　　公允价值变动损益　　10 000
　贷：衍生工具　　100 000
借：财务费用　　75 000
　贷：其他综合收益——套期成本　　75 000

（3）实际时间价值低于校准时间价值的情形。期权被指定时的实际时间价值为200 000元，假定开始时的校准时间价值为240 000元，此时期权实际时间价值低于校准时间价值。假定该期权的实际时间价值在第1年年末为120 000元，校准时间价值在第 1 年年末为 100 000 元。

在这种情形下，期权时间价值的变动如表 12 - 24 所示。

表 12 - 24　期权实际时间价值低于校准时间价值的情形　　单位：元

项目	行次	指定套期时	第 1 年年末	第 2 年年末	合计
期权的实际时间价值	①	200 000	120 000	0	
期权的校准时间价值	②	240 000	100 000	0	
期权实际时间价值的变动金额	③	—	80 000	120 000	200 000
期权校准时间价值的变动金额	④	—	140 000	100 000	240 000
计入其他综合收益的变动金额	⑤	—	80 000	120 000	200 000
从其他综合收益转出（分摊）的金额	⑥	—	100 000	100 000	200 000
影响当期损益的金额	⑦＝⑥	—	100 000	100 000	200 000

甲公司有关期权时间价值的账务处理如下：

1）第 1 年。

借：其他综合收益——套期成本　80 000

　贷：衍生工具　80 000

借：财务费用　100 000

　贷：其他综合收益——套期成本　100 000

2）第 2 年。

借：其他综合收益——套期成本　120 000

　贷：衍生工具　120 000

借：财务费用　100 000

　贷：其他综合收益——套期成本　100 000

12. 4. 5　远期用于套期的情形

如果企业选择将远期合同的远期要素和即期要素分开，只将即期要素的价值变动指定为套期工具，或者将金融工具的外汇基差单独分拆，只将排除外汇基差后的金融工具指定为套期工具，那么，该企业可以按照与前述期权时间价值相同的处理方式对远期合同的远期要素或金融工具的外汇基差进行会计处理。

12. 4. 6　信用风险敞口的公允价值选择权

1. 允价值选择权的行使

企业使用以公允价值计量且其变动计入当期损益的信用衍生工具管理金融工具（或其组成部分）的信用风险敞口时，可以在该金融工具（或其组成部分）初始确认时、后续计量中或尚未确认时，将其指定为以公允价值计量且其变动计入当期损益的金融工具，并同时做出书面记录，但应当同时满足下列条件：

（1）金融工具信用风险敞口的主体（如借款人或贷款承诺持有人）与信用衍生工具涉及的主体相一致。

（2）金融工具的偿付级次与根据信用衍生工具条款须交付的工具的偿付级次相一致。

上述金融工具（或其组成部分）被指定为以公允价值计量且其变动计入当期损益的金融工具的，企业应当在指定时将其账面价值（如有）与其公允价值之间的差额计入当期损益。如该金融工具是按照《企业会计准则第22号——金融工具确认和计量》第十八条分类为以公允价值计量且其变动计入其他综合收益的金融资产的，企业应当将之前计入其他综合收益的累计利得或损失转出，计入当期损益。

2. 允价值选择权的停止

同时满足下列条件的，企业应当停止公允价值选择权，即终止以公允价值计量且其变动计入当期损益：

（1）企业不再具备行使公允价值选择权的条件。例如信用衍生工具或金融工具（或其一定比例）已到期、被出售、合同终止或已行使，或企业的风险管理目标发生变化，不再通过信用衍生工具进行风险管理。

（2）金融工具（或其一定比例）按照《企业会计准则第22号——金融工具确认和计量》的规定，仍然不满足以公允价值计量且其变动计入当期损益的金融工具的条件。

当企业对金融工具（或其一定比例）终止以公允价值计量且其变动计入当期损益时，该金融工具（或其一定比例）在终止时的公允价值应当作为其新的账面价值。同时，企业应当采用与该金融工具被指定为以公允价值计量且其变动计入当期损益之前相同的方法进行计量。

上述规则的设计本意是，如果允许企业针对金融工具的信用风险敞口，选择以公允价值计量且其变动计入当期损益的方式来进行会计处理，就可以实现信用风险敞口和信用衍生工具公允价值变动在利润表中的自然对冲。如此，就能够取得套期会计的效果，而不需要真的采用套期会计规则。准则制定者认为，这种方法其实是套期会计的一种替代，能够更好地反映企业管理信用风险活动的结果，提高企业管理信用风险的积极性。

12.5 套期会计规则的适用条件

12.5.1 套期会计规则适用条件的设计思路及其具体要求

如前所述，套期会计规则的目的是避免套期工具（通常是衍生工具）因公允价值变动所导致的浮动盈亏对利润表造成冲击，也就是说，套期会计规则的目的是尽量避免公允价值会计规则造成利润表的大幅波动，从而降低公允价值会计对利润表的冲击。尤其对于那些从事套期保值交易的企业来说，其目的并不是投机，而是规避价格风险、促进实体经济的业务发展。所以，套期会计的目的实际上是一边继续推广公允价值会计，一边“纠正”公允价值会计对从事套期保值交易的企业的财务业绩的负面影响。

但是，套期会计规则出台后，就出现了利用套期会计规则掩盖金融投机活动的可能。对此，准则为套期会计规则规定了比较严格的适用条件。其设计思路是，只允许真正从事套期保值交易的企业采用套期会计方法。①

准则规定，套期保值行为同时满足下列条件的，才能运用准则规定的套期会计方法进行处理：

（1）套期关系（即套期工具和被套期项目之间的关系）仅由符合条件的套期工具和被套期项目组成。

（2）在套期开始时，企业正式指定了套期工具和被套期项目，并准备了关于套期关系和企业从事套期的风险管理策略、风险管理目标的书面文件。该文件至少载明了套期工具、被套期项目、被套期风险的性质以及套期有效性评估方法（包括套期无效部分产生的原因分析以及套期比率确定方法）等内容。

（3）套期关系符合套期有效性要求。

风险管理策略和风险管理目标

12.5.2　套期有效性的认定

套期有效性是指套期工具的公允价值或现金流量变动能够抵销被套期风险引起的被套期项目公允价值或现金流量变动的程度。套期工具的公允价值变动（或现金流量变动）大于或小于被套期项目的公允价值变动（或现金流量变动）的部分为套期无效部分。

套期同时满足下列条件的，企业应当认定套期关系符合套期有效性要求：

（1）被套期项目和套期工具之间存在经济关系（economic relationship）。该经济关系使得套期工具和被套期项目的价值因面临相同的被套期风险而发生方向相反的变动。

（2）在被套期项目和套期工具之间的经济关系产生的价值变动中，信用风险（credit risk）的影响不占主导地位。②

（3）套期关系的套期比率（hedge ratio），应当等于企业实际套期的被套期

① 比较而言，2006 年颁布的《企业会计准则第 24 号——套期保值》所规定的适用条件更为严格。不少企业抱怨，它们的某些套期业务往往因为不满足套期会计的适用条件，而无法在财务报表上将套期损益与被套期项目的公允价值变动（或现金流量变动）对冲，这显然加剧了企业损益的波动，影响了企业参与套期业务的积极性。因此，它们迫切希望准则制定者能够降低套期会计的运用门槛。因此，2017 年颁布的《企业会计准则第 24 号——套期会计》大幅降低了套期会计的运用门槛。

② 反之，如果信用风险的影响占据主导地位，则意味着套期工具与被套期项目之间的经济关系（即相互抵销的程度）可能会变得不再具有规律性。

项目数量与对其进行套期的套期工具实际数量之比。但套期比率不应当反映被套期项目和套期工具相对权重的失衡，这种失衡会导致套期无效，并可能产生与套期会计目标不一致的会计结果。例如，企业确定拟采用的套期比率是为了避免确认现金流量套期的套期无效部分，或是为了创造更多的被套期项目进行公允价值调整以达到增加使用公允价值会计的目的，可能会产生与套期会计目标不一致的会计结果。

显然，2017 年颁布的《企业会计准则第 24 号——套期会计》所规定的上述套期有效性的认定标准都是定性的要求，注重评估套期的预期有效性。作为对比，2006 年颁布的《企业会计准则第 24 号——套期保值》中所提及套期有效性（套期高度有效）的 80%～125%量化指标及回顾性评估要求均被取消。准则制定者认为，这使得套期会计更契合企业的风险管理实践，从而有效降低企业运用套期会计的门槛，减少企业运用套期会计的成本和工作量，并且有助于在财务报表中更加恰当地反映企业的风险管理活动。

企业应当在套期开始日及以后期间持续地对套期关系是否符合套期有效性要求进行评估，尤其应当分析在套期剩余期限内预期将影响套期关系的套期无效部分产生的原因。企业至少应当在资产负债表日及相关情形发生重大变化将对套期有效性造成影响时对套期关系进行评估。

套期关系由于套期比率的原因而不再符合套期有效性要求，但指定该套期关系的风险管理目标没有改变的，企业应当进行套期关系再平衡，即对已经存在的套期关系中被套期项目或套期工具的数量进行调整，以使套期比率重新符合套期有效性要求。也就是说，企业不必先终止套期关系再重新指定套期关系，而是仅仅进行再平衡便可以延续以往所建立的套期关系。

基于其他目的对被套期项目或套期工具所指定的数量进行变动，不构成套期关系再平衡。企业在套期关系再平衡时，应当首先确认套期关系调整前的套期无效部分，并更新在套期剩余期限内预期将影响套期关系的套期无效部分产生原因的分析，同时相应地更新套期关系的书面文件。

12.5.3 套期会计的终止

1. 应当终止运用套期会计的情形

企业发生下列情形之一的，应当终止运用套期会计：

（1）因风险管理目标发生变化，导致套期关系不再满足风险管理目标。

（2）套期工具已到期、被出售、合同终止或已行使。下列情形不作为套期工具已到期或合同终止处理：1）套期工具展期或被另一项套期工具替换，而且该展期或替换是企业书面文件所载明的风险管理目标的组成部分；2）由于法律法规或其他相关规定的要求，套期工具的原交易对手方变更为一个或多个清算交易对手方（例如清算机构或其他主体），以最终达成由同一中央交易对手方进行清算的目的。如果存在套期工具其他变更，该变更应当仅限于达成此类替换交易对手方所必需的变更。

（3）被套期项目与套期工具之间不再存在经济关系，或者被套期项目和套期工具经济关系产生的价值变动中，信用风险的影响开始占主导地位。

（4）套期关系不再满足套期会计准则所规定的运用套期会计方法的其他条件。在适用套期关系再平衡的情况下，企业应当首先考虑套期关系再平衡，然后评估套期关系是否满足套期会计准则所规定的运用套期会计方法的条件。

终止套期会计可能会影响套期关系的整体或其中一部分，在仅影响其中一部分时，剩余未受影响的部分仍适用套期会计。

2. 不得终止套期关系的情形

套期关系同时满足下列条件的，企业不得撤销套期关系的指定并由此终止套期关系：

（1）套期关系仍然满足风险管理目标。

（2）套期关系仍然满足套期会计准则运用套期会计方法的其他条件。在适用套期关系再平衡的情况下，企业应当首先考虑套期关系再平衡，然后评估套期关系是否满足套期会计准则所规定的运用套期会计方法的条件。

思考题

某上市公司购入某外资银行的结构化金融产品，对该公司的外币债务进行套期保值，公司董事会已经为此发布了临时公告，对该项套期保值业务的套期关系进行正式指定，并准备了关于套期关系、风险管理目标和套期策略的正式书面文件，文件中载明了套期工具、被套期项目、被套期风险的性质以及套期有效性评价方法等内容。总之，其操作符合套期会计的适用条件。近几年该公司连续收到交易对手支付的数亿元交割款，目前距该套期合同的到期日尚有数年时间。该上市公司欲将该项套期保值业务的浮动盈利作为公允价值变动损益计入本年度的利润表。

如果你是该公司的财务顾问，请问你会提出哪些专业建议？为什么？

练习题

1. 甲集团为国有大型钢铁企业。近年来，国内钢铁行业产能过剩，国际铁矿石价格居高不下，产品市场价格不断下跌，企业经济效益持续下滑。

（1）为充分利用期货市场管理产品价格风险，甲集团决定开展套期保值业务，由总经理主持专题办公会进行部署。有关决议如下：

1）开展套期保值业务应以效益最大化为目标。为应对当前螺纹钢市场价格不断下跌的不利形势，要求有关部门准确研判宏观经济形势，科学把握期货市场行情，利用期货市场开展套期保值业务，力求经济效益最大化。

2）集团总会计师全权负责套期保值业务。鉴于集团总会计师负责会计核算、财务管理等相关工作，为减少协调工作量、提高工作效率，授权集团总会计师全权负责套期保值的决策及组织实施。

3）集团风险管理部门应加快制度建设。套期保值业务相关风险较大，应当建立健全涉及前台、中台、后台等方面的管理制度，制定涉及止损警示及处理等方面的应急预案，以有效应对市场价格出现对套期保值头寸的不利变化。

4）开展套期保值业务要勇于创新。集团发展得益于创新，开展套期保值也要努力创新。集团开展套期保值业务时，买卖期货合约的规模可以根据具体情况，扩大到现货市场所买卖的被套期保值商品数量的2～3倍。

5）套期保值业务要遵循企业会计准则进行处理。要结合公司开展套期保值业务的具体情况，将套期保值业务均作为公允价值套期，并在符合企业会计准则规定条件的基础上，采用相应的公允价值套期会计方法进行处理。

（2）按照上述决议，甲集团开展了如下套期保值业务：

20×3年3月3日，螺纹钢现货市场价格为4 650元/吨，期货市场价格为4 620元/吨。为防范螺纹钢价格持续下跌给集团带来重大损失，甲集团在期货市场卖出期限为3个月的期货合约100 000吨作为套期保值工具，对现货螺纹钢100 000吨进行套期保值。6月20日，螺纹钢现货市场价格为4 570元/吨，期货市场价格为4 550元/吨；当日，甲集团在现货市场卖出螺纹钢100 000吨，同时在期货市场买入100 000吨螺纹钢合约平仓。

假定不考虑其他因素。

要求：

（1）根据资料（1），逐项判断甲集团1）至5）项决议是否存在不当之处；对存在不当之处的，分别指出不当之处，并逐项说明理由。

（2）根据资料（2），计算甲集团开展套期保值业务在现货和期货两个市场盈亏相抵后的净值（不考虑手续费等交易成本，要求列出计算过程）。

2. 北方公司是A股上市公司，主要从事黑色金属冶炼和加工，所需原料铁矿石主要依赖国外进口，产品主要在国内市场销售：面对铁矿石价格总体上涨趋势，北方公司董事会决定通过境外衍生品市场开展套期保值业务，以有效锁定铁矿石采购价格，并责成公司经理层做好相关准备工作。为此，北方公司总经理杨某于近日召集有关人员进行了专题讨论，相关人员发言要点如下：

总经理杨某：第一，应当充分认识通过境外衍生品市场开展套期保值业务的必要性和复杂性；第二，应当充分了解境外衍生品市场运行特点，认真研究境外衍生品市场相关交易规则和管理制度；第三，应当建立健全相关组织机构和管理制度，成立套期保值业务管理委员会和套期保值业务工作小组，建议由总会计师朱某牵头负责。

总会计师朱某：第一，完全同意总经理杨某的意见；第二，公司应当在符合国家相关法律法规的前提下，积极利用境外衍生品市场对进口铁矿石进行套期保值；第三，考虑到公司目前对境外衍生品市场尚不熟悉，建议对境外衍生品投资进行决策时寻求专业第三方支持；第四，考虑到铁矿石价格总体呈上涨趋势，建议采用卖出套期保值方式对进口铁矿石进行套期保值。

财务部经理王某：第一，赞同总会计师朱某的意见；第二，鉴于企业会计准则要求采用公允价值计量衍生品投资，而公司目前尚无这方面技术力量，建议有关业务只作表外披露，待结清时再记入表内；第三，鉴于公司开展套期保值业务的主要目的是锁定铁矿石采购价格，应当作为公允价值套期，并在符合企业会计准则规定条件的基础上采用套期会计方法进行处理。

风险管理部经理胡某：第一，开展套期保值业务应当坚持衍生品市场和现货市场买卖商品方向相同原则；第二，公司应当建立健全境外衍生品交易业务前台、中台、后台风险管理机制；第三，公司应当建立健全境外衍生品交易业务报批程序，但在市场发生特殊变化时可先交易后补办报批手续；第四，公司应当建立健全突发事件应急处理机制。

假定不考虑其他因素。

要求：

根据上述资料，逐项判断北方公司总经理杨某、总会计师朱某、财务部经理王某、风险管理部经理胡某的观点是否存在不当之处；对存在不当之处的，分别指出不当之处，并逐项说明理由。

3. 华南公司是境内国有控股大型化工类上市公司，其产品所需 MN 原材料主要依赖进口。近期，由于国际市场上 MN 原材料价格波动较大，且总体上涨趋势明显，该公司决定尝试利用境外衍生品市场开展套期保值业务。套期保值属该公司新业务，且需向有关主管部门申请境外交易相关资格。该公司管理层组织相关人员进行专题研究，主要发言如下：

发言一：公司作为大型上市公司，如任凭 MN 原材料价格波动，加之汇率波动较大的影响，可能不利于实现公司成本战略。因此，应当在遵守国家法律法规的前提下，充分利用境外衍生品市场对 MN 原材料进口进行套期保值。

发言二：近年来，某些国内大型企业由于各种原因发生境外衍生品交易巨额亏损事件，造成重大负面影响。鉴于此，公司应当慎重利用境外衍生品市场对 MN 原材料进口进行套期保值，不应展开境外衍生品投资业务。

发言三：公司应当利用境外衍生品市场开展 MN 原材料套期保值。针对 MN 原材料国际市场价格总体上涨的情况，可以采用卖出套期保值方式进行套期保值。

发言四：公司应当在开展境外衍生品交易前抓紧各项制度建设，对于公司衍生品交易前台操作人员应予特别限制，所有重大交易均须实行事前报批、事中控制、事后报告制度。

发言五：公司应当加强套期保值业务的会计处理，将对 MN 原材料预期进口进行套期保值确认为公允价值套期，并在符合规定条件的基础上采用套期会计方法进行处理。

假定不考虑其他有关因素。

要求：

根据上述资料，逐项判断华南公司发言一至发言五中的观点是否存在不当之处；存在不当之处的，请分别指出不当之处，并逐项说明理由。

图书在版编目（CIP）数据

高级会计学：立体化数字教材版/戴德明，周华，耿建新主编. -- 10 版. -- 北京：中国人民大学出版社，2025. 5. --（中国人民大学会计系列教材）. -- ISBN 978-7-300-33861-3

Ⅰ. F230

中国国家版本馆 CIP 数据核字第 2025XG4503 号

国家级教学成果奖
中国人民大学会计系列教材
高级会计学（第 10 版・立体化数字教材版）
主编　戴德明　周　华　耿建新
Gaoji Kuaijixue

出版发行	中国人民大学出版社		
社　　址	北京中关村大街 31 号	**邮政编码**	100080
电　　话	010－62511242（总编室）		010－62511770（质管部）
	010－82501766（邮购部）		010－62514148（门市部）
	010－62511173（发行公司）		010－62515275（盗版举报）
网　　址	http://www.crup.com.cn		
经　　销	新华书店		
印　　刷	北京宏伟双华印刷有限公司	**版　　次**	1998 年 2 月第 1 版
开　　本	787 mm×1092 mm　1/16		2025 年 5 月第 10 版
印　　张	22.5 插页 1	**印　　次**	2025 年 8 月第 2 次印刷
字　　数	486 000	**定　　价**	54.00 元

中国人民大学出版社　管理分社

教师教学服务说明

中国人民大学出版社管理分社以出版工商管理和公共管理类精品图书为宗旨。为更好地服务一线教师，我们着力建设了一批数字化、立体化的网络教学资源。教师可以通过以下方式获得免费下载教学资源的权限：

★ 在中国人民大学出版社网站 www.crup.com.cn 进行注册，注册后进入“会员中心”，在左侧点击“我的教师认证”，填写相关信息，提交后等待审核。我们将在一个工作日内为您开通相关资源的下载权限。

★ 如您急需教学资源或需要其他帮助，请加入教师 QQ 群或在工作时间与我们联络。

中国人民大学出版社　管理分社

教师 QQ 群： 648333426（工商管理）　114970332（财会）　648117133（公共管理）
教师群仅限教师加入，入群请备注（学校＋姓名）

联系电话： 010-62515735，62515987，62515782，82501048，62514760

电子邮箱： glcbfs@crup.com.cn

通讯地址： 北京市海淀区中关村大街甲 59 号文化大厦 1501 室（100872）

管理书社　　人大社财会　　公共管理与政治学悦读坊